Gerhard H. Schlund

Das Zahlenlotto

Das Zahlenlotto

Eine zivilrechtliche Untersuchung

von

Dr. jur. Gerhard H. Schlund

München

1972

J. Schweitzer Verlag Berlin

ISBN 3 8059 0290 5

Satz: Studio Feldafing – Druck: W. Hildebrand, Berlin

Herrn Bundesverfassungsrichter Professor Dr. Willi Geiger gewidmet

VORWORT

Die vorliegende Untersuchung basiert im wesentlichen auf meiner vor einigen Jahren, der Rechts- und Wirtschaftswissenschaftlichen Fakultät der Universität des Saarlandes vorgelegten Dissertation; nur war diese fast ausschließlich an den Spielbedingungen des Süd-Lottos orientiert.

Nunmehr wurde versucht, wenigstens die bedeutendsten Abweichungen in den Spiel- bzw. Teilnahmebedingungen der übrigen Lottounternehmen herauszuarbeiten und insgesamt die zivilrechtliche Problematik des Zahlenlottos teilweise zu erweitern und zu vertiefen. Dabei wurde die Rechtsprechung und Literatur bis 1. Dezember 1971 neu gesichtet und, soweit es notwendig erschien, verarbeitet.

An dieser Stelle möchte ich es nicht versäumen, Herrn Oberregierungsrat Karl Rodler von der Staatlichen Lotterieverwaltung, München, für seine stete Hilfsbereitschaft und sein Entgegenkommen bei der Beschaffung des statistischen Materials zu danken.

Mein besonderer Dank gilt auch Herrn Dr. Arthur L. Sellier für die freundliche Aufnahme dieser Arbeit zur Veröffentlichung im J. Schweitzer Verlag.

Juni 1972 Der Verfasser

INHALTSÜBERSICHT

LITERATURVERZEICHNIS

I. Lehrbücher, Kommentare, Monographien, Aufsätze etc.

Ahlers, Richard	Die rechtliche Natur der Quittung nach geltendem Recht, Leipziger Diss. 1913.
Ahlich, Gerhard	Die Erfordernisse der Auslobung, Breslauer Diss. 1932.
Allekotte, Heinz	Sparneigung und Sparformen, Eine Analyse am Beispiel der Verwendung von Lottogewinnen; Beiträge des Deutschen Industrieinstituts, 9. Jahrgang, Heft 2, Köln 1971.
Bachof, Otto	Anmerkungen zum Urteil des BVerwG vom 21. Oktober 1955 – II C 253/54, JZ 1956, 342 ff.
Bachof, Otto	Teilrechtsfähige Verbände des öffentlichen Rechts, AöR Bd. 83 (1958), S. 208 ff., 279 (zitiert: Teilrechtsfähige Verbände).
Bartholomeyczik, Horst	in: Gemeinschaftskommentar Hans Müller-Henneberg, Gustav Schwarz, Gesetz gegen Wettbewerbsbeschränkungen und Europäisches Kartellrecht, 2. Aufl., Berlin 1963.
Becker, Erich	Anstalten des öffentlichen Rechts, Handwörterbuch der Sozialwissenschaften, 1. Bd., Göttingen 1956.
Becker, Hans	Die Rechtsnatur des Wettscheins, Erlanger Diss. 1936.
Becker, Walter	Glücksspiel–Wette–Jugendschutz, Recht der Jugend 1956, 167–168.
Becker, Walter	Neuregelung des Jugendschutzes im Spielautomatenwesen, Recht der Jugend 1956, 89–91.
Bender, Joh. Heinr.	Die Lotterie, Heidelberg 1832.
Blomeyer, Arwed	Allgemeines Schuldrecht, 4. Aufl., Berlin 1969 (zitiert: Allgemeines Schuldrecht).
Blomeyer, Arwed	Fortschritte der modernen Schuldrechtsdogmatik, Archiv für die civilistische Praxis (AcP) Bd. 154, S. 527–544; (zitiert: Schuldrechtsdogmatik).
Blumensaat, Rudolf	Inhaberschuldzeichen und Legitimationszeichen, Göttinger Diss. 1936.
Brox, Hans	Fragen der rechtsgeschäftlichen Privatautonomie, JZ 1966, S. 761–767.
v. Brunn, Joh. Heinr.	Die formularmäßigen Vertragsbedingungen der Deutschen Wirtschaft, 2. Aufl., Köln 1956.
Buchner, Werner	Die Körperschaften und Anstalten des öffentlichen Rechts nach Bundesrecht und bayerischem Landesrecht, Münchner Diss. 1958.
v. Caemmerer, Ernst	Bereicherung und unerlaubte Handlung, Festschrift für Ernst Rabel, S. 333–401, Tübingen 1954.
v. Caemmerer, Ernst	Verlängerter Eigentumsvorbehalt und Bundesgerichtshof, JZ 1953, S. 97–100.
Dalcke, A.; Fuhrmann, Fritz; Schäfer, Karl	Strafrecht und Strafverfahren, 37. Aufl. Berlin 1961.
Dallwig, Anton	Die Rechtsnatur der Quittung, Marburger Diss. 1936.

Danz, Erich — Sind alle Rechtsgeschäfte eines Geisteskranken nichtig? JW 1913, S. 1016–1021.

Diederichsen, Uwe — Topisches und systematisches Denken in der Jurisprudenz. NJW 1966, S. 697–705.

Dernburg, Heinrich; Sokolowski, Paul — System des Römischen Rechts (Pandekten), II. Teil, 8. Auflage, Berlin 1912.

Dobretsberger, Josef — Konkurrenz und Monopol in der gegenwärtigen Wirtschaft, Leipzig 1929.

Ecker, Walther — Gesetzesauslegung vom Ergebnis her, JZ 1967, S. 265–271.

Ehlerding, Wilhelm — Die Quittung, Erlanger Diss. 1932.

Ehrlich, Reinhold — Über den Begriff und die rechtliche Natur der Lotterie und Ausspielung, ihre möglichen Erscheinungsformen und Arten, Leipziger Diss. 1922.

Emmerich, Volker — Der finanzierte Abzahlungskauf, JuS 1971, S. 273–281.

Endemann, Friedrich — Beiträge zur Geschichte der Lotterien und zum heutigen Lotterierecht, Bonner Diss. 1882.

Engelbrecht, Werner — Die Behandlung der unechten und der nicht begebenen Quittungen, Marburger Diss. 1923.

Enneccerus, Ludwig; Lehmann, Heinrich — Lehrbuch des Bürgerlichen Rechts, II. Bd., Recht der Schuldverhältnisse, 15. Aufl. Tübingen 1958.

Enneccerus, Ludwig; Nipperdey, Hans-Carl — Lehrbuch des Bürgerlichen Rechts, II. Halbband, Allgemeiner Teil, 15. Aufl. Tübingen 1960.

Erman, Walter — Kommentar zum BGB, 1. Bd., 4. Aufl., Münster 1967.

Esser, Josef — Lehrbuch des Schuldrechts, 4. Aufl., 1. Bd., Karlsruhe 1970.

Esser, Josef — Wert und Bedeutung der Rechtsfiktionen (Frankfurter wissenschaftliche Beiträge Heft 4) Frankfurt a.M. 1940.

Feigel, Hans — Preisausschreiben, Preisrätsel, Lotterien und Ausspielungen im Wettbewerb, Gießener Diss. 1938.

Fikentscher, Wolfgang — Schuldrecht, 3. Aufl., Berlin 1971.

Finke, Egon — Der Lotterievertrag, Erlanger Diss. 1936.

Flume, Werner — Allgemeiner Teil des Bürgerlichen Rechts, 2. Bd.: Das Rechtsgeschäft, Berlin 1965.

Flume, Werner — Zur Problematik des verlängerten Eigentumsvorbehalts, NJW 1959, S. 913–922.

Forsthoff, Ernst — Lehrbuch des Verwaltungsrechts, 1. Bd. Allgemeiner Teil, 9. Aufl., München 1966.

Ganske, Nikolaus — Fragen zum Taschengeldparagraphen, Recht der Jugend 1964, S. 208–209.

Gebhardt, Alfred — Die Fußballwette, Würzburger Diss. 1955.

Gebhardt, Alfred — Der Rechtsweg für Rechtsstreitigkeiten aus der Fußballwette, MDR 1955, S. 151–152.

Göppert, Heinrich — Das Recht der Börsen, Ein Beitrag zum Verwaltungsrecht, Berlin 1932.

Götz, Ludwig — Das Lotterieschuldverhältnis, Heidelberger Diss. 1913.

Hahn, Josef — Lotterie und Ausspielung (§ 286 RStGB), Würzburger Diss. 1928.

Hahnzog, Klaus — Die Rechtsstellung des Zessionars künftiger Forderungen, Münchner Diss. 1962.

Hamann, Hans Heinrich — Der Fußballtoto (Rechtsnatur und Inhalt des Totovertrages unter besonderer Berücksichtigung der amtlichen Wettbestimmungen der Westdeutschen Fußballtoto G.m.b.H.), Kölner Diss. 1950.

Haupt, Günter — Vertragsfreiheit und Gesetz, Zeitschrift der Akademie für Deutsches Recht 1943, S. 84–88.

Hellwig, Albert — Kommentar zum Rennwett- und Lotteriegesetz vom 8. April 1922, Berlin 1922.

Hennke, N.-N. — Die Gültigkeit der Strafbestimmungen in den Sportwettgesetzen der Länder, NJW 1953, S. 1251–1252.

Hettlage, Karl Maria — Anstalt, Staatslexikon, Recht, Wirtschaft, Gesellschaft, 1. Bd., 6. Aufl., Freiburg 1957.

Hilfrich, Paul — Die Rechte des Lotteriespielers, Marburger Diss. 1924.

Huber, Ernst Rudolf — Wirtschaftsverwaltungsrecht, 1. Bd., 2. Aufl., Tübingen 1953.

Hueck, Alfred — Recht der Wertpapiere, 9. Aufl., Berlin 1963.

v. Ihering, Rudolph — Geist des römischen Rechts auf den verschiedenen Stufen seiner Entwicklung, Bd. III, 1. Teil, Leipzig 1865.

Jecht, Hans — Die Öffentliche Anstalt, Wandlungen und gegenwärtige Struktur, Schriften zum öffentlichen Recht, Bd. 10, Berlin 1963.

Kersting, Wilhelm — Rechtsnatur des Lotteriegeschäftes und des Lotterieloses, Leipziger Diss. 1932.

Knoche, Hansjürgen — Minderjährige als Geschäftsführer ohne Auftrag, MDR 1964, S. 193–195.

Koch, Arwed — Die Allgemeinen Geschäftsbedingungen der Banken; ihre rechtliche und wirtschaftliche Bedeutung und Entwicklung, Jena 1932.

Koch, Joh. Thomas — Geschichte des Lotteriewesens in Bayern, München 1908.

Kohler, Siegfried — Die Pfändbarkeit zukünftiger Forderungen, Mainzer Diss. 1952.

Kohlhaas, Wilhelm — Rechtsfragen aus Sportwetten, JZ 1951, S. 135–139. (Zitiert: Rechtsfragen aus Sportwetten).

Kohlhaas, Wilhelm — Spiel und Wette, Blattei-Handbuch, Rechts- und Wirtschaftspraxis (RWP), unter 2D, Sportwetten I, 1, Loseblatt-Ausgabe, Stuttgart 1955. (Dieser Beitrag gilt ab 20.IV.1960). (Zitiert: Spiel und Wette).

Kohlhaas, Wilhelm — Toto-Recht: Vergleichende Übersicht der wesentlichen Rechtsgrundlagen der Sportwetten, Blattei-Handbuch Rechts- und Wirtschaftspraxis (RWP), unter 2D, Sportwetten I, 1, Loseblatt-Ausgabe, Stuttgart 1955. (Dieser Beitrag galt bis 19.IV.1960).

Köttgen, Arnold — Verwaltungsrecht der öffentlichen Anstalten, Veröffentlichung der Vereinigung der Deutschen Staatsrechtslehrer, Heft 6, S. 105–141, Berlin 1929.

Lammers, Lothar — Stellung und Bedeutung des Lotteriewesens in der heutigen Gesellschaft, in 200 Jahre Zahlenlotterie in Deutschland – 10 Jahre Nordwest-Lotto, 1965, S. 21–30.

Larenz, Karl — Die Begründung von Schuldverhältnissen durch sozialtypisches Verhalten, NJW 1956, S. 1897–1900. (Zitiert: NJW 1956).

Larenz, Karl — Lehrbuch des Schuldrechts, I. Bd. Allgemeiner Teil, 10. Aufl., 1970 und II. Bd. Besonderer Teil, 9. Aufl., München 1968. (Zitiert: Lehrbuch I. oder II. Bd.).

Lehmann, Heinrich — Faktische Vertragsverhältnisse, NJW 1958, S. 1–5.

Leitschuh, Friedrich — Franz Ludwig von Erthal (Fürstbischof von Bamberg und Würzburg, Herzog von Franken), Bamberg 1894.

v. Liszt, Franz — Ist das sog. Hydrasystem eine strafbare Ausspielung? Rechtsgutachten, DJZ 1901, S. 195–197.

Loew, Eugen — Die Wette, Marburger Diss. 1907.

Löwe, Walter — Einschränkungen von Gerichtsstandsvereinbarungen, ZRP 1970, S. 97–100.

Löwe, Walter — Gerichtsstandsvereinbarungen in Allgemeinen Geschäftsbedingungen und Formularverträgen, NJW 1970, S. 2236–2240.

Löwe, Walter — Zur richterlichen Kontrolle von Gerichtsstandsklauseln in Allgemeinen Geschäftsbedingungen, NJW 1971, S. 1342–1345.

Löwenstein, Erich — Ein Beitrag zum Lotterievertrag, Rostocker Diss. 1916.

Lukes, Rudolf — Grundprobleme der Allgemeinen Geschäftsbedingungen, JuS 1961, S. 301–308.

Majert, Emil — Spiel und Glücksspiel in der Theorie und Praxis des heutigen deutschen Rechts, Heidelberger Diss. 1904.

Mang, Johann — Verwaltungsrecht in Bayern, Bd. II, München 1952.

Marizy, Käthe — Die rechtliche Natur von Spiel und Wette. Eine rechtsvergleichende Darstellung, Berliner Diss. 1938.

Mayer, Otto — Deutsches Verwaltungsrecht, 2. Bd., 3. Aufl., München 1924.

Meyer, Oscar; Bremer, Heinz — Kommentar zum Börsengesetz, 4. Aufl., Berlin 1957.

Mikasch, Georg — Die rechtliche Bedeutung der Quittung, Breslauer Diss. 1932.

Mirre, Ludwig; Baumbach, Gustav — Kommentar zum Rennwett- und Lotteriegesetz, 2. Aufl., Berlin 1934.

Nipperdey, Hans Carl — Stromsperre, Zulassungszwang und Monopolmißbrauch, Mannheim 1929.

Ohr, Günter — Die soziale Zweckjurisprudenz, Ein Beitrag zur Methode der Rechtsfindung, NJW 1967, S. 1255–1260.

Orth, Georg — Spiel und Wette im Strafrecht, Heidelberger Diss. 1909.

Palandt, Otto — Kommentar zum Bürgerlichen Gesetzbuch, 30. Aufl., München 1971.

Pauly, Carl August — Schuldverschreibung auf den Inhaber und das Erfordernis staatlicher Genehmigung zu ihrer Ausgabe. Marburger Diss. 1913.

Pawlowski, Hans-Martin — Die Ansprüche des Vermieters eines Kraftfahrzeuges gegen den minderjährigen Mieter, Entscheidungsrezension vom

	OLG Hamm (OLGZ 1966, 257), JuS 1967, S. 302–308 (zitiert: JuS 1967).
Pawlowski, Hans-Martin	Rechtsgeschäftliche Folgen nichtiger Willenserklärungen (Amts- und Parteinichtigkeit von Rechtsgeschäften) – zum Verhältnis von Privatautonomie und objektivem Recht – Göttingen 1966 (zitiert: Rechtsgeschäftliche Folgen nichtiger Willenserklärungen).
Pepperhoff, Ernst	Glücksspiel und Lotterie in Rechtsprechung und Literatur, Göttinger Diss. 1922.
Planck, Gottlieb	Kommentar zum Bürgerlichen Gesetzbuch, II. Bd., 2. Hälfte, 4. Aufl., Berlin 1928.
Potrykus, Gerhard	Kommentar zum Jugendschutzgesetz (1957), 2. Aufl., München 1963.
Radbruch, Gustav	Einführung in die Rechtswissenschaft, 9. Aufl., Stuttgart 1952.
Rasch, Ernst	Die Behörde, Begriff, Rechtsnatur, Errichtung, Einrichtung, Verwaltungs-Archiv 50. Bd. (1959), S. 1–41.
Rehbinder, Manfred	Das Kaufrecht in den Allgemeinen Geschäftsbedingungen der deutschen Wirtschaft, Schriftenreihe zur Rechtssoziologie und Rechtstatsachenforschung, Band 18, 1970.
Reichsgerichtsräte-Kommentar	Das Bürgerliche Gesetzbuch; Kommentar herausgegeben von Reichsgerichtsräten und Bundesrichtern. 10. und 11. Aufl., Berlin 1953 ff. (abgekürzt: RGR-Kommentar zum BGB).
Reuber, Karl	Der begriffliche Unterschied von Spiel und Wette, Würzburger Diss. 1903.
Rodler, Karl	Der Fußballwetter und der Lottospieler, Untersuchung der sozialen Zusammensetzung der Spieler (nicht veröffentlicht) München 1959.
Röhrl, Klaus F.	Rechtsgeltung und Rechtswirksamkeit, JZ 1971, S. 576–580.
Rosenberg, Leo	Die Beweislast, 4. Aufl., München 1956.
Rossbach, Alfred	Lotterie und Ausspielung nach § 286 RStGB, Würzburger Diss. 1926.
Roth, Eugen	Das Große Los, München 1938. (Zitiert: Das Große Los).
Roth, Eugen	Vom Lotto zum Toto, München 1953. (Zitiert: Vom Lotto zum Toto).
Rothe, Fritz; Becker, Walter; Zimmermann, Georg; Seidel, Hans	Jugendschutz und Öffentlichkeit, München 1953.
Rümelin, Max	Die Geisteskranken im Rechtsgeschäftsverkehr, Tübingen 1912.
Schlegelberger, Franz	Kommentar zum Handelsgesetzbuch, 4. Aufl., 1. Bd., Berlin 1960.
Schlund, Gerhard H.	Teilnahme von beschränkt Geschäftsfähigen und Geschäftsunfähigen an den Ausspielungen des Zahlenlottos, RdJB 1971, S. 77–82.

Schmidt-Salzer, Joachim	Das Recht der Allgemeinen Geschäfts- und Versicherungsbedingungen, Schriften zum Wirtschaftsrecht, Bd. 4 1967 (zitiert: AGB).
Schmidt-Salzer, Joachim	Rechtsprobleme der Schriftformklauseln, NJW 1968, S. 1257–1260.
Schmidt-Salzer, Joachim	Drittwirkung von Freizeichnungsklauseln?, BB 1969, S. 297–300.
Schmidt-Salzer, Joachim	Allgemeine Geschäftsbedingungen, NJW 1971, S. 1010–1016.
Schmidt-Salzer, Joachim	Allgemeine Geschäftsbedingungen, Schriftenreihe der Neuen Juristischen Wochenschrift, Heft 11, 1971 (zitiert: Schriftenreihe).
Schmitz, Erich	Rennwett- und Lotteriesteuer für die Praxis, „Rhemus"-Reihe für Steuer und Wirtschaft, Bd. 13, Düsseldorf 1951.
Schneider, Egon	Gesamtschuldverhältnis im Prozeß. Ein Beispiel für die von der Wissenschaft ignorierten Nöte der Praxis, MDR 1967, S. 353–356.
Schneider, Egon	Rechtspraxis und Rechtswissenschaft, Gedanken zur Methodenlehre, MDR 1967, S. 6–12.
Schneider, Egon	Über Gründe und Auswirkungen der Änderung einer höchstrichterlichen Rechtsprechung, MDR 1971, S. 705–711.
Schneider, Erich	Reine Theorie monopolistischer Wirtschaftsformen, Tübingen 1932.
Schreiber, Rupert	Die rechtliche Beurteilung Allgemeiner Geschäftsbedingungen, NJW 1967, S. 1441–1446.
Schulz, Günther	Rundschau, Blick in die Zeit, MDR 1959, S. 455–457; sowie MDR 1971, S. 107–108
Schuster, Heinrich	Das Spiel, seine Entwicklung und Bedeutung im Deutschen Recht, Wien 1878.
Schwab, Dieter	Gedanken zur Reform des Minderjährigenrechts und des Mündigkeitsalter, JZ 1970, S. 745–753.
Siebert, Wolfgang	Privatrecht im Bereich öffentlicher Verwaltung, Festschrift für Hans Niedermeyer, Göttingen 1953, S. 215–247.
Sieghart, Rudolf	Die öffentlichen Glücksspiele, Wien 1899.
Simitis, Spiro	Die faktischen Vertragsverhältnisse als Ausdruck der gewandelten sozialen Funktion der Rechtsinstitute des Privatrechts, Frankfurt/M. 1957 (zitiert: Die faktischen Vertragsverhältnisse).
Simon, Günter	Die Rechtsnatur des Totoscheins, Kölner Diss. 1951.
Soergel, Hans-Theodor; Siebert, Wolfgang	Kommentar zum BGB Bd. 1, Allgemeiner Teil, 10. Aufl., Stuttgart 1967.
Sommer, Siegfried	Lotto und Toto, Münchner Stadtanzeiger Nr. 21 vom 26. Mai 1967, S. 5.
Spiess, W.	„Faktische Verträge" oder öffentliches Recht – oder Tarif? Zeitschrift der Akademie für Deutsches Recht 1942, S. 340–344.
Staub, Hermann	Ist das sog. Hydrasystem eine strafbare Ausspielung? Rechtsgutachten, DJZ 1901, S. 193–195.

v. Staudinger, Julius — Kommentar zum Bürgerlichen Gesetzbuch, 9. und 11. Aufl. München 1928–30, 1957–60
Bd. I, Allg. Teil (1957)
Bd. II, 1. Teil (1928)
Bd. II, 4. Teil (1959).

v. Seuffert, Lothar; Walsmann, Hans — Kommentar zur Zivilprozeßordnung, 2 Bände, 12. Aufl., München 1932.

Stein, Friedrich; Jonas, Martin; Schönke, Adolf; Pohle, Rudolf — Kommentar zur Zivilprozeßordnung, 18. Aufl., Bd. I, Tübingen 1953.

Stenglein, M. — Glücksspiel und Wette, Zeitschrift für die gesamte Strafrechtswissenschaft, Bd. III, Leipzig 1883.

Süss, Georg — Abtretung künftiger Ansprüche, Erlanger Diss. 1910.

Tasche, Friedrich — Vertragsverhältnis nach nichtigem Vertragsschluß?, Iherings Jahrbücher für Dogmatik des heutigen römischen und deutschen Privatrechts, 90. Bd. Jena 1942/43, S. 101–130.

Thöl, Heinrich — Das Handelsrecht, 1. Bd., 6. Aufl., Leipzig 1879.

Tillmann, Wilhelm; Göke, Karl — Kommentar zum Jugendschutzgesetz, Münster 1952.

Tillmann, Wilhelm; Göke, Karl; Becker, Walter — Kommentar zum Gesetz zum Schutze der Jugend in der Öffentlichkeit, 2. Aufl. Münster 1961.

v. Tuhr, Andreas — Verfügungen über künftige Forderungen, DJZ 1904, S. 426–431.

Waag, Karl — Die rechtliche Natur des Ausspielgeschäftes und die Frage von der Gewährleistung für Fehler bei diesem Geschäft, Iherings Jahrbücher für die Dogmatik des heutigen römischen und deutschen Privatrechts, Jena 1883. Bd. 21, S. 393 ff.

Wacke, Andreas — Der Schutzzweck des Beurkundungszwangs bei Grundstückskaufverträgen, JZ 1971, S. 684–685.

Wagner, Kurt — Die rechtliche Natur der Quittung, Breslauer Diss. 1925.

Weber, Werner — Die Körperschaften, Anstalten und Stiftungen des öffentlichen Rechts; Eine rechtstechnische Untersuchung ihrer gegenwärtigen Ordnung, München 1940.
(Zitiert: Körperschaften).

Weber, Werner — Die juristischen Personen des öffentlichen Rechts, Handwörterbuch der Sozialwissenschaften 1. Bd., Göttingen 1956.
(Zitiert: Juristische Personen).

Weber, Wilhelm — Die Allgemeinen Geschäftsbedingungen. Eine rechtliche Gesamtdarstellung. Sonderausgabe aus J.v. Staudingers Kommentar zum BGB, 11. Aufl., Bd. II, Teil 1a, Recht der Schuldverhältnisse, Berlin 1967 (zitiert: Die Allgemeinen Geschäftsbedingungen).

Weber, Wilhelm — Treu und Glauben (§ 242 BGB), Sonderausgabe aus J.v. Staudingers Kommentar zum BGB, 11. Aufl., Bd. II, Recht der Schuldverhältnisse, Teil 1b, Berlin 1961 (zitiert: Kommentar zu § 242 BGB).

Weiser, Erich — Begriff, Wesen und Formen des strafbaren Glücksspiels, Leipziger rechtswissenschaftliche Studien, Heft 49, S. 2 ff., Leipzig 1930.

Weiskam, Godehard — Begriff und Wesen des Glücksspiels im deutschen Strafrecht unter besonderer Berücksichtigung des gewerbsmäßigen Glücksspiels (§ 284 RStGB), Würzburger Diss. 1912.

Weiss, Franz Xaver — Monopol, Handwörterbuch der Staatswissenschaften, 4. Aufl., 6. Bd., Jena 1925.

Wessels, Theodor — Monopol, Staatslexikon Recht, Wirtschaft, Gesellschaft, 6. Aufl., 5. Bd., Freiburg 1960.

Wieacker, Franz — Leistungsbeziehungen ohne Vereinbarung, Zeitschrift der Akademie für Deutsches Recht, 1943, S. 33–38.

Wilda, Wilhelm Eduard — Die Wetten, Zeitschrift für deutsches Recht und deutsche Rechtswissenschaften, VIII. Bd., S. 200 ff., Leipzig 1843.

Windscheid, Bernhard — Lehrbuch des Pandektenrechts, II. Bd., Frankfurt/M. 1906.

Winterstein, Eva — Lotterien im System der aleatorischen Verträge, Hamburger Diss. 1959.

Wolf, Ernst — Zum Begriff des Schuldverhältnisses, Festgabe für Heinrich Herrfahrt, Marburg 1961, S. 197–212.

Wolf, Manfred — Rechtsgeschäftliche Entscheidungsfreiheit und vertraglicher Interessenausgleich (Tübinger Rechtswissenschaftliche Abhandlungen, Band 32) 1970.

Wolff, Hans J. — Verwaltungsrecht II, 3. Aufl. München 1970.

Wolff, Max — Die „moderne Art der Rechtsprechung", Eine Erwiderung, JW 1914, S. 121–126.

Würdinger, Hans — Kommentar zum HGB, vormals herausgegeben von Reichsgerichtsräten, 1. Bd., 3. Aufl., Berlin 1967.

Ziemer, Hermann — Der juristische Unterschied zwischen Spiel und Glücksspiel in Geschichte, Theorie und Praxis, Greifswalder Diss. 1922.

II. Entscheidungssammlungen

AS Rh-Pfl — Amtliche Sammlung von Entscheidungen des Oberverwaltungsgerichts Rheinland-Pfalz (in) Koblenz (1. 1954 ff.).

BGHSt — Amtliche Entscheidungssammlung des Bundesgerichtshofes in Strafsachen.

BGHZ — Amtliche Entscheidungssammlung des Bundesgerichtshofes in Zivilsachen.

BVerfGE — Amtliche Entscheidungssammlung des Bundesverfassungsgerichts

OLG — Die Rechtsprechung der Oberlandesgerichte auf dem Gebiete des Zivilrechts.

Pr. OVG — Entscheidungen des (bis 1918 kgl.) Preußischen Oberverwaltungsgerichts (1.1877–106. 1941).

RGSt — Amtliche Entscheidungssammlung des Reichsgerichts in Strafsachen.

RGZ — Amtliche Entscheidungssammlung des Reichsgerichts in Zivilsachen.

VGH — Sammlung von Entscheidungen des Bayerischen Verwaltungsgerichtshofs mit Entscheidungen des Bayer. Verfassungsgerichtshofs, des Bayer. Dienststrafhofs und des Bayer. Gerichtshofs für Kompetenzkonflikte (neue Folge).

III. Juristische Periodika

Archiv für die civilistische Praxis (AcP)
Archiv des öffentlichen Rechts (AöR)
Der Betrieb (Betrieb)
Der Betriebsberater (BB)
Bayerische Verwaltungsblätter (BayVBl.)
Beiträge zur Erläuterung des Deutschen Rechts, begründet von Gruchot (Gruchot)
Blattei-Handbuch Rechts- und Wirtschaftspraxis (RWP-Blattei)
Deutsche Juristenzeitung (DJZ)
Deutsches Recht (DR)
Deutsche Rechts-Zeitschrift (DRZ)
Juristische Schulung (JuS)
Iherings Jahrbücher für die Dogmatik des heutigen römischen und deutschen Privatrechts (Jena) (Iher. Jahrb.)
Juristische Wochenschrift (JW)
Juristen Zeitung (JZ)
Leipziger rechtsiwssenschaftliche Studien
Monatszeitschrift für Deutsches Recht (MDR)
Niedersächsischer Rechtspfleger (Nds.Rpfl.)
Neue Juristische Wochenschrift (NJW)
Recht der Jugend (RdJ) bzw. Recht der Jugend und des Bildungswesens (RdJB)
Verwaltungs-Archiv (Verw.Archiv)
Veröffentlichungen der Vereinigung der Deutschen Staatsrechtslehrer (VVDStRL) (1. 1924 ff.)
Wertpapiermitteilungen (WM)
Wettbewerb in Recht und Praxis (WRP)
Zeitschrift der Akademie für Deutsches Recht (ZAkDR)
Zeitschrift für die gesamte Strafrechtswissenschaft
Zeitschrift für deutsches Recht und deutsche Rechtswissenschaft.
Zeitschrift für Rechtspolitik (ZRP)

IV. Sammelwerke, sonstige Literatur und Publikationsorgane

Bayerischer Staatsanzeiger, Jahrgang ab 1955, München
BT-Drucksachen der 1. Wahlperiode
Der Große Brockhaus, 7. u. 8. Bd., Wiesbaden 1955
Der Große Duden – Etymologie, Bd. 7, Mannheim 1963
Der Spiegel, Jahrgang 1971
Gewinnspiele 1969, Eine Studie über die Einstellung der Bevölkerung zu Lotto, Toto und Lotterie. I. Analyse und Kommentar des Instituts für Demoskopie, Allensbach/Bodensee
Handwörterbuch der Rechtswissenschaften, 3. Bd., Berlin 1928
Ministerialamtsblatt der Bayerischen Inneren Verwaltung
Motive zum Entwurf eines Bürgerlichen Gesetzbuches für das Deutsche Reich, Bd. I und II Allgemeiner Teil und Recht der Schuldverhältnisse, Berlin 1888

Münchner Abendzeitung, Jahrgang 1968/1971
Münchner Stadtanzeiger, Jahrgang 1967
Sonderschrift 10 Jahre Bayerischer Fußballtoto 1948–1958. München 1958
Süddeutsche Zeitung, Jahrgang 1967, 1971
Toto-Lotto Vorschau und Information, München, Jahrgänge ab 1965 ff.
Quick, Jahrgang 1971.

EINLEITUNG

Kapitel 1
Aufgabe der vorliegenden Untersuchung

Die Entwicklung, welche das Zahlenlotto seit seiner allgemeinen Einführung in Deutschland im Jahre 1955 genommen hat, ist einmalig in der Geschichte der Spiel- und Wettsysteme. 1952 in seiner derzeitigen Spielweise noch unbekannt, lockt es seit 1955 Millionen Menschen aller Altersklassen und Schichten zu den Annahmestellen. Das Zahlenlotto mit seinen geringen Einsätzen und relativ hohen Gewinnchancen scheint eine Gelegenheit zu sein, den Traum vom „Glück und Reichtum über Nacht" zu verwirklichen.

In der Rechtswissenschaft war, soweit ersichtlich, das „Phänomen" Zahlenlotto bislang noch nicht Gegenstand einer näheren Untersuchung. Es bleibt daher äußerst fragwürdig, ob man insbesondere von einem besonderen „Lotto-Recht"[1] sprechen kann.

Für das einige Jahre[2] ältere System des Fußballtotos existieren hingegen schon einige juristische Beiträge[3] und Aufsätze[4] sowie Entscheidungen des Bundesgerichtshofes[5].

Aufgabe der vorliegenden Untersuchung soll es nun sein, zum Recht des Zahlenlottos einen klärenden Beitrag zu leisten. Hierbei soll vornehmlich zivilrechtlichen Problemen Beachtung geschenkt werden, ohne daß diese Anspruch auf Vollständigkeit erheben.

Eine rechtliche Untersuchung über das Zahlenlotto muß sich – mangels einschlägiger Spezialliteratur – in erster Linie auf die erlassenen gesetzlichen Bestimmungen und die Amtlichen Spiel- und Teilnahmebedingungen stützen;

---

1 Eine ähnliche Bezeichnung – „Toto-Recht" – gebraucht Kohlhaas (RWP-Blattei S. 5) für den Fußballtoto.

2 Der erste Wettbewerb fand am 16. Mai 1948 in Bayern statt. Am 3. Oktober 1948 folgte die Staatliche Sport Toto GmbH in Stuttgart, am 14. November 1948 Schleswig-Holstein, am 14. November 1948 Hamburg, am 5. Dezember 1948 Bremen, am 9. Januar 1949 Niedersachsen, am 16. Januar 1949 Rheinland-Pfalz und die Westdeutsche Fußballtoto GmbH in Köln, am 10. April 1949 Hessen, am 21. August 1949 Berlin. Das Saarland kam erst am 3. August 1951 hinzu.

3 Vgl. Hamann, Der Fußballtoto, Kölner Diss. 1950; Gebhardt, Die Fußballwette, Würzburg, Diss. 1955; Simon, Die Rechtsnatur des Totoscheins, Kölner Diss. 1951.

4 Kohlhaas, Toto-Recht; ders., Spiel und Wette, RWP-Blattei, S. 5–16; ders, Rechtsfragen aus Sportwetten, JZ 1951, 135–139; ferner Gebhardt, Der Rechtsweg für Rechtsstreitigkeiten aus der Fußballwette, MDR 1955, 151–152; Hennke, Die Gültigkeit der Strafbestimmungen in den Sportwettgesetzen der Länder, NJW 1953, 1251–1252.

5 Z.B. BGHZ 5, 111 ff.; BGH, Betrieb 55, 47 u.a.m.

daneben werden aber auch Arbeiten und obergerichtliche Entscheidungen zum Teil zu verwandten Einrichtungen heranzuziehen sein. Die spezielle rechtliche Ordnung des Zahlenlottos wird schließlich nur im Zusammenhang mit den allgemeinen Regeln des Vertragsrechts und des Rechts von Spiel und Wette zutreffend erfaßt werden können.

In Anbetracht der Vielzahl der Lottounternehmen, die sich in ihren Spiel- und Teilnahmebedingungen, aber auch in der Form ihrer Lottoscheine erheblich voneinander unterscheiden, erscheint es um der Klarheit der Darstellung willen geboten, ein Lottounternehmen besonders herauszugreifen und anhand dessen Spielbedingungen und Lottoschein die zivilrechtliche Problematik des Zahlenlottos als solche näher darzulegen. Dafür wurden die Amtlichen Spielbedingungen des Süd-Lottos ausgewählt. Das schließt jedoch nicht aus, daß auch Besonderheiten anderer Unternehmen des näheren behandelt werden.

Kapitel 2
Zur Geschichte des Lottos

Man muß in der Geschichte weit zurückblicken, um den Ursprung jener Veranstaltungen entdecken zu können, an denen sich der Mensch seit je beteiligt hat, um mit Hilfe der Fortuna, des Zufalls, des Glücks zu Reichtum zu kommen, jener Veranstaltungen, zu denen auch das Zahlenlotto gehört; denn „solange es Menschen gibt, die im Schweiße ihres Angesichtes ihr tägliches Brot verdienen müssen, so lange war man bestrebt, den weiten und mühevollen Weg zur Befriedigung der Bedürfnisse des menschlichen Lebens abzukürzen und spielend zu erreichen, was sonst nur durch harte Arbeit erreicht werden konnte“[6].

Die Geschichte[7] der Lotterien hat ihre ersten Ansatzpunkte in der congiaria[8] und missilia[9] der Römer[10], denen Glückshäfen und -töpfe folgten. Späterhin standen Warenverlosungen, deren sich Fabrikanten und Großhändler bedienten, um ihre Vorräte schnell und zu guten Preisen abzusetzen, hoch in der Gunst des Volkes. Die eigentlichen Geld-Lotterien, die zum einen Einsätze in bar verlangten, zum anderen aber auch erstmals Geld als Gewinn auswarfen, haben ihren Ursprung in Genua[11]. Von dort aus gelangten sie nach Frankreich[12], Holland[13], England[14] und Deutschland[15].

---

6 So J.Th. Koch, Geschichte des Lotteriewesens in Bayern (1908), S. 1.

7 Vgl. hierzu statt vieler Hahn, Lotterie und Ausspielung (§ 286 RStGB), Würzburger Diss. 1928, S. 8 ff.; Sieghart, Die öffentlichen Glücksspiele (1899), S. 5 ff.; und Roth, Vom Lotto zum Toto (1953), S. 26 ff.

8 Dies waren Geschenkverteilungen der Kaiser (insbes. von Augustus und Nero) von Rom an das Volk mittels Ausgabe von Zetteln, deren Vorzeiger die darauf vermerkten Gegenstände erhielten.

9 Bei der missilia wurden viereckige Täfelchen aus Holz oder Metall – auch hölzerner Kugeln – unters Volk geworfen, und der Aufgreifer erhielt das, was auf den Täfelchen oder der Kugel vermerkt war.

10 Bereits das römische Recht kannte Wetten auf den Ausgang sportlicher Kämpfe und erklärte Wetten bei Spielen, die der körperlichen Ertüchtigung und Übung dienten, für erlaubt (vgl. hierzu Windscheid, Lehrbuch des Pandektenrechts, II. Bd. (1906), § 419, S. 859; ferner Sieghart, S. 7).

11 Vgl. Bender, Die Lotterie (1832), S. 10.

12 Die erste Lotterie in Frankreich wurde 1539 veranstaltet; (vgl. Bender, S. 12).

13 In Holland benutzte man die Lotterie frühzeitig zur Förderung mildtätiger und gemeinnütziger Zwecke; so z.B. 1549 zur Erbauung eines Kirchturms in Amsterdam (vgl. Bender, S. 11).

14 In England wurden beispielsweise in der Zeit vom 11. Januar bis 6. Mai 1569 in einer Ausspielung 400.000 Lose zu 10 sh. gezogen (vgl. Bender, S. 10).

15 In Hamburg wurde 1614 eine Geldlotterie zur Errichtung des dortigen Zuchthauses veranstaltet (vgl. Bender, S. 12).

1. Das Lotto in Italien

Der Genueser Ratsherr Benedetto Gentile[16] soll es gewesen sein[17], der das Lotto[18] erstmals[19] in Italien einführte[20]. In Genua war es Anfang des 16. Jahrhunderts Sitte, die Senatoren durch das Los zu bestimmen; aus 90 Wahlfähigen kamen halbjährig immer 5 zum Zuge[21, 22]. Das reizte das

---

16 Von diesem Benedetto Gentile erzählt man sich die Anekdote: Sein eigener Name sei niemals aus dem Glücksrad gezogen worden, weshalb in Genua die Sage gegangen sein soll, der Teufel habe ihn und seinen Namen geholt. Bei einer später durchgeführten Reparatur des Rades habe sich sein Name jedoch darin befunden (vgl. Bender, S. 9, Fußn. 2).

17 Es wurde sogar schon behauptet, daß der venezianische Maler Lorenzo Lotto das Zahlenlotto erfunden haben soll (vgl. Süddeutsche Zeitung vom 14. April 1966, S. 27).

18 Bei der Deutung des Wortes Lotto ist vom Wort Lotterie auszugehen. Dieses stammt aus dem holländischen Lotterieleben des 16. Jahrhunderts (vgl. Bender, S. 18, Fußn. 1). Niederländisch: loterije gehört es als Ableitung zum niederländischen Wort lot, das im Ablaut zum deutschen Wort Los steht. Dieses wiederum rührt letztlich vom mittelhochdeutschen Wort lōȥ, althochdeutsch hloz, her (vgl. Der Große Duden – Etymologie [1963] Bd. 7, S. 410). Gleichzeitig begegnet man dem Wort auch im englischen Sprachgebrauch als lottery, im französischen als lotterie, im schwedischen als lott. Es wurzelt aber auch dort im gemeingermanischen Wort loȥ, althochdeutsch hliozan, mittelhochdeutsch liezen mit der Bedeutung: „losen, wahrsagen, zaubern“. A.A. ist Fr. Endemann, Beiträge zur Geschichte der Lotterien und zum heutigen Lotterierecht, Bonner Diss. 1882, S. 38, der die Ableitung des Wortes Lotto von Los aus etymologischen Gründen für unmöglich hält. Unter Berufung auf Scaccia, der von der Lotterie sagt, „ludus, quem nos Italo sermone dicimus lotto“, hält er das Wort Lotto für die in Italien übliche Bezeichnung des Spieles, während er das Wort Lotterie mit dem Wort Lotter, wie es beispielsweise im Begriff Lotterbube gebräuchlich ist, in Zusammenhang bringt. Diese Auffassung Endemanns kann nicht zutreffend sein.
Das Wort Lotto ist nichts anderes als die Kurzform des Wortes Lotterie, ähnlich wie die Kurzform „Toto“ für Fußballtoto, das im Wort Totalisator begründet liegt. Eine andere Deutung widerspricht der Etymologie des Wortes Lotterie (vgl. zur Definition des Wortes Lotto auch die Süddeutsche Zeitung vom 1./2. Juli 1967, S. 72).

19 Die ersten, jedoch nicht mehr zuverlässig festzustellenden Anfänge des italienischen Lottos sind um 1530/1550 zu suchen (vgl. Bender, S. 10, Fußn. 3). Dagegen glaubt Rossbach, Lotterie und Ausspielung nach § 286 RStGB, Würzburger Diss. 1926, S. 4, erst seit 1620; Sieghart, S. 101, sogar erst im Jahre 1720. Seit dieser Zeit waren es wohl nur noch Zahlen und keine Namen mehr.

20 Das im Jahre 1948 in Deutschland eingeführte System der Fußballwette hat seinen unmittelbaren Vorgänger in England, wo es seit 1921 bekannt ist (vgl. Gebhardt, Die Fußballwette, S. 6 ff. und Roth, Vom Lotto zum Toto, S. 47).

21 Da die Urne „Seminario“ hieß, erhielt das neue Spiel den Namen „Giuoco del Seminario“; andere Namen waren „Lotto di Genova“; in Deutschland „Italienisches Lotto“ (vgl. J.Th. Koch, S. 4, Fußn. 2).

22 Vgl. u.a. Fr. Endemann, S. 72.

spiellustige Volk, auf den einen oder anderen Namen Wetten einzugehen. Als offenkundig wurde, daß sich mit den planmäßigen Veranstaltungen solcher Wetten – anfänglich noch in privater Hand – Geld verdienen ließ, nahmen sich ihrer einzelne Banken an. Als die Gewinne der Unternehmer größer und größer wurden, bemächtigte sich im Verlaufe des ersten Drittels des 18. Jahrhunderts der Staat dieser Veranstaltungen[23].

Später wurden an die Stelle der Namen, aus denen die Senatoren gelost werden sollten, Zahlen gesetzt. Schließlich wurde die Veranstaltung vom historischen Vorgang der Bestimmung der Senatoren völlig gelöst; die Spielarten wurden mannigfaltiger. Es bildeten sich sogar mit der Zeit feste Spielregeln heraus, und die Ziehungen gewannen immer mehr an Bedeutung und Zulauf[24]. Das auf diese Weise selbständig gewordene Zahlenlotto der damaligen Zeit beruhte auf dem Prinzip, daß aus 90 fortlaufenden Zahlen in einer Ziehung 5 Treffer ermittelt wurden. Die 90 Nummern, deren jede in einer eigenen Kapsel steckte, wurden in ein Glücksrad geworfen, nachdem sie der versammelten Menge gezeigt worden waren. Alsdann zog ein Waisenknabe – zuweilen mit verbundenen Augen und mit einem Handschuh – 5 Nummern; zwischen jedem Zug wurden die Kapseln neu gemischt[25].

Über die Beteiligung am Lotto händigte der Unternehmer dem Spieler in der Regel einen gedruckten Schein aus, auf dem die Höhe des Einsatzes[26]

---

23 Vgl. Bender, S. 10, Fußn. 3; ferner Sommer, Lotto und Toto, Münchener Stadtanzeiger Nr. 21 v. 26. Mai 1967, S. 5.

24 Vgl. J.Th. Koch, S. 4; ferner Der Große Brockhaus, 7. Bd. (1955) unter „Lotterie" S. 330; und Roth, Vom Lotto zum Toto, S. 20.

25 Nach den gewöhnlichen Regeln konnte man damals – zu Beginn des 18. Jahrhunderts – spiele (vgl. hierzu Bender, S. 10 u. S. 28):

a) Einen sog. einfachen Auszug: Man gewann, wenn die besetzte Nummer unter den 5 Treffern war und erhielt 15 mal den Einsatz.

b) Einen bestimmten Auszug: Man gewann, sofern gewisse Nummern in einer vorauszubestimmenden Reihenfolge richtig gesetzt wurden, und erhielt 75 mal den Einsatz ausbezahlt.

c) Eine sog. Ambe: Dem Spieler wurde, wenn er auf zwei von den 5 gezogenen Glücksnummern gesetzt hatte, der Einsatz 250 mal zurückerstattet.

d) Eine sog. Terne: Der Spieler mußte 3 von den 5 gezogenen Nummern gehalten haben und erhielt dann 5300 mal den Einsatz vergütet.

e) Eine sog. Quaterne: Hier mußte man 4 von 5 Glücksnummern besetzt haben und bekam dann den 60.000-fachen Einsatz zurück.

f) Quinen kamen höchst selten vor. Hier erhielt man sogar das 44 Millionenfache des Einsatzes. (Vgl. auch Fr. Endemann, S. 74, Fußn. 1).

26 Die Höhe des Einsatzes war anfänglich den willkürlichen Bestimmungen und dem Belieben der Spieler überlassen. Daher waren auch die Gewinne, die ein Vielfaches des Einsatzes betrugen, in jedem Falle verschieden (vgl. Hahn, S. 12).

eingetragen wurde. Über Verkauf und Ausstellung dieser Scheine wurde genau Register geführt[27, 28].

Das Zahlenlotto verbreitete sich noch im 17. Jahrhundert nach Überwindung kleinerer und größerer Widerstände in ganz Italien. Es wurde zwar wiederholt verboten, ebenso oft aber wieder erlaubt[29].

2. Das Lotto in Bayern und Franken

Von Italien breitete sich das Zahlenlotto nach Bayern aus[30]. Durch Generalmandat vom 27. April 1735[31] wurde diese neue Spielart eingeführt. Man entschied sich für eine einem staatlichen Betrieb ähnliche Einrichtung und verwendete in der Organisation damals fast nur Ausländer – Italiener und Franzosen. Der Leiter des Unternehmens bekam kein festes Gehalt, sondern 10% Tantieme. Gespielt werden konnte auf „Einser", „Zweier" und „Dreier". Der „Einser" wurde im Gewinnfalle mit dem 13 1/2-fachen, der „Zweier" mit dem 300-fachen und der „Dreier" mit dem 2400-fachen Betrag der Einlage bezahlt. Dazu kamen beim „Zweier" 20% und beim „Dreier" 80% „Übergewinn"[32]. Die in Italien bekannten Spielarten der Quaternen und Quinen kannte man in Bayern nicht. Man durfte zwar auch auf 4 oder 5 Zahlen, ja sogar auf alle 90 wetten. Diese Einlagen zählten jedoch nicht als Quaternen

---

27 Vgl. Bender, S. 28. Interessant ist in diesem Zusammenhang die von Bender mitgeteilte Wahrscheinlichkeitsrechnung über Gewinn und Verlust. In einfachen Zügen stand das Verhältnis wie 1:17; in bestimmten Zügen wie 1:89; in Amben wie 1:399 1/2; in Ternen wie 1:11747; in Quaternen wie 1:511.037 (vgl. hierzu auch Sieghart, S. 99).

28 Einem Zeitungsbericht zufolge (vgl. Hilfrich, Die Rechte des Lotteriespielers, Marburger Diss. 1924, S. 2, Fußn. 1) soll im Jahre 1922 in Rom sich folgendes zugetragen haben: „Das abergläubische italienische Volk hat das Ereignis des Todes Benedikts XV. nicht unbenutzt vorübergehen lassen. Es war ein Samstag, als man wußte, daß er nach menschlicher Voraussicht die Krankheit nicht überstehen würde. Am Samstag ist aber Ziehung der Lotterie. Man schlug in den Traumbüchern nach und setzte „7", das sind die Regierungsjahre des Papstes, „72", das ist das Lebensalter, in dem der Papst sterben würde, und endlich „50", welche Zahl den Kardinälen vorbehalten ist. Wer 7, 72 und 5o setzte – und es waren nicht wenige –, der gewann das 3000-fache des Einsatzes, denn diese Zahlen wurden tatsächlich gezogen".

29 Vgl. J.Th. Koch, S. 5; Sieghart, S. 194.

30 Vgl. hierzu auch Roth, Vom Lotto zum Toto, S. 35 ff.; Zur Geschichte des Zahlenlottos in Österreich vgl. Sieghart, S. 102 ff.; hinsichtlich seines Systems S. 330 ff.

31 Vgl. J.Th. Koch, S. 209–214 (Beilage 1); sowie Lammers, Stellung und Bedeutung des Lotteriewesens in der heutigen Gesellschaft, in 200 Jahre Zahlenlotterie in Deutschland – 10 Jahre Nordwest-Lotto S. 21 (S. 27 ff.).

32 Vgl. J. Th. Koch, S. 33.

oder Quinen, sondern es wurden nur die darin enthaltenen Einser, Zweier oder Dreier berechnet. Jeder Spieler bekam eine gedruckte „Amtspolite" in die Hand, die neben dem kurfürstlichen Siegel den Vermerk „zu zahlen", sodann Angaben über die gewählten Nummern und über die Höhe und Art des Spieles trug. Ziehungen fanden damals jährlich neun statt. Der Vorgang bei der Ziehung war dem in Italien sehr ähnlich. Dem Lotto war kein langer Erfolg beschieden. Bereits im Jahre 1737 ging es ein[33].

Am 17. Januar 1739 wurde es in Bayern wieder eingeführt und mit geringen Änderungen im System von 1735 gespielt. Jedoch auch dieser Versuch scheiterte 1743 wieder; die Hauptschuld daran wird dem 1741 ausgebrochenen österreichischen Erbfolgekrieg zugeschoben. Erst der dritte Versuch im Jahre 1760 war erfolgreich; die Einrichtung des Lottos hielt sich, als man Giuseppe di Santo Vito und Companie für 12 Jahre die Konzession erteilte. Sein Spielplan hatte wenig Ähnlichkeit mit dem aus dem Jahre 1735. Vielmehr war er dem in Österreich bestehenden Lotto nachgebildet[34, 35].
Auch in Franken fand das Lotto Eingang. So wurde es z.B. im Fürstbistum Bamberg durch Fürstbischof Adam Friedrich am 30. April 1759 sämtlichen Pfarrern des Hochstifts mit folgenden Worten empfohlen[36]: „Das Pfarrvolk zur Einlage kräftigst anzumahnen und selbigem wohlbegreiflich vorzustellen, daß ein jeder von einer so geringen Einlage nicht nur sich die Hoffnung zu einem ansehnlichen Geldgewinn machen dürfe, sondern auch in dem Anbetracht, daß er von dem Einlage-Quanto abzuziehende 10 Pfennig lediglich zur Hilfe deren notleidenden Armen und zu anderen seelenverdienstlichen guten Werken verwendet werde, dafür von Gott, als den Belohner alles Guten, eine zeitliche und ewige Belohnung zu gewärtigen habe". Diesen geistlichen Empfehlungsworten folgte aber in Bamberg und Umgebung sehr rasch eine starke Ernüchterung und ein erhebliches Mißtrauen, da sich bald die Schattenseiten dieses Spieles zeigten. Man sah sich daher im Jahre 1786 veranlaßt, das Lotto wieder abzuschaffen[37]

---

33 Vgl. J. Th. Koch, S. 40.

34 Zur inneren Verfassung der damaligen Lottoanstalt und hinsichtlich der finanziellen Seite des Lottos vgl. J.Th. Koch, S. 55 ff., 78 ff. und 82 ff.

35 Vgl. J.Th. Koch, S. 61. Er kommentiert diese Tatsache mit den Worten: „Das Giftbäumchen, das aus dem sonnigen Süden in den rauhen Norden verpflanzt, anfangs nicht zu gedeihen schien, hatte nun allmählich feste Wurzeln gefaßt, und es bedurfte nur der Tätigkeit eines umsichtigen und rührigen Gärtners, um zum mächtigen Baume heranzuwachsen, dessen Früchte für viele ein unentbehrliches Genußmittel bildeten und auch dann nicht weniger begehrt wurde, als man sah, daß ihr Genuß gar manchem Siechtum und Tod brachte".

36 So Leitschuh, Franz Ludwig v. Erthal, (1894) S. 82 ff.

37 Wie man zu diesem Zeitpunkt über das Lotto in Bamberg dachte, zeigt folgende, dortselbst erschienene „Todesanzeige" (vgl. hierzu J.Th. Koch, S. 110, Fußn. 1):

Als Franken 1806 zu Bayern kam, wurde das Lotto wieder eingeführt. An seine Spitze trat mit der Reorganisation im Jahre 1807 eine General-Lotto-administration, die direkt dem Finanzministerium unterstellt blieb. Um auch eine Verbreitung über das Land zu sichern, wurden damals Mittelstellen zwischen Generaladministration und Einnehmern geschaffen und neue Lotto-Ämter eingeführt. Die Zahl der Kollekteure stieg im Zeitraum von 1800 bis 1820 von 100 auf 500. Überall erfolgte dreimal monatlich die Ziehung der Zahlen auf dem Rathaus[38].

Im Jahre 1819 entbrannten schwere Auseinandersetzungen um das Fortbestehen des Lottos. Dieser Kampf zog sich 42 Jahre lang hin. Die einen argumentierten, daß das Lotto dem Menschen das höchste Gut des Lebens – Hoffnung – gewähre; von der anderen Seite wurde vom Zahlenlotto als „der Pest des Staates"[39] oder als „diesem von der Hölle ausgebrüteten Gewebe einer teuflischen Bosheit" gesprochen, „das sich so verbreitet habe, daß sich kein Städtchen, kein Reichsgraf fände, der nicht dies Schröpfmittel seinen Untertanen ansetze"[40]. Erst nach 42-jährigem Hin und Her wurde das Lotto in Bayern endgültig abgeschafft. Zuletzt hauptsächlich, weil die Kirchen dagegen auftraten[41]. Seit dem 31. Dezember 1861 gab es in Bayern kein Zahlenlotto mehr[42, 43].

„Im Jahre 1786, den 27. Dezember, verschied dahier Madame Lotto im 20. Jahre ihres Alters. Sie gebar 340 mal und jedesmal 90 Kinder, wovon die ersten fünf glücklich, die übrigen aber unglücklich zur Welt kamen. Der Zustand dieser Krankheit bestand in einem hitzigen Magen, der alles: Äcker, Wiesen, Häuser, Uhren, Betten und alle möglichen Kleidungsstücke verzehrte, daher kam es, daß sie in ihrem letzten Kindsbette erstickte".

38 Vgl. J.Th. Koch, S. 129 ff.

39 So Leitschuh, S. 83.

40 Vgl. Fr. Endemann, S. 75, 76.

41 Vgl. J.Th. Koch, S. 148.

42 Vgl. J. Th. Koch, S. 194.

43 Aus diesem Anlaß erschien auf Betreiben der Lottogegner am 17. Dezember 1861 in der Münchner Presse eine „Todesanzeige" (vgl. Roth, Das große Los [1938], S. 96):

> „Dem erforschlichen Rathschlusse der Abgeflogenen hat es gefallen, unsere innigst geliebte Tochter, Urgroßmutter und Schwester Fräulein Fortunato Lotto, k.b. privilegierte Glücks- und Unglücksbringerin, nach vielfachen schmerzlichen Leiden, sowie nach Empfang von gegen Himmel schreienden Verwünschungen, versehen mit der allhöchsten Genehmigung, in einem Alter von 100 Jahren frisch und gesund und in den festen Willen der Abgeordneten sich fügend, in das Land der Vergessenheit zu schicken. Dieselbe litt schon seit 1819 an verschiedenen Schlaganfällen, an welchen sie endlich am 10. Dezember 1861 zu München unter dem Schalle der Trompeten und Pauken im hiesigen Rathaussaale – nachmittags 4 Uhr – gänzlich erlag. Die Verblichene wurde zur Zeit der Regierung des Churfürsten Maximilian zu München nachmittags 4 Uhr den 28. April 1761

Abschließend sei hier noch vermerkt, daß auch im übrigen Deutschland Mitte des 18. Jahrhunderts das Lotto allmählich Eingang fand. So z.B. 1763 in Berlin-Stadt, 1764 in Mannheim, 1768 in Coburg, 1770 in Bonn, Köln, Hamburg, Gotha, 1771 in Altona, Wetzlar, Braunschweig und Kassel[44].

3. Seine Einführung im heutigen System in Deutschland

Das Zahlenlotto in seiner derzeitigen Gestalt und seinem derzeitigen Spielmodus wurde im Oktober 1955 in Norddeutschland und Bayern[45] eingeführt. Die übrigen Bundesländer schlossen sich nach und nach an, zuletzt im Jahre 1958 Baden-Württemberg. Das Berliner Zahlenlotto[46] ist seit Oktober 1959 dem Deutschen Lottoblock angegliedert.

Das Zahlenlotto unserer Tage unterscheidet sich schon vom „Lotto di Genova" dadurch, daß Waren bei diesem aus einer Reihe von 90 Zahlen eine bis höchstens 5 Nummern auszuwählen waren, während beim Zahlenlotto von heute aus 49 Zahlen 6 Zahlen vorauszusagen sind, um in einer der fünf Gewinnklassen erfolgreich sein zu können.

---

geboren und schickte schon als Kind durch folgende Nummern: 13, 71, 72, 4, 82 ihre zahlreichen Anbeter in den April. Ob die Dahingeschiedene einem freundlichen Andenken würdig ist, überlassen wir dem geehrten Publikum und den hinterbliebenen Kollekteuren. Wir aber bitten um eine herzliche Teilnahme und um fleißigen Zuspruch.

München, den 17.12.1861 Die lachenden Erben:

Lotto Frankfurta Spiela Wiesbadia

Lotto Austria Infania Nassania

im Namen sämtlicher noch lebender Lotterie-Basen."

44 Vgl. Fr. Endemann, S. 74, 75.

45 Die erste Ausspielung in Bayern fand am 9. Oktober 1955 statt (vgl. hierzu Rodler, Der Fußballwetter und der Lottospieler [1959] – nicht veröffentlicht – S. 2.)
Am gleichen Tag fand auch die erste Ausspielung durch die Nordwestdeutsche Klassenlotterie Hamburg für die Länder Hamburg, Schleswig-Holstein und Nordrhein-Westfalen statt. Am 16. Oktober 1958 schied die Nordwestdeutsche Klassenlotterie aus dem Lotto-Blockvertrag aus und an ihre Stelle trat das Nordwest-Lotto in Nordrhein-Westfalen, Köln, das Nordwest-Lotto und Toto, Hamburg und die Schleswig-Holsteinische Lotto und Toto GmbH, Kiel.
Die erste Ausspielung in Bremen fand am 13. Mai 1956, in Niedersachsen am 10. Juni 1956, in Hessen am 2. September 1956, in Rheinland-Pfalz am 2. Dezember 1956, im Saarland am 6. Januar 1957, in Baden-Württemberg am 13. April 1958 und in Berlin (hier 6 aus 49) am 4. Oktober 1959 statt.

46 Vom Januar 1953 bis 4. Oktober 1959 wurden in Berlin 5 aus 90 Zahlen gezogen (vgl. zu diesem Spielsystem das Urteil des Kammergerichts Berlin vom 17. Oktober 1957 – 4 U 1106/57). Seitdem ist das Berliner Zahlenlotto dem Deutschen Lottoblock angeschlossen (so die Mitteilung der Staatlichen Lotterieverwaltung München).

Kapitel 3
Die wirtschaftliche Bedeutung des Zahlenlottos

Als im Jahre 1955 das Zahlenlotto in seiner derzeitigen Gestalt eingeführt wurde, war nicht vorauszusehen, wie sich dieses neuartige Spielsystem durchsetzen würde. Damals nämlich bestand der Fußballtoto schon einige Jahre und erfreute sich sehr großer Beliebtheit. Besonders als der wirtschaftliche Wiederaufschwung in der Bundesrepublik Deutschland in kurzer Zeit dem Großteil der Bevölkerung zu Wohlstand verholfen hatte, stiegen von Sonntag zu Sonntag die Umsätze und damit die Gewinnquoten im Toto. Diese Spiel- bzw. Wettart hatte den großen Vorteil auf ihrer Seite, daß sich die allgemeine Begeisterung und das Interesse, das „König Fußball" unter den breiten Massen auslöste, mit der Erwartung verknüpfte, mit geringem Einsatz einen verhältnismäßig hohen Gewinn erzielen zu können.

Daneben bleibt das schon seit vielen Jahrzehnten bekannte Wetten bei Pferderennen von wirtschaftlich sehr geringer Bedeutung. Sein Nachteil war und ist, daß der Kreis der Liebhaber von Pferden und der Freunde des Pferdesports seit je bei uns verhältnismäßig klein ist, und daß die Zahl der Sachkundigen und Wettlustigen dementsprechend gering bleibt. Zudem ist das Ausspielverfahren nicht einfach und deshalb wenig reizvoll; was wiederum zur Folge hat, daß in aller Regel keine übermäßig hohen Gewinne erzielt werden können.

In diese Situation trat nun das Zahlenlotto ein. Es verlangt im Gegensatz zum Toto und dessen System oder zur Pferderennwette keine besondere Sachkenntnis. Es müssen „nur" willkürlich 6 Zahlen angekreuzt werden. Anhaltspunkte für das vermutliche Ergebnis des Lottos fehlen völlig; rationale Schätzungen, auf Erfahrungen beruhende Wertungen oder andere für das Ergebnis bedeutsame, möglicherweise komplizierte Überlegungen über den Ausgang der einzelnen Begegnungen und Rennen lassen sich nicht anstellen. Hatten sich deshalb Fußballunkundige abhalten lassen, ihr Glück im Toto zu versuchen, so wurden diese restlichen Zauderer oder an der Wette Nichtinteressierte von dem neuen, überaus einfachen System des Zahlenlottos angesprochen. Was selbst größte Optimisten bei der Gründung des Lottos nicht vorauszusagen wagten, trat ein: Das neue System – ein weiterer Versuch und Beitrag, die im Menschen nun einmal vorhandene Wett- und Spielleidenschaft in geregelte, überschau- und kontrollierbare Bahnen zu leiten –, fand in kürzester Zeit eine so große Anhängerschar, daß von Wochenende zu Wochenende die Umsatzkurve steiler anstieg. Die Entwicklung wurde außerdem dadurch begünstigt, daß sich die vorerst in den verschiedenen Bundesländern, teils vom Staat in eigener Regie, teils durch besondere Toto- und Lottounternehmen mit staatlicher Genehmigung und Kontrolle betriebenen Lottogesellschaften[47] – zu einem einheitlichen Lotto-Block, dem sog.

Deutschen Lotto-Block, zusammenschlossen[48]. Damit konnten die in den einzelnen Ländern umgesetzten Beträge zusammengeschüttet und einheitlich verteilt werden[49].

Durch die stetig in die Höhe steigenden Gewinnanteile wurde gleich nach Beginn der Einführung des Lottos geradezu eine „Beteiligungslawine" ausgelöst; der Gewinn für 6 richtig vorausgesagte Zahlen wuchs schnell auf über 1 Million DM. Auf dem Höhepunkt dieser Entwicklung, als die wöchentlich ausgeworfenen Rekordsummen bereits die 1,5-Millionengrenze überstiegen hatten und die 2-Millionengrenze in erreichbare Nähe zu rücken schien[50], sahen sich die Verantwortlichen des Lotto-Blocks veranlaßt, für das Zahlenlotto den Höchstbetrag eines Gewinnes auf DM 500.000.– zu begrenzen[51, 52, 53]. Die Beteiligung am Lotto ließ dennoch nicht nach.

Diese überraschende Entwicklung des Zahlenlottos hatte zur Folge, daß die Popularität des Fußballtotos zeitweilig bis zur Bedeutungslosigkeit herabsank. Auch die Höhe der ausgeschütteten Gewinnanteile am Toto ging dadurch stark zurück.

Das Zahlenlotto, welches in allen Bevölkerungsschichten seine zahlreichen Anhänger findet[54], kann man, ohne zu übertreiben, in wirtschaftlicher

---

47 Diese sind: In Bayern die Staatliche Lotterieverwaltung in München; in Baden-Württemberg das Staatliche Zahlenlotto Baden-Württemberg in Stuttgart; in Berlin die Deutsche Klassenlotterie, Berlin; in Bremen die Bremer Toto und Lotto GmbH; in Hamburg die Nordwest Lotto und Toto Hamburg; in Hessen die Lotterie-Treuhand Gesellschaft m.b.H. Hessen in Wiesbaden; in Niedersachsen die Niedersächsische Zahlenlotto GmbH in Hannover; in Nordrhein-Westfalen das Nordwest Lotto in Köln; in Rheinland-Pfalz die Sport Toto GmbH in Koblenz; im Saarland die Saarland Sporttoto GmbH in Saarbrücken und in Schleswig-Holstein das Nordwest-Lotto – Staatliche Lotterie des Landes Schleswig-Holstein in Kiel.

48 Vgl. hierzu Winterstein, Lotterien im System der aleatorischen Verträge, Hamburger Diss. 1959, S. 13 und 92.

49 Zum Motiv der Blockverträge vgl. Winterstein, S. 90, Fußn. 299.

50 Der höchste jemals erzielte Einzelgewinn betrug DM 1.518.966,50.

51 Dies geschah am 21. Oktober 1956. Damit ist jedoch nicht ausgeschlossen, durch System- oder Mehrfachspiele bei einer Auslosung weit höhere Beträge zu erzielen. (Z.B. gewann im März 1971 ein Münchner Architekt aufgrund 4 x 5 Richtiger mit Zusatzzahl insgesamt DM 939.389,60) – (so der Bericht der Münchner Abendzeitung vom 18. März 1971, S. 1.).

52 Vgl. auch Ziff. 16 Nr. 3 der Amtlichen Spielbedingungen des Süd-Lottos vom 30. September 1962, gültig ab 1. Oktober 1962 (im Anhang). (Wenn im folgenden nichts anderes vermerkt ist, handelt es sich bei den zitierten Spielbedingungen stets um diejenigen des Süd-Lottos).

53 Im Jahre 1968 waren vorübergehend Bestrebungen im Gange, den Höchstbetrag der Gewinne auf 1 Million DM anzuheben (vgl. hierzu den Bericht in der Münchner Abendzeitung vom 23./24. November 1968, S. 3).

54 Sehr aufschlußreich sind hierzu die statistischen Unterlagen des Instituts für Demoskopie in Allensbach am Bodensee, welches bereits im April 1959 an 2000 über 16 Jahre alte Personen eines repräsentativen Bevölkerungsquerschnitts die Frage stellte: „Spielen Sie manchmal im Zahlenlotto? “.

	Ja, regelmäßig	Ab u. zu	Nur 1-2 mal versucht	Nein
Bevölkerung insgesamt	29 %	24 %	6 %	41 % = 100 %
Männer	35 %	25 %	5 %	35 % = 100 %
Frauen	23 %	24 %	7 %	46 % = 100 %
Altersgruppen				
16-29 Jahre	26 %	25 %	6 %	43 % = 100 %
30-44 Jahre	33 %	25 %	7 %	35 % = 100 %
45-59 Jahre	31 %	27 %	6 %	36 % = 100 %
60 Jahre u. älter	23 %	19 %	6 %	52 % = 100 %
Schulabschluß				
Volksschule	29 %	24 %	7 %	40 % = 100 %
Mittlere Reife	31 %	27 %	5 %	37 % = 100 %
Abitur	21 %	19 %	2 %	58 % = 100 %
Berufskreise				
Arbeiter	33 %	27 %	7 %	33 % = 100 %
Landwirtschaftl. Berufe	11 %	14 %	77 %	68 % = 100 %
Angestellte	32 %	24 %	5 %	39 % = 100 %
Beamte	26 %	23 %	4 %	47 % = 100 %
Selbständige in Handel u. Gewerbe, Freie Berufe	26 %	27 %	5 %	42 % = 100 %
Netto-Monatseinkommen d. Hauptverdieners				
unter 250,– DM	17 %	20 %	5 %	58 % = 100 %
250-399,– DM	29 %	27 %	6 %	38 % = 100 %
400-599,– DM	33 %	25 %	7 %	35 % = 100 %
600-799,– DM	29 %	24 %	3 %	44 % = 100 %
800,– DM und mehr	28 %	19 %	6 %	47 % = 100 %
Schleswig-Holstein	24 %	35 %	6 %	35 % = 100 %
Hamburg u. Bremen	37 %	25 %	5 %	33 % = 100 %
Niedersachsen	30 %	25 %	5 %	40 % = 100 %
Nordrhein-Westfalen	35 %	26 %	5 %	34 % = 100 %
Hessen	35 %	23 %	5 %	37 % = 100 %
Rheinland-Pfalz und Saarland	26 %	22 %	10 %	42 % = 100 %
Bayern	22 %	25 %	7 %	46 % = 100 %
Baden-Württemberg	19 %	16 %	6 %	59 % = 100 %
West-Berlin	34 %	34 %	5 %	27 % = 100 %

(Vgl. hierzu auch die aufschlußreiche und umfassende Schrift von Rodler).

Eine noch umfassendere Studie erarbeitete das Institut im Jahre 1969 (Gewinnspiele 1969, Eine Studie über die Einstellung der Bevölkerung zu Lotto, Toto und Lotterie). Daraus ergibt sich (S. 20) z.B. folgendes spielstatistische Porträt der Teilnehmerkreise von Lotto, Toto und Lotterie:

	Teilnehmer an Gewinnspielen insgesamt %	Teilnehmer an: Lotto 6 aus 49 %	Toto 6 aus 39 %	Toto 12er Wette %	Klassen-Lotterie %	Zum Vergleich: Erwachsene insgesamt %
Männer	56	55	70	81	(48)	46
Frauen	44	45	30	19	(52)	54
	100	100	100	100	100	100
Altersgruppen						
16-29 Jahre	30	29	31	38	(25)	29
30-44 Jahre	29	30	27	20	(27)	26
45-59 Jahre	27	27	28	34	(32)	27
60 Jahre und älter	14	14	14	8	(16)	18
	100	100	100	100	100	100
Schulabschluß						
Volksschule	79	79	80	87	(68)	76
Höhere Schule ohne Abitur	18	17	15	11	(32)	18
Abitur	3	4	5	2	X	6
	100	100	100	100	100	100
Berufskreise						
Landwirtschaftliche Berufe	6	6	5	6	(14)	10
Arbeiter	52	52	59	67	(34)	48
Angestellte	25	25	20	14	(23)	23
Beamte	7	7	4	4	(7)	7
Selbständige in Handel und Gewerbe	9	9	11	9	(20)	11
Freie Berufe	1	1	1	X	(2)	1
	100	100	100	100	100	100
Regionale Bereiche						
Norddeutschland	20	21	13	15	(18)	21
Nordrhein-Westfalen	34	34	38	35	(25)	29
Rhein-Main/Südwest	32	31	29	27	(32)	32
Bayern	14	14	20	23	(25)	18
	100	100	100	100	100	100
Stadt und Land						
Dörfer	21	21	22	18	(27)	22
Kleinstädte	27	26	21	23	(27)	28
Mittelstädte	20	21	22	23	(18)	19
Großstädte	32	32	35	36	(28)	31
	100	100	100	100	100	100

( ) = Indikationswerte X = unter 0,5 %

Hinsicht als ein großes Industrieunternehmen „ohne rauchende Schornsteine" bezeichnen[55].

Dieses Attribut hat sich das Zahlenlotto – mehr noch als der Fußballtoto – verdient; denn es stellt einen beachtlichen Faktor innerhalb unseres Wirtschaftslebens dar: Der Druck der Spielscheine bringt der Papierindustrie und dem Druckereigewerbe große Umsätze ein; die Bundesbahn und Bundespost erzielen aus dem Transport der Spielscheine, der Drucksachen und Werbesendungen, aus Geldüberweisungen und dergleichen hohe Einnahmen. Schließlich erhalten auch die Zeitungsverlage für die regelmäßigen Spielschein-Beilagen erhebliche Beträge. Letztlich werden nicht unbedeutende Summen der Wirtschaft durch die Gewinner selbst zugeführt, da diese ihre Gewinne meist sofort in Kleidern, Haushaltsgegenständen, Möbel, Automobilen und anderen Luxus- und Gebrauchsgegenständen anlegen. Größere Gewinne finden Verwendung für Bauvorhaben oder zur Gründung einer neuen Existenz[56].

---

55 So für den Fußballtoto die Sonderschrift, 10 Jahre Bayerischer Fußballtoto 1948–58 (1958), S. 13. Der in dieser Sonderschrift wiedergegebene Bericht über die wirtschaftliche Stellung des Totos kann für das Zahlenlotto, für welches eine solche Zusammenstellung nicht besteht – die am 19./20. Februar 1966 zur 10-Jahresfeier des Zahlenlottos herausgegebene achtseitige Sonderausgabe der Toto-Lotto-Vorschau enthält überwiegend nur die Lottogewinnzahlen zwischen 1955 und 1965 und die Lotto-Quoten 1965 –, übernommen werden. Das Lotto übertrifft den Toto an Umfang und Ausmaß erheblich, so daß die in dieser Sonderschrift angeführten Daten vom Lotto noch überboten werden. Ferner ist das Lotto bei allen Unternehmen organisatorisch mit dem Totobetrieb verbunden.

56 Vgl. die Sonderschrift, S. 13 ff.; ferner die Studie des Allensbacher Institutes „Glücksspiele" 1969 (S. 79). Danach entschieden sich im Falle eines großen Gewinnes die befragten Teilnehmer

	Teilnehmer an Lotto, Toto, Lotterie %
für den Kauf oder Bau eines Hauses	64
für die Einzahlung auf ein Sparkonto	45
für den Kauf von Wertpapieren	38
für den Kauf eines Grundstücks	35
für den Abschluß einer Lebensversicherung	23
zum sich selbständig machen oder zum Aufbau einer eigenen Existenz	20
um sich Schmuck, Gold oder Kunstwerke zu kaufen	13
zum Kauf von Möbeln und anderen Einrichtungsgegenständen	33
um eine Weltreise zu machen	32
um ein großes Auto anzuschaffen	21
um Schulden zurückzuzahlen	17
um Verwandten, Bekannten großzügige Geschenke zu machen	16
für Spenden für wohltätige Zwecke	15
um nicht mehr zu arbeiten	10

Es würde hier zu weit führen, alle Wirtschaftszweige aufzuzählen, die direkten oder indirekten Nutzen aus dem Zahlenlotto ziehen. Es sei nur noch darauf hingewiesen, daß auch unter dem Gesichtspunkt der Arbeitsbeschaffung[57] das Zahlenlotto Beachtung verdient. Um einen einzigen Spieltag reibungslos, schnell und sicher durchführen zu können, ist nicht nur ein permanent für diesen Zweck arbeitender Personalstab, sondern auch ein Heer von Mitarbeitern und Helfern notwendig. Allein in den verschiedenen Vertriebsorganisationen des Zahlenlottos (in Verbindung mit dem Fußballtoto) mit ihren annähernd 20.000 Annahmestellen im gesamten Bundesgebiet finden eine große Anzahl von Menschen Beschäftigung; unter anderem auch Kriegsversehrte, Hausfrauen, Studenten und Rentner, denen eine kleine Nebenverdienstmöglichkeit geboten wird, indem sie bei der Auswertung der Spielscheine „vom Schicksal oft wenig begünstigt, eifrig auf der Suche nach dem Glück anderer sind"[58].

Ein sehr eindrucksvolles Gesamtbild von der noch heute ständig steigenden wirtschaftlichen Bedeutung des Zahlenlottos vermittelt auch die Statistik über die erzielten Umsätze[59, 60].

---

57 Vgl. ferner zur Frage der Verwendung von Lottogewinnen die interessante und umfassende Analyse von Heinz Allekotte: Sparneigung und Sparformen, eine Analyse am Beispiel der Verwendung von Lottogewinnen, Beiträge des Deutschen Instituts 9. Jahrgang, Heft 2, 1971. Daraus ergibt sich bei der Verwendungsart von Gewinnen nach der Häufigkeit der Nennungen folgendes Bild

1	Bar/Konto	66,4%
2	Möbel/Einrichtung	54,5%
3	Geschenke	38,3%
4	Eigenheim/Eigentumswohnung, Grundstück	37,9%
5	Auto	34,7%
6	Wertpapiere/Aktien etc.	25,0%
7	Reisen	24,3%
8	Schmuck/Gold	16,7%
9	gehobener Verbrauch	15,6%
10	Miethaus	12,3%
11	Spenden	9,8%
12	Lebensversicherung	6,9%
13	Kunstgegenstände	5,9%
14	Unternehmensgründung oder Beteiligung	4,9%

(vgl. hierzu auch den Bericht der Süddeutschen Zeitung vom 2. November 1971, S. 21.)

58 So die Sonderschrift S. 13 ff.

59 Entnommen den Statistischen Unterlagen der Staatlichen Lotterieverwaltung in München, die dem Verfasser freundlicherweise zur Verfügung gestellt wurden.

Danach betrug der Gesamtumsatz im Deutschen *Lottoblock*

im Jahre	1955	17.882.756,50
	1956	330.210.548,50
	1957	809.912.989,50
	1958	937.874.566,–
	1959	1.015.885.950,50
	1960	1.109.008.243,–
	1961	1.202.986.078,50
	1962	1.296.111.076,–
	1963	1.331.260.965,–
	1964	1.390.289.168,50
	1965	1.588.178.462,50
	1966	1.805.178.534,50
	1967	2.013.221.593,–
	1968	1.985.679.852,50
	1969	2.036.000.667,–
	1970	2.106.909.873,50

Demgegenüber betrug der Umsatz des Deutschen *Totoblocks*[61]

		Ergebniswette	Auswahlwette
im Jahre	1958	137.576.164,–	5.629.504,–
	1959	117.761.418,50	4.768.357,–
	1960	115.226.199,50	4.118.542,–
	1961	100.248.216,50	5.065.213,–
	1962	89.889.079,–	28.480.791,50
	1963	76.232.477,–	114.393.874,–
	1964	91.334.627,50	114.521.361,50
	1965	86.635.014,–	120.941.395,50
	1966	88.200.014,–	130.474.935,–
	1967	96.969.925,–	131.924.663,–
	1968	82.454.497,50	134.879.935,–
	1969	79.703.202,50	142.923.515,50
	1970	70.346.670,–	152.270.117,–

60 Der Allensbacher Studie (S. 71) ist zu entnehmen, daß nur 45% der Teilnehmer schon einmal etwas gewonnen haben und zwar: 13% unter DM 5,–, 8% zwischen DM 5,– und DM 20,–, 5% zwischen DM 20,– und DM 50,–, 14% zwischen DM 50,– und DM 100,–, 3% zwischen DM 100,– und DM 400,– und 2% über DM 400,–.

61 Der Toto-Lotto Vorschau und Information vom 22./23. April 1967 ist beispielsweise zu entnehmen, daß bei der 400. Lottoausspielung der Gesamtumsatz DM 24.528.207,50, bei der 500. Ausspielung DM 30.578.927,50 und bei der 600. Ausspielung am 8. April 1967 DM 37.066.872,50 betrug. Der jemals erzielte wöchentliche Höchsteinsatz lag bei DM 41.835.867 (49. Ausspielung 1966).

Ein weiterer bezeichnender Hinweis auf die Popularität und „Überlegenheit" des Lotto dem Toto und anderen Ausspielarten gegenüber zeigt sich aus der willkürlich ausgewählten Ergebnisliste von vier Ausspielungen hintereinander. Es handelt sich hierbei um die 9., 10., 11. und 12. Ausspielung von Lotto und Toto sowie „6 aus 39" am 27. Februar, 6., 13. und 20. März 1971. Danach gewannen beim Lotto in der 7. Ausspielung in der 1. Klasse 6 Teilnehmer je DM 500.000,–, in der 2. Klasse 28 je DM 84.075,10, in der 3. Klasse 1314 je DM 4.074,65, in der 4. Klasse 81.422 je DM 65,75 und in der 5. Klasse 1.548,773 Teilnehmer je DM 3,45.

Bei der gleichen Ausspielung erzielten im 1. Rang des Totos 47 Teilnehmer je DM 7.196,45, im 2. Rang 1609 Teilnehmer je DM 210,20 und im 3. Rang 20.186 Teilnehmer je DM 16,75.

Die Relation von „6 aus 39" zum Zahlenlotto erscheint demgegenüber zumindest im 1. Rang noch bedeutend günstiger, denn hier gewann am nämlichen Ausspieltag 1 Teilnehmer immerhin DM 359.457,20.

Ähnlich verhielt es sich bei der 10. Ausspielung vom 6. März 1971

Lotto:			Toto:			
1. Klasse	4 x	500.000,–	1. Rang	625 x	510,75	DM
2. Klasse	48 x	71.394,65	2. Rang	11965 x	26,65	DM
3. Klasse	1556 x	3.487,75	3. Rang	94432 x	3,35	DM
4. Klasse	88247 x	61,45	„6 aus 39"			
5. Klasse	1 596744 x	3,35	im 1. Rang	1 x	360.849,65	DM

11. Ausspielung am 13. März 1971

Lotto:			Toto:			
1. Klasse	1 x	500.000,–	1. Rang	1.260 x	248,70	DM
2. Klasse	21 x	234.847,40	2. Rang	20.132 x	15,55	DM
3. Klasse	891 x	6.096,25	3. Rang	140.994 x	2,20	DM
4. Klasse	64784 x	83,80	„6 aus 39"			
5. Klasse	1.373156 x	3,95	im 1. Rang	2 x	181.193,45	DM

12. Ausspielung am 20. März 1971

Lotto:			Toto:			
1. Klasse	3 x	500.000,–	1. Rang	124 x	2.555,70	DM
2. Klasse	42 x	93.018,60	2. Rang	6.203 x	51,05	DM
3. Klasse	2.222 x	2.433,25	3. Rang	51.832 x	6,10	DM
4. Klasse	90.456 x	59,75	„6 aus 39"			
5. Klasse	1.620.904 x	3,30	im 1. Rang	12 x	30.361,95	DM

Wenn man sich die vom Deutschen Lottoblock im Jahre 1970 erzielte Gesamtumsatzzahl von über 2 Milliarden DM nochmals vergegenwärtigt, ist die Frage berechtigt: Wem floß dieser Riesenbetrag zu?

Grundsätzlich werden vom Gesamtbetrag der Spielumsätze 50% als Gewinnsumme an die Lottospieler ausgeschüttet[62]; das heißt, über eine Milliarde DM wurde an die Gewinner ausgezahlt und fand von diesen aus ihren Weg in die Wirtschaft. Die andere Hälfte der vereinnahmten Gelder wurde dann – beispielsweise im Bereich des Süd-Lottos – prozentual wie folgt aufgeteilt:

Auf die Lotteriesteuer entfielen 16 2/3%, für die Provision der Annahme- und Bezirksstellen wurden 8,6%, für den Druck der Lottoscheine und Werbung 1,1% aufgewandt. Als Reingewinn wurden 25,3% vereinnahmt[63, 64].

---

62 Vgl. hierzu Ziff. 16 Nr. 1 der Amtlichen Spielbedingungen; bei den übrigen Lottounternehmen sind es ebenfalls 50%.

63 Die angegebenen Prozentsätze für Provision und Reingewinn können sich – laut Auskunft der Lotterieverwaltung zu München – im laufenden Jahr geringfügig ändern. Für Personal und Sachkosten konnte keine genaue Angabe gemacht werden, da die Lotterieverwaltung mit gemeinsamem Personal nicht nur das Süd-Lotto, sondern auch die Süddeutsche Klassenlotterie, den Bayerischen Fußballtoto, die Bayerische Losbrieflotterie und die sog. Städte-Tombolen durchführt. Sie sollen jedoch ungefähr 1,7% ausmachen. Daß die Addition sämtlicher angegebener Prozentsätze – inklusive 50% Gewinnausschüttung – mehr als 100% ergibt, soll nach Auskunft der Zentrale in München darauf zurückzuführen sein, daß die Staatliche Lotterieverwaltung zur Deckung eines Teils der Kosten die von jedem Lottospieler zu zahlende Bearbeitungsgebühr von DM 0,15 je Lottoschein (vgl. Ziff. 6, Nr. 3 der Amtlichen Spielbedingungen i.V.m. dem Lottoschein) verwendet. Dies kann die Lotterieverwaltung, da diese DM 0,15 Bearbeitungsgebühr dem Unternehmen ohne Zweckbestimmung zufließen. (Vgl. aber Baden-Württemberg, wonach DM 0,20 Bearbeitungsgebühren je Lottoschein verlangt werden; sowie Ziffer 6, Nr. 3 der Amtlichen Spielbedingungen v. Schleswig-Holstein: Danach wird eine sogenannte Scheingebühr von DM 0,10 erhoben.)

64 Demgegenüber haben die anderen Lottounternehmen folgende Verteilerschlüssel:

Baden-Württemberg	25% Abgabe an das Land 16 2/3% Lotteriesteuer 8 1/3% Restbetrag
Berlin	16,67% Lotteriesteuer 7,77% Provision für die Annahmestellen 1,11% Provision für die Bezirksstellen ca. 21–22% Überschüsse, welche gemäß § 5 des Deutschen Klassenlotteriegesetzes ausgeschüttet werden. Der Rest wird für sämtliche Verwaltungskosten einschließlich der Kosten für die Los- und Wettscheine verausgabt.

Bremen	16 2/3% Lotteriesteuer 21% gesetzliche Abgaben nach dem Gesetz über Totalisatoren und Lotterien vom 16. Juli 1957 (Brem.G.Bl. S. 72) 12 1/3% für Annahmestellen, Bezirksstellen, Auswertung und Hauptverwaltung.
Hamburg	16,7% Lotteriesteuer 21,2% Abführung für gemeinnützige Zwecke 4,2% Verwaltungskosten 6,4% Provision an Annahmestellen 1,5% Provision an Bezirksstellen
Hessen	16 2/3% Lotteriesteuer 5,77% an Provision für Annahme- und Bezirksstellen 1,55% Gehälter 0,76% Werbungskosten einschließlich Spielscheindruck 1,56% sonstige Sachkosten 23,7% Abzuführender Reingewinn an das Land Hessen
Schleswig-Holstein	16 2/3% Lotteriesteuer 23% Abführung an das Land 6,66% Provision an Annahmestellen 1,2% Provision an Bezirksstellen 1/6% Provision an Konzessionsinhaber Der Rest ist für Verwaltungskosten an das Land abzuführen.
Niedersachsen	16,2/3% Lotteriesteuer 18% Konzessionsabgabe nach dem Gesetz v. 27. Mai 1968 (Nieders. GVBl. S. 91) 15 1/3% Unkosten für Zentrale, Bezirksstellen, Annahmestellen usw.
Nordrhein-Westfalen	16 2/3 Lotteriesteuer 8 1/2% Provision für Bezirks- und Annahmestellen etwa 2% dienen als Verwaltungskosten. Der Rest wird als Überschuß an das Land abgeführt.
Rheinland-Pfalz	40% sog. Staatsabgaben inkl. Lotteriesteuer 9% Provision für Bezirks- und Annahmestellen 1% Verwaltungskosten
Saarland	16 2/3% Lotteriesteuer 12 1/2% Sportachtel an den Landessportverband 20 2/3% Verwaltungskosten inkl. Personal- und Werbungskosten sowie Provisionen für Annahmestellen und Zuschüsse an Sport-, Kultur- und Wohlfahrtsverbände. Der Rest dient zur Finanzierung eigener Baumaßnahmen.

Dieser Reingewinn ist in Bayern – im Gegensatz zu den meisten anderen Bundesländern[65] – nicht zweckgebunden. Er fließt als Haushaltsmittel dem Haushalt des Bayerischen Staatsministeriums der Finanzen zu, welches den größten Teil hiervon wieder zur Förderung kultureller und sozialer Einrichtungen verwendet, oder dem Sport zur Verfügung stellt.

Nach diesem Überblick über die wirtschaftliche Bedeutung des Lottos, über die Verteilung der vereinnahmten Gelder und über die Chancen der Teilnehmer, unverhofft zu Geld zu gelangen, ist der Schluß gerechtfertigt, daß sich der Staat, als er das Lotto einführte, zunächst von fiskalischen Motiven leiten ließ, daß er aber zugleich bestrebt war, eine zusätzliche Quelle von Mitteln zu erschließen, um seine soziale Aufgabe wirksamer und umfassender erfüllen zu können.

Außerdem war er offenbar daran interessiert, durch die Einführung dieser bislang unbekannten Spielart die Wettleidenschaft der Massen sichtbar und durchsichtig zu machen, um sie regulieren und kontrollieren zu können[66].

65 Vgl. u.a. § 4 Abs. 2 des baden-württembergischen Gesetzes v. 8. Dezember 1970; § 2 Abs. 2, § 5 Abs. 4 des Gesetzes über die Deutsche Klassenlotterie Berlin i.d.F. v. 10. Januar 1969; § 1 Abs. 2 des hessischen Gesetzes i.d.F. v. 5. Oktober 1970; § 11 Abs. 3 S. 2 des niedersächsischen Gesetzes i.d.F. v. 27. Mai 1968; § 4 Abs. 2 des nordrhein-westfälischen Gesetzes i.d.F. v. 10. Januar 1969; § 2 Abs. 2 des rheinland-pfälzischen Gesetzes vom 26. November 1956.

66 Vgl. hierzu auch OLG Frankfurt, NJW 1951, 44 (45); ferner KG Berlin, NJW 1955, 345 (346).

Kapitel 4
Die neben dem Lotto bestehenden anderen bedeutsamen Wett- und Spielsysteme

Der rechtlichen Untersuchung des Systems des Zahlenlottos soll nun noch eine kurze Darstellung der anderen populären Spiel- und Wetteinrichtungen vorausgeschickt werden. Die folgenden Hinweise, bei denen es sich um rein äußere Feststellungen handelt, erheben jedoch weder Anspruch auf Vollständigkeit, noch ist beabsichtigt, hierbei auf die – sich teilweise wiederholenden – Einzelheiten und rechtlichen Details einzugehen; denn diese Systeme waren schon wiederholt Gegenstand juristischer Arbeiten.

1. Die Pferderennwette

Das im Verhältnis zu Toto und Lotto bei weitem nicht so verbreitete und populäre System der Pferderennwette[67, 68, 69] hat auch heute noch seine Liebhaber und Anhänger. Daß es nicht die breiten Massen anspricht, mag einmal auf die Tatsache zurückzuführen sein, daß nur noch in wenigen Städten Pferderennen veranstaltet werden, und daß sie – gebunden an die „Saison" – im Jahre nur verhältnismäßig selten stattfinden; zum anderen darauf, daß im Zeitalter der Technik nur noch relativ wenigen Menschen die Liebe zum Pferdesport innewohnt. Schließlich sind – eine Folge der verhältnismäßig geringen Beteiligung – die Umsätze und damit die ausgeschütteten Gewinne meist nicht sehr hoch, was ebenfalls das Interesse an der Wette mindert.

Der technische Vorgang[70] bei der Pferderennwette ist folgender: Der pferdesportbegeisterte Rennplatzbesucher setzt unter Aufsicht des Clubvorstandes in einer der auf dem Rennplatz befindlichen Annahmestellen bestimmte Beträge auf eines oder mehrere der an den verschiedenen Rennen beteiligten Pferde. Als Beleg für die abgeschlossene Wette wird ihm ein mit der Nummer des Rennens, des Pferdes und der Höhe des geleisteten Einsatzes versehenes, auf den Inhaber lautendes und vom Kassierer abgestempeltes Billett ausgehändigt. Die Einsätze müssen auf eine bestimmte Summe lauten.

---

67 Nach Orth, Spiel und Wette im Strafrecht, Heidelberger Diss. 1909, S. 41, sind diese Pferderennwetten Glücksspiele; vgl. auch RG St 7, 21 (26, 27).

68 Über Zweck und Bedeutung der Pferderennen vgl. Orth, S. 108 ff.

69 Zur Geschichte des Pferdetotalisators vgl. Roth, Vom Lotto zum Toto, S. 44 ff.

70 Hinsichtlich der Wettarten beim Totalisator wie z.B. Sieger-, Platz-, Einlauf-, Stall-, Serien-, Reiter (Ritt) und Fahr-, Verbindungs-, Eventual-, Zweite Sieg- und Zwillingswette vgl. Schmitz, Rennwett- und Lotteriesteuer für die Praxis, (1951) S. 18, 19.

An jeder Billettverkaufsstelle[71] ist eine mechanische Einrichtung angebracht – eine in quadratische Felder geteilte Tafel –, an welcher man jederzeit ersehen kann, wie viele Einsätze auf jedes der an den Rennen beteiligten Pferde gemacht wurden. Beim Rennbeginn wird dann der Totalisator[72] an sämtlichen Annahmestellen gleichzeitig geschlossen und zum Schluß eines jeden Rennens der Sieger bekanntgegeben. Gegen Rückgabe des Billetts erhält dann der Gewinner den Gewinnbetrag ausgezahlt[73].

Neben der Möglichkeit, am Totalisator Wetten abzuschließen, gibt es noch die Einrichtung der sog. Buchmacher[74]. Die Buchmacher nehmen für jedes Rennen Wetten auf jedes Pferd entgegen, teils zum Totalisatorkurs, teils auch zu festen Odds[75], indem sie je nach größeren oder geringeren Gewinnaussichten des betreffenden Pferdes ein mehr oder minder großes Mehrfaches des Einsatzes für den Fall des Sieges versprechen[76, 77].

Ein Vergleich zwischen dem Wetten am Totalisator und beim Buchmacher ergibt folgende wesentliche Unterschiede: Der Unternehmer des Totalisators kann niemals verlieren. Der Buchmacher muß sich gegen einen möglichen Verlust dadurch sichern, daß er in geschickter Weise sein Risiko beim Buchen der verschiedenen Wetten verteilt. Erforderlichenfalls muß er sich durch

---

71 Für jede Billettart besteht ein besonderer Annahmeschalter.

72 Zum Begriff des Totalisators vgl. Mirre-Baumbach, Komm. zum Rennwett- und Lotteriegesetz, 2. Aufl. (1934), Anm. 1 zu § 1.

73 Vgl. hierzu: Hellwig, Komm. zum Rennwett- und Lotteriegesetz (1922) S. 29 der Einleitung; vgl. auch Majert, Spiel und Glücksspiel in der Theorie und Praxis des heutigen deutschen Rechts, Heidelberger Diss. 1904, S. 27; ferner Weisham, Begriff und Wesen des Glücksspiels im deutschen Strafrecht, unter besonderer Berücksichtigung des gewerbsmäßigen Glücksspiels (§ 284 RStGB), Würzburger Diss. 1912, S. 28, Fußn. 18; und RG St 7, 21 (22).

74 Siehe § 2 des Rennwett- und Lotteriegesetzes v. 1922 (RGBl. I S. 393).

75 „Odds" (engl.) bedeutet: Vorteil, Übermacht; im Sport Vorgabe (so Der Große Brockhaus, 8. Bd. S. 519 unter „Odds"). In diesem speziellen Fall versteht man jedoch unter Odds: das Vielfache des Einsatzes, das man im Falle des Gewinnes der Wette erhält (so Orth, S. 41, Fußn. 1).

76 Auf den Rennplätzen ist den Buchmachern jedoch nur das Legen von Wetten zu festen Odds gestattet (§ 4 Abs. 3 Rennwett- u. Lotteriegesetz), um nach Möglichkeit zu verhindern, daß der Buchmacher Wettlustige, die zum Kurs am Totalisator zu wetten wünschen, aber die Unbequemlichkeiten vermeiden möchten, die mit der Benutzung des Totalisators verbunden sind, an sich zieht und dadurch den Totalisator schädigt. Damit ist den Buchmachern jedoch nicht verwehrt, Wetten zum Kurs am Totalisator für Rennen auf anderen Bahnen, für ausländische Rennen oder aber an späteren Tagen auf derselben Bahn anzunehmen. Verboten ist ihnen aber die Annahme solcher Wetten zum Kurs am Totalisator, die sich auf Pferde beziehen, die an den fraglichen Tagen auf der betreffenden Rennbahn laufen (vgl. Hellwig, Anm. 11 zu § 4 Rennwett- und Lotteriegesetz).

77 Vgl. hierzu auch RG St 6, 421 (422).

eigenes Mitwetten beim Totalisator oder bei einem anderen Buchmacher decken. Die Wetten beim Buchmacher bringen mancherlei Vorteile, die der Totalisator nicht kennt; der Buchmacher kann seinen Kunden eine größere Reihe von Chancen bieten.

Die Totalisatormaschine wird erst auf dem Rennplatz kurz vor dem programmäßigen Beginn der Rennen, und zwar für jedes Rennen gesondert, in Tätigkeit gesetzt; für den Buchmacher dagegen bestehen derartige örtliche, zeitliche und technische Beschränkungen nicht. Er kann vielmehr unabhängig vom Rennplatz und der Rennzeit, schon Wochen vorher von jedermann auf jedes der genannten, in den verschiedenen Rennen laufenden Pferde ohne jede Beschränkung Abschlüsse annehmen; die Grenze wird allein durch das Wettbedürfnis der Wetter und ihre Zahlungsfähigkeit bestimmt. Diese größere Beweglichkeit der Buchmacher können die Totalisatorunternehmungen durch Errichtung von Wettannahmestellen außerhalb des Rennplatzes nur sehr unvollkommen ausgleichen. Auch hängt beim Totalisator die Höhe des Gewinns davon ab, wie viele Wetter auf dasselbe Pferd, das gesiegt hat, gesetzt hatten; denn in die Gesamtsumme der Einsätze innerhalb eines Rennens teilt sich die Zahl der Wetter, die auf das siegreiche Pferd gesetzt haben, im Verhältnis ihrer Einsätze. Ceteris paribus ist also der Gewinn, wenn 10 Personen auf das siegreiche Pferd gesetzt haben, doppelt so hoch, als in dem Falle, in dem 20 Personen auf das siegreiche Pferd gesetzt haben[78, 79].

2. Die Lotterie

Die Lotterie[80] wird als eine Auslosung definiert, die von einem öffentlichen oder privaten Veranstalter für eine Vielzahl von Spielteilnehmern durchge-

---

78 Vgl. Hellwig, S. 35, 36 der Einleitung.

79 Vom Pferderenntotalisator und von der Buchmacherwette ist der sog. Pferdetoto zu unterscheiden. Er ist dem Fußballtoto nachgebildet, kann aber seiner Bedeutungslosigkeit wegen hier unberücksichtigt bleiben.

80 Am Rande sei hier vermerkt, daß seit 1. Oktober 1967 zugunsten der Olympia-Baugesellschaft eine Olympia-Lotterie unter Federführung der Staatlichen Lotterieverwaltung in München – veranstaltet vom Freistaat Bayern – betrieben wird, welche auch noch über die XX. Olympischen Sommerspiele des Jahres 1972 in München aufrechterhalten werden soll, um die Olympiabauten in München und Kiel zum Teil mitzufinanzieren. (Vgl. hinsichtlich der Einzelheiten der Durchführung die Amtlichen Spielbedingungen der Olympischen Lotterie v. 30. September 1967).

Daneben veranstaltet das Organisationskommittee für die Spiele der XX. Olympiade, München 1972, e.V. seit 1970 eine Ziehungslotterie, deren Reinertrag ausschließlich den satzungsgemäßen, gemeinnützigen Zwecken dieses Vereins zugute kommt. Die Ziehungen wurden im Jahre 1970/71 bereits durchgeführt und sind auch für 1972 beabsichtigt. (Vgl. hinsichtlich der Einzelheiten der Durchführung die Amtlichen Teilnahmebedingungen vom 1. April 1970).

führt wird[81]. Man kann sie auch als einen Massenvertrag bezeichnen, durch den der Unternehmer sich zu Leistungen an diejenigen der Beteiligten verpflichtet, welche durch ein von jeder menschlichen Einwirkung unabhängiges Verfahren, also durch unkorrigierten Zufall, bezeichnet werden[82].

Abgesehen von der Unterscheidung zwischen Staats- und Privatlotterien, teilt man die Lotterien nach ihren technischen Betriebsformen in Zahlen-, Zinsen- und Klassenlotterien[83] ein. Nur diese sollen hier näher beschrieben werden.

Bei der Klassenlotterie[84] sind sowohl Zahl und Preis der Lose[85] als auch Zahl und Höhe der Gewinne von vornherein genau bestimmt. Sie wird in Zwischenziehungen (Klassen) und einer Gesamtziehung gespielt. Der Spieler kann sein Los ratenweise für jede Zwischenziehung bezahlen oder auch noch unter Zahlung des Gesamteinsatzes vor der letzten Ziehung eintreten. An den Ziehungstagen werden aus dem Nummernrad die Losnummern und aus dem Glücksrad die Gewinne für jedes mit dem Nummernrad ermittelte Los gezogen. Die bei den Zwischenziehungen nicht gewinnenden Losnummern werden bis zur Schlußziehung durchgespielt. Der Gewinn in einer Zwischenziehung kann auch in einem Freilos für die folgenden Ziehungen bestehen. Die als Gewinne gezogenen Losnummern werden in gedruckten Lotterie- und Ziehungslisten veröffentlicht.

Da der Unternehmer bei einer Lotterie dieser Art einerseits eine festbestimmte Anzahl von Losen zu bestimmten Preisen verkauft, andererseits eine vorher festgelegte Gewinnsumme verspricht, ist das Lotteriegeschäft – vorausgesetzt es sind alle Lose abgesetzt – für ihn kein gewagtes Spiel.

Die heutzutage bekannteste und in allen Bundesländern verbreitete Klassenlotterie ist die Süddeutsche Klassenlotterie[86, 87, 88] – früher Preußisch-Süd-

---

81' Vgl. Der Große Brockhaus, 7. Bd. (1955), S. 330

82 Vgl. Handwörterbuch der Rechtswissenschaften (1928), 3. Bd., S. 991 unter Lotterie; ferner Winterstein, S. 53.

83 Die Bezeichnung „Klassenlotterie" ist darauf zurückzuführen, daß jede Lotterie, die im Laufe eines halben Jahres ausgespielt wird, in 5 Ziehungsabteilungen eingeteilt ist, die von alters her als „Klassen" bezeichnet werden. In diesem Sinne sind also Lotterien, bei denen der Gewinnplan nicht in einer, sondern in mehreren Ziehungen ausgespielt wird, „Klassenlotterien". (Vgl. Roth, Das Große Los, S. 150).

84 Auch holländische Lotterie genannt.

85 Diese werden vielfach in 1/2, 1/4, 1/8, 1/10 Los aufgeteilt.

86 Vgl. hierzu z.B. Art. 1 Abs. 2 und Art. 3 Abs. 1 Ziff. a des Gesetzes zur weiteren Regelung der Lotterieverhältnisse in Bayern vom 10. August 1948 (GVBl. Nr. 21, 1948); ferner Winterstein, S. 11.

87 Darüberhinaus besteht noch für die Bundesländer Nordrhein-Westfalen, Hamburg und Schleswig-Holstein die Nordwestdeutsche Klassenlotterie. Diese erspielt ihrem amtlichen Verlosungsplan zufolge bei ihrer Hauptziehung – sechste Klasse – an den beiden ersten Ziehungstagen 3 Hauptgewinne zu je DM 100.000,–, am

deutsche Klassenlotterie genannt –, deren Vorgängerin die Preußische Staatslotterie war, welche auf Grund des Lotterieedikts vom 28. Mai 1810 eingeführt worden war[89].

Im Verhältnis zu den Pferderennwetten am Totalisator und beim Buchmacher erfreut sich die Süddeutsche Klassenlotterie weit größerer Beliebtheit; was wohl darauf zurückzuführen ist, daß ihr Anreiz in günstigeren Gewinnchancen liegt.

3. Der Fußballtoto

Pferderennwetten und Klassenlotterie haben seit Jahrzehnten ihr Stammpublikum. Sie finden jedoch nicht in allen Schichten der Bevölkerung gleichen Anklang und Zuspruch. Der Fußballtoto unterscheidet sich von ihnen schon dadurch, daß er in allen Bevölkerungskreisen rege Beteiligung ausgelöst hat und sowohl die Pferderennwette als auch teilweise die Klassenlotterie an Umfang wie an Höhe der ausgeschütteten Beträge erheblich übertrifft. Der Grund dafür liegt offensichtlich darin, daß der Toto an das allgemein beliebte und interessiert verfolgte Fußballspiel anknüpft, und daß er wöchentlich eine Gelegenheit zum Spielen gibt.

Das System des Totos unterscheidet sich wesentlich von denen der bisher genannten Veranstaltungen[90]: Aus der Vielzahl der allwöchentlich stattfindenden Fußballspiele der einzelnen Vertragsligen – überwiegend der Fußballbundesliga – in der Bundesrepublik mußten anfänglich 12 bzw. 9, ab 10./11. Oktober 1959 13 bzw. 10, mit dem 1. Januar 1967 wiederum 12 und seit der Neufassung der Amtlichen Wettbestimmungen des Bayerischen Fußballtoto vom 4. August 1969 erneut 11 Paarungen ausgewählt werden[91]. Diese

---

3. Ziehungstag neben 2 weiteren Gewinnen zu je DM 100.000,– einen Hauptgewinn zu 1 Million DM. Es wurden beispielsweise bei der Hauptziehung 1971 (die Lospreise für jede der 6 Klassen betrugen: 1/1 = DM 60,–, 1/2 = DM 30,–, 1/4 = DM 15,– und 1/8 = DM 7,50) 48.203 Gewinne zu insgesamt DM 20.256.440,– ausgespielt.

88 Bei jährlich zwei Lotterien werden je 235.000 numerierte Lose durch 6 „Klassen" hindurch in monatlichen Ziehungen und Zwischenziehungen ausgesondert. Der Hauptgewinn und eine Prämie steigen dabei von Klasse zu Klasse von DM 125.000,– bis zum Ende des Halbjahres von 500.000,– bis 1 Million. Dazu kommt noch jedes Wochenende zweimal „Das Große Los der Woche" zu je DM 125.000,–.

89 Zur Geschichte dieser Preußischen Klassenlotterie vgl. Sieghart, S. 278 ff. und Roth, Vom Lotto zum Toto, S. 27 ff.

90 Vgl. hierzu Winterstein, S. 90 ff.

91 Dies ist die sog. Fußball-Ergebniswette; vgl. hierzu beispielsweise Ziff. 13 Nr. 1 der Amtlichen Wettbestimmungen des Bayerischen Fußball-Toto vom 4. August 1969.

werden auf dem sog. „Tippzettel" aufgeführt. Der Ausgang dieser Spiele soll von den Wettern vorausgesagt werden, d.h. jeder Teilnehmer fixiert vor Durchführung der Spiele seine Erwartung, ob die Paarung Nr. 1, 2, 3 usw. mit einem Sieg oder einer Niederlage des zuerst aufgeführten Vereins endet, oder sich beide Mannschaften unentschieden trennen. Er hat, falls er auf einen Sieg „tippt", in die Spalte 1, welche sich an die aufgeführten Paarungen anschließt, eine „1" einzutragen. Rechnet er mit einer Niederlage des zuerst angeführten Fußballvereins, also mit einem Sieg der Gästemannschaft, muß er eine „2" einsetzen. Glaubt er, die Spielstärke oder die sonstigen Umstände lassen einen unentschiedenen Ausgang erwarten, dann muß er in Spalte 1 eine „0" einsetzen.

Die Totobedingungen gestatten, daß der Teilnehmer, statt sich auf eine Reihe von Vorhersagen zu beschränken, auf einem Tippzettel mehrere voneinander unabhängige Reihen von Vorhersagen des Ausgangs der Spiele nebeneinanderstellt und damit seine Gewinnchancen erhöht. Als Spieleinsatz sind für 2 Tippreihen DM 1,– und für je zwei weitere Reihen eine weitere DM zu entrichten. Auf jede Tippreihe können je nach der Zahl der richtigen Vorhersagen in den drei verschiedenen Gewinnklassen[92] recht erhebliche Gewinnbeträge entfallen[93].

Die allgemeine Einführung des Fußballtotos in der Bundesrepublik gestaltete sich wie folgt:

Am 8. Januar 1950 wurde in Berlin, Hamburg und Bremen das „Drei-Länder-Toto", am 2. April 1950 in Niedersachsen, Schleswig-Holstein, Hamburg, Bremen und Berlin der „Nord-Block" gegründet. Zum 9./10. Dezember 1950 trat zwischen der Westdeutschen Fußballtoto GmbH Köln und der Staatlichen Sportwetten GmbH Hessen in Wiesbaden die sog. „Toto-Fusion" in Kraft. Am 20./21. Januar 1951 erfolgte zwischen den Gesellschaften in Köln, Wiesbaden, Stuttgart und Koblenz die Gründung des „West-Süd-Blocks"[94]. Demgegenüber schlossen sich am 7. Oktober 1951 die Länder Niedersachsen, Schleswig-Holstein, Hamburg, Bremen, Berlin und Bayern zum „Nord-Süd-Block" zusammen. Erstmals zum 11. November 1956 wurde von allen deutschen Toto-Unternehmen eine Wette (die sog. 12-er Wette) gemeinsam ausgespielt. Seit dem 1. Juli 1964 sind sämtliche Toto-Unternehmen im Deutschen Toto-Block zusammengeschlossen.

---

92 Der 1. Rang beinhaltet die richtige Vorhersage alle 11, der 2. Rang von 10 und der 3. Rang von 9 Paarungen.

93 Die bislang (am 9. Januar 1954) bei der Ergebniswette erzielte Höchstsumme belief sich auf DM 529.308,50 (so die Mitteilung der Staatlichen Lotterieverwaltung München)

94 Am 6. Januar 1957 trat das Saarland dem „West-Süd-Block" bei.

4. Die Auswahlwette „6 aus 39“

Seit dem 13. Januar 1964[95] besteht neben der sog. Ergebniswette im Fußball-Toto die sog. Auswahl-Wette „6 aus 39“[96]. Bei dieser werden 6 Spiele als Gewinnspiele und ein weiteres Spiel als Zusatzspiel gewertet. Die zu wertenden Spiele werden in folgender Reihenfolge aus den unentschiedenen Fußballspielen eines jeden Wochenendes und, falls deren Zahl nicht ausreichen sollte, aus den Spielen mit dem geringsten Torunterschied ermittelt. Dabei haben jeweils die Spiele mit der höheren Gesamt-Torzahl[97], bei gleichen Torzahlen die Spiele mit der kleineren Nummer[98], den Vorrang. Die ersten 6 nach dieser Reihenfolge ermittelten Fußballspiele sind die Gewinnspiele; das 7. zählt als Zusatzspiel. Treten Spielausfälle ein, vor allem in den Wintermonaten, gilt bei dieser Auswahl- (wie auch bei der Ergebnis-) wettte folgende, durch Auslosung ermittelte Ersatzwertung[99]:

Bei der Auswahl-Wette werden die Spiele mit der Ersatzwertung „1“ wie im Spiel mit dem Ergebnis „1:0“, mit Ersatzwertung „0“ wie mit dem Ergebnis „0:0“ und mit der Ersatzwertung „2“ wie ein Spiel mit dem Ergebnis „0:1“ gewertet. Welche Bedeutung diese Auswahlwette gegenüber der traditionellen Ergebniswette hat, zeigt schon ein Blick in die jeweiligen Umsatztabellen: Allein in Bayern wurden 1970 bei der Ergebniswette DM 70.346.670,– erzielt, während demgegenüber die Auswahlwette nur DM 152.270.117,– erbrachte. In den anderen Bundesländern bestehen ähnliche Umsatzunterschiede[100].

95 Der Vorgänger von „6 aus 39“ hieß „6 aus 36“ (mit 4 Gewinnklassen) und wurde vom 1. Oktober 1962 bis 30. September 1962 in den Ländern Bayern, Berlin, Hamburg, Nordrhein-Westfalen, Niedersachsen, Schleswig-Holstein und im Saarland gespielt. Vom 1. Oktober 1962 an gab es dann das System „6 aus 28“ (mit 3 Gewinnrängen).

96 Auch Sport-Lotto genannt.

97 Beispielsweise bei unentschiedenen Spielen 5:5 vor 4:4 vor 3:3 usw; bei Spielen mit dem geringsten Torunterschied 5:4 (oder 4:5) vor 4:3 (oder 3:4) vor 3:2 (oder 2:3) usw.

98 = Nummer der Reihenfolge der Spielpaarungen.

99 Vgl. Ziffer 14 oder Wettbestimmungen in Bayern.

100 Die bislang (am 2. Januar 1963) bei der Auswahlwette erzielte Höchstsumme belief sich auf DM 413.508,45 (so die Mitteilung der Staatlichen Lotterieverwaltung, München).

HAUPTTEIL I
DAS ZAHLENLOTTO ALS GESAMTERSCHEINUNG

Kapitel 5
Die Gründung durch den Staat

Das Zahlenlotto wurde geschaffen, um eine neue Finanzquelle zu eröffnen und um gleichzeitig der Spielleidenschaft der breiten Massen ein neues Betätigungsfeld zu erschließen. Trotz einer nunmehr über zwölfjährigen gemeinsamen Ausspielung innerhalb der Bundesrepublik fehlt es bis heute an einer bundeseinheitlichen gesetzgeberischen Regelung[1].

---

1 Die Frage nach der Gesetzgebungshoheit für eine bundeseinheitliche Regelung des Lotteriewesens, insbesondere des Zahlenlottos, ist nicht ganz unstreitig. Wohl vertritt das OLG Braunschweig in seiner Entscheidung vom 10. September 1954 (Ss 128, 54, abgedruckt in NJW 1954, 1777 ff) die Auffassung (S. 1779), das Lotteriewesen sei nunmehr (seit 1945) wieder Angelegenheit der Gesetzgebung der Länder (Art. 70, 73 und 74 GG), ohne seine bis dahin alleingebliebene Meinung näher zu begründen. Bei dieser Entscheidung fällt vor allem auf, daß nur der Katalog der Gegenstände der ausschließlichen und konkurrierenden Gesetzgebung der Art. 73 und 74 GG angesprochen wird, ohne auch nur weitere Überlegungen anzustellen, ob nicht die Materie Lotterie u.U. zum Finanzwesen des X. Abschnitts des GG gezählt werden könnte. Denn auch das OLG Braunschweig meint an einer anderen Stelle seiner Entscheidung (S. 1778), das fiskalische Interesse an der Durchführung derartiger Spiele stehe mehr im Vordergrund. M.E. müßte sich die Prüfung der Frage der Gesetzgebungshoheit für das Lotteriewesen schon deshalb auf die Zuständigkeit nach dem X. Abschnitt des GG (Finanzwesen) verlagern, weil ein Blick in die bereits bestehenden Lottogesetze und in Kraft befindlichen Spiel- und Teilnahmebedingungen hierzu folgende, bedeutsame Anhaltspunkte ergeben:
Sowohl durch § 4 Zahlenlotto-Gesetz vom 10. März 1958 für Baden-Württemberg als auch beispielsweise in Ziffer 1 Nr. 1 der Spielbedingungen des Süd-Lottos sowie der Einleitung der Verordnung über Spielbedingungen für das Niedersachsen-Zahlenlotto i.d.F. v. 24. August 1967 (vgl. auch die Einleitung der Wettbestimmungen von Baden-Württemberg) ist festgelegt, daß in diesen Ländern die Federführung bzw. Aufsicht über das Zahlenlotto durch das jeweilige Finanzministerium vorgenommen wird. Offensichtlich werten diese Länder die Institutionen Zahlenlotto mit dem Schwerpunkt im Finanziellen.
Ganz im Gegensatz hierzu stehen wohl die Länder Nordrhein-Westfalen (s. § 1, Abs. 1, S. 1 der Teilnahmebedingungen), Bremen (§ 2 Abs. 1, S. 1) und das Saarland (Art. 1, Abs. 3, Nr. 6), die eine Zuständigkeit des jeweiligen Innenministers (Senator für Inneres) – offensichtlich aus dem Gesichtspunkt der Sicherheit und öffentlichen Ordnung – für gegeben erachten.
Je nachdem, welchen überwiegenden Inhalt man den jeweiligen Zahlenlottogesetzen oder der Materie als solcher beimißt, verschiebt sich m.E. die Gesetzgebungshoheit von den Ländern auf den Bund. Nur am Rande sei hier noch als Beispiel erwähnt, daß das Bayerische Gesetz Nr. 116 zur Änderung des Rennwett- und Lotteriegesetzes vom 12. April 1948 (GVBl. 1948, S. 62) nur einen einleitenden Paragraphen und in § 4 das Inkrafttreten dieses Gesetzes regelt, während die § 2 und 3 ausschließlich steuerrechtlichen Inhalts sind.

Einzelne Länder haben bis zur allgemeinen Einführung des Zahlenlottos sog. Sportwettgesetze erlassen[2], diese Gesetze zum Teil neu gefaßt oder abgeändert[3]. Diese Gesetze waren ganz allgemein zur Regelung öffentlicher Lotterien, Totalisatoren oder ähnlichem bestimmt[4].

Speziell für das Zahlenlotto erließen nur die Länder Baden-Württemberg[5], Hessen[6], Niedersachsen[7] und Rheinland-Pfalz[8] Gesetze. Daneben wurden

---

2 so u.a.

Baden-Württembg.	Für Württemberg-Baden, Gesetz Nr. 527 über die Sportwette vom 18. August 1948 (Reg.Bl. S. 133). Für Württemberg-Hohenzollern, Gesetz über die Sportwette vom 3. Dezember 1948 (Reg.Bl. S. 181). Für Baden, Badisches Landesgesetz über die Sportwette vom 17. Dezember 1948 (BGBl. 1949, S. 13).
Hessen:	Gesetz über die Zulassung von Sportwetten im Lande Hessen vom 16. Februar 1949 (GVBl. von Hessen, S. 17).
Niedersachsen:	Gesetz vom 25. Februar 1949 (GVBl. v. Nieders. S. 48).
Schleswig-Holst.	Gesetz vom 2. November 1948 (GVBl. von Schleswig-Holstein Nr. 23 vom 29. November 1948).

3 u.a.

Baden-Württembg.	Gesetz i.d.F. vom 22. August 1950 (RgBl. von Württ.-Baden vom 22. August 1950, S. 63, Nr. 13); letztmalig am 8. Dezember 1970 (GBl. für Baden-Württemberg S. 498).
Nordrhein-Westf.	Gesetz vom 3. Mai 1955 (GVBl. v. Nordrhein-Westf. 1955 Nr. 26, S. 83); letztmalig am 15. Dezember 1970 (GV v. Nordrh.-Westf. S. 765).
Rheinland-Pfalz	1. Änderungsgesetz vom 4. April 1951 (GVBl. 1951, Nr. 20, S. 92). 2. Änderungsgesetz vom 12. Mai 1955 (GVBl. 1955, Nr. 13, S. 59). 3. Änderungsgesetz vom 5. April 1957 (GVBL 1957, Nr. 10, S. 53).

4 Vgl. z.B.

Bremen	Gesetz über Totalisatoren und Lotterien vom 16. Juli 1957 (Gesetzblatt der Freien Hansestadt Bremen 1957, Nr. 20, S. 72) i.d.F. vom 5. Oktober 1965 (SaBrem R 2191 c–1).
Nordrhein-Westf.	Gesetz v. 11. Juli 1949 (GVBl. v. Nordrh.-Westf. 1949, Nr. 34, S. 243).
Rheinland-Pfalz	Gesetz v. 11. Aug. 1949 (GVBl. v. Rheinland-Pfalz, Teil Nr. 45, S. 337).
Saarland	Gesetz über die Veranstaltung von Sportwetten im Saarland vom 8. Juni 1951 (Amtsblatt des Saarlandes Nr. 28, S. 804).

5 Gesetz vom 10. März 1958 (GBl. für Baden-Württemberg 1958, S. 87 ff.).

6 Gesetz vom 29. Juni 1956 (GVBl. für Hessen 1956, S. 117); zuletzt geändert am 5. Oktober 1970 (GVBl. von Hessen S. 604).

7 Gesetz vom 27. Februar 1956 (GVBl. für Niedersachen 1956, Sb I, S. 581); zuletzt geändert am 17. Februar 1970 (GVBl. v. Niedersachsen S. 27).

auch auf dem Verordnungswege Bestimmungen für den Abschluß von Lottospielen erlassen[9].

In Hamburg ist die gesetzliche Grundlage für das Zahlenlotto die Verordnung über die Genehmigung öffentlicher Lotterien und Ausspielungen (Lotterie-VO) vom 6. März 1937[10] und der Vollzugserlaß des Reichs- und Preußischen Ministers des Innern vom 8. März 1937[11].

Für Bayern schließlich besteht als gesetzliche Grundlage für das Süd-Lotto nur das Gesetz zur weiteren Regelung der Lotterieverhältnisse in Bayern vom 10. August 1948[12] und die Bekanntmachung des Staatsministeriums der Finanzen vom 25. Juni 1957 zum Vollzug der VO über Errichtung einer Staatslotterie in Bayern vom 12. März 1946[13]. Das Rennwett- und Lotteriegesetz vom 8. April 1922[14], wie das Bayerische Gesetz Nr. 116 zur Änderung des Rennwett- und Lotteriegesetzes vom 12. April 1948[15], können in keinem Falle auf das Zahlenlotto direkt Anwendung finden, denn sie beziehen sich ausschließlich auf Pferderennwetten[16]. Auch einer entsprechenden[17] Anwendung des Gesetzes vom 8. April 1922 dürfte der Umstand entgegenstehen, daß der Gegenstand dieser Regelung – der Pferdetotalisator – mit dem Zahlenlotto nicht die geringste Ähnlichkeit hat[18].

Die „rechtliche Einführung" des Zahlenlottos in Bayern ist zu erblicken in der Siebenten Bekanntmachung des Bayerischen Staatsministeriums der Finanzen vom 14. September 1955 Nr. G 401 – 1/62–90 005 – IV zum Vollzug der Verordnung über die Errichtung einer Staatslotterie in Bayern vom 12. März (GVBl. S. 80) i.d.F. des Art. 2 des Gesetzes zur weiteren Regelung der Lotterieverhältnisse in Bayern vom 10. August 1948 (GVBl. S. 201)[19]. In dieser Bekanntmachung wird auf Grund des § 1 Abs. 1 S. 3 der VO über die Errichtung einer Staatslotterie in Bayern vom 12. März 1946 i.d.F. des

---

8 Gesetz vom 26. November 1956 (GVBl. v. Rheinl.-Pfalz, Nr. 40, S. 145).

9 Vgl. VO über Bestimmung für den Abschluß von Lottospielen vom 24. Mai 1956 (GVBl. v. Nieders., Nr. 14, S. 63 vom 9.6.1956); ferner der Erlaß der Saarländischen Landesregierung vom 25. September 1956.

10 RGBl. I, S. 283.

11 RMBli. v. 385, 37.

12 GVBl. 1948, Nr. 21, S. 201.

13 Bayerischer Staatsanzeiger Nr. 26 vom 29. Juni 1957.

14 RGBl. I, S. 393.

15 GVBl. 1948, S. 62.

16 Vgl. hierzu auch Staudinger-Brändl, Kommentar zum BGB, 11. Aufl. (1959), Vorbem. 7 zu § 762 BGB.

17 So Kohlhaas, Spiel und Wette, S. 15.

18 Vgl. Gebhardt, Die Fußballwette, S. 24, und Henke, NJW 1953, 1251.

19 Bayerischer Staatsanzeiger 1955, Nr. 38 vom 17. September 1955.

Gesetzes zur weiteren Regelung der Lotterieverhältnisse in Bayern vom 10. August 1948 die Direktion der Staatlichen Lotterieverwaltung beauftragt, eine staatliche Zahlenlotterie (Zahlenlotto) mit der Bezeichnung „Süd-Lotto" als Bestandteil der Staatslotterie in Bayern einzurichten. Die Bekanntmachung läßt den Betrieb des Zahlenlottos von der Genehmigung von amtlichen Teilnahmebedingungen abhängig sein und eröffnet dem Süd-Lotto die Möglichkeit, mit anderen Unternehmen nach einem einheitlichen Spielplan seine Veranstaltungen durchzuführen.

Diese Bekanntmachung vom 14. September 1955 wurde im Zuge der Bereinigung des Bayerischen Landesrechts durch die Staatslotterie-Bekanntmachung vom 25. Juni 1957[20] ersetzt, welche erneut am 3. Februar 1971 ergänzt wurde[21].

20 Bayerischer Staatsanzeiger 1957 vom 26. Juni 1957.

21 Bayerischer Staatsanzeiger 1971 vom 12. Februar 1971.

Kapitel 6
Die Organisation im staatlichen Bereich

Ein so weit verbreitetes System wie das des Zahlenlottos bedarf, um reibungslos und schnell funktionieren zu können, einer gut durchgegliederten und zuverlässig arbeitenden Organisation und Verwaltung. Dies gebietet schon das Interesse des Unternehmers, möglichst vielen Teilnehmern Gelegenheit zu verschaffen, am Spielbetrieb teilnehmen zu können. Zu diesem Zweck sind zentrale Leitstellen und ein Netz von Zweigstellen und Helfern notwendig. Das in seiner derzeitigen Gestaltung 1955 in der Bundesrepublik allgemein eingeführte Zahlenlotto hatte hinsichtlich seiner Organisation den großen Vorteil, auf ein schon bestehendes und gut eingespieltes Organisations- und Verwaltungssystem zurückgreifen zu können; es wurde überall mit der technischen Organisation des Fußballtotos verbunden. Die folgende Darstellung hat also nicht nur für das Zahlenlotto, sondern in gewissem Umfang auch für den Toto Gültigkeit. Ein Überblick über die Lage in den einzelnen Bundesländern ergibt folgendes Bild:

Baden-Württemberg betreibt das Zahlenlotto über eine GmbH, bei welcher das Land alleiniger Gesellschafter ist; als Aufsichtsbehörde fungiert das Finanzministerium. Träger des Süd-Lotto ist das Land Bayern; betrieben wird das Zahlenlotto durch die Staatliche Lotterieverwaltung. In Berlin ist eine rechtsfähige Anstalt des öffentlichen Rechts, an welcher sich das Land Berlin aber nicht beteiligt, jedoch die Staatsaufsicht ausübt, tätig. In Bremen wiederum sind die Bremer Landesbank, die Freie Hansestadt Bremen, der Landessportbund Bremen e.V. und der Bremer Fußballverband e.V. Gesellschafter zu gleichen Teilen an der für die Durchführung des Zahlenlotto gegründeten GmbH. In der Freien und Hansestadt Hamburg besteht demgegenüber keine eigene Rechtspersönlichkeit zum Betrieb des Zahlenlotto. Dort obliegt vielmehr die Durchführung des Totos wie die des Lottos als Staatslotterie auf Grund eines sog. Auftragsvertrages der Hamburgischen Landesbank-Girozentrale. Dieses Unternehmen ist eine selbständige Abteilung der Hamburgischen Landesbank, welche ihrerseits eine Körperschaft des öffentlichen Rechts darstellt. Im Lande Hessen besteht hingegen die Hessische Lotterieverwaltung als Regiebetrieb des Staates; während die technische Durchführung der Lotterie Treuhand Gesellschaft m.b.H. Hessen übertragen ist, deren Stammkapital von 1 Million sich voll in der Hand des Landes befindet. Wiederum die Rechtsform eine GmbH, an welcher das Land, die Norddeutsche, die Braunschweigische und die Bremer Landesbank Gesellschafter sind, wählte Niedersachsen. Das Niedersächsische Ministerium des Inneren übt hierbei nur die Staatsaufsicht aus. Etwas anders stellt sich die rechtliche Situation in Nordrhein-Westfalen dar. Dort besteht eine Gesellschaft des bürgerlichen Rechts mit den Gesellschaftern: Westdeutsche

Landesbank Girozentrale Düsseldorf und Münster sowie der Westdeutschen Lotterie GmbH, Köln. Im Bundesland Rheinland-Pfalz sind hingegen die verschiedenen Landessportbände Lizenzträger der für die Durchführung des Zahlenlottos gegründeten GmbH. Auch das Saarland betreibt eine GmbH, an welcher die Regierung des Landes 4/7 und der Landessportverband 3/7 Anteile besitzen. In Schleswig Holstein stellt sich das Zahlenlotto als Sondervermögen des Landes unter dem Konzessionsträger Landesbank und Girozentrale Schleswig-Holstein dar.

Diese Vielfalt der Ausgestaltung des Betriebs des Zahlenlottos in den einzelnen Bundesländern überrascht und verwirrt zugleich. Sie erschwert zudem eine vergleichende Behandlung. Dabei erscheint vor allem die rechtliche Erfassung des z.B. durch die bayerische Regelung geschaffenen Zustandes nicht ganz einfach aber bedeutsam, denn nur eine zutreffende, rechtssystematische Einordnung der Organisation solcher staatlicher Unternehmen ermöglicht u.a. eine exakte Beantwortung der Frage nach dem Rechtscharakter der vom Staat erlassenen Spiel- bzw. Teilnahmebedingungen.

Wie erwähnt, unterscheidet sich die bayerische Organisation und verwaltungsmäßige Abwicklung des Lottospiels in wesentlichen Punkten von der Organisation und Abwicklung sehr vieler Bundesländer. Deshalb sind insoweit Rückschlüsse aus der Regelung in anderen Ländern für die rechtliche Situation in Bayern zum größten Teil nicht möglich. Für Bayern liegt eine wesentliche Besonderheit schon im Organisatorisch-Tatsächlichen. Zwar handelt es sich beim Süd-Lotto um eine Einheit als Betrieb oder Unternehmen. Aber die Betriebs- oder Unternehmenseinheit läßt keine rechtlich einheitliche Beurteilung zu. Das „Ganze" lebt nicht durchgängig nach *einem* Recht; wenn man auf die für das deutsche Recht fundamentale Unterscheidung zwischen privatem und öffentlichem Recht abhebt. Offensichtlich ist die Rechtslage hinsichtlich der Lottozentrale eine andere als bei den Annahmestellen.

Dem Zahlenlotto und mit ihm seiner Lottoverwaltungszentrale wurde bei der Einführung durch die Siebente Bekanntmachung des Bayerischen Staatsministeriums der Finanzen vom 14. September 1955 keine besondere Rechtsform verliehen; man hat die Lottoverwaltung lediglich als besondere Abteilung der Staatlichen Lotterieverwaltung angegliedert, bei welcher sie jedoch organisatorisch, personell und haushaltsrechtlich verselbständigt geführt wird. Die Errichtung der Staatlichen Lotterieverwaltung selbst geht auf die Einführung der Süddeutschen Klassenlotterie zurück. Diese – die Süddeutsche Klassenlotterie – wurde zwischen den Ländern Bayern, Hessen und dem damaligen Bundesland Württemberg-Baden durch Staatsvertrag vom 6., 9., 17. September 1948[22] als *Anstalt des öffentlichen Rechts* mit *eigener*

22 GVBl. 1948, S. 201 ff.

Rechtspersönlichkeit eingerichtet[23]. Organe dieser Anstalt sind der Staatslotterieausschuß und die Direktion der Staatlichen Lotterieverwaltung. Die Lottozentrale ist also Teil einer staatlichen Verwaltungsbehörde, die ihrerseits Organ einer öffentlich-rechtlichen Anstalt mit Rechtspersönlichkeit ist. Sie teilt damit deren Charakter als Hoheitsverwaltung; d.h. die Lottoverwaltungszentrale selbst ist *hoheitlich ausgestaltet.*

Hingegen sind die Annahmestellen ausschließlich *private* Einrichtungen. Die Inhaber der einzelnen Annahmestellen betreiben diese teils ausschließlich für das Lottounternehmen, zum anderen Teil führen sie noch daneben Kleinhandel in Tabak- und Schreibwaren, Zeitungen und Zeitschriften[24]. Sie sind kraft eines privatrechtlichen Vertrages von der Lottozentrale abhängig und sind privatrechtlich – auf Grund desselben Vertrages – verpflichtet, für die Lottoverwaltung in München gewisse Abwicklungsgeschäfte bei der Durchführung des Zahlenlottospiels auszuführen.

Eine solche „Zweiteilung" und Verzahnung von Hoheitlichem und Privatrechtlichem besteht nicht selten. Sie findet sich überall dort, wo sich der hoheitlich handelnde Staat zur Durchführung einer öffentlichen Aufgabe privatrechtlicher Einrichtungen bedient; beispielsweise des Deutschen Roten Kreuzes, der Technischen Nothilfe zur Behebung von öffentlichen Notständen im Katastrophenfall oder der Einrichtungen nach dem Ersten Gesetz über Maßnahmen zum Schutze der Zivilbevölkerung vom 9. Oktober 1957[25]. In dieser Verbindung von Hoheitlichem und Privatrechtlichem liegt in Bayern die besondere Schwierigkeit der Einordnung des Zahlenlottos in die herkömmlichen Institutionen des öffentlichen oder des privaten Rechts.

Die Süddeutsche Klassenlotterie, eine Anstalt des öffentlichen Rechts[26] mit eigener Rechtspersönlichkeit, ist mit ihrer verwaltungsorganisatorischen Absonderung gegenüber dem Bereich der einheitlichen staatsunmittelbaren Verwaltung als juristische Person des öffentlichen Rechts anzusprechen[27]. Unter diesem neutralen Sammelbegriff[28], der verwendet wird, um alle diejenigen selbständigen Träger öffentlicher Verwaltung zu bezeichnen, die nicht einen integrierenden Bestandteil des staatsunmittelbaren Behörden-

23 Vgl. Art. 1 Abs. 1 des Staatsvertrages.

24 Vgl. hierzu auch BGH, NJW 1965, 1132 (1134).

25 BGBl. I, S. 1696.

26 Zur Geschichte der Körperschaften und Anstalten des Öffentlichen Rechts vgl. Buchner, Die Körperschaften und Anstalten des öffentlichen Rechts nach Bundesrecht und bayerischem Landesrecht, Münchner Diss. 1958, S. 1–7.

27 Vgl. hierzu näher Bachof, Teilrechtsfähige Verbände des öffentlichen Rechts, AöR Bd. 83 (1958), S. 208 (231, 232).

28 Vgl. Werner Weber, Die Körperschaften, Anstalten und Stiftungen des öffentlichen Rechts (1940), S. 11.

systems[29] bilden, fallen Körperschaften, Anstalten und Stiftungen des öffentlichen Rechts[30]. Dementsprechend werden in Gesetzen oder Verordnungen neugeschaffene juristische Personen des öffentlichen Rechts im Gründungsakt einmal als Körperschaft, zum anderen als Anstalten oder Stiftungen bezeichnet[31].

Das verbindende Element für alle drei Erscheinungsformen ergibt sich aus der ihnen gemeinsamen Rechtsfähigkeit und dem Moment ihrer verwaltungsorganisatorischen Selbständigkeit, die sie zu „Trägern dezentralistischer Tendenzen"[32] macht. Durch ihre Eigenschaft als juristische Person des öffentlichen Rechts unterscheiden sich diese drei Gebilde der sog. mittelbaren Staatsverwaltung[33] von den Behörden der unmittelbaren Staatsverwaltung.

Die Frage, wozu man die Bayerische Lottoverwaltung rechnen kann, soll im folgenden nun beantwortet werden.

1. Körperschaft des öffentlichen Rechts

Dabei ist im Rahmen der Erörterung, ob eine Körperschaft des öffentlichen Rechts gegeben ist, zu beachten, daß dieser Begriff in einem sehr formalistischen Sinne gebraucht wird. Er umschließt Verbände der verschiedensten Art. In ihm haben echte Gemeinschaften mit ausgeprägter Selbstverwaltung ebenso Platz wie Leistungsverbände, Lastenverbände und Genossenschaften[34]. Körperschaften des öffentlichen Rechts sind immer und ohne weiteres rechtsfähig[35]. Sie stellen entweder einen Verband dar oder weisen wenigstens irgendeine Art von Mitgliedschaft auf. Sie wirken nicht wie die Anstalt „nach außen", sondern „ruhen in sich"[36]. Sie entstehen nur durch staatlichen

---

29 Zur Definition der Behörde vgl. statt vieler Rasch, Die Behörde, Begriff, Rechtsnatur, Errichtung, Einrichtung, Verwaltungs-Archiv 50. Bd. (1959), S. 1–41 (17, 18).

30 Diese Gruppierung findet sich z.B. bereits in § 1006 Abs. 3 ZPO und kehrt später in § 89 BGB wieder.

31 Dies soll jedoch nicht dazu führen, die Unterscheidung von Körperschaft und Anstalt sowie Stiftung überhaupt aufzugeben und den Begriff der „Körperschaft des öffentlichen Rechts" zum Oberbegriff zu machen, der alle juristischen Personen des öffentlichen Rechts deckt. (Vgl. hierzu Werner Weber, Körperschaften, S. 14).

32 Vgl. hierzu Jecht, Die öffentliche Anstalt, Wandlungen und gegenwärtige Struktur (1963), S. 33.

33 Zum Begriff der mittelbaren Staatsverwaltung vgl. auch BVerfGE 12, 205 (243 ff.).

34 Vgl. Werner Weber, Körperschaften, S. 29.

35 Vgl. Werner Weber, Körperschaften, S. 15.

36 Vgl. Werner Weber, Körperschaften, S. 30 u. 70; ferner Buchner, S. 110 ff.; Forsthoff, Lehrbuch des Verwaltungsrechts. Allgemeiner Teil, 9. Aufl. (1966), § 24 II, 2, S. 451 ff. (454).

Hoheitsakt (Gesetzesform)[37]. Wesentlich für den Begriff der Körperschaft des öffentlichen Rechts[38], wie er sich im Rahmen der unmittelbaren Staatsverwaltung entwickelt hat, ist zudem noch, daß sie ein Stück Staatsverwaltung wahrnimmt; also hoheitlich und mit Zwangsmitteln tätig wird[39].

Die Bayerische Lottoverwaltung fällt damit nicht unter den Begriff der Körperschaft des öffentlichen Rechts, denn sie stellt keinen Verband dar, und sie weist auch keine Art von Mitgliedschaft auf. Ihr kommt zudem auch keine Rechtsfähigkeit zu, und ihr Entstehen geht nicht auf einen staatlichen Hoheitsakt in Gesetzesform zurück; denn das Zahlenlotto in Bayern wurde nicht durch ein Gesetz und auch nicht durch eine auf Grund gesetzlicher Ermächtigung erlassene Verordnung eingerichtet.

2. Anstalt des öffentlichen Rechts

Zu den juristischen Personen des öffentlichen Rechts zählen weiter die Anstalten des öffentlichen Rechts. Der Rechtsbegriff der Anstalt des öffentlichen Rechts[40] ist eine Schöpfung der neueren Verwaltungsrechtswissenschaft und deckt mehrere in sich recht verschiedene Erscheinungen, die zudem im Laufe der letzten Jahrzehnte beträchtlichen Veränderungen unterworfen waren[41]. Der Begriff, von welchem es keine Legaldefinition gibt[42], kann wegen der Vielfalt der Erscheinungsformen, welche sich infolge der verschiedenen Bedürfnisse der Verwaltung bildeten, nur sehr allgemein gefaßt werden.

Die erste und dann auch sozusagen klassisch gewordene Definition der Anstalt des öffentlichen Rechts hat Otto Mayer[43] gegeben: „Die öffentliche Anstalt ist ein Bestand von Mitteln, sächlichen und persönlichen, welchen in der Hand eines Trägers öffentlicher Verwaltung einem besonderen öffentlichen Zweck

---

37 Vgl. Forsthoff, S. 458.

38 Zu den Körperschaften des öffentlichen Rechts zählen u.a.: Das Deutsche Rote Kreuz; die kassenärztliche Vereinigung Deutschlands; der Deutsche Gemeindetag; die technische Nothilfe (vgl. Werner Weber, Körperschaften, S. 26 ff. u. S. 46).

39 Vgl. Forsthoff, S. 455.

40 Zur Geschichte und Entstehung des Anstaltsbegriffs vgl. Jecht, S. 11–37; insbes. S. 19, wo Bezug genommen wird auf den Entwurf zu einer Verwaltungsrechtsordnung für Württemberg aus dem Jahre 1936, in welchem zwischen nicht-rechtsfähigen (Art. 140–153) und rechtsfähigen (Art. 154–159) Anstalten des öffentlichen Rechts unterschieden wird.

41 Vgl. Forsthoff, S. 459.

42 Vgl. aber Art. 139 des Württembergischen Entwurfes einer Verwaltungsrechtsordnung von 1936.

43 Deutsches Verwaltungsrecht, 2. Bd., 3. Aufl. (1924), § 51, S. 268.

dauernd zu dienen bestimmt ist"[44]. E.R. Huber[45] definiert die Anstalt des öffentlichen Rechts dahingehend: „Öffentliche Anstalt ist ein gegenüber der unmittelbaren Staatsverwaltung organisatorisch und rechtlich verselbständigter, einem bestimmten öffentlichen Zweck dauernd unter Einsatz hoheitlicher Mittel dienender Verwaltungsverband, dessen Wille nicht durch korporativ-mitgliedschaftliche Selbstbestimmung, sondern durch die vom Träger der Anstalt bestellten verbandsleitenden Organe gebildet wird."
H.J. Wolff[46] und Forsthoff[47] bestimmen den Anstaltsbegriff ähnlich. Insbesondere ist auch für H.J. Wolff und Forsthoff wesentlich, daß die Anstalt des öffentlichen Rechts einen von einer oder mehreren Hoheitspersonen gemeinschaftlich getragenen und ständig beeinflußten, in der Regel mit Hoheitsgewalt ausgestatteten, hinsichtlich Personal und Mittel organisatorisch verselbständigt (rechtlich subjektivierten) Apparat besitzt, der einem bestimmten öffentlichen Zweck dienen soll.

Von den Körperschaften des öffentlichen Rechts unterscheidet sich die Anstalt des öffentlichen Rechts dadurch[48], daß bei der Körperschaft das persönliche Band überwiegt; zudem wirkt – wie bereits erwähnt – die Anstalt mehr „nach außen", während die Körperschaft „in sich ruht". Eine Anstalt des öffentlichen Rechts weist außerdem keine Mitglieder auf; sie dient im Auftrag ihres Muttergemeinwesens einer fluktuierenden Zahl von Benutzern und Betreuten[49].

Die Abgrenzung des Rechtsinstituts der Anstalt des öffentlichen Rechts von der Behörde ist darin zu erblicken, daß die Anstalt gegenüber der Behörde einen eigenen Verwaltungsaufbau hat und organisatorisch verselbständigt ist[50].

Zur Erfüllung der jeweils verschieden gearteten Verwaltungszwecke haben sich mit der Zeit unterschiedliche Anstaltstypen herausgebildet. So differenziert man – neben nutzbaren und nicht nutzbaren[51] Anstalten des öffentlichen Rechts, die ihrerseits rechtsfähig oder nicht rechtsfähig sein

---

44 Vgl. hierzu ferner: Hettlage, Anstalt, in Staatslexikon, Recht, Wirtschaft, Gesellschaft 1. Bd., 6. Aufl. (1957), Sp. 351–354, (351); E. Becker, Anstalten des öffentlichen Rechts, in Handwörterbuch der Sozialwissenschaften, 1. Bd. (1956), S. 208–210 (208); Werner Weber, Körperschaften, S. 75 und Köttgen, Verwaltungsrecht der öffentlichen Anstalten, Veröffentlichung der Vereinigung der Deutschen Staatsrechtslehrer (1929), Heft 6, S. 105 ff. (125).

45 Wirtschaftsverwaltungsrecht, 1. Bd., 2. Aufl. (1953), § 12, 2, S. 115.

46 Verwaltungsrecht II, 3. Aufl. (1970), S. 320 ff.

47 S. 460–61.

48 Vgl. hierzu auch Buchner, S. 110.

49 Vgl. Werner Weber, Körperschaften, S. 73.

50 Vgl. Hettlage, Sp. 351.

51 Vgl. Forsthoff, S. 463.

können – zwischen rechtsfähigen (selbständigen)[52] und nicht rechtsfähigen (unselbständigen)[53] Anstalten[54]. Ob eine Anstalt der ersten oder zweiten Art vorliegt, läßt sich im Einzelfall nur an Hand des Errichtungsvorganges und der Satzung der Anstalt ermitteln.

Rechtsfähige (selbständige) öffentliche Anstalten sind ihrer Rechtsnatur nach juristische Personen des öffentlichen Rechts. Die Rechtsfähigkeit wird ihnen durch Gesetz oder einem auf Gesetz beruhenden Akt der Verwaltung verliehen[55]. Sie sind selbständige, rechtsfähige Verwaltungseinheiten, denen ein Teil öffentlicher, aus der allgemeinen Verwaltung des Staates oder einer anderen Gebietskörperschaft ausgegliederten, Verwaltung zur selbständigen Wahrnehmung übertragen ist. Dem Staat verbleibt jedoch die Aufsicht über diese Verwaltungseinheit. Der von der allgemeinen Verwaltung verfolgte Zweck wird auch von der selbständigen Anstalt erfüllt; jedoch mit der Besonderheit, daß die Aufgaben mit den der Anstalt eigenen Mitteln durchgeführt werden. Errichtungszweck kann die Vereinfachung der bisher unmittelbaren hoheitlichen Verwaltung sowie eine Verselbständigung eines Sachbestandes von Vermögensgegenständen und Vermögensrechten zu einem rechtsfähigen Sondervermögen sein[56]. Im Gegensatz zur Körperschaft des öffentlichen Rechts verfügt die rechtsfähige Anstalt über keine Mitglieder.

Die *nicht-rechtsfähige* (unselbständige) öffentliche Anstalt bedarf hingegen zu ihrer Entstehung keines Gesetzes[57]; es reicht vielmehr ein einfacher Organisationsakt kraft der Organisationsgewalt der Regierung zu ihrer Errichtung aus[58, 59]. Sie stellt – gleich der rechtsfähigen Anstalt – einen aus der

---

52 *Rechtsfähige* Anstalten des *Bundes* sind neben der Deutschen Bundesbahn, der Deutschen Bundespost und der Bundesanstalt für Arbeitslosenversicherung und Arbeitslosenhilfe u.a. die Einfuhr- und Vorratsstelle für Getreide und Futtermittel, sowie diejenige für Zucker; der Deutschlandfunk und die Kindergeldkasse. (Vgl. hierzu auch H.J. Wolff, § 100, S. 277 ff.).
Rechtsfähige Anstalten des Freistaates *Bayern* (und anderer Bundesländer) sind u.a. die jeweiligen Landesversicherungsanstalten, der Bayerische Rundfunk, die Bayerische Landesanstalt für Aufbaufinanzierung und die Sparkassen nach der Bayerischen Sparkassen-Ordnung vom 11.7.1960 (GVBl. S. 149).

53 *Nicht-rechtsfähige* Anstalten des *Bundes* sind u.a. der Deutsche Wetterdienst, die Bundesanstalt für Flugsicherung und das Technische Hilfswerk. *Nicht-rechtsfähige* Anstalten der *Länder* sind u.a. neben staatlichen Krankenhäusern, Theatern und Bibliotheken z.B. die Staatliche Hochschule für Musik in Hamburg.

54 Vgl. hierzu statt vieler: Hettlage, Sp. 352.

55 Vgl. Forsthoff, S. 461: „Die rechtsfähige öffentliche Anstalt ist immer eine Gründung der Verwaltung".

56 Vgl. hierzu Hettlage, Sp. 352.

57 Vgl. Hettlage, Sp. 352.

58 Vgl. Werner Weber, Die juristischen Personen des öffentlichen Rechts in Handwörterbuch der Sozialwissenschaften, 1. Bd. (1956), S. 449 (452) und Jecht, S. 46, Fußn. 23.

allgemeinen Verwaltung des Staates oder einer anderen Gebietskörperschaft, dem sog. Muttergemeinwesen[60], meist aus finanzwirtschaftlichen Gründen, ausgeschiedenen Teil allgemeiner Verwaltungsaufgaben dar, der jedoch nicht in rechtlicher, sondern nur in wirtschaftlicher und technischer Beziehung verselbständigt ist. Das Muttergemeinwesen bleibt Rechtssubjekt und Verwaltungsträger; die unselbständige Anstalt ist lediglich eine innen-organisatorische Verselbständigung innerhalb der allgemeinen Verwaltung[61]. D.h. die nicht-rechtsfähige Anstalt wird dem Bereich ihres Muttergemeinwesens zugerechnet, das seinerseits freilich sowohl der unmittelbaren wie der mittelbaren Staatsverwaltung angehören kann[62].

Da das Zahlenlotto in Bayern weder durch Gesetz[63] noch durch eine auf Grund gesetzlicher Ermächtigung erlassenen Verordnung eingerichtet wurde – die Siebente Bekanntmachung des Bayerischen Staatsministeriums der Finanzen vom 14. September 1955 erfüllt nicht die Voraussetzungen, welche an eine Rechtsverordnung geknüpft werden[64], – scheidet die Annahme aus, das Zahlenlotto sei – soweit es hoheitlich organisiert ist – eine rechtsfähige Anstalt des öffentlichen Rechts.

Das Zahlenlotto kann also, soweit es hoheitlich organisiert ist, nur noch eine nicht-rechtsfähige Anstalt des öffentlichen Rechts sein.

Unter Zugrundelegung der von der herrschenden Lehre und Rechtsprechung erarbeiteten Begriffsbestimmungen der Anstalt des öffentlichen Rechts ergibt sich, daß das Zahlenlotto keine nur vorübergehende Veranstaltung ist wie die meisten der noch betriebenen Tombolen. Das Zahlenlotto wurde 1955 bei seiner Einführung zeitlich nicht begrenzt. Weiterhin fehlt es ihm nicht am dauernden Einsatz hoheitlicher Mittel. Die vereinnahmten Gelder werden z.B. im Bayerischen Haushaltsplan als Mittel der Lottoverwaltung selbständig ausgewiesen, von der Zentrale eigenverantwortlich verwaltet und abgerechnet. Sie sind eigene Mittel der hoheitlich tätigen Zentrale. Schließlich weist auch noch die Verwaltungsabteilung des Süd-Lottos gegenüber der Süddeutschen

---

59 Vgl. beispielsweise hierzu Art. 77 der Bayerischen Verfassung vom 2. Dezember 1946; ferner Buchner, S. 143.

60 Vgl. Forsthoff, S. 462.

61 So Hettlage, Sp. 352.

62 Vgl. Bachof, Teilrechtsfähige Verbände, S. 232.

63 Daher bedarf es auch keiner weiteren Prüfung, ob hier das in der Verwaltungswissenschaft bekannte Institut der Übertragung von Hoheitsbefugnissen auf beliehene Unternehmer gegeben ist, denn die ganz h.M. verlangt zur wirksamen Beleihung entweder ein Gesetz, einen auf gesetzlicher Grundlage basierenden zustimmungsbedürftigen Verwaltungsakt oder einen öffentlich-rechtlichen Vertrag. (Vgl. hierzu u.a. H.J. Wolff, § 104 II a, S. 390; BayVerfGH VGH n.F. 13, 53 (57); und Bay. VGH, VGH n.F. 7, 71 (74)).

64 Vgl. hinsichtlich dieser Voraussetzungen Forsthoff, § 7, 2 S. 125 ff.

Klassenlotterie und den Bayerischen Lotteriezweigen im Verwaltungsbereich der Staatlichen Lotterieverwaltung durch ihre organisatorische, personelle, rechnerische und werbetechnische Trennung die erforderliche Selbständigkeit in der Leitung, Verwaltung und Abrechnung auf. Darüber hinaus geht auch aus den Amtlichen Spielbedingungen der Gegenstand des Unternehmens (Ziffer 3 Nr. 1), wem die Aufsicht über das Zahlenlotto in Bayern zusteht (Ziffer 1 Nr. 1 S. 2 HS 2) und wer zur Leitung des Unternehmens berufen ist (Ziffer 1 Nr. 1 S. 2 HS 1), hervor.

Letztlich spricht auch nicht gegen die Rechtsform einer nichtrechtsfähigen Anstalt, daß das Rechtsverhältnis der Teilnehmer zum Süd-Lotto zivilrechtlich gestaltet ist. Zwar ist es die Regel, daß die Beziehungen zu einer öffentlich-rechtlichen Anstalt öffentlich-rechtlich geordnet sind. Wenn aber der Staat eine Tätigkeit ausübt, die ihrer Natur nach auf bürgerlich-rechtlicher Grundlage und in einem Verhältnis der Gleichordnung vorgenommen werden kann, steht es ihm frei, wie er diese Tätigkeit organisiert[65]. Ob das Rechtsverhältnis zwischen der Anstalt und den Benützern öffentlich-rechtlich oder privatrechtlich gestaltet werden soll, bzw. gestaltet wird, ergibt sich aus der „Benutzungsordnung"[66].

Aus den Amtlichen Spielbedingungen ist aber zu entnehmen, daß das Rechtsverhältnis zwischen den Teilnehmern, bzw. dem einzelnen Teilnehmer und dem Süd-Lotto zivilrechtlich ausgestaltet ist. Insbesondere Ziffer 10 der Spielbedingungen, in welcher im einzelnen der Abschluß und der Inhalt des Spielvertrages festgelegt sind, spricht dagegen, das Rechtsverhältnis des Teilnehmers zur Lottoverwaltung als öffentlich-rechtlich ausgerichtet bzw. ausgestaltet anzusehen[67]. Damit ist der hoheitliche Bereich des Zahlenlottos in Bayern ausgewiesen als eine nicht-rechtsfähige (unselbständige) Anstalt des öffentlichen Rechts.

Zu ihr gehören – wie erwähnt – nicht die Außenstellen, die Annahmestellen. Diese sind Hilfsstellen jener Anstalt; sie sind auch nicht mit hoheitlicher Gewalt beliehen, denn beliehene Unternehmen zeichnen sich gerade dadurch aus, daß sie öffentliche Aufgaben grundsätzlich nicht erfüllen, jedoch mit „einzelnen zusätzlichen und beiläufigen Hoheitsfunktionen ausgestattet" sind[68]. Die Tätigkeit der Annahmestellen und ihrer Leiter erschöpft sich aber in Geschäften, die dem Teilnehmer gegenüber ausschließlich privatrechtlicher Natur sind, denen jegliche – auch beiläufige – Hoheitsfunktion fehlt. Die Beziehungen der Annahmestellenleiter zur Anstalt beruhen zudem – wie erwähnt – auf privatrechtlichen Verträgen.

65 Vgl. hierzu insbes. BGHZ 9, 145 (147); und E. Becker, S. 209.

66 Vgl. Hettlage, Sp. 353.

67 Vgl. E. Becker, S. 209.

68 Vgl. E.R. Huber, S. 122 und Jecht, S. 84; vgl. ferner S. 40, Fußn. 63 dieser Arbeit.

Diese eigentümliche Verbindung von privatrechtlichen Einrichtungen mit einer hoheitlichen Anstalt ist nicht neu. Sie ist nach außen hin zum ersten Mal erkennbar geworden, als der Gesetzgeber in der heute noch in Kraft befindlichen[69] Eigenbetriebsverordnung vom 21. November 1938[70] eine eigene gesetzliche Grundlage für eine Reihe von wirtschaftlichen Unternehmen der Gemeinden schuf und sie als sog. Eigenbetriebe klassifizierte[71]. Diese Eigenbetriebe sind Erscheinungen, die in der Systematik des Verwaltungsrechts als nicht rechtsfähige öffentliche Anstalten einzuordnen sind[72], und die sich nicht allein auf den Sektor der reinen Versorgungsbetriebe und auf den Betrieb der Daseinsvorsorge beschränken, sondern die überall dort vorkommen, wo der Allgemeinheit oder nach objektiven Merkmalen bestimmten Personenkreisen nützliche Leistungen erbracht werden[73]. Diese Eigenbetriebe eröffneten das weite Feld der „erwerbswirtschaftlichen Betätigung der öffentlichen Hand“[74]. Sie stellen sich materiell nicht mehr als öffentliche Verwaltung dar und bieten daher für die Verwendung des speziell öffentlich-rechtlichen Organisationstypus Anstalt keinen Raum.

Bei der aufgezeigten Eigengesetzlichkeit des Süd-Lottos erscheint es daher nicht abwegig, von einer Art „Assimilation an den Betrieb“[75] zu sprechen. D.h., das „Ganze“ – hoheitlich organisierte Verwaltung in Zusammenarbeit mit den privaten Annahmestellen – stellt sich bei *wirtschaftlicher* Betrachtungsweise als ein *einheitliches Unternehmen* dar, welches – relativ gesehen – auf Gewinnerzielung ausgeht, das also ein wirtschaftlicher Betrieb ist[76]. Es handelt sich insoweit um das Bild eines wirtschaftlichen Unternehmens in öffentlicher Hand.

---

69 Vgl. Art. 122 Bay. Gemeindeordnung vom 25. Januar 1952 (GVBl. S. 19 ff.) i.d.F. der Bekanntmachung vom 14. Dezember 1970 (GVBl. 1971, S. 13).

70 RGBl. I, S. 1650 ff.

71 Vgl. auch E.R. Huber, § 15, V, S. 159.

72 Vgl. Forsthoff, § 24, II, 3, S. 468, Fußn. 2.

73 Vgl. Forsthoff, Vorbem. vor § 19, S. 342.

74 So Jecht, S. 54.

75 So Forsthoff, § 2, 4, S. 35.

76 Vgl. hierzu in etwa BGHSt 2, 396 (401–403); BGHSt 10, 358 (365–366) und RGSt 66, 380 (384).

Kapitel 7
Die Vertriebsorganisation

Die Vertriebsorganisationen sämtlicher Lottounternehmen stützen sich außer auf Bezirksstellen, Weiterleitungs- und Versandlottostellen vor allem auf eine Vielzahl von Annahmestellen[77]. Die jeweiligen Landes- bzw. Stadtstaatgebiete werden von diesen netzartig überzogen und sorgen für rasche und leichte Spielabschlußmöglichkeiten.

1. Der Aufgabenbereich nach den Amtlichen Spielbedingungen

Nach den Süd-Lotto-Spielbedingungen z.B. haben diese Annahmestellen u.a. folgende Aufgaben[78] zu erfüllen:

Sie haben den von den Teilnehmern ausgefüllten Lottoschein entgegenzunehmen[79], sie haben den Lottoschein durch Aufdruck ihres Vertriebsstempels und bis vor geraumer Zeit durch Aufkleben einer oder mehrerer, dem Spieleinsatz entsprechende Banderolen mit fortlaufender Nummer spielfertig zu machen[80,81], den Spieleinsatz einzufordern und den sog. Quittungsabschnitt nach Trennung vom Spielabschnitt dem Teilnehmer zurückzugeben[82]. Sodann müssen sie den Spielabschnitt versandfertig machen und über dem vom Lottounternehmer vorgeschriebenen Weg an die Zentrale weiterleiten[83].

---

77 In den einzelnen Bundesländern bestand zum 31. Dezember 1970 folgende Anzahl von Annahmestellen:

Baden-Württemberg	2.615	Hessen	2.070
Bayern	2.468	Schleswig-Holstein	1.298
Berlin	850	Niedersachsen	2.728
Bremen	322	Nordrhein-Westfalen	4.031
Hamburg	830	Rheinland-Pfalz	1.482
		Saarland	575

78 Der Aufgabenbereich im einzelnen ergibt sich insbesondere aus den Besonderen Geschäftsanweisungen für die Vertriebsorganisation des Süd-Lottos vom 26. September 1955.

79 Vgl. Ziff. 8, Nr. 1 der Amtlichen Spielbedingungen.

80 Vgl. Ziff. 9, Nr. 1 der Amtlichen Spielbedingungen.

81 Soweit die Annahmestellen schon mit einem Registriergerät ausgestattet sind, erfolgt die Ausfertigung der Lottoscheine nunmehr durch Abstempeln mit diesem Gerät (vgl. Ziffer 9, Nr. 2 der Amtlichen Spielbedingungen i.d. Ergänzung v. 2. Oktober 1967).

82 Vgl. Ziffer 9, Nr. 3 der Amtlichen Spielbedingungen.

83 Vgl. Ziffer 9, Nr. 5 der Amtlichen Spielbedingungen.

Außerdem sind die Annahmestellen in Bayern noch befugt, Gewinnbeträge bis DM 300,–[84] direkt an die jeweiligen Gewinner auszuzahlen[85].

2. Die Stellung zum Unternehmer

Gemäß der Staatslotteriebekanntmachung vom 25. Juni 1957 stehen „die Inhaber der Wettannahmestellen in einem unmittelbaren Vertragsverhältnis zum Freistaat Bayern". In einem „vorläufigen Geschäftsauftrag" werden die Annahmestellenleiter nach Erfüllung gewisser Voraussetzungen – Besitz der deutschen Staatsangehörigkeit, Schuldenfreiheit, einwandfreier Leumund, keine anderweitige Berufsausübung und Hinterlegung einer Sicherheit in Höhe des zu erwartenden höchsten Wochenumsatzes – beauftragt, eine Annahmestelle des Süd-Lottos und des Bayerischen Fußballtotos zu führen. Dieser „vorläufige Geschäftsauftrag" wird sodann nach einiger Zeit der Bewährung in einen endgültigen Geschäftsauftrag umgewandelt. Der Annahmestellenleiter ist auf Grund des Geschäftsauftrages gehalten, seinen Betrieb dem Gewerbeamt anzuzeigen; einer gewerberechtlichen Genehmigung bedarf es jedoch nicht. Die Beauftragung der Annahmestellenleiter erfolgt durch die Staatliche Lotterieverwaltung; nur die Beauftragung der Inhaber der obersten Stufe der Vertriebsorganisation des Süd-Lottos, der sog. Bezirksstellenleiter, erfolgt auf Vorschlag der Lotterieverwaltung durch das Bayerische Staatsministerium der Finanzen[86, 87].

Die Rechte und Pflichten des Annahmestellenleiters ergeben sich in Bayern sowohl aus der Allgemeinen Geschäftsanweisung für die Annahmestellen des Süd-Lottos vom 9. September 1955 als auch aus der Besonderen Geschäftsanweisung für die Vertriebsorganisation des Süd-Lottos vom 26. September 1955. Im übrigen sind für die Aufgaben und Pflichten des Annahmestellenleiters die Amtlichen Spielbedingungen sowie allgemeine Verfügungen und sonstige Anordnungen des Süd-Lottos maßgebend[88]. Nach diesen Allgemeinen Geschäftsanweisungen[89] wickeln die Annahmestellen das Lottogeschäft im unmittelbaren Verkehr mit dem Teilnehmer „im Namen und für

84 Mit Ausnahme der Länder Baden-Württemberg, welches überhaupt keine, Rheinland-Pfalz, welches Gewinne bis DM 20,–, und Niedersachsen, welches nur Gewinnbeträge bis DM 200,– von den Annahmestellen direkt ausbezahlen lassen, sehen die übrigen Bundesländer hier Beträge bis zu DM 1000,– vor.

85 Vgl. Ziffer 18, Nr. 1 der Amtlichen Spielbedingungen.

86 Vgl. die Siebente Bekanntmachung vom 14. September 1955.

87 In den übrigen Bundesländern erfolgt nach ähnlicher Verfahrensweise die Beauftragung der jeweiligen Annahmestellenleiter.

88 Vgl. § 2, Nr. 11 der Allgemeinen Geschäftsanweisung.

89 Vgl. § 2, Nr. 1 der Allgemeinen Geschäftsanweisung.

Rechnung" des Süd-Lottos ab. Spieleinsätze und Bearbeitungsgebühr sowie die vom Süd-Lotto den Annahmestellen zugeleiteten Gewinngelder (Lottogelder) sind Eigentum des Süd-Lottos[90].

3. Die Stellung zwischen Spieler und Unternehmer beim Vertragsschluß

In Frage kommen hier vor allem die Rechtsinstitute eines Bevollmächtigten (Vertreter), eines Vermittlers oder das eines Boten.

Als *Bote* wird derjenige bezeichnet, der (lediglich) eine fremde Erklärung überbringt, ohne selbst rechtsgeschäftlich zu handeln. Der Bote gibt also keine eigene Willenserklärung, sondern die seines Geschäftsherrn ab. Ob jemand Bote oder Vertreter ist, bestimmt sich nach seinem äußeren Auftreten gegenüber dem Geschäftsgegner; was er hingegen sein sollte, bemißt sich nach dem Innenverhältnis zum Geschäftsherrn[91].

Da die Lottoverwaltung im Zeitpunkt der Spielscheinausfertigung[92] dem Teilnehmer gegenüber weder eine Erklärung abgibt noch eine Willenserklärung übermittelt, und auch für den Annahmestellenleiter keine vertraglichen Verpflichtungen bestehen, zu diesem Zeitpunkt eine Erklärung der Verwaltung dem Teilnehmer zu überbringen, ist für die Rechtsstellung eines Boten der Lottoverwaltung kein Raum.

Die Rechtsstellung eines *Stellvertreters* i.S. der §§ 164 ff. BGB kommt demjenigen zu, der das Geschäft erkennbar im Namen eines anderen – nicht notwendig auch in dessen Interesse – vornimmt. Das kann kraft Vollmacht, aber auch kraft Gesetzes geschehen. Zur wirksamen Vertretung gehört weiter, daß sich der Handelnde auch im Rahmen der ihm zustehenden Vertretungsmacht hält[93], durch seinen eigenen Willen das Geschäft vornimmt und erklärt, daß es als Geschäft des Vertretenen gelten, mithin die Wirkung dieses Geschäfts – und zwar die Gesamtwirkung und nicht nur einzelne Folgen – diesen unmittelbar treffen soll. Dabei ist es jedoch unerheblich, ob dieser Wille, mit Fremdwirkung zu handeln, ausdrücklich erklärt wird, oder nur aus den gesamten Umständen zu entnehmen ist (§ 164 Abs. 1 S. 2 BGB). Der Vertreter unterscheidet sich somit (schon) dadurch vom Boten, daß letzterer die Erklärung nur als fremde, von seinem eigenen Willen unabhängige Willenserklärung des Geschäftsherrn abgibt[94].

---

90 Vgl. § 2, Nr. 4 der Allgemeinen Geschäftsanweisung.

91 Vgl. hierzu statt vieler: Enneccerus-Nipperdey, Lehrbuch des Bürgerlichen Rechts, II. Halbband, Allgemeiner Teil, 15. Aufl. (1960), § 178 II, 1c, S. 1090.

92 Vgl. hier Ziffer 9 der Amtlichen Spielbedingungen.

93 Vgl. hierzu RGR-Komm. zum BGB, 1. Bd., 1. Teil, 11. Aufl. (1959), Vorbem. 4 zu § 164 BGB; Staudinger-Coing, Vorbem. 15 zu § 164 BGB.

94 Vgl. Enneccerus-Nipperdey, S. 1088.

Demgegenüber besteht das Wesen des *Vermittlers* in der Tätigkeit, als Beauftragter auf den Abschluß von Verträgen zwischen dem Unternehmer und Dritten hinzuwirken, den späteren Vertragsschluß also (nur) vorzubereiten und (später) zu ermöglichen, ohne gleichzeitig vorauszusetzen, daß durch die Tätigkeit des Vermittlers eine bestimmte Willenserklärung beim Dritten erst herbeigeführt werden müßte. Vermittlung liegt auch dann vor, wenn der Dritte ohnehin zum Vertragsabschluß bereit ist, und die Tätigkeit des Vermittlers sich nur darauf beschränkt, die abschlußbereite Partei dem Unternehmer zuzuführen. Der Vertrags- und Geschäftsvermittler selbst ist nicht abschlußberechtigt; der Abschluß bleibt alleinige Sache des Geschäftsherrn[95].

Der tatsächliche Geschehensablauf in den Annahmestellen bei der „Behandlung" der abgegebenen Spielscheine zwingt dazu anzunehmen, daß sich die Tätigkeit der Annahmestellen im allgemeinen in der Erledigung rein mechanischer Vorgänge erschöpft. Die Entgegennahme der ausgefüllten Spielscheine, die Abstempelung durch das Registriergerät[96], wie sie heute fast ausschließlich geschieht, die Einforderung des jeweiligen Spieleinsatzes und die Trennung und Rückgabe des Teilnehmerabschnittes vom Spielabschnitt durch die Leiter dieser Annahmestellen und ihre Mitarbeiter sind keine rechtsgeschäftlichen Willenserklärungen eines Vertreters und sind auch nicht im Namen des Unternehmens abgegeben. Auch aus den vertraglichen Beziehungen der Annahmestellen zum Unternehmer ergeben sich keine Aufgaben und Pflichten und somit auch keine Anhaltspunkte, welche den Schluß zulassen, es stünde diesen Stellen eine Vertretungsmacht i.S. des § 164 BGB zu[97].

95 Vgl. hierzu Enneccerus-Nipperdey, S. 1088; RGR-Komm., 11. Aufl. (1959) Vorbem. 20 zu § 164 BGB; Schlegelberger, Komm. zum HGB, 4. Aufl. (1960), 1. Bd., Anm. 17, 18 zu § 84 HGB; Würdinger, Reichsgerichtsrätekommentar zum HGB, 3. Aufl. (1967), 1. Bd., Anm. 1 zu § 91 a HGB; Staudinger-Coing, 1. Bd. (1957), Vorbem. 66 zu § 164 BGB.

96 Der maschinelle Stempelaufdruck enthält dabei folgende Angaben: Ausspielnummer, Vertriebsnummer und Anschrift der Annahmestelle, Registriernummer des Lottoscheins und Einsatzbetrag, einschließlich Bearbeitungsgebühr (vgl. Ziff. 9, Nr. 2 der Amtlichen Spielbedingungen i.d. Ergänzung v. 2. Oktober 1967).

97 Selbst wenn man aber den Annahmestellenleitern die Rechtsstellung eines Vertreters zuerkennen würde, selbst dann ließe sich nicht allgemein sagen, daß der Spielvertrag bereits mit der Ausfertigung des Lottoscheins durch die Annahmestelle zustande käme; denn es gibt als Ausnahme gegenüber der Regel, daß das Rechtsgeschäft durch Einigung zwischen dem Dritten und dem Vertreter zustande kommt, Fälle, in denen der Vertreter nach der Art seiner Vollmacht nur gemeinsam mit einem anderen handeln kann; andere, bei welchen das von ihm abgeschlossene Geschäft nur wirksam wird nach Zustimmung oder nach Bestätigung des Vertretenen und schließlich solche, in denen es zur Wirksamkeit des Vertrages auf Umstände ankommt, welche nicht beim Vertreter, sondern beim Vertretenen liegen müssen.

Weder die zum Vertragsinhalt gewordenen Allgemeinen und Besonderen Geschäftsanweisungen, noch der eigentliche Vertrag zwischen dem jeweiligen Annahmestellenleiter und der Lottozentrale formulieren die Aufgaben und Pflichten dahin, daß sie zur Vertretung bei rechtsgeschäftlichen Handlungen oder Erklärungen befugt, beauftragt oder gar verpflichtet sind.

Auf Grund der Allgemeinen und Besonderen Geschäftsanweisungen besteht für die Annahmestellen in Bayern u.a. nur die vertragliche Verpflichtung, die Annahmestelle zu betreiben und zu genau vorgeschriebenen Zeiten offen zu halten. Damit verstieße ein Annahmestellenleiter einerseits – schlösse er seine Geschäftsräume ohne wichtigen Grund ab – gegen vertraglich übernommene Verpflichtungen. Andererseits fördert aber das bloße Bestehen und Offenhalten der Annahmestellen das Spielgeschäft, selbst wenn der Leiter der Stelle sonst keinerlei Werbetätigkeit entfalten sollte. Im bloßen Offenhalten liegt also bereits die Vermittlertätigkeit des Stellenleiters, ohne daß es noch erforderlich wäre, eine besondere Werbetätigkeit zu entfalten – etwa von sich aus Personen aufzusuchen, um sie zum Mitspielen aufzufordern oder zu überreden.

Schließlich sprechen auch noch Inhalt und Fassung der Amtlichen Spielbedingungen nur für die Annahme einer Vermittlertätigkeit durch den Leiter der Annahmestelle[98, 99]. Insbesondere die sprachliche Fassung der Ziffer 8 Nr. 1 der Spielbedingungen des Süd-Lottos deutet auf die Rechtsstellung eines Vermittlers hin. Schon allein die vorvertragliche Verpflichtung der Teilnehmer, den ausgefüllten Spielschein „einer vom Süd-Lotto zugelassenen Annahmestelle" *zuzuleiten*, weist darauf hin, daß diese nur eine Art „Durchgangsstation" zum Unternehmer darstellt und dort nur technische Einzelheiten vor- bzw. überprüft, erledigt oder bestätigt werden.

Letztlich weist auch der in Ziffer 9 der nämlichen Spielbedingungen vermerkte Aufgabenkatalog der Annahmestellen darauf hin, daß von dieser der Spielvertrag nicht mit Wirkung für und gegen das Lottounternehmen abgeschlossen werden soll und darf; daß vielmehr von den Annahmestellen (nur) reine Vorbereitungshandlungen technischer Art abverlangt werden und sich ihr Aufgabenbereich im Rahmen einer Vermittlertätigkeit erschöpft.

---

98 Vgl. hierzu auch Kohlhaas, Spiel und Wette, S. 12; Gebhardt, Die Fußballwette, S. 56; ferner etwa Planck, Komm. zum BGB II. Bd., 2. Hälfte, 4. Aufl. (1928), Anm. 5 zu § 763 BGB und Palandt-Thomas, Komm. zum BGB, 30. Aufl. (1971), Anm. 2 a zu § 763 BGB; RG JW 1929, 362.

99 Von einer Vermittlertätigkeit der Annahmestellen ging offensichtlich auch der Gesetzgeber der Lottogesetze von Rheinland-Pfalz und Baden-Württemberg aus. (Vgl. § 3 des Gesetzes v. 26. November 1956 (GVBl. von Rheinland-Pfalz 1956, S. 145); § 3 des Gesetzes vom 10. März 1958 (GBl. von Baden-Württemberg 1958, S. 87).

4. Die Annahmestellen-Leiter sind selbständige Gewerbetreibende in der Stellung eines Handelsvertreters (§ 84 HGB)

Eine zivilrechtliche Untersuchung der Vertriebsorganisation des Zahlenlottos läßt auch den Versuch einer handelsrechtlichen Einordnung des Gewerbes des Annahmestellenleiters für notwendig erscheinen. Damit verbunden ist gleichfalls die Klärung der Frage, ob auch z.B. zwischen dem Freistaat Bayern, als dem Lottounternehmer, und den Annahmestellen handelsrechtliche Vorschriften gelten.

Ausgangspunkt ist § 84 HGB. Nach der bis zum Änderungsgesetz vom 6. August 1953[100] gültigen Fassung dieses Paragraphen konnte Handelsvertreter nur sein, wer „für das Handelsgewerbe eines anderen", somit für einen Kaufmann, tätig war. Dieses Erfordernis besteht seit der Neufassung von § 84 HGB nicht mehr. Seither verlangt die Legaldefinition des § 84, daß der Handelsvertreter selbständiger Gewerbetreibender sein und zu einem Dritten in einem Betrauungsverhältnis eigener Art stehen muß. Ferner muß dieses Betrauungsverhältnis ein „ständiges" und inhaltlich darauf gerichtet sein, entweder für den anderen Geschäfte zu vermitteln oder im Namen des anderen solche Geschäfte abzuschließen. Außerdem postuliert die Neufassung, daß der andere „Unternehmer", jedoch nicht mehr „Kaufmann" sein muß[101]. Das besagt aber noch nichts darüber, ob der Auftraggeber, der „andere Unternehmer", auch stets zugleich „selbständiger Gewerbetreibender" sein muß. Zur Beantwortung dieser Frage und zur Auslegung des im § 84 HGB n.F. verwandten Unternehmensbegriffs läßt sich aus dem bloßen Wortlaut und auch aus der Entstehungsgeschichte dieser Vorschrift nichts Entscheidendes entnehmen. § 84 ist in seiner Neufassung unverändert aus dem Regierungsentwurf übernommen worden, ohne daß in den gesetzgebenden Körperschaften über den Begriff des Unternehmens nähere Ausführungen gemacht wurden[102]. Die Vorschrift selbst bezeichnet den Handelsvertreter zwar als „selbständigen Gewerbetreibenden" und als „Unternehmer". Damit ist aber noch lange nicht der Schluß gerechtfertigt, das Gesetz habe beide Begriffe gleichgesetzt; mit der Folge, daß damit der Auftraggeber, der „andere Unternehmer", auch stets „selbständiger Gewerbetreibender" sein müßte. Der Begriff des Unternehmers i.S. des § 84 HGB kann nur weitergefaßt sein. Dabei kommt es nicht entscheidend darauf an, wie der Begriff des Unternehmens in anderen Gesetzen oder nach dem allgemeinen Sprachgebrauch verwendet oder aufgefaßt wird; ob er etwa dort mit dem des

100 BGBl. I, S. 771.

101 Vgl. die amtliche Begründung des Regierungsentwurfes – BT-Drucksache (1. Wahlperiode) Nr. 3856 – Abschnitt I, 7 zu § 84 HGB; ferner Würdinger, Anm. 7 zu § 84 HGB.

102 Vgl. hierzu insbes. BGH, NJW 1965, 1132 (1133).

Gewerbetreibenden gleichgesetzt wird. Maßgebend kann vielmehr nur allein sein, wie er in § 84 HGB zu verstehen ist. Das entspricht anerkannter Gesetzesauslegung[103]. Die zutreffende Auslegung des „Unternehmer"-Begriffs in § 84 HGB ist somit aus dem Sinn und Zweck des Handelsvertretergesetzes zu entnehmen.

Dieses Gesetz hat sich zum Ziel gesetzt, einer bestimmten, nach Art ihrer Tätigkeit typischen Berufsgruppe, nämlich der des „Handelsvertreters", verstärkten Schutz zu gewähren. Dies erfolgte insbesondere durch die Einführung zwingender, unabdingbarer Vorschriften, wie beispielsweise des § 89 II HGB. Dieser offensichtliche Schutzzweck läßt es geboten erscheinen, eine Auslegung des Gesetzestextes dahin vorzunehmen, welche bei Dienstverpflichteten, die nach Art ihrer Tätigkeit sich wirtschaftlich typischerweise in gleichartiger Lage befinden, auch eine gleichartige Rechtsanwendung gewährleistet. Um dies zu erreichen, ist eine weite Auslegung des Unternehmerbegriffes i.S. des § 84 HGB notwendig. Es wäre sonst schwer verständlich und liefe zudem dem Schutzzweck zuwider, wenn die Rechtsform, in welcher der Auftraggeber seine Geschäfte betreibt, und wenn die internen Verhältnisse des Unternehmers, auf deren Gestaltung der Beauftragte keinen Einfluß haben kann, dazu führen müßten, daß diesem in einem Fall die Rechtsstellung eines Handelsvertreters zuerkannt, im andern Fall aber – trotz praktisch gleichartiger Tätigkeit, Schutzbedürftigkeit und -würdigkeit – diese Rechtsstellung nicht zuerkannt werden könnte, und er damit des Schutzes der §§ 84 ff. HGB entraten müßte.

Für den Fall, daß das Lottounternehmen als Gesellschaft m.b.H. betrieben wird, hat der Bundesgerichtshof[104] bereits entschieden, daß der Annahmestellenleiter[105] Handelsvertreter ist. Betreibt aber der Staat das Lottospiel in Form einer Anstalt (oder Körperschaft) des öffentlichen Rechts, und beteiligt er sich am Spiel in den Formen des Privatrechts, erfüllt er also gerade in diesen Formen seine wesensmäßige Aufgabe, dann wäre es im höchsten Maße unbefriedigend und widerspräche auch dem erwähnten Schutzzweck des Gesetzes, für den Staat insoweit die Unternehmereigenschaft i.S. des § 84 HGB zu verneinen[106]. Dies hat zur weiteren Folge, daß damit derjenige Beauftragte, der Handelsvertreter wäre, wenn sein Auftraggeber ein privater Geschäftsmann ist, auch dann Handelsvertreter sein muß, wenn sein Auftraggeber – bei sonst gleichliegenden Verhältnissen – einerseits als (Körperschaft oder) Anstalt des öffentlichen Rechts organisiert ist, andererseits aber Geschäfte in den Formen des Privatrechts betreibt und sich dabei privatrecht-

---

103 So BGH, a.a.O.

104 Vgl. Urteil vom 26. Oktober 1961 – VII ZR 177/60 (nicht veröffentlicht).

105 BGH: „Lottoeinnehmer".

106 Vgl. hierzu auch BGH, NJW 1965, 1133.

licher Beauftragter bedient. Hierbei muß unberücksichtigt bleiben, ob das staatliche Unternehmen nur in seinem hoheitlich organisierten Bereich eine Anstalt des öffentlichen Rechts ist, und ein fiskalischer, auf Gewinnerzielung gerichteter Zweck im Vordergrund steht, oder ob der Staat mit dem Lottobetrieb in erster Linie in Ausübung einer Art öffentlicher Fürsorge seinen Bürgern eine verhältnismäßig gefahrlose Betätigung ihres Spieltriebs ermöglichen will. Entscheidend ist nur, daß der Auftraggeber in privatrechtlichen Formen seine wesensmäßigen Aufgaben erfüllt, die Spielverträge dem Privatrecht angehören, er sich privatrechtlicher Beauftragter bedient und der Beauftragte seine auf Dauer angelegte und auf Erzielung von Gewinn gerichtete Tätigkeit und Arbeitszeit im wesentlichen frei noch ausüben kann. Die Annahmestellenleiter sämtlicher Lottounternehmen, einschließlich derjenigen, welche vom Staat in eigener Regie betrieben werden, erfüllen alle Handelsvertretereigenschaften i.S. des § 84 HGB. Sie tragen auch ein Unternehmerrisiko, indem sie keine feste Vergütung erhalten, sondern auf Provisionen wechselnder Höhe angewiesen sind. Zum anderen unterhalten sie auch ihre Geschäftslokale auf eigene Kosten und müssen sie mit von ihnen zu bezahlenden Angestellten besetzen. Die Annahmestellenleiter sind damit keine Arbeitnehmer des Lottounternehmers.

Letztlich steht der Annahme der Handelsvertretereigenschaft auch nicht entgegen, daß die Annahmestellenleiter keine Abschlußtätigkeit ausüben, denn die Rechtsstellung eines Handelsvertreters verlangt nicht begriffsnotwendig eine Abschlußtätigkeit, vielmehr genügt auch eine reine Vermittlungstätigkeit[107].

Nachdem die Annahmestellenleiter als Handelsvertreter anzusprechen sind, unterliegen sie auch den Vorschriften der §§ 84 ff. HGB; insbesondere gilt für sie – wenn sie diese Geschäfte im Hauptberuf ausüben – die Kündigungsvorschrift des § 89 HGB und die Anspruchsnorm auf Ausgleich (§ 89 b HGB). Die Pflichten der Annahmestellenleiter gegenüber dem Lottounternehmer regeln sich damit nicht nur nach dem abgeschlossenen Vertrag; sie ergeben sich auch aus § 86 HGB.

Die unbedingte Treuepflicht dem Unternehmer gegenüber und die Pflicht zur Interessenwahrnehmung auferlegen dem Handelsvertreter jedoch kein gesetzliches Wettbewerbsverbot, wie es für den Handlungsgehilfen nach § 60 HGB besteht[108]. Dem Handelsvertreter wird also nicht schlechthin untersagt, in dem Handelszweige seines Unternehmers für fremde oder eigene Rechnung Geschäfte zu tätigen. Die Grenzen dieser Freiheit liegen nur darin, daß er eine solche anderweitige Tätigkeit weder in einem Umfange noch in einer Weise

107 Vgl. hierzu BGH NJW 1965, 1134.

108 Vgl. hierzu BGH BB 1954, 647 (648).

übernehmen und ausüben darf, die zur Beeinträchtigung der von ihm zu wahrenden Interessen des Unternehmers führen[109].

Sollte sich ein Annahmestellenleiter dazu entschließen, regel- und geschäftsmäßig auch für Lottounternehmen anderer Bundesländer zu werben[110] und auf den Abschluß von Verträgen mit diesen Unternehmen hinzuwirken, so wäre hierin – in Abweichung vom sonstigen Handelsvertreter – aber doch eine derartige Pflichtverletzung zu erblicken, die es rechtfertigt, den Vertrag gem. § 89 a Abs. 1 S. 1 HGB fristlos zu kündigen. Wenn auch sämtliche Bundesländer – im Deutschen Lottoblock zusammengeschlossen – eine gemeinsame Ausspielung vornehmen, so kann bei dem unterschiedlichen Charakter der Rechtsformen der jeweiligen Unternehmen, der hieran beteiligten juristischen Personen und den damit verbundenen u.U. teilweise andersgearteten wirtschaftlichen Interessen kein Grund gesehen werden, der es vertretbar erscheinen läßt, über die jeweiligen Landesgrenzen hinaus eine nicht ausdrücklich erlaubte Tätigkeit für ein anderes Unternehmen zuzulassen. Insoweit würde nämlich der Annahmestellenleiter beispielsweise in Bayern auch seine vertraglichen Verpflichtungen verletzen, denn gem. § 2 Nr. 8 der Allgemeinen Geschäftsanweisung für die Annahmestellen des Süd-Lotto ist es dem Inhaber der Annahmestellen „nur mit ausdrücklicher Genehmigung des Süd-Lottos“ gestattet, „für andere öffentliche Lotterien oder Wettveranstaltungen tätig“ zu werden.

---

109 Vgl. Schlegelberger, Rd. Nr. 40 zu § 86 HGB.

110 Vgl. hierzu auch BGH VII ZR 177/60 v. 26. Oktober 1961 (nicht veröffentlicht).

Kapitel 8
Das Spielsystem

Dieses Spielsystem ist denkbar einfach. Der Teilnehmer muß nur sechs Zahlen[111] nacheinander aus einer überwiegend mit rechteckiger Form angelegten Zahlenfeld (1–49) oder aus einer Zahlenreihe von 1–49 ankreuzen. Dieses Ankreuzen darf jedoch nur auf den von den jeweiligen Lottounternehmern herausgegebenen oder zur Herausgabe genehmigten Lottoscheinen geschehen[112]. Als Lottoschein werden dabei die sogenannten Normal-Lottoscheine[113], die System-Lottoscheine und Lotto-Zahlkarten[114] verwendet. Der Spieleinsatz für jede Voraussage der Gewinnzahlen (= Spiel) beträgt 0,50 DM. Dem Teilnehmer[115] ist es unbenommen, mehrere Spiele abzuschließen[116]. Es wird aber nur eine gerade Anzahl (2, 4, 6, 8, usw.) von Spielabschlüssen zugelassen[117, 118]. Nach den später noch näher zu beschreibenden Annahmeverfahren bei einer von der Lotterieverwaltung dazu ermächtigten Annahmestelle wird der Lottoschein „spielfertig" gemacht und an die jeweilige Lottozentrale eingesandt[119]. Trifft er dort rechtzeitig ein, dann nimmt er an der öffentlichen Auslosung[120] teil. Der technische Ablauf dieser bislang wöchentlich[121] stattfindenden Auslosung[122], welche für den Deutschen Lotto-Block und seine angeschlossenen Einzelunternehmen einheitlich gilt, ist dann folgender:

---

111 Hat der Teilnehmer versehentlich mehr als 6 Zahlen in einem Zahlenfeld durchkreuzt, so gilt gem. Ziff. 14, Nr. 3 der Amtlichen Spielbedingungen nur die zulässige Anzahl der durchkreuzten Zahlen in ihrer arithmetischen Reihenfolge – beginnend mit der kleinsten Zahle – als vorhergesagt. Dagegen werden Spiele, in deren Zahlenfeld weniger als 6 Zahlen durchkreuzt sind, als gültig angesehen; es werden dann nur die durchkreuzten Zahlen gewertet.

112 Vgl. Ziff. 5, Nr. 1 der Amtlichen Spielbedingungen.

113 Im folgenden wird sich die Untersuchung nur mit diesen beschäftigen.

114 Vgl. Ziff. 5, Nr. 1 der Amtlichen Spielbedingungen.

115 Pressemitteilungen zufolge (vgl. u.a. Münchner Abendzeitung v. 16. Februar 1971, S. 13 und Süddeutsche Zeitung v. 5. Februar 1971, S. 40) versuchten in der jüngsten Vergangenheit sogar verschiedene Gemeinderäte bzw. Gemeindebürgermeister, durch regelmäßige Teilnahme am Zahlenlotto ihre Gemeindeetats durch Gewinne aufzustocken.

116 Vgl. Ziff. 6, Nr. 1 der Amtlichen Spielbedingungen.

117 D.h., daß nur Einsätze von 1, 2, 3, 4 usw. DM angenommen werden.

118 Der durchschnittliche Einsatz beim Zahlenlotto beträgt etwas weniger als DM 3,– (vgl. die Allensbacher Studie, S. 12).

119 Der Allensbacher Studie zufolge (S. 52) geben 59% der Befragten ihre Lottoscheine erst am Freitag einer jeden Woche ab.

120 Vgl. Ziff. 13, Nr. 1 der Amtlichen Spielbedingungen.

121 Vgl. Ziff. 3, Nr. 2 der Amtlichen Spielbedingungen.

Für die Auslosung werden 49 gleichartige, weiße Kugeln verwendet, auf denen je eine der Zahlen 1–49 in schwarzer Farbe aufgemalt ist. Alle Kugeln sind aus demselben Material (Tischtennisbälle) gefertigt und haben alle dieselbe Größe und dasselbe Gewicht. Sie werden zunächst zur Kontrolle in fortlaufender Reihenfolge (1–49) auf eine mit Löchern versehene Platte aufgereiht, die bei einer jeden Kugel die entsprechende Nummer aufweist. Dann werden alle 49 Kugeln durch eine Automatik in die bereitgestellte gläserne Lostrommel geschüttet. Es ist durch entsprechende Vorrichtungen dafür Sorge getragen, daß die Kugeln vom Zeitpunkt des Aufreihens bis zum Schluß der eigentlichen Auslosung von keiner Hand berührt werden. Die Lostrommel, in der sich ein Rechen zum Mischen der Kugeln befindet, wird durch Motorantrieb so lange gedreht, bis die Kugeln gründlich gemischt sind. Nach erfolgter Mischung wird die Lostrommel angehalten und nach kurzer Pause durch Umschaltung des Motors in entgegengesetzter Richtung so lange gedreht, bis eine Kugel auf einer Auslaufbahn aus der Trommel in einen durchsichtigen, an der Vorderseite der Trommel angebrachten zylinderförmigen Behälter ausgeworfen wird. Sobald die Kugel in diesem Behälter ist, wird der Motor gestoppt, woraufhin der mit der Protokollierung des gesamten Vorgangs beauftragte Beurkundungsbeamte die Nummer aufruft, an einer Wandtafel anzeigen läßt und protokolliert. Danach werden die in der Lostrommel verbliebenen Kugeln erneut gemischt. Dieser Vorgang wiederholt sich, bis alle sechs Gewinnzahlen und im Anschluß hieran gesondert die Zusatzzahl[123] ausgelost sind. Von Wichtigkeit ist, daß die Ermittlung jeder einzelnen Gewinnzahl und der Zusatzzahl für sich erfolgt und protokolliert wird, bevor das Gesamtergebnis seinen Niederschlag im Protokoll findet.

Zum Vergleich der Nummern der ausgeworfenen Kugeln mit dem Protokoll werden anschließend die durchsichtigen Behälter mit den darin befindlichen 6 Kugeln von der Trommel gelöst und dem Beurkundungsbeamten, dem Schriftführer sowie dem anwesenden Publikum vorgezeigt. Die gleiche Regelung gilt auch für die Zusatzzahl. Damit ist die eigentliche Auslosung beendet. Im Anschluß hieran werden die nicht ausgeworfenen Kugeln der Trommel entnommen und auf der bereits erwähnten Tafel erneut aufgereiht, um in Verbindung mit den ausgeworfenen Kugeln – 6 Gewinnzahlen und 1 Zusatzzahl – ersichtlich zu machen, daß alle Kugeln mit den Nummern 1–49 an der Auslosung teilgenommen haben. Auch dieser Vorgang wird protokolliert.

Die Auslosung wird seit der 36. Ausspielung 1965 (am 4. September 1965) im Ersten Deutschen Fernsehen aus Frankfurt a.M. als Life-Sendung gegen

122 Der Allensbacher Studie (S. 82) ist zu entnehmen, daß 97% der Befragten diese Auslosung für absolut korrekt halten.

123 Ihre Bedeutung wird noch im Rahmen der einzelnen Gewinnklassen behandelt.

21.40 Uhr[124, 125] ausgestrahlt. Die für die Auslosung verwendeten Einrichtungen – Trommel, Kugeln usw. – können vor Beginn und nach Schluß der Veranstaltung von interessierten Besuchern besichtigt und geprüft werden. Die auf diese geschilderte Weise ausgesonderten 6 Gewinnzahlen[126] und die Zusatzzahl bestimmen dann die einzelnen Gewinnklassen[127, 128].

---

124 Vgl. hierzu wieder die Allensbacher Studie (S. 60): Danach informieren sich über die Lotto- oder Totoergebnisse die Teilnehmer:

Im Fernsehen	86%
In der Tageszeitung	43%
Im Radio	11%
In Lotto-, Totozeitschriften	6%
In der Annahmestelle	5%
In der Sportzeitung	5%
Durchs Telefon	4%
Andere Antworten	1%
Keine Angaben	1%

125 Für die einzelnen wöchentlichen Ziehungen zeichne jeweils für einen Monat ein anderes Unternehmen verantwortlich. Einer Ankündigung zufolge sind dies für den Monat Januar 1972 Hamburg, für Februar Wiesbaden, für März Stuttgart, für April Münster, für Mai Bremen, für Juni München, für Juli Berlin, für August Köln, für September Kiel, für Oktober Hannover, für November Koblenz und im Dezember Saarbrücken.

126 Anfänglich wurden die Zahlen noch in ihrer tatsächlich gezogenen Reihenfolge bekanntgegeben und von Presse und Rundfunk verbreitet. Aber der 13. Ausspielung (1. Januar 1956) wurden die Lottogewinnzahlen in der Reihenfolge ihrer Ziehung und in ihrer arithmetischen Reihenfolge veröffentlicht. Presse, Rundfunk und Fernsehen veröffentlichen heute nur noch die arithmetische Reihenfolge der Lottogewinnzahlen. Diese Änderung ist auf Anregung aus dem Teilnehmerkreis auf Grund von Zuschriften an die einzelnen Lottounternehmen zurückzuführen. (So die Auskunft der Staatlichen Lotterieverwaltung in München).

127 Die Gewinnklassen sind wie folgt (vgl. Ziff. 15 der Amtlichen Spielbedingungen). Es gewinnen in jeder Ausspielung:
in der Gewinnklasse I die Teilnehmer, die 6 Gewinnzahlen,
in der Gewinnklasse II die Teilnehmer, die 5 Gewinnzahlen und die Zusatzzahl,
in der Gewinnklasse III die Teilnehmer, die 5 Gewinnzahlen,
in der Gewinnklasse IV die Teilnehmer, die 4 Gewinnzahlen,
in der Gewinnklasse V die Teilnehmer, die 3 Gewinnzahlen
in einem Spiel richtig vorausgesagt haben.

128 Im Vergleich zu den beim sog. Genueser Lotto angeführten Wahrscheinlichkeitsrechnungen (s. Seite 6, Fußn. 27 dieser Arbeit) sind beim Zahlenlotto die Chancen eines Gewinnes in den einzelnen Klassen wie folgt:
Aus der Kombinationsrechnung $\binom{49}{6} = \frac{49 \times 48 \times 47 \times 46 \times 45 \times 44}{1 \times 2 \times 3 \times 4 \times 5 \times 6}$
= 13.983.816 ergibt sich:
Die Chancen eines Gewinnes in der I. Klasse sind damit gleich 1:13.983.816; in der Klasse III: 1:54.201; in der Gewinnklasse IV: 1:1.040 und in der V. Klasse: 1:57. (Diese Zahlenkombination stammt von der Lotterie-Treuhandgesellschaft m.b.H. Hessen).

Für die Verteilung der Gewinnausschüttung auf die angeführten Gewinnklassen und Einzelgewinne ist folgendes[129] vorgesehen:

Die aus 50% des Gesamtbetrages der Spieleinsätze sämtlicher Lottounternehmen[130] bestehende und auszuschüttende Gewinnsumme verteilt sich auf die Gewinnklasse I zu 20 von Hundert, auf die Gewinnklasse II zu 5 von Hundert und auf die Gewinnklasse III, IV und V zu je 25 von Hundert. Innerhalb jeder Gewinnklasse wird die Gewinnsumme gleichmäßig auf die Gewinner verteilt (Gewinnquote = Einzelgewinn). Liegt die Gewinnquote jedoch unter dem Betrag von einer DM, so entfällt eine Auszahlung in der betreffenden Gewinnklasse. Die Gewinnsumme dieser Gewinnklasse wird den nächsthöheren Klassen zugeschlagen. Jedoch ist die Lotterieverwaltung berechtigt, die Gewinnquote bis zur Mindesthöhe von DM 1,– aufzufüllen. In diesem Falle wird einer anderen Gewinnklasse nichts zugeschlagen. Wird in keiner Gewinnklasse die Mindestquote von DM 1,– erreicht, so wird die ganze Gewinnsumme derjenigen der nächstfolgenden Ausspielung zugeschlagen. Übersteigt der Einzelgewinn den Höchstbetrag von DM 500.000, so wird die überschießende Gewinnsumme jeweils der nächstniedrigeren Gewinnklasse zugeschlagen. Der Einzelgewinn einer Gewinnklasse darf den Einzelgewinn einer höheren Klasse nicht übersteigen. Tritt ein derartiger Fall aber ein, so werden die Gewinnsummen beider Gewinnklassen zusammengelegt und gleichmäßig an die Gewinner beider Gewinnklassen verteilt[131].

---

129 Vgl. hierzu Ziff. 16 der Amtlichen Spielbedingungen.

130 Vgl. Ziff. 16, Nr. 6 der Amtlichen Spielbedingungen.

131 Interessant sind in diesem Zusammenhang die Ergebnisse der Befragung von Teilnehmern durch das Allensbacher Institut, wonach 63% der Bevölkerung sich für die Beibehaltung der derzeitigen Gewinnverteilung in der Spitze aussprechen.

Kapitel 9
Die Rechtsnatur der Amtlichen Spielbedingungen

Soweit es den Inhalt sämtlicher in der Bundesrepublik und West-Berlin in Kraft befindlichen Spiel- bzw. Teilnahmebedingungen des Zahlenlottos betrifft, bestehen beachtliche Übereinstimmungen im Grundsätzlichen. Eine kurze Darstellung ihres Inhalts erscheint vor allem für die Entscheidung der Frage nach der Rechtsnatur dieser Spielbedingungen sehr bedeutsam.

Im Teil I behandeln die Spielbedingungen i.a.R. Allgemeines wie Organisation, Gegenstand, Verbindlichkeit der Bedingungen und das Spielgeheimnis[132]. Teil II regelt meist Form und Arten der Lottoscheine, den Spieleinsatz und die Bearbeitungsgebühr, das Ausfüllen der Lottoscheine durch die Teilnehmer sowie die Abgabe und Registrierung dieser Spielscheine. Ferner finden sich, beispielsweise in den Spielbedingungen des Süd-Lottos, in diesem Abschnitt noch Bestimmungen über die Aufgaben der Annahmestellen, den Abschluß und den Inhalt des Spielvertrags neben Haftungs- und Haftungsausschlußvorschriften.

Im Teil III werden sodann – so wiederum beim Süd-Lotto – die Art der Gewinnermittlung, die Auslosung, die einzelnen Gewinnklassen, die Verteilung der Gewinnausschüttung und schließlich die Anmeldung der Gewinnansprüche behandelt.

Im abschließenden Teil IV finden sich noch Bestimmungen hinsichtlich der Auszahlung der Gewinne, der Empfangsberechtigten, der Verfallsfristen nicht abgeholter Spielgewinne, der Verjährungsfristen und des Gerichtsstandes für Rechtsstreitigkeiten zwischen dem Unternehmer und den Teilnehmern.

Es stellt sich nun die Frage nach der rechtlichen Natur dieser Amtlichen Spielbedingungen. Sind sie sog. minderes Recht[133] oder können sie als eine Art Allgemeiner Geschäftsbedingungen bezeichnet werden?

1. Sie sind kein sog. minderes Recht

Nach dem historischen Werdegang[134, 135], wie er sich bei der Entstehung von Formularen darstellt, handelt es sich bei einem formularmäßig abge-

---

132 Ziff. 3, Nr. 1 der Amtlichen Spielbedingungen lautet: Gegenstand des Süd-Lottos ist die Voraussage von 6 Gewinnzahlen aus der Zahlenreihe 1 mit 49.

133 Schmidt-Salzer, Allgemeine Geschäftsbedingungen, Schriftenreihe der Neuen Juristischen Wochenschrift, Heft 11 (1971), S. 13 spricht hier von Quasi-Normen.

134 Vgl. hierzu v. Brunn, Die formularmäßigen Vertragsbedingungen der Deutschen Wirtschaft, 2. Aufl. (1956), S. 27–55; sowie Rehbinder, Das Kaufrecht in den Allgemeinen Geschäftsbedingungen der Deutschen Wirtschaft (1970), S. 15 der Einleitung.

schlossenen Vertrag um ein Rechtsgeschäft[136], dessen Inhalt nur durch ein besonders rationelles Verfahren in eine für die jeweilige Geschäftsnatur besonders passend erscheinende Form gegossen ist. Danach erscheint die Betrachtung der Formularbedingungen als Inhalt der rechtsgeschäftlichen Erklärung der Parteien als das Natürlichste. Bei dieser Betrachtungsweise glaubte man aber in der Literatur in der Zeit der Bewirtschaftung, als auch bei den Vertragsformularen behördliche Zwangseingriffe erfolgten[137], besonders dann mit dieser Auffassung auf Schwierigkeiten zu stoßen, wenn der Inhalt der Formulare durch einen solchen behördlichen Eingriff festgesetzt oder abgeändert wurde. Man sah dies zum Teil als typisch und als ein bezeichnendes Beispiel für das Recht der Vertragsformulare an und zog daraus Rückschlüsse auf die Rechtsnatur der Allgemeinen Geschäftsbedingungen[138]. Dies erscheint jedoch als nicht zutreffend. Bei den erwähnten behördlichen Zwangsmaßnahmen aus der Zeit der Bewirtschaftung handelte es sich um typische Schritte eines totalitären Staatssystems. Sie sind nicht richtungsweisend für die Erkenntnisse der Rechtsnatur.

Die Rechtsprechung zur Geltung allgemeiner typischer Vertragsbestimmungen ihrerseits geht zurück auf eine ältere Entscheidung des Reichsgerichts[139], die zum ersten Mal die Revisibilität[140] solcher normativer Vertragsbedingungen feststellte, die als allgemeine Norm eine Vielheit anderer bereits bestehender wie auch künftig abzuschließender Vertragsverhältnisse beherrschen sollen. Nach anfänglichem Schwanken[141] wurde dieser Gedanke weiter entwickelt, und es kam schließlich in der grundlegenden Entscheidung des VII. Zivilsenats vom 31. Januar 1941[142] zum Ausdruck, daß sich der Abschluß von

135 Es ist Emmerich, Der finanzierte Abzahlungskauf, JuS 1971, 273 ff. voll zuzustimmen, wenn er meint (S. 275), daß Banken und Verkäufer sich den Umstand der ausnahmslos dispositiven Natur der allgemeinen schuldrechtlichen Vorschriften des BGB vom ersten Tag ihrer Zusammenarbeit an zunutze zu machen gewußt haben und gemeinsam den Kunden bzw. Käufer in ihren AGB nahezu völlig entrechteten.

136 Rehbinder (S. 13 der Einleitung) spricht hier unter Bezugnahme auf Franz Arthur Müllereisert von einer „Flucht aus dem Gesetz mit Hilfe von AGB".

137 Insbes. die Maßnahmen auf dem Gebiet des Rechts der Versicherungsbedingungen.

138 Vgl. hierzu v. Brunn, S. 69.

139 Vgl. RGZ 81, 117; vgl. zur Rechtsprechung des RG hinsichtlich der Allgemeinen Geschäftsbedingungen die Zusammenstellung bei Wilhelm Weber, Die Allgemeinen Geschäftsbedingungen (1967), Rd.Nr. 181–184.

140 Vgl. hierzu auch Schmidt-Salzer, Das Recht der Allgemeinen Geschäfts- und Versicherungsbedingungen, Schriften zum Wirtschaftsrecht Bd. 4, S. 22.

141 Z.B. RGZ 103, 85; 109, 35; JW 1931, 1958.

142 DR 1941, 1210; vgl. zur Rechtsprechung der RG weiterhin Schreiber, Die rechtliche Beurteilung Allgemeiner Geschäftsbedingungen, NJW 1967, 1441 (1444).

Verträgen, die unter Bezugnahme auf oft sehr umfangreiche Geschäftsbedingungen geschlossen werden, „kaum noch" als eine echte vertragliche Vereinbarung all dieser den Vertragsinhalt bildenden Regelungen darstellt. Sie bedeute – so heißt es in der Entscheidung – „viel eher" die Unterwerfung unter eine fertig bereitliegende Rechtsordnung, und es komme „wenig" darauf an, was den in diese Rechtsordnung Eintretenden im einzelnen von ihrem Inhalt bekannt sei. Dieser Auffassung hat sich der Bundesgerichtshof in seiner Entscheidung vom 19. Januar 1951[143] unter Bezugnahme auf zwischenzeitlich erfolgte weitere Entscheidungen und die veröffentlichte Literatur angeschlossen.

Das Reichsgericht hat aber – durch Hinzufügung des Wortes „kaum" – sehr vorsichtige Formulierungen gebraucht. Man kann daher aus dieser Entscheidung nicht eindeutig folgern, es hätte sich damit zum Normcharakter der Formularbedingungen bekannt.

Der Bundesgerichtshof verließ erst mit der Entscheidung vom 18. November 1952[144] seine bis dahin ebenfalls vorsichtigen Formulierungen und vertrat nunmehr die Auffassung, „die Allgemeinen Verfrachtungsbedingungen stellen allgemein normativ festgelegte Vertragsbedingungen für eine Vielzahl von Verträgen dar, denen die Parteien sich zu unterwerfen haben". Dabei ist dieser Satz schon insoweit unklar formuliert, als er einerseits von „normativ", andererseits aber von „Vertragsbedingungen" spricht. Aber auch diese Rechtsprechung des Bundesgerichtshofs sagt noch nichts darüber aus, ob es sich bei den Spielbedingungen beispielsweise des Süd-Lottos um „objektives Recht"[145] handelt.

Diesem Rechtsbegriff – entwickelt aus der Antithese zum subjektiven Recht[146] – wird man im gegebenen Zusammenhang am besten gerecht, wenn man nur dann von objektivem Recht[147] spricht, sofern dessen Geltung vom Willen der Beteiligten unabhängig ist. Solches objektives Recht kann nur vom Staat oder einer mit vom Staat abgeleiteten Rechtssetzungsbefugnis ausgestatteten Stelle gesetzt werden[148].

Darüber hinaus gibt es aber – ebenfalls auf Grund gesetzlicher Ermächtigung – Fälle, in denen die verfassungsmäßig dazu berufenen Organe berechtigt

143 BGHZ 1, 83 (86); zur Rechtsprechung des BGH zu dieser Frage vgl. noch die Übersicht bei Wilhelm Weber, Die Allgemeinen Geschäftsbedingungen, Rd.Nr. 185.

144 Vgl. v. Brunn, S. 75.

145 Man spricht bei den AGB in Abgrenzung zur Regelung des Gesetzes auch von „Vertragsrecht zweiter Instanz" (vgl. hierzu Rehbinder, S. 15 der Einleitung).

146 Vgl: v. Brunn, S. 75.

147 Wenn hier von objektivem Recht gesprochen wird, so ist damit das gesetzte Recht gemeint.

148 Vgl. hierzu v. Brunn, S. 75.

sind, durch den Erlaß von Satzungen lokales Recht zu setzen[149]. Damit sind jedoch die Möglichkeiten, Vorschriften mit Rechtsqualitäten zu setzen, noch nicht erschöpft. Will man auch den Erlaß sog. „minderen" Rechts – gerade im Rahmen von Anstaltsordnungen des öffentlichen Rechts – für möglich erklären, so wird man dies nur unter zwei Vorbehalten können: Dieses Recht muß wenigstens auf eine stillschweigende „Ermächtigung" oder „Anerkennung" durch die konkrete Rechtsordnung zurückgeführt werden können und muß jeder anderen gesetzten Norm zwingenden Charakters weichen.

Auf Grund der ihr vom Träger zugewiesenen Anstaltsgewalt besitzt die öffentlich-rechtliche Anstalt in der Regel die Befugnis, ihre innere Ordnung durch eine Anstaltssatzung und das Verhältnis zu den Benutzern und den von ihr Betreuten durch eine Anstaltsordnung, d.h. durch generelle, unmittelbare, rechtsverbindliche Normen, zu regeln. Dabei kann sich der Träger der Anstalt das Recht vorbehalten, die Anstaltssatzung oder die Anstaltsordnung entweder selbst zu erlassen oder die von der Anstalt erlassene Satzung oder Anordnung zu genehmigen[150].

Die Anstaltssatzung ist, da ihr nur anstaltsinterne Bedeutung zukommt, Verwaltungsnorm, der nicht die Wirkung eines Rechtssatzes zukommt; während die Anstaltsordnung objektives Recht enthält, das die Benutzer und die Betreuten unmittelbar berechtigen oder verpflichten kann.

Anders als bei den Allgemeinen Geschäftsbedingungen privater Unternehmen wird die Anstaltsordnung im konkreten Fall nicht erst dadurch für die Rechtsbeziehungen der Benutzer zur Anstalt verbindlich, daß ihr Inhalt in den Vertragswillen der Beteiligten aufgenommen wird. Die Anstaltsordnung wirkt vielmehr – dem Gesetze insoweit gleich – auch dann, wenn der Benutzer oder die Betreuten keine Kenntnis von ihr genommen und ihrer Norm nicht ausdrücklich oder stillschweigend zugestimmt haben. Die Benutzer sind der Anstaltsordnung vielmehr unmittelbar unterworfen[151].

Zu der Auffassung, daß es sich bei den formularmäßigen Bedingungen um objektives Recht handelt, kann man also nur dann gelangen, wenn man sich der Lehre von einem weitgefaßten Autonomiebegriff anschließt. Diese Lehre wird jedoch dem Verhältnis des Staates zum Recht und zur Wirtschaft, wie es richtigerweise sein soll und heute auch ausgestaltet ist, nicht gerecht. Das Gesetz zeichnet sich gerade dadurch aus, daß es mit dem Mittel der Herrschaft ausgestattet ist und den Ausdruck einer besonderen Autorität bildet. Man kann und darf die strenge Heraushebung des auf die Staatshoheit zurückgehenden Gesetzes gegenüber allen sonstigen Gestaltungen des Rechtslebens nicht aufgeben. Allen, nicht auf den Staat zurückgehenden Formen der

149 Vgl. hierzu insbesondere Rehbinder, S. 21 der Einleitung.

150 Vgl. E.R. Huber, § 12, II, 1, S. 118.

151 Vgl. E.R. Huber, S. 118.

Rechtsordnung, fehlt aber der (absolute) Gehorsamsanspruch, den nur ein Träger herrschaftlicher Vollmachten für sich in Anspruch nehmen darf und der dem Befehl eine eigene rechtliche Qualifikation verleiht.

Bei der bekannten Stufenordnung der Rechtsquellen erscheint es daher nicht angängig[152], formularmäßigen Geschäftsbedingungen den Normcharakter[153], also die Eigenschaft objektiven Rechts, zuzusprechen[154].

Zudem enthalten die Spielbedingungen Klauseln über Abschluß und Inhalt des Spielvertrages, der Gewinnausschüttung, der Haftung, von Verfallfristen nicht abgeforderter Spielgewinne und Bestimmungen hinsichtlich der Gewinnanspruchsverjährung, welche sich zum Teil als Ergänzungen und Abänderungen zu BGB-Vorschriften darstellen. Solche Ergänzungen und Abänderungen von Vorschriften des BGB können aber schon wegen des strengen Katalogs der konkurrierenden Gesetzgebungszuständigkeiten nach dem Grundgesetz (Art. 74 Ziff. 1 i.V.m. Art. 72 Abs. 1 GG) nicht im Rahmen einer Landesgesetzgebung oder gar durch den Erlaß von Rechtsverordnungen erfolgen; sie sind höchstens im Wege der Privatvereinbarung abdingbar.

Dies scheint nunmehr auch – speziell zum Fall des Süd-Lottos – die Rechtsauffassung des Bundesgerichtshofs zu sein. Obschon z.B. in Bayern – im Gegensatz zu den meisten anderen Bundesländern – der Staat ohne besondere Gesellschaftsgründung selbst Unternehmer ist, meint der Senat in seiner Entscheidung vom 19. Mai 1965[155] zu dieser Frage, daß die Spielbedingungen in Bayern „nicht als Rechtssätze ausgestaltet", sondern „Geschäftsbedingungen privatrechtlichen Inhalts" sind[156, 157]. Dieser Auffassung muß vollinhaltlich zugestimmt werden. Auch die Tatsache, daß das Süd-Lotto zumindest in seinem hoheitlich organisierten Bereich eine Anstalt des öffentlichen Rechts ohne Rechtspersönlichkeit ist, läßt nämlich nach unserer Rechtsordnung eine stillschweigende Ermächtigung oder Anerkennung zur Setzung sog. minderen Rechts nicht nachweisen. Die Spielbedingun-

---

152 Vgl. hierzu insbes. v. Brunn, S. 77.

153 Diese Auffassung vertraten z.B. noch das KG (MDR 1950, 286 [287]) mit weiteren Zitaten älterer Entscheidungen und das OLG Schleswig (MDR 1950, 548 [549]; vgl. hierzu auch Schmidt-Salzer, Rechtsprobleme der Schriftformklauseln, NJW 1968, 1257 (1260).

154 Zur Frage der Anforderungen an den Inhalt und zur Frage der Rechtsnatur der Allgemeinen Geschäftsbedingungen vgl. die umfassenden Ausführungen von Wilhelm Weber, Rd.Nr. 60–62 und Rd.Nr. 176–227.

155 NJW 1965, 1583, welche die Entscheidung vom 17. Februar 1964 (BGHZ 41, 141) fortführt.

156 Vgl. auch Schmidt-Salzer, AGB, S. 49, 51, 54, 73.

157 Etwas „ungewöhnlich" ist daher, daß der Niedersächsische Minister des Inneren auf Grund des § 6 Abs. 1 des Gesetzes über das Zahlenlotto vom 27. Februar 1956 i.d.F. vom 19. August 1970 die Spielbedingungen für das Zahlenlotto als Verordnung erließ (VO vom 25. Juni 1966 i.d.F. vom 24. August 1967).

gen können auch allein schon deshalb nicht als generell unmittelbar rechtsverbindliche Normen angesprochen werden[158], da viele ihrer Sätze ihrem Inhalt nach[159] überhaupt keinen „Regel-Charakter" besitzen und offenbar nicht an einen Außenstehenden als Normadressaten gerichtet sind. Das Essentielle einer objektiven Rechtsnorm ist aber gerade die Unmittelbarkeit der Berechtigung oder Verpflichtung der Normadressaten.

Dabei soll aber nicht verkannt werden, daß der Annahme sog. minderen Rechts nicht entgegenstünde, daß die Spielbedingungen erst mit Abschluß[160] des Vertrages für den Teilnehmer verbindlich werden; also erst durch die Rechtsbeziehungen der Vertragspartner zueinander. Denn auch dies könnte als Voraussetzung der Gültigkeit dieser Art von Recht gerade durch eine seiner Regeln bestimmt werden.

Auch ein Vergleich und ein näheres Eingehen auf andere, ähnliche Erscheinungen, wie beispielsweise die Börsenordnungen, führen nicht zur Bejahung des Rechtsnormencharakters der Spielbedingungen. Die Börsenordnungen, wie sie § 4 Abs. 1 des Börsengesetzes vom 22. Juni 1896[161] i.d.F. vom 27. Mai 1908[162] zwingend vorschreibt, sind Ausfluß der staatlichen Rechtssetzungsgewalt, die das Börsengesetz den Landesregierungen für die Regelung der inneren Angelegenheiten der von ihnen genehmigten Börse verleiht. Dabei ist in der Genehmigung der Börsenordnung durch die jeweilige Landesregierung incidenter die Delegation der Verordnungsgewalt auf die erlassende Stelle zu sehen. Dieser Rechtsverordnungs-Charakter der Börsenordnungen, der in Literatur[163] und Rechtsprechung[164] einhellig bejaht wird, folgt auch aus ihrem Inhalt, wie ihn das Börsengesetz umreißt[165]. Danach enthalten die Börsenordnungen Bestimmungen über die Stellung der Börsenorgane, über die Geschäftszweige der Börse, über die Zulassung zum Börsenbesuch, hinsichtlich der Zulassung von Waren- und Wertpapieren zum Börsenhandel und Börsenterminhandel sowie der Feststellung der Börsenkurse und des Ausmaßes der börsenrechtlichen Ehrenstrafen[166].

158 Vgl. hierzu auch BVerwG, JZ 1956, 341 ff.; a.A. Bachof (JZ 1956, 342 [343]) in seiner Anmerkung zum Urteil des BVerwG v. 21. Oktober 1955 – II C 253–54.

159 Vgl. z.B. Ziff. 7, 9, 10, 18 der Amtlichen Spielbedingungen.

160 Vgl. hierzu auch Finke, Der Lotterievertrag, Erlanger Diss. 1936, S. 8.

161 RGBl. I, S. 157.

162 RGBl. I, S. 215.

163 Vgl. u.a. Meyer-Bremer, Komm. zum Börsengesetz, 4. Aufl. (1957), Anm. 1 zu § 4; und Göppert, Das Recht der Börsen (1932), S. 108 mit weiteren Literaturnachweisen (Fußn. 2).

164 Vgl. u.a. Pr. OVG Bd. 72, 396 und VG Berlin, Urteil v. 11. November 1964 – VG IV A 31/63 – U (nicht veröffentlicht).

165 Vgl. z.B. §§ 5; 7 Abs. 3; 8 Abs. 2 u. 3; 36 Abs. 4 und § 50, Abs. 1 des Börsengesetzes.

166 Vgl. hierzu Meyer-Bremer, Anm. 1 zu § 4 des Börsengesetzes.

Soweit in Börsenordnungen Bestimmungen vorgenannten Inhalts aufgenommen sind, handelt es sich um echte Rechtsnormen, denn sie entfalten nicht nur für die Organisatoren und Organe der Börse, sondern auch hinsichtlich des Börsenbesuches und -verkehrs und Geschäftstätigkeit an der Börse unmittelbare Rechtsverbindlichkeit. Diese verbindliche Kraft äußert die Börsenordnung auch allen Verwaltungsstellen gegenüber, die nach dem Börsengesetz und der Börsenordnung zu bilden sind[167].

Die Spielbedingungen weisen in keiner Beziehung Parallelen mit einer Börsenordnung auf. Insbesondere fehlen ihnen schon Bestimmungen allgemeinverbindlicher Natur ähnlich der Börsenkurse, des Ausmaßes börsenrechtlicher Ehrenstrafen und der Zulassung zum Börsenhandel. Schließlich kann auch nicht aus Ziffer 1 Nr. 1 S. 1 der Bayerischen Spielbedingungen, worin der Träger des Süd-Lottos festgelegt wird, auf einen Rechtssatzcharakter geschlossen werden, denn soweit auch die Börsenordnungen Regelungen hinsichtlich Verfassung und Verwaltung eines als Träger der Börse fungierenden Börsenvereins treffen, haben diese Bestimmungen der Börsenordnung nach allgemeiner Ansicht[168] keinen Rechtsverordnungscharakter.

Letztlich führt auch bezüglich der Spielbedingungen des Süd-Lottos die Siebente Bekanntmachung des Bayerischen Staatsministeriums der Finanzen vom 14. September 1955 zu keinem anderen Ergebnis. Diese Bekanntmachung beauftragt nur die Direktion der Staatlichen Lotterieverwaltung in Bayern, eine staatliche Zahlenlotterie als Bestandteil der Staatslotterie einzurichten, sichert andererseits dem Finanzministerium das Recht zur Genehmigung der Spielbedingungen zu und regelt generell die Vertriebsorganisation des Zahlenlottos. Die vorbehaltene Genehmigung der Spielbedingungen für sich allein reicht aber nicht zur Bejahung eines Rechtssatzcharakters aus; wenn auch andererseits einem angenommenen Rechtssatzcharakter der Spielbedingungen nicht entgegenstünde, daß sie nicht in einem Gesetz – oder sonstigen amtlichen Blatt – veröffentlicht werden. Es besteht nämlich kein allgemeiner Rechtssatz dahingehend, daß alle untergesetzlichen Rechtsvorschriften in Gesetz- oder amtlichen Blättern veröffentlicht werden müßten[169]. Durch den Aushang der Spielbedingungen in jeder Annahmestelle und durch auszugsweisen Abdruck auf dem Lottospielschein ist in weit geeigneterer Form für ihre Veröffentlichung gesorgt.

167 Vgl. Meyer-Bremer, a.a.O.

168 Vgl. Meyer-Bremer, Anm. 1 zu § 4 des Börsengesetzes.

169 Vgl. hierzu auch Bachof, JZ 1956, 342 (343).

2. Sie sind Allgemeine Geschäftsbedingungen

Allgemeine Geschäftsbedingungen (AGB)[170, 171] haben im modernen Wirtschaftsleben dort Eingang gefunden, wo einzelne Großunternehmer unter Ausnutzung ihrer faktischen Überlegenheit am Markt im Wege des Abschlusses einer großen Zahl von Einzelverträgen den Massenumsatz von Gütern oder Dienstleistungen betreiben. Sie sind entstanden, um eine gleichmäßige[172] Regelung für die sog. Massenverträge zu ermöglichen[173, 174]. Damit ist zum Ausdruck gebracht, daß es sich bei den Allgemeinen Geschäftsbedingungen nicht um objektive, allgemein verbindliche Rechtsnormen handelt, sondern um eine allgemein festgelegte Vertragsgrundlage[175], die infolge beiderseitiger Vereinbarung erst Wirksamkeit erlangt[176]. Die Allgemeinen Geschäftsbedingungen behandeln u.a., meist in Abweichung der bestehenden gesetzlichen Bestimmungen, Haftungsausschlüsse, Haftungsbeschränkungen, Ausschluß von Mängelrügen und Gerichtsstandsvereinbarungen.

Die Amtlichen Spielbedingungen sind Allgemeine Geschäftsbedingungen[177, 178]. Sie sind erlassen, um die Millionenzahl der allwöchentlich

170 Zum Begriff der AGB vgl. Schmidt-Salzer AGB, S. 27 (29, 44); vgl. ferner Fikentscher, Schuldrecht, 3. Aufl. (1971), S. 26, V, 5, S. 99 ff. mit zahlreichen Literaturhinweisen.

171 Zur rechtlichen Beurteilung Allgemeiner Geschäftsbedingungen vgl. auch Schreiber a.a.O. mit zahlreichen weiteren Literatur- und Rechtsprechungszitaten.

172 Allgemeine Geschäftsbedingungen bezwecken eine Vereinheitlichung und Schematisierung der Abwicklung der Geschäfte sowohl dem Sinne wie dem Wortlaut nach. (Vgl. A. Koch, Die Allgemeinen Geschäftsbedingungen der Banken [1932], S. 4). Es lassen sich im einzelnen meist drei unterschiedliche Zwecke der Klauseln in den AGB unterscheiden: Spezialisierung des Gesetzes, Rationalisierung des Geschäftsbetriebes und Verschiebung des Geschäftsrisikos. (So Fikentscher, a.a.O. § 26 V, 5, S. 99): vgl. hierzu auch Lukes, Grundprobleme der Allgemeinen Geschäftsbedingungen, JuS 1961, 301–308 und Schreiber, NJW 1967, 1445 ff.

173 In der französischen Doktrin ist dafür der Ausdruck contrat d'adhésion entstanden (vgl. Staudinger-Coing, Vorbem. 24 zu § 145 BGB).

174 Man spricht auch von einer Rationalisierung des Vertragswesens (vgl. Schmidt-Salzer, AGB, S. 42).

175 Zur Auslegung von Vertragsbedingungen vgl. u.a. RGZ 116, 274 (276); 120, 18 (20); 145, 21 (26); ferner Staudinger-Coing, Anm. 43–48 zu § 133 BGB; Palandt-Heinrichs, Anm. 5 a zu § 157 BGB.

176 Vgl. BGHZ 17, 1 (2); ferner Enneccerus-Nipperdey, § 163 VI, 1, 2, S. 1007–1009.

177 Vgl. BGHZ 5, 111 (115); BVerwG NJW 1956, 235 und Bay.VerfGH BayVBl. 1963, 382, 383); ferner Staudinger-Brändl, Vorbem. 8 zu § 762 BGB; a.A. Baden-Württembergischer VGH, zitiert in NJW 1956, 235 (236) – (nicht veröffentlicht).

178 Zur Vertragsnatur Allgemeiner Geschäftsbedingungen vgl. auch noch A. Koch, S. 10 ff.

abgeschlossenen Spielverträge[179] bewältigen, um ihren Abschluß einfacher sowie gleichförmiger gestalten zu können. Sie stellen keine objektive und allgemein verbindliche Rechtsnorm dar, sondern sind in ihrer überwiegenden Mehrzahl eine allgemein im voraus festgelegte Vertragsgrundlage[180]. Sie können grundsätzlich für das Einzelvertragsverhältnis nur dann Bedeutung gewinnen, wenn sie im Einzelfall kraft Rechtsgeschäfts akzeptiert werden. Automatische Geltung, wie sie das objektive Recht für bestimmte Vertragsverhältnisse besitzt, kämen den Amtlichen Spielbedingungen nur dann zu, wenn sie entweder als Gewohnheitsrecht selbst zum objektiven Recht geworden wären, oder wenn ihnen durch entsprechenden öffentlich-rechtlichen Akt die Kraft von Rechtsnormen beigelegt worden wäre. Letzteres träte jedoch nur ein, wenn sie auf Grund entsprechender gesetzlicher Ermächtigung für allgemein verbindlich erklärt worden wäre; oder wenn ein Gesetz allgemein eine Ermächtigung zum Erlaß allgemein verbindlicher Vertragsbedingungen ausgesprochen hätte, wie es etwa § 1 des Tarifvertragsgesetzes oder § 4 Abs. 1 S. 5 des Pflichtversicherungsgesetzes i.d.F. vom 5. April 1965 vorsehen[181].

Wenn die Spielbedingungen nicht wie das objektive Recht automatisch für die einzelnen Vertragsverhältnisse gelten, wann und wodurch werden sie dann verbindlich?

Ziffer 2 Nr. 1 der Bayerischen Spielbedingungen erklärt die Spielbedingungen für verbindlich; sie hängen außerdem in den Annahmestellen aus und sind zudem auszugsweise auf dem Lottoschein abgedruckt[182]. Schließlich wird auf dem Lottoschein auf die Existenz und das Gelten von Spielbedingungen verwiesen. Dies allein genügt freilich nicht, um sie für alle Schuldverhältnisse verbindlich werden zu lassen. Sie müssen vom Vertragspartner auch akzeptiert werden. Diese Hinnahme der Spielbedingungen, die „Unterwerfung"[183]

179 Woche für Woche beteiligen sich durchschnittlich etwa 16 Millionen Erwachsene am Zahlenlotto; gegenüber 1,5 Millionen Erwachsenen am Fußballtoto „6 aus 39" und 1,3 Millionen Erwachsenen an der Fußballergebniswette (entnommen der Allensbacher Studie, S. 11).

180 Als solche sind sie jedoch ein festgeschlossenes Ganzes, aus welchem nicht Teile willkürlich gestrichen oder abgeändert werden können, ohne daß Sinn und Einheitlichkeit der Bedingungen hierdurch zerstört werden. Daraus folgert A. Koch sogar (S. 15) die Unabdingbarkeit der Allgemeinen Geschäftsbedingungen. Dies besagt jedoch nicht, daß die Spielbedingungen nicht auch Bestimmungen enthalten können – z.B. Ziff. 8, Nr. 3 (Regelung des Annahmeschlusses) –, die nicht als im voraus festgelegter Vertragsinhalt für die einzelnen Spielabschlüsse bezeichnet werden können.

181 Vgl. hierzu Staudinger-Coing, Vorbem. 24a zu § 145 BGB; sowie Schmidt-Salzer, AGB, S. 94 ff.

182 Vgl. hierzu A. Koch, S. 19 ff. und Schmidt-Salzer, Schriftenreihe, S. 24 ff.

183 Es ist Nipperdey in Enneccerus-Nipperdey, § 163 VI, 2, S. 1008, zuzustimmen, wenn er in diesem Zusammenhang meint, man solle hier nicht von einer „Unterwerfung" sprechen, denn eine solche würde begrifflich voraussetzen, daß

unter sie, liegt aber im Abschluß des Spielvertrages, denn jeder, der an einem derartigen Spiel sich beteiligt, muß damit rechnen – und rechnet auch damit –, daß allgemeine Bedingungen bestehen, durch welche die Rechtsbeziehungen der Parteien näher geregelt werden[184]. Der Teilnehmer weiß[185] in der Regel auch von der Existenz solcher Bestimmungen und unterwirft sich schon durch die Hingabe des ausgefüllten Spielscheins[186] stillschweigend[187] diesen als „eine fertig bereitliegende Rechtsordnung"[188] bezeichneten Bestimmungen[189].

Selbst wenn der Teilnehmer keine genaue Kenntnis vom Inhalt der Spielbedingungen hat[190], werden sie also in rechtlich nicht zu beanstandender Weise mit Abschluß des Vertrages wirksamer Vertragsinhalt[191]. Eine „Vereinbarung" solchen Inhalts verstößt schon im Hinblick auf die große Zahl der Vertragsabschlüsse und der damit verbundenen Notwendigkeit, den Abschluß einfach, klar und einheitlich zu gestalten, nicht gegen die guten Sitten[192, 193].

---

sich die Vertragsparteien bereits in Geltung befindlichen Regeln unterordnen. Allgemeine Geschäftsbedingungen bezwecken aber gerade, sie als Inhalt von einzelnen Verträgen erst in Geltung zu setzen. Nur so könne man einem über die Geltung Allgemeiner Geschäftsbedingungen Irrenden eine Anfechtungsmöglichkeit gemäß § 119 BGB zuerkennen. (Vgl. insoweit Enneccerus-Nipperdey, Fußn. 26; vgl. hierzu auch A. Koch, S. 30 und Schreiber, NJW 1967, 1446; sowie insbesondere Schmidt-Salzer, AGB, S. 59 ff., 111 ff., der hier von Einbeziehungsvereinbarung spricht. (Vgl. auch ders. in Schriftenreihe S. 19 ff.).

184 Vgl. OLG Stuttgart, zitiert in JZ 1951, 135 (136); LG Wiesbaden 2 c OH 35/51, Beschluß vom 3. April 1952 und LG München I 11 OH 21/49, Beschluß vom 16. Dezember 1949 (beide Beschlüsse nicht veröffentlicht). (Alle diese Beschlüsse betreffen den Fußballtoto); vgl. ferner Staudinger-Coing, Vorbem. 24 k zu § 145 BGB.

185 Zur Frage des Kennenmüssens solcher Allgemeiner Geschäftsbedingungen vgl. A. Koch, S. 23 ff.; Schmidt-Salzer, AGB, S. 124 ff.

186 Vgl. OLG Stuttgart, zitiert in JZ 1951, 135 (136).

187 Vgl. BGHZ 9, 1, wonach eine stillschweigende Unterwerfung unter die ADSp angenommen wird, wenn der Vertragsgegner wußte oder wissen mußte, daß der Unternehmer seinen Geschäften die ADSp zu Grunde zu legen pflegt; vgl. ferner A. Koch, S. 22 ff. und BGHZ 1, 83 (86); 3, 200 (203).

188 Vgl. BGHZ 12, 136 (142); 17, 1 (2).

189 Vgl. hierzu auch Schmidt-Salzer, AGB, S. 111 ff.

190 A. Koch, S. 23, vertritt in diesem Zusammenhang ohne nähere Begründung die Auffassung, daß der Teilnehmer seinerseits nach Treu und Glauben verpflichtet sei, sich mit dem Inhalt vorhandener Geschäftsbedingungen bekanntzumachen.

191 Vgl. OLG Celle, Nds. Rpfl. 60, 270–273; ferner Staudinger-Coing, Vorbem. 24 c und 24 h zu § 145 BGB.

192 Vgl. hierzu OLG Hamburg, zitiert in JZ 1951, 135 (136).

193 Zur Frage der Auslegung der AGB vgl. Schmidt-Salzer, AGB, S. 159–219; ders. in Schriftenreihe S. 57–85.

HAUPTTEIL II
DIE EINZELNEN SPIELVERTRÄGE

Kapitel 10
Das Zahlenlotto und die typischen Schuldverhältnisse des bürgerlichen Rechts

Im Rahmen der Darstellung zivilrechtlicher Probleme des Zahlenlottos muß bei der Behandlung der einzelnen Spielverträge vorab geklärt werden, unter welches typische[1] Schuldverhältnis des bürgerlichen Rechts das Zahlenlotto-„Spiel"[2] seinem Wesen entsprechend einzugliedern ist. Die Klärung der Zugehörigkeit des Lottospiels zu einem typischen Schuldverhältnis des bürgerlichen Rechts ist schon deshalb erforderlich, da das Zahlenlotto ein Glücksspiel sein kann. Ist es aber Glücksspiel, dann muß weiter geprüft werden, ob dann nicht § 7 des Bundesgesetzes zum Schutze der Jugend in der Öffentlichkeit (JSchÖG) vom 27. Juli 1957[3], welches das Jugendschutzgesetz vom 4. Dezember 1951[4] entscheidend abänderte, und in welchem ein Verbot der Teilnahme von Kindern und Jugendlichen an Glücksspielen ausgesprochen wird, beim Lottospiel Anwendung findet.

Diese Prüfung kann nicht mit dem Hinweis darauf als überflüssig bezeichnet werden, die Spielbedingungen sähen eine umfassende Regelung vor und sprächen stets nur von „Spiel", „Spielverträgen", „Spieleinsätzen" und „Spielabschnitten"[5]; man könnte demzufolge unbesehen davon ausgehen, daß es sich beim Zahlenlotto in rechtlicher Hinsicht um ein Spiel i.S. des § 762 BGB handelt. Diese Auffassung erscheint schon deshalb nicht zutreffend, da es in der höchstrichterlichen Rechtsprechung[6] seit langem anerkannt ist, daß allgemeine Vertragsbedingungen dieser Art nicht immer „auf einer einwandfreien rechtlichen Durcharbeitung" beruhen und „daher nicht ohne

---

1 Wobei unter dem Begriff „typische" Schuldverhältnisse die im bürgerlichen Recht gesondert geregelten gemeint sind.

2 Wie bisher wird auch fernerhin neben dem Wort „Zahlenlotto" gleichsinnig das Wort „Lottospiel" verwendet; ohne sich hier schon festlegen zu wollen, ob dies im rechtlichen Sinne zutreffend ist. Der Ausdruck „Lottospiel" wurde gewählt, da sowohl die Amtlichen „Spiel"bedingungen (s.u.a. Ziff. 4, 6, 14, 15) als auch der allgemeine Sprachgebrauch das Zahlenlotto als Lotto„spiel" bezeichnen.

3 BGBl. I, S. 1058.

4 BGBl. I, S. 936.

5 Vgl. z.B. Ziffer 9 Nr. 1, Nr. 4; Ziffer 10 Nr. 1 und 2; Ziffer 16 Nr. 1 der Amtlichen Spielbedingungen; vgl. aber die Spielbedingungen der Saarland-Sporttoto GmbH: Art. 1 Abs. 3, Ziffer b spricht von Zahlen-*Wetten* (Zahlen-Lotto); Art. 1 Abs. 4, S. 2 aber wieder von *Spiel*-bedingungen und *Spiel*-vertrag.

6 Vgl. insbes. BGHZ 5, 111 (115).

weiteres die Anwendung streng logischer Auslegungsgrundsätze, wie sie bei der Auslegung gesetzlicher Vorschriften geboten sind", rechtfertigen.

Die folgende Untersuchung beschränkt sich darauf, ob das Zahlenlotto unter die Institute der Auslobung (§ 657 BGB), der Wette und des Spiels (§ 762 BGB), oder der Lotterie (§ 763 BGB) zu zählen ist. Dabei wird sich auch mit der von Gebhardt[7] vertretenen Ansicht auseinanderzusetzen sein, ob das Lottospiel als ein pactum sui generis anzusprechen ist. Gebhardt nimmt dies nämlich für die Fußballwette an.

1. Die Auslobung

Unter Auslobung i.S. des § 657 BGB ist das öffentlich bekanntgemachte, einseitig[8] bindende Versprechen einer Belohnung für die Vornahme einer Handlung, insbesondere für die Herbeiführung eines Erfolges zu verstehen[9]. Für das Rechtsinstitut der Auslobung ist somit die öffentliche Bekanntmachung, d.h. das Zugänglichmachen für jedermann[10] wesentlich. Dieses Erfordernis wird im Rahmen der Ausspielung des Zahlenlottos erfüllt. Die Aufforderung des Lottounternehmers, welche sich in einer ständigen Werbung für das Lottospiel manifestiert[11], an den wöchentlich stattfindenden Ausspielungen durch Abschluß eines Spielvertrages teilzunehmen, richtet sich an alle Bevölkerungsschichten. Damit erhält ein individuell nicht abgegrenzter und abgrenzbarer Personenkreis davon Kenntnis. Dies genügt, um das Tatbestandsmerkmal „Öffentlichkeit" i.S. des § 657 BGB zu bejahen.

Dennoch ist das Zahlenlotto keine Auslobung. Einmal fehlt es am Erfordernis des einseitig bindenden Versprechens durch den Lottounternehmer. Zum anderen wird von diesem auch keine Belohnung für die Vornahme einer bestimmten Handlung oder für die Herbeiführung eines bestimmten Erfolges versprochen. Die Aufforderung des Unternehmers an einen nicht näher abgrenzbaren Teilnehmerkreis – sei es durch Werbung in Form von Plakatierung oder Spielscheinbeilagen in der Tagespresse, sei es durch den Hörfunk oder das Fernsehen –, Spielverträge abzuschließen, zielt nur auf den Abschluß solcher Verträge. Die zum Abschluß dieser Spielverträge notwendi-

7 Die Fußballwette, S. 19 ff.

8 Vgl. RGSt 40, 21 (32).

9 Vgl. Enneccerus-Lehmann, Lehrbuch des Bürgerlichen Rechts, II. Bd., Recht der Schuldverhältnisse, 15. Aufl. (1958), § 159, II, S. 676; Larenz, Lehrbuch des Schuldrechts, II. Bd., Besonderer Teil, 9. Aufl. (1968), § 51, S. 250; Ahlich, Die Erfordernisse der Auslobung, Breslauer Diss. 1932, S. 9 ff.; Loew, Die Wette, Marburger Diss. 1907, S. 17 ff. und Staudinger-Riedel, Vorbem. 2 zu § 657 BGB.

10 Die Frage, ob damit auch Jugendlichen und Kindern die Teilnahme gestattet ist, wird für das Zahlenlottospiel gesondert behandelt werden.

11 Die Art der Publizierung ist dabei nicht vorgeschrieben.

gen Handlungen müssen aber von den Teilnehmern vorgenommen werden, ohne daß eine Belohnung dafür ausgesetzt oder versprochen wird. Die im Falle eines Gewinnes zur Auszahlung kommenden Beträge sind auch nicht als Belohnung i.S. des § 657 BGB anzusehen. Dies ergibt sich schon allein daraus, daß diese Beträge nur den in den einzelnen Gewinnklassen erfolgreichen Teilnehmern ausbezahlt werden. Die übrigen Teilnehmer, welche die nämlichen Handlungen erbracht haben, gehen „leer“ aus[12].

2. Die Wette

Als Wettvertrag wird derjenige Vertrag bezeichnet, „durch den sich die Parteien zur Bekräftigung einer Behauptung für den Fall der Wahrheit oder Unwahrheit gegenseitig Leistungen versprechen“[13]. Wesensmerkmal der Wette ist demnach vor allem die Aufstellung entgegengesetzter Behauptungen mit der inneren Überzeugung, die aufgestellte Behauptung erweise sich als zutreffend. Sollte sie sich jedoch als unrichtig erweisen, unterwirft man sich einem Vermögensnachteil.

Der Lottospielvertrag ist schon deshalb keine Wette, weil im Rahmen des Spielvertrages der Unternehmer keinerlei Voraussagen hinsichtlich der sechs Zahlen, die bei der Ausspielung gezogen werden, macht. Es fehlt also einmal an der entgegengesetzten Behauptung, welche für das Vorliegen eines Meinungsstreits erforderlich ist[14]. Dem veranstaltenden Unternehmer liegt auch jede Vorstellung über den voraussichtlichen Ausgang der Ausspielung und erst recht jegliche Rechthaberei fern[15]. Er schließt mit allen Spielern ab, welche ihren Einsatz leisten; auch mit denjenigen, die nach seiner Annahme – eine solche Annahme einmal unterstellt – die wahrscheinlich richtige Gewinnzahlenreihe vorausgesagt (angekreuzt) haben.

Auch auf seiten der einzelnen Spieler liegt in der Regel nicht das Motiv des „Rechthabens“ vor, sondern hauptsächlich das Streben nach Gewinn. Selbst in den Fällen, in denen der einzelne Teilnehmer in der festen Überzeugung und mit der Behauptung spielte, seine angekreuzten sechs Zahlen würden bestimmt gezogen werden, läge keine Wette vor, denn diese Behauptung faßt der Spieler „im Stillen“; d.h. zwischen ihm und seinem Vertragspartner[16] ist keine Meinungsverschiedenheit über den Ausgang der Ausspielung vorausge-

12 Vgl. hierzu auch Staudinger-Riedel, Vorbem. 5 zu § 657 BGB.

13 Vgl. Staudinger-Brändl, Anm. 5 zu § 762 BGB.

14 Vgl. H. Becker, Die Rechtsnatur des Wettscheins, Erlanger Diss. 1936, S. 5; ferner RGSt 6, 421 (425) und RGZ 61, 153 (155).

15 Vgl. H. Becker, S. 6.

16 Wer als Vertragspartner im einzelnen in Frage kommt, wird in Kapitel 11 unter I näher dargelegt.

gangen. Da der Teilnehmer auch nur vermuten kann, die angekreuzten Zahlen würden gezogen werden, ist diese Vermutung kaum ausreichend, um jene feste innere Überzeugung aufzustellen, wie sie die Wette erfordert, denn „von dem Notwendigen eines Ereignisses kann man nur dann überzeugt sein, wenn man die Ursachen kennt oder zu kennen glaubt, die es herbeiführen werden“[17].

Selbst diejenigen, welche glauben, sie könnten ihrer Voraussage sachkundige (beispielsweise spielstatistische oder mathematische) Erwägungen zugrunde legen, wären nicht imstande, sich eine feste Überzeugung von der Richtigkeit ihrer Voraussage zu bilden. Auch diesen Spielern liegt es vorwiegend am Streben nach einem möglichst hohen Gewinn, nicht an der Aufstellung einer Behauptung über den Ausgang der Ausspielung.

Damit fehlt es an der Voraussetzung einer Wette, nämlich an der zwischen den Vertragsteilen bestehenden Meinungsverschiedenheit über das Vorliegen oder Nichtvorliegen oder das Eintreten oder Nichteintreten einer Tatsache[18].

3. Das Spiel

Demgegenüber stellt sich das Spiel[19] als ein Vertrag dar, bei welchem die Absicht der Parteien nicht lediglich auf die Erhärtung einer Behauptung, sondern vornehmlich auf die Verschiebung von Vermögenswerten – meist in

17 So H. Becker, S. 5.

18 Vgl. Hamann, S. 21.

19 Diese Art der Unterscheidung zwischen Wette und Spiel war nicht von Anfang an herrschend. Bis es zu dieser Unterscheidung kam (vgl. hierzu u.a. Loew, S. 15 u. 28 ff.; Reuber, Der begriffliche Unterschied von Spiel und Wette, Würzburger Diss. 1903, S. 16 ff.; Weiskam, S. 13 ff.; Orth, S. 25 ff.; Simon, S. 10; Stenglein, Glücksspiel und Wette, Zeitschrift für die gesamte Strafrechtswissenschaft, Bd. III (1883), S. 111 ff. (121 ff.); Ziemer, Der juristische Unterschied zwischen Spiel und Glücksspiel in Geschichte, Theorie und Praxis, Greifswalder Diss. 1922, S. 32 ff.), wurden die verschiedensten Theorien vertreten (vgl. Weiser, Begriff, Wesen und Formen des strafbaren Glücksspiels, Leipziger rechtswissenschaftliche Studien, Heft 49 (1930), S. 2 ff.).
Die Anhänger der sog. Tätigkeitstheorie – vertreten u.a. von Thöl (Das Handelsrecht, I. Bd., 6. Aufl. [1879], § 304, S. 1018) – grenzten Spiel und Wette nach äußeren Kriterien voneinander ab. Sie sahen das unterscheidende Merkmal in der Tätigkeit der Parteien, die zwar beim Spiel, dagegen nicht bei der Wette, vorhanden sei (vgl. Orth, S. 26; Reuber, S. 19 ff.). Demgegenüber vertraten die Anhänger der sog. Identitätstheorie (Stenglein, S. 143) den Standpunkt, daß sich Spiel und Wette begrifflich nicht unterscheiden. Ein Unterschied bestehe nur zwischen einem auf Berechnung, Urteil oder Geschicklichkeit (Leistungsfähigkeit) beruhenden Spiel oder einer aus entsprechenden Überlegungen eingegangenen Wette einerseits und Spielen oder Wetten andererseits, die wenigstens hauptsächlich vom Zufall abhängig sind. Dem steht nicht nur die Tatsache der verschiedenen Bezeichnungen beider als „Spiel“ und „Wette“, sondern auch der Umstand

Form von Geld – gerichtet ist; die von einem ungewissen Ereignis abhängig gemacht wird, ohne daß diese wirtschaftlich gerechtfertigt ist[20, 21].

---

entgegen, daß bereits im römischen Recht eine verschiedene Behandlung insoweit vorgenommen wurde, als Spiele verboten, Wetten hingegen erlaubt und klagbar waren (vgl. Windscheid, § 419, S. 859; Dernburg-Sokolowski, System des Römischen Rechts [Pandekten] II. Teil, 8. Aufl. (1912), § 362, S. 770; ferner RGSt 40, 21 [34]). Schließlich gab es noch die sog. Intentionstheorie (vertreten u.a. von Wilda, Die Wetten, Zeitschrift für deutsches Recht und deutsche Rechtswissenschaft, VIII. Bd. [1843], S. 200 ff. [212]), welche ein subjektives Kriterium für entscheidend hielt und auf die Motive der Beteiligten abstellte. Bei der Wette sei es die Absicht der Parteien, eine Behauptung zu klären, beim Spiel stünde das Gewinnstreben und das Moment des Vergnügens im Vordergrund.
Gemeinsam ist beiden die Unterordnung unter die Norm des § 762 BGB (im Gegensatz dazu unterschied der Entwurf eines bürgerlichen Gesetzbuches für das Königreich Bayern im II. Teil, 19. Hauptstück, I. Glücksverträge, zwischen Art. 762 [Wettvertrag] und Art. 768 [Spielvertrag], vgl. Schuster, Das Spiel, seine Entwicklung und Bedeutung im Deutschen Recht [1878] S. 232, 233). Es wird keine klagbare Verbindlichkeit durch Spiel und Wette begründet; vielmehr eine Naturalobligation schwächerer Wirkung. D.h. die aus Spiel und Wette entstehende Verpflichtung ist unerzwingbar, kann aber erfüllt, das einmal zur Erfüllung Geleistete nicht zurückgefordert werden. Beide – Spiel und Wette – sind gegenseitige Verträge, und zwar aleatorischer Natur (vgl. Motive, Bd. II. [1888] § 664, S. 643; H. Becker, S. 3 und Winterstein, S. 18), insoweit als die Leistungspflicht der Parteien im Zeitpunkt des Vertragsschlusses von einem noch ungewissen Ereignis abhängig ist.

20 Unter dem Wort „Spiel“ versteht man im allgemeinen Sprachgebrauch auch Spiele, die der reinen Unterhaltung dienen (Weiskam, S. 37, spricht hier von „nicht wirtschaftlichem Gebahren“). Zu den Spielen im rechtlichen Sinne gehören die berechenbaren Spiele (Geschicklichkeitsspiele) und die Glücksspiele im weiteren Sinne (vgl. hierzu u.a. BGHSt 2, 274 [276]; 11, 209 [210]; RGSt 6, 172 [176]; 18, 342 [345]; 62, 163 [165]; ferner zur Definition des Glücksspiels RGSt 6, 70 [74]; 41, 218 [221]; BVerwG, BayVBl. 1960, 380 und VGH, BayVBl. 1960, 384 [385]). Innerhalb der letzteren lassen sich Glücksspiele im engeren Sinne (Weisner, S. 25 ff. unterscheidet hier zwischen absoluten und relativen Geschicklichkeitsspielen und relativen und absoluten Glücksspielen andererseits; vgl. hierzu ferner Rossbach, S. 47 ff.), Lotterien (hinsichtlich der Abgrenzung von Glücksspielen i.e.S. zur Lotterie vgl. Hahn, S. 17 ff. und die dort erwähnten Entscheidungen des Reichsgerichts; Pepperhoff, Glücksspiel und Lotterie in Rechtsprechung und Literatur, Göttinger Diss. 1922, S. 66 ff.; ferner OLG Braunschweig, NJW 1954, 1777) und Ausspielung unterscheiden.

21 Einer näheren Prüfung, ob der Lottovertrag „Ausspielvertrag“ i.S. v. § 763 BGB ist, bedarf es schon deshalb nicht, da nach h.M. (vgl. hierzu u.a. Staudinger-Brändl, Anm. 1 zu § 763 BGB; Rossbach, S. 29; Orth, S. 83 und RGSt 34, 140 [142]) bei Ausspielungen andere vermögenswerte Gegenstände als Geld an die Gewinner ausgeschüttet werden; beim Zahlenlotto hingegen nur Geldbeträge. (Vgl. zur Abgrenzung des Begriffs der Lotterie von dem der Ausspielung: Pepperhoff, S. 63 ff.; Ehrlich, Über den Begriff und die rechtliche Natur der Lotterie und Ausspielung, ihre möglichen Erscheinungsformen und Arten, Leipziger Diss. 1922, S. 27 ff.).

Es ist somit für das Spiel[22, 23, 24] und den Spielvertrag[25] begrifflich notwendig, daß Gewinn und Verlust vom Eintreten einer von zwei entgegengesetzten Bedingungen abhängig ist.

Da jedoch der Unternehmer des Zahlenlottospiels nach den Spielbedingungen[26], gleichgültig welche Gewinnzahlen gezogen werden, wieviel Spielabschlüsse vorliegen, welcher Teilnehmer gewonnen hat und wie hoch im einzelnen die Gewinnbeträge ausfallen, nur 50% des erzielten Umsatzes wieder an die gewinnenden Teilnehmer verteilen muß, erzielt er in jedem Falle einen Gewinn. Der Unternehmer trägt also – wie es scheint – in keinem Fall ein Risiko. Wesensmerkmal der aleatorischen Verträge ist es jedoch, daß jede der Parteien der Möglichkeit eines Verlustes ausgesetzt ist. Daraus könnten sich hinsichtlich des Spielcharakters der beim Zahlenlotto abgeschlossenen Einzelverträge Bedenken ergeben[27].

Diese Bedenken schlagen jedoch bei der Beurteilung der Rechtsnatur des Lottospiels letztlich nicht durch, denn bei dieser Beurteilung darf man nicht von der Veranstaltung der Ausspielung als Ganzem ausgehen; vielmehr sind die einzelnen, zwischen den Teilnehmern und dem Unternehmer geschlossenen Verträge ins Auge zu fassen. So betrachtet trägt aber auch die Verwaltung dem einzelnen Spieler gegenüber eine Verlustgefahr[28]. Denn je nach dem Ausgang des Spiels zieht sie dessen Einsatz ein oder schuldet sie ihm den Gewinn. Dieser Tatbestand genügt zur Annahme eines Spielvertrages.

Dieses Ergebnis deckt sich mit der Auffassung des Reichsgerichts[29]. Insbesondere im Band 38, 204 (206, 207) der Entscheidungssammlung für Strafsachen führt es aus: „Eine Einrichtung, nach welcher der Verlust eines der Mitspieler niemals seinen Gewinn übersteigen kann und Deckung findet

---

22 Zur Geschichte von Spiel und Wette vgl. u.a. Marizy, Die rechtliche Natur von Spiel und Wette, Berliner Diss. 1938, S. 3 ff. und S. 16 ff.

23 Vgl. zur Definition des Spiels u.a. Staudinger-Brändl, Anm. 4 zu § 762 BGB; Enneccerus-Lehmann, S. 778; Planck, Vorbem. III, 1 zu § 762 BGB; ferner RGSt 6, 172 (175); 7, 21 (26); 15, 277 (278); 38, 204 (206); 45, 424 (425) und RGZ 61, 153 (155).

24 Zur ethisch-philosophischen Wertung des menschlichen Spiels, vgl. Lammers, S. 21 ff.

25 Näheres zum Begriff des Spielvertrages und seinen Erfordernissen vgl. bei Feigel, Preisausschreiben, Preisrätsel, Lotterien und Ausspielungen im Wettbewerb, Gießener Diss. 1938, S. 11 ff.; Kersting, Rechtsnatur des Lotteriegeschäftes und des Lotterieloses, Leipziger Diss. 1932, S. 47, sowie Pepperhoff, S. 22.

26 Vgl. Ziffer 16, Nr. 1 der Amtlichen Spielbedingungen.

27 Vgl. hierzu Hamann, S. 21 und Simon, S. 12 (für den Fußballtoto bzw. die Fußballwette).

28 Vgl. Hamann, S. 22; ferner Staudinger-Brändl, Anm. 2 zu § 763 BGB.

29 Vgl. u.a. RGSt 7, 21 (27); 38, 204 (206); ferner Staudinger-Brändl, Anm. 2 zu § 763 BGB.

durch die Einsätze der übrigen, ist mit dem Begriff des Spieles nicht unvereinbar und das Bestehen der Möglichkeit eines positiven Vermögensverlustes für jeden einzelnen Mitspieler, wenn es auch den Regelfall darstellt, doch kein unerläßliches Begriffsmerkmal des Spieles“[30].

Es ist also ohne Belang für den rechtlichen Charakter eines Spielvertrages, wenn der Unternehmer bei dem von ihm veranstalteten Spiel kein allgemeines Risiko trägt.

Der Lottospielvertrag erfüllt demnach die wesentlichen Merkmale, die für das Spiel im Rechtssinne verlangt werden.

4. Der Lotterievertrag

Damit das Lottospiel Rechtsverbindlichkeiten, deren Erfüllung durchsetzbar, insbesondere einklagbar sind, begründet, muß es Lotterie i.S. des § 763 BGB sein.

„Nach der gesetzlichen Entwicklung, sowie nach der Verkehrsanschauung und Rechtsprechung[31] sowie der Literatur[32] sind Lotterien[33] Veranstaltungen, bei denen nach Maßgabe eines vom Unternehmer aufgestellten Spielplanes eine Losziehung oder ein anderes, im wesentlichen auf den Zufall abgestelltes Verfahren irgendwelcher Art[34] unter einer Mehrheit[35] von einsatzleistenden Teilnehmern darüber entscheidet, auf welche Einsätze ein Gewinn (Preis, Treffer) entfällt“[36,37].

Die Hauptmerkmale des Lotterievertrages sind demnach: a) das im wesentlichen auf Zufall abgestellte Verfahren „irgendwelcher Art“, mittels dessen

30 Vgl. hierzu auch RGSt 45, 424 (426).

31 Vgl. hierzu u.a. RGSt 27, 47 (48); 27, 233 (237); 34, 447 (448); 60, 385 (386); RGZ 77, 341 (344); ferner OLG Braunschweig, NJW 1954, 1777 (1778).

32 Vgl. u.a. Mang, Verwaltungsrecht in Bayern, Bd. II (1952), S. 336; Hahn, S. 19; Rossbach, S. 25; Ehrlich, S. 31, 32; Enneccerus-Lehmann, §,190, S. 782; Feigel, S. 12 ff.; Kersting, S. 17; ferner den Runderlaß des Nordrhein-Westfälischen Innenministeriums vom 12. März 1957 (Ministerialblatt von Nordrhein-Westfalen 1957, S. 698) zur Durchführung der Lotterie VO unter II. Abschnitt; ferner noch Winterstein, S. 49 ff. (52, 53) und die dort zitierte Literatur.

33 Über die einzelnen Arten von Lotterien vgl. Ehrlich, S. 53, 54.

34 Vgl. RGSt 27, 47 (48, 49).

35 Hinsichtlich des Problems, ob schon bei nur einem Teilnehmer eine Lotterie angenommen werden kann, vgl. Ehrlich, S. 52 ff. mit weiteren Literaturnachweisen.

36 So Staudinger-Brändl, Anm. 1 zu § 763 BGB.

37 So große Vorsicht auch sonst bei der Verwendung strafrechtlicher Begriffe für das Zivilrecht und umgekehrt geboten ist, so liegt hier kein Anlaß vor, den von Literatur und Rechtsprechung entwickelten strafrechtlichen Lotteriebegriff nicht in das Zivilrecht zu übernehmen (vgl. hierzu auch Ehrlich, S. 2).

die Gewinner fixiert werden, b) die Verschiedenartigkeit der Leistungsverpflichtung von Spieler und Unternehmer und c) die Aufstellung eines Spielplanes durch den Unternehmer.

a) Das auf Zufall abgestellte Verfahren

Das die Glücksspiele[38] von den Geschicklichkeitsspielen unterscheidende Merkmal ist das des Zufalls[39].

Die von den Teilnehmern am Lotto abgeschlossenen Spielverträge ließen sich nur dann in die Kategorie der Geschicklichkeitsspiele einreihen, wenn der Erfolg nicht vom Zufall, sondern von einer rationalen Kalkulation des Spielergebnisses abhinge[40].

Beim Lotto gilt es, aus einer Zahlenreihe von 1–49 sechs beliebige Zahlen vorauszusagen. Der Gewinn hängt davon ab, ob bei der Auslosung 6, 5, 4 oder 3 dieser vorausgesagten Zahlen gezogen werden. Die bereits erwähnte Wahrscheinlichkeitsrechnung gestattet aber den Schluß, daß kein Spieler feststellen oder auch nur annähernd berechnen kann[41], welche Gewinnzahlen ausgelost werden. Selbst die in Fachzeitschriften[42] den Teilnehmern zur Verfügung gestellten Übersichten und Systemvorschläge, aus welchen entnom-

---

38 „Der Begriff ‚Glücksspiel' ist im Gesetz nicht umschrieben, sondern baut auf dem Gewohnheitsrecht auf", so OLG Braunschweig, NJW 1954, 1777 (1778).

39 Zum Wesen des Zufalls vgl. u.a. Ziemer, S. 35; Weiskam, S. 15 ff. (22); Feigel, S. 16 ff.; Rossbach, S. 46 ff.; Hahn, S. 29; Orth, S. 16 ff.; Pepperhoff, S. 18; Staub, Ist das sog. Hydrasystem eine strafbare Ausspielung? Rechtsgutachten, DJZ 1901, 193; ferner BGHSt 2, 139 (140); RGSt 27, 94 (95); 34, 140 (143); 62, 163 (165).

40 Vgl. Hamann, S. 24.

41 Der Allensbacher Studie zufolge nehmen die Teilnehmer bei der Auswahl der vermeintlichen Gewinnzahlen folgende Möglichkeiten wahr:

Bei jedem Spiel immer dieselben Zahlen	50%
Zahlen, wie sie gerade einfallen	46%
Geburtstage, Hochzeitstage und ähnliches	38%
Glückszahlen	13%
Eigene Systeme, Berechnungen auf Grund früherer Ergebnisse	8%
Würfeln	8%
Vorschläge aus Broschüren und Zeitschriften	5%
Rat von Leuten, die etwas davon verstehen	3%
Keine Angaben	3%

Vgl. auch die Mitteilung in „Quick" Nr. 25, 1971, S. 90, wonach eine Berliner Teilnehmerin ihren System-Spielschein unter Zuhilfenahme ihres Tageshoroskops ausfüllte und damit in mehreren Gewinnklassen insgesamt DM 538.025,– gewann.

42 Vgl. z.B. Toto-Lotto-Vorschau-Informationen für das Süd-Lotto vom 10./11. Juli 1965, S. 1 und S. 5 und insbesondere die Sonderausgabe vom 6./7. Februar 1971 über sämtliche Lottogewinnzahlen von 1957–1969. (Eine solche Sonderausgabe ist wiederum für Anfang 1972 geplant.)

men werden kann, wie oft schon insgesamt, wie oftmals hintereinander und wann zum letzten Mal eine bestimmte Zahl seit Einführung des Lottos gezogen wurde, sowie die meist auf mathematischen Grundformeln aufbauenden Systemvorschläge, die bestimmte Zahlenvarianten empfehlen, können dem einzelnen Spieler nicht so viel Anhaltspunkte und Kenntnisse zur rational begründeten Voraussage der Gewinnzahlen vermitteln, daß die Annahme gerechtfertigt wäre, hier werde das wesentliche Moment des Spiels – der Zufall – ausgeschaltet.

Dem Lottospiel muß demnach der Charakter eines Geschicklichkeitsspiels abgesprochen werden. Das Lottospielsystem wird nicht nur überwiegend[43], sondern *ausschließlich* vom Zufall beherrscht. Der bei der Ziehung der Gewinnzahlen in Gang gesetzte Mechanismus verwehrt es überdies den Spielern, irgendwie Einfluß auf den Ablauf der Ziehung zu nehmen. Daß das Lottospiel auch den für die Annahme eines Glücksspiels erforderlichen Einsatz[44] kennt, bedarf nur dieser kurzen Erwähnung.

Das Zahlenlotto des Süd-Lottos erfüllt also das erste der drei oben genannten Hauptmerkmale einer Lotterie[45].

b) Die Verschiedenartigkeit der Verpflichtung

Die Verschiedenartigkeit der Verpflichtung[46] der beiden am Lottospiel beteiligten Vertragsparteien ist darin zu sehen, daß auf der Spielerseite die Verpflichtung zur unbedingten[47] Leistung, nämlich zur Leistung des Einsatzes besteht. Unbedingt ist diese Einsatzleistung insofern, als sie erbracht werden muß, ohne Rücksicht darauf, ob im Ergebnis alle oder einige der Gewinnzahlen zutreffend vorausgesagt wurden oder nicht. Auf der Unternehmerseite hingegen ist die Verpflichtung zur Auszahlung des anfallenden Gewinnes dem einzelnen Spieler gegenüber nur eine bedingte, d.h. eine vom Spielergebnis abhängige Verpflichtung.

---

43 Vgl. v. Liszt, Ist das sog. Hydrasystem eine strafbare Ausspielung? Rechtsgutachten, DJZ 1901, 195 mit Entscheidungsnachweisen.

44 Zum Vermögenswert beim Glücksspiel vgl. u.a. Ziemer, S. 39 ff.; Feigel, S. 13 ff.; Hahn, S. 23 ff.; Orth, S. 17 ff.; Pepperhoff, S. 30 ff.; Staudinger-Brändl, Anm. 3 zu § 763 BGB; ferner RGSt 19, 253 (254) und RGSt 67, 397 (398).

45 Vgl. OLG München 3 U 2077/61, Urteil vom 7. März 1963 (zum Süd-Lotto) – (nicht veröffentlicht); RGSt 18, 342 (345); OLG Braunschweig, NJW 1954, 1777, hält das Berliner Zahlenlotto für kein Glücksspiel (§§ 284, 286 StGB) i.e.S.; vgl. ferner OVG Koblenz AS Rh.-Pfl. 3, 360.

46 Vgl. hierzu Rossbach, S. 35 ff. und 43 ff.; Kersting, S. 12 ff.

47 A.A. Ehrlich, S. 49, der eine unbedingte Einsatzleistung nicht als Erfordernis der Lotterie ansieht.

c) Spiel nach Spielplan

Die Aufstellung eines Spielplanes[48] gehört ebenso wie die beherrschende Rolle des Zufalls und die Verschiedenartigkeit der Verpflichtungen von Teilnehmer und Unternehmer zu den Erfordernissen einer Lotterie. Die Frage ist demnach, ob man die von den Lottounternehmern herausgegebenen Amtlichen Wett-, Teilnahme- oder Spielbedingungen als „Spielplan" einer Lotterie betrachten kann.

Ein Spielplan muß die Bedingungen für den Vertragsschluß in allen Einzelheiten regeln, er muß Bestimmungen über Art, Höhe und Verwendung der Einsätze, über das Gewinnermittlungsverfahren und über die einzelnen Gewinnklassen, sowie Zahl und Höhe der Gewinne – diese jedoch nicht von vorneherein bestimmt, sondern nur bestimmbar – enthalten[49]. Die Rechtsprechung des Reichsgerichts[50] – und mit ihm die herrschende Lehre[51] – fordert außerdem, daß in den Spielplänen den Teilnehmern erkennbar gemacht wird, daß der Zufall bei der Gewinnermittlung eine Rolle spielt; „denn nur wenn die dem Unternehmer gegenüberstehenden Vertragsteile erkennen können, daß der Zufall eine wesentliche Rolle spielt, besteht die Möglichkeit, daß ein Spielvertrag zwischen ihnen und dem Unternehmer abgeschlossen wird"[52]. Die Lehre und Rechtsprechung[53] fordern zudem schon seit der Reichsgerichtsentscheidung in Strafsachen Band 17, 379 (380), daß die Gewinnermittlung zumindest durch ein „Verfahren irgendwelcher Art" erfolgt; sofern nur die Entscheidung – wie bei jedem anderen Glücksspiel – für die Teilnehmer erkennbar ausschließlich oder doch wesentlich vom Zufall abhängt.

Die Amtlichen Spiel- bzw. Wett- und Teilnahmebedingungen sämtlicher Lottounternehmen entsprechen allen diesen Erfordernissen. Man kann sie als Spielplan einer Lotterie bezeichnen.

---

48 Vgl. Rossbach, S. 31 ff.; Feigel, S. 13 ff.; Hahn, S. 20 ff.; Orth, S. 86 ff.; Kersting, S. 14 ff. und OLG Braunschweig, NJW 1954, 1777.

49 Vgl. Simon, S. 15; Hamann, S. 40 mit weiteren Literaturnachweisen; Ehrlich, S. 102 ff. (109); Enneccerus-Lehmann, § 190 I, S. 782.

50 Vgl. RGSt 60, 385 (387).

51 Vgl. die Literaturnachweise bei Hamann, S. 39.

52 So RGSt 60, 385 (387); vgl. ferner RGSt 18, 342 (345).

53 Vgl. bei Rossbach, S. 49 ff.; Götz, Das Lotterieschuldverhältnis, Heidelberger Diss. 1913, S. 22; Hahn, S. 34 ff.; Ehrlich, S. 91; ferner RGSt 27, 47 (48, 49); 36, 123 (124, 125).

Das Zahlenlotto ist demnach Spiel und Lotterie[54, 55] und auch Glücksspiel im weiteren Sinne[56].

5. Das Zahlenlotto ist kein pactum sui generis

Für den Fußballtoto vertritt Gebhardt[57] die Ansicht, daß dieser ein pactum sui generis sei. Er meint, das Totosystem lasse sich nicht in ein Rechtsschema pressen, das auf einen anderen Lebenstatbestand zugeschnitten sei und der Eigenart des Totos nicht gerecht werde. Im einzelnen begründet er seine Auffassung wie folgt: Der Zeitabstand zwischen der Abgabe der Voraussage der Spielergebnisse auf dem Schein und dem Vorliegen der Ergebnisse betrage nur wenige Tage, so daß dem Transportrisiko bei der Beförderung der Wettscheine zur Zentrale große Bedeutung zukomme. Ferner könne der Totoschein nicht, wie das Lotterielos, fälschungssicher ausgestattet werden. Zudem würde eine kaum überschaubare Anzahl von kleinen und kleinsten Annahmestellen für die Wettabschlüsse tätig werden. Auch der Einsatz beim Toto sei viel geringer als beim Loskauf, und die Gewinnchance werde durch die Möglichkeit der Systemwette gegenüber der Gewinnchance bei der Loslotterie erhöht. Der Gewinn selbst sei beim Toto nur in seiner Höhe vom Zufall abhängig, und auch die Wettbestimmungen würden sehr erheblich von den Lotterieplänen abweichen.

Dieser Auffassung von Gebhardt kann jedenfalls für das Zahlenlotto nicht gefolgt werden. Insbesondere ist Gebhardt entgegenzuhalten, daß man eine juristische Institution als „Isolierungsapparat" nicht handhaben soll, indem man aus einem bestimmten Rechtstypus gewisse Wirkungen, die einem passen, isoliert, die anderen dagegen verdrängt und damit das Wesen dieses

---

54 Staudinger-Brändl, Anm. 2 zu § 763 BGB; OLG Braunschweig, NJW 1954, 1777 (für das Berliner Lotto) und OLG Celle bezeichnen das Zahlenlotto als Lotterie; vgl. hierzu ferner: Kohlhaas, Spiel und Wette, S. 8 und die dort zitierten BGH-Urteile. Hinsichtlich des Totos als Lotterie vgl. Hamann, S. 41; Simon, S. 16; OLG Koblenz, NJW 1950, 703; vgl. aber auch Rossbach, S. 33, Fußn. 2 (Genueser Lotto) und Winterstein, S. 59.

55 Da in Bayern Träger des Zahlenlottos der Staat selbst ist (vgl. Ziff. 1, Nr. 1 der Amtlichen Spielbedingungen), bedarf es in diesem Falle keiner staatlichen Genehmigung i.S. des § 763 Abs. 1, S. 1 BGB. (in den anderen Bundesländern bedürfen die betreibenden Gesellschaften einer staatlichen Genehmigung; vgl. Hamann, S. 42 ff.; ferner Staudinger-Brändl, Anm. 15 zu § 763 BGB zur Frage der Berechtigung der Bundesländer zu dieser Genehmigung [Konzession]).

56 So auch OLG München 3 U 2077/61, Urteil vom 6. März 1963 (nicht veröffentlicht).

57 Vgl. Die Fußballwette, S. 19 ff.

Typus verzerrt, den Typus gar entleert[58]. Zum anderen ist der Gebhardt'schen Auffassung entgegenzuhalten, daß die von ihm hervorgehobenen Unterschiede zwischen Klassenlotterie und Toto – wie Vielzahl der Annahmestellen, geringer Einsatz, Spielplan anderer Art und kurze Zeitspanne zwischen Vorhersage und Bekanntmachung des Ergebnisses – durch § 763 BGB nicht im geringsten inhaltlich festgelegt, begrenzt oder ausgeschlossen sind. Und der Steigerung der Gewinnchancen durch Systemwetten im Lotto entspricht in der Klassenlotterie die Steigerung der Gewinnchancen durch den Ankauf einer Vielzahl von Teillosen.

Trotz mehr oder weniger großen Abweichungen vom Typ der klassischen Lotterie bleibt also das Zahlenlotto Lotterie. Es weist wohl Besonderheiten auf; diese sind jedoch nicht derart, daß sie den Typ der Lotterie sprengen. Ebensowenig wie der Grundstückskauf mit seinen Besonderheiten aufhört, Kauf zu sein[59], ebensowenig geht es an, das Zahlenlotto nicht als Lotterie zu qualifizieren. Es sind damit keine Gründe ersichtlich, den Zahlenlottovertrag als pactum sui generis zu behandeln.

---

58 Vgl. hierzu v. Ihering, Geist des römischen Rechts (1865), Bd. III, 1. Teil, § 58, S. 273; ferner Esser, Wert und Bedeutung der Rechtsfiktionen (1940), S. 87.

59 Der Grundstückskauf erfordert zum Teil auch andere Klauseln als der Kauf von Rohstoffen, Kraftwagen, Lebensmitteln oder Aktien. Jedoch ändert diese Tatsache nichts daran, daß es sich stets um dieselbe Interessenlage handelt, die (eben) das Wesen des Kaufverhältnisses ausmacht und deshalb im Gesetz ihre grundsätzliche Regelung erhalten konnte. (Vgl. hierzu Haupt, Vertragsfreiheit und Gesetz, ZAkDR 1943, 84 [85]).

Kapitel 11
Der Abschluß des Vertrages

Nach der von Coing[60] vertretenen Definition ist jeder Vertrag „ein juristischer Tatbestand, in dem die Willenseinigung mehrerer Personen über bestimmte rechtliche Folgen durch übereinstimmende Erklärungen festgestellt sind. Bei diesem Tatbestand treten die Rechtswirkungen wie bei jedem Rechtsgeschäft gerade mit Rücksicht auf den und entsprechend dem gemeinsamen festgestellten Willen ein".

Diese Definition des Vertrages stellt jedoch zu wenig die Doppeldeutigkeit des juristischen Fachausdrucks „Vertrag" heraus. Das Wort „Vertrag" bezeichnet nämlich einmal den Vertrags*schluß* durch gegenseitige übereinstimmende Willenserklärungen gemäß den Vorschriften des Allgemeinen Teils des BGB (also eine Vereinbarung); gleichgültig ob sich der Vertrag auf das Schuldrecht oder auf das Familiengüterrecht[61] bezieht. Zum anderen bezeichnet es auch ein *Schuldverhältnis*, das durch gegenseitige Vereinbarung zustande gekommen ist und den Normen des Schuldrechts untersteht (Vertragsordnung)[62]. Mit anderen Worten: Der Ausdruck „Vertrag" bezeichnet sowohl den Entstehungsgrund, den Vertragsschluß, als auch das dadurch begründete Rechtsverhältnis, das Vertragsverhältnis[63].

Es gehören somit zum wirksamen Vertragsschluß auch übereinstimmende Willenserklärungen der Vertrags*parteien*; wobei man unter Willenserklärungen die Kundgabe eines bestimmten Geschäftswillens durch die im allgemeinen menschlichen Verkehr üblichen Verständigungsmittel der Sprache, Schrift und Gesten[64] versteht. Die Mehrzahl[65] dieser Willenserklärungen sind

60 Vgl. Staudinger-Coing, Vorbem. 1 zu § 145 BGB.

61 Im Sachenrecht spricht man dagegen von Einigung und meidet das Wort Vertrag; so auch im Familienrecht (z.B. Verlöbnis, Eheschließung), abgesehen von der Kindesannahme.

62 Dieser Sprachgebrauch ist auf die (meist auf Leistungsaustausch gerichteten) Schuldverträge beschränkt, während man bei verbandsrechtlichen Ordnungen von Gesellschaften, bei Dienstleistungen von Arbeitsverhältnissen, bei personenrechtlichen Ordnungen von Ehestand oder Verlöbnis spricht. Die durch sachenrechtliche Vereinbarung geschaffene dingliche Rechtslage stellt sich als besondere Ordnung zwischen Parteien nicht dar und ermangelt daher einer besonderen Bezeichnung (vgl. hierzu Wieacker, Leistungsbeziehungen ohne Vereinbarung, ZAkDR 1943, 33 [34]).

63 Vgl. hierzu Larenz, Die Begründung von Schuldverhältnissen durch sozialtypisches Verhalten, NJW 1956, 1897 (1898); ferner auch Diederichsen, Topisches und systematisches Denken in der Jurisprudenz, NJW 1966, 697 (708). (Vgl. zu diesem Beitrag von Diederichsen die scharfe Kritik und Ablehnung von Egon Schneider, Rechtspraxis und Rechtswissenschaft, MDR 1967, 6–12).

64 Vgl. hierzu Staudinger-Coing, Vorbem. 1 zu § 116 BGB.

65 Ausnahmen sind z.B.: Dereliktion, Annahme einer Erbschaft und Vaterschaftsanerkenntnis gem. §§ 1600 a ff. BGB.

empfangsbedürftig[66]; d.h. sie müssen dem Adressaten in dem allgemein üblichen Erklärungsmittel zugehen. Dies gilt insbesondere für zum Vertragsschluß führende Willenserklärungen.

Unter Berücksichtigung dieser Erkenntnisse bedarf die Regelung in den Spielbedingungen hinsichtlich der Vertragsparteien und der Art und Weise des Vertragsabschlusses einer näheren Untersuchung.

I. Die Parteien

Da es zum wirksamen Vertragsabschluß übereinstimmender Willenserklärungen der Vertrags-Parteien bedarf, soll nunmehr anhand der Spielbedingungen festgestellt werden, wer als Vertragspartner beim Spielvertragsabschluß in Frage kommt.

Auszugehen ist von der Tatsache, daß die Spielbedingungen die Vertragsparteien nicht ausdrücklich bezeichnen. Die Bedingungen sprechen beispielsweise einerseits nur vom Träger des Lottos[67] und – beim Süd-Lotto – von der Staatlichen Lotterieverwaltung[68], neben dem Bayerischen Staatsministerium der Finanzen[69]; andererseits aber von Teilnehmern[70, 71]. Aus dieser Formulierung, insbesondere aus der Gegenüberstellung von Träger des Zahlen-Lottos und der Staatlichen Lotterieverwaltung zu den Teilnehmern, muß gefolgert werden, daß der Unternehmer des Lottos, handelnd durch die Staatliche Lotterieverwaltung, nicht nur dazu bestimmt ist, Vertragsabschlüsse zwischen den einzelnen Teilnehmern zu vermitteln, sondern daß er *eine* der Vertragsparteien ist[72]. Dies ist insbesondere auch aus Ziff. 10 Nr. 1 der Spielbedingungen zu entnehmen, wonach „der Spielvertrag des Süd-Lottos

---

66 Streng genommen muß diese Willenserklärung nicht „empfangen" werden, sondern nur zugehen. Das Unterscheidungsmerkmal liegt nicht in der Tatsache des Zugehens, sondern nur in der Notwendigkeit des Zugehens (vgl. Staudinger-Coing, Vorbem. 11 zu § 116 BGB).

67 Vgl. Ziffer 1, Nr. 1, S. 1 der Amtlichen Spielbedingungen.

68 Vgl. Ziffer 1, Nr. 1, S. 2 der Amtlichen Spielbedingungen.

69 Vgl. noch Ziffer 22 der Amtlichen Spielbedingungen.

70 Vgl. u.a. Ziffer 2, 6, 7, 8, 9, 10, 11, 15, 17, 19 der Amtlichen Spielbedingungen.

71 Entgegen weit verbreiteter Vorstellungen ist der Wunsch, nach einem Hauptgewinn endlich die Arbeit an den Nagel zu hängen, keineswegs die Triebfeder für die Teilnahme am Gewinnspiel anzusehen. Charakteristisch ist vielmehr eine Art Sehnsucht, individuelle Wunschträume zu verwirklichen. Ein weiteres Motiv ist die Freude am spannenden Spiel und an der Abwechslung (so die Allensbacher Studie, S. 23).

72 Vgl. hierzu auch Kohlhaas, Spiel und Wette, S. 6; ferner OLG Celle, a.a.O.; Löwenstein, Ein Beitrag zum Lotterievertrag, Rostocker Diss. 1916, S. 10 und RGSt 7, 21 (25).

mit dem Teilnehmer" abgeschlossen ist, sobald der Spielabschnitt rechtzeitig in den Geschäftsräumen des Süd-Lottos eingegangen ist. Ein weiterer Hinweis auf das angenommene Vertragsverhältnis des einzelnen Teilnehmers mit dem Lottounternehmer ergibt sich auch aus Ziffer 22, derzufolge Gerichtsstand „bei Rechtsstreitigkeiten mit dem Süd-Lotto" München ist.

Diese Erkenntnis schließt damit aus, daß die einzelnen Spieler, und zwar auf der einen Seite diejenigen, welche die „richtigen", später bei der Auslosung ermittelten, Zahlen vorausgesagt haben (die „Gewinner"), auf der anderen jene, welche die ausgelosten Zahlen nicht richtig voraussagten[73] (die „Verlierer"), die beiden Vertragsparteien beim Lottospielvertrag sein können. Gleichfalls kein Vertragsverhältnis kann damit zwischen einem einzelnen Teilnehmer auf der einen, und der Gesamtheit der übrigen Teilnehmer auf der anderen Seite bestehen; denn der Gesamtheit der Teilnehmer gegenüber gibt der einzelne keine Willenserklärung ab. Der einzelne Teilnehmer kennt diese auch nicht annähernd in ihrer Zahl. Er will aber auch insbesondere dieser für ihn unbestimmten Masse gegenüber keine rechtsverbindlichen Erklärungen abgeben[74]. Der Wille des einzelnen Teilnehmers geht zudem nicht dahin, sich den anderen, ihm völlig unbekannten Teilnehmern zu verpflichten oder diesen gegenüber Rechte zu erwerben[75].

Ferner spricht gegen eine solche Vertragspartnerschaft noch folgender Umstand: Die empfangsbedürftigen Willenserklärungen müssen einem anderen zugehen, können also in der Regel nicht dem Erklärenden selbst oder einer Millionenzahl Unbekannter zugehen[76]. Ansonsten hätte der einzelne Teilnehmer, der stets mindestens zwei Spiele abschließen muß[77], bei Verweigerung der Auszahlung des Gewinnes aus einem Spiel durch den „verwaltenden" Unternehmer gegen sich selbst und gegen die übrigen, im Durchschnitt wöchentlich mehrfach Millionen, Teilnehmer Klage auf Auszahlung seines Gewinnes zu erheben. Eine solche Klage wäre in rechtlicher Hinsicht theoretisch denkbar, jedoch praktisch undurchführbar.

Es ist letztlich damit auch nicht angängig, alle Teilnehmer, die innerhalb eines Ausspielzeitraumes Verträge abschließen, rechtlich als eine Einheit auf- und zusammenzufassen und sie dem Unternehmer – etwa in Form einer

73 Dieser Meinung scheint jedoch Mirre-Baumbach, Anm. 8 zu § 1 des Rennwett- und Lotteriegesetzes hinsichtlich Pferdetotalisator zu sein; vgl. hierzu ferner Hamann, S. 5.

74 Vgl. hierzu auch Staudinger-Coing, Vorbem. 12 zu § 116 BGB.

75 Vgl. hierzu RGSt 7, 21 (25).

76 Vgl. Staudinger-Coing, Anm. 8 zu § 145 BGB, wonach grundsätzlich zu einem wirksamen Antrag auch die Bestimmung der Person des Antragsgegners gehört.

77 Vgl. Ziff. 6, Nr. 1, S. 2 der Amtlichen Spielbedingungen.

Spielergemeinschaft[78, 79] – als eine Vertragspartei gegenüberzustellen. Hierzu fehlt es schon am erforderlichen Vertrag. Eine Gesellschaft i.S. des § 705 ff. BGB läge nur dann vor, wenn eine gegenseitige Verpflichtung der Beteiligten vorausgesetzt werden könnte, die Erreichung des gemeinsamen Zweckes in der durch den Vertrag bezeichneten Weise zu fördern[80]. Das Interesse der einzelnen Teilnehmer am Zahlenlottospiel im Rahmen des von ihnen abgeschlossenen Vertrages besteht aber, neben der Erzielung eines möglichst hohen Gewinnes, meist darin, daß ihr Vertragspartner jedem einzelnen von ihnen gegenüber die Verpflichtung übernimmt, im Falle des Gewinnes den Betrag auszuzahlen[81].

Das Ergebnis ist damit folgendes: Der einzelne Spieler schließt nur mit dem Unternehmer selbst ab und kann, gestützt auf dieses Vertragsverhältnis, den Lottounternehmer auf Erfüllung der sich aus dem Vertrag ergebenden Ansprüche verklagen[82].

---

78 Vgl. hierzu auch OLG Braunschweig, MDR 1954, 354; LG Kassel, MDR 1954, 38; ferner Staudinger-Brändl, Vorbem. 10 zu § 762 BGB; vgl. auch den Fall des BGH II ZR 149/66 vom 21. Dezember 1967 (WM 1968, 376, 377), wonach eine einmal geschlossene Spielvereinbarung auch dann bestehen bleibt, wenn der andere oder einer der Partner mit seinem Kostenbeitrag im Rückstand ist. Eine solche Spielgemeinschaft kann nur durch Kündigung oder Aufhebung im gegenseitigen Einvernehmen beendet werden. Bis dahin hat der säumige Partner Anspruch auf anteiligen Gewinn. Die Spielgemeinschaft kann nur die Auszahlung des betreffenden Gewinnanteils so lange zurückhalten, bis die rückständige Einlage nachgeleistet worden ist. (Siehe hierzu und auch zur strafrechtlichen Verantwortlichkeit des für die Gemeinschaft tätigen „Geschäftsführers" das Urteil des Bayerischen Obersten Landesgerichts vom 29. April 1971 – NJW 1971, 1664–65).

79 Vgl. hierzu auch die Allensbacher Studie zur Frage, ob die Teilnehmer an Gewinnspielen in der Regel ganz allein oder meist zusammen mit anderen spielen (S. 55).

	Spiele allein	Spiele mit anderen	Teils, teils	Keine Angabe	
Teilnehmer an Gewinnspielen	%	%	%	%	%
insgesamt	54	43	2	1	100
Männer	55	41	3	1	100
Frauen	52	45	1	2	100
Altersgruppen					
16–29 Jahre	50	46	4	x	100
33–44 Jahre	54	43	1	2	100
45–59 Jahre	55	42	2	1	100
60 Jahre und älter	61	36	1	2	100
Schulabschluß					
Volksschule	54	43	2	1	100
Höhere Schule ohne Abitur	54	41	2	3	100
Abitur	(70)	(30)	x	x	100
Berufskreise					
Landwirte	(53)	(43)	(2)	(2)	100
Facharbeiter	50	46	3	1	100
Sonstige Arbeiter u. Landarb.	61	37	1	1	100
Angestellte	54	42	2	2	100
Beamte	(43)	(53)	(3)	(1)	100
Selbständige in Handel und Gewerbe, freie Berufe	(63)	(35)	x	(2)	100
Netto-Monatseinkommen*					
Unter 600 DM	64	33	2	1	100
600–1249 DM	52	45	2	1	100
1250 DM und mehr	55	39	2	4	100
Regionale Bereiche					
Norddeutschland	55	42	2	1	100
Nordrhein-Westfalen	60	38	1	1	100
Rhein-Main	46	48	5	1	100
Baden-Württemberg	50	47	2	1	100
Bayern	50	47	2	1	100

( ) = Indikationswerte
x = unter 0,5%
* = Hauptverdienst im Haushalt

80 Vgl. BGH, Betrieb 1955, 47; ferner BGH II ZR 299/51, Urteil vom 9. Juli 1952 (nicht veröffentlicht).

81 Vgl. Hamann, S. 7.

82 Vgl. hierzu auch RGSt 7, 21 (25); 38, 204 (206).

II. Die Art und Weise des Vertragsabschlusses

Im folgenden wird nunmehr aufzuzeigen sein, worin nach den einzelnen Bestimmungen der Amtlichen Spielbedingungen die Offerte des Teilnehmers und die zum Vertragsabschluß notwendige Annahmeerklärung von seiten des Unternehmers zu erblicken sind.

1. Die Offerte

Als Offerte bezeichnet man den einseitigen Antrag einer Partei an die andere, mit ihr einen Vertrag einzugehen. Sie ist nicht eine den Vertrag nur vorbereitende Handlung, sondern bereits die eine Vertragserklärung selbst. Eine Offerte liegt also nur dann vor, wenn der Vertrag durch die Annahme des Gegners geschlossen werden kann, ohne daß es noch einer besonderen Erklärung des Offerenten bedarf[83]. Demnach muß die Offerte so bestimmt sein, daß durch die bloße Annahme die Einigung über den ganzen Vertrag erreicht werden kann.

Die zum Vertragsabschluß erforderliche Offerte in Form einer auf „Hervorbringen von Rechtsfolgen gerichteten Willenserklärung"[84] muß auch geäußert werden. Diese Äußerung muß jedoch nicht notwendig in Form eines Wortes erfolgen. Die Willenserklärung kann sowohl indirekt durch Worte oder Handlungen, die zunächst einen anderen Zweck verfolgen, abgegeben werden, aus denen aber doch auf diesen Willen geschlossen werden kann (sog. schlüssiges Verhalten, konkludente Handlung). Sie kann sich aber auch direkt nur aus einer oder mehreren Handlungen ergeben[85]. Unter besonderen Umständen kann selbst in einem bloßen Stillschweigen eine Willenserklärung gefunden werden.

Darüber hinaus schreibt das BGB in zahlreichen Fällen eine bestimmte Form der Willenserklärung vor[86, 87].

Im vorliegenden Fall hat der Lottounternehmer durch die zum Vertragsinhalt werdenden Spielbedingungen und ergänzend durch die zwischen dem Lotto-

83 Vgl. Enneccerus-Nipperdey, § 161, I, S. 986–87.

84 So Enneccerus-Nipperdey, § 153, S. 942.

85 Vgl. hierzu Enneccerus-Nipperdey, § 153, II, S. 943.

86 Die notarielle oder gerichtliche Beurkundung ist vorgeschrieben in §§ 81 III, S. 3; 311, 313, 518 I, S. 1; 1410, 1491 I, S. 2; 1492, 1501 II, S. 2; 1516 II, S. 3; 1730, 2033 I, S. 2; 2276, 2282 III, 2290 IV, 2291 II, 2296 II, S. 2; 2348, 2351, 2352, 2371 BGB.
Die Schriftform ist zumindest verlangt in §§ 81 I, 111 I, S.2; 368 I, S. 1; 416 II, S. 2, 564a I, S. 1; 566 I, S. 1; 761, 766, 780, 781, 792 I, S. 2; 1154 I, S. 1 BGB.

87 Vgl. hierzu Enneccerus-Nipperdey, § 154 II, S. 954.

unternehmer und dem einzelnen Annahmestellenleiter geltenden Besonderen Geschäftsanweisungen die Offerte ebenfalls an die Einhaltung bestimmter Formen gebunden, und zwar an folgende:

a) Das formularmäßige Ausfüllen des Lottoscheins

Gemäß Ziffer 5 Nr. 1 der Spielbedingungen kann die Teilnahme am Lotto nur mittels der von diesem herausgegebenen oder zur Herausgabe genehmigten Lottoscheine erfolgen. Dem Teilnehmer ist es bis zum Zeitpunkt der Rückgabe[88] des sog. Quittungsabschnitts[89] durch die Annahmestelle auch untersagt, die beiden Lottoscheinabschnitte voneinander zu trennen[90]. Er ist ferner gehalten, im sog. Durchschreibeverfahren[91] seine Eintragungen auf dem Lottoschein und hier ausschließlich auf dem sog. Spielabschnitt vorzunehmen[92]. Er hat zudem noch in jedem Zahlenfeld, für das er Einsatz leistet, sechs Zahlen vorauszusagen[93, 94].

Er muß schließlich auf die Reihenfolge der numerierten Spiele achten und darf nur in der arithmetischen Reihenfolge vorgehen[95].

Zur Prüfung der Richtigkeit der Eintragungen auf dem Lottoschein sind die Annahmestellen nicht verpflichtet[96]; der Teilnehmer ist vielmehr allein für die Wahl des richtigen Lottoscheins und für seine ordnungsgemäße Ausfüllung verantwortlich[97].

Der Nichtbeachtung bestimmter Formerfordernisse bei der Ausfüllung des Lottoscheins kommt dabei unterschiedliche Bedeutung zu. Die Außerachtlassung gewisser Bestimmungen der Amtlichen Spielbedingungen, wie beispielsweise derjenigen, die vorschreibt, daß nur vom Lottounternehmer herausge-

---

88 Vgl. Ziff. 9, Nr. 3 der Amtlichen Spielbedingungen.

89 Vgl. Ziff. 5, Nr. 4 der Amtlichen Spielbedingungen. Die Bezeichnung „Quittung" wurde hier von der Lottoverwaltung gewählt. Sie wird insoweit übernommen, ohne hiermit der später erfolgenden Prüfung im Hauptteil III, Kapitel 16 der Untersuchung, ob es sich tatsächlich um eine Quittung im rechtlichen Sinne handelt, vorgreifen zu wollen.

90 Vgl. Ziff. 5, Nr. 4, S. 2 der Amtlichen Spielbedingungen.

91 Vgl. Ziff. 7, Nr. 2 der Amtlichen Spielbedingungen.

92 Vgl. hierzu aber auch § 6 Abs. 2, S. 1 der Niedersächsischen Lotto-VO vom 25. Juni 1966 i.d.F. vom 24. August 1967: „Der Lottoschein *kann* auch im Durchschreibverfahren ausgefüllt werden".

93 Vgl. Ziff. 7, Nr. 3 der Amtlichen Spielbedingungen.

94 Vgl. Ziff. 14, Nr. 3 der Amtlichen Spielbedingungen zur Frage des Ankreuzens von mehr oder weniger Zahlen, als gewählt werden dürfen.

95 Vgl. Ziff. 7, Nr. 4 der Amtlichen Spielbedingungen.

96 Vgl. Ziff. 9, Nr. 2 der Amtlichen Spielbedingungen.

97 Vgl. Ziff. 7, Nr. 1 der Amtlichen Spielbedingungen.

gebene oder zur Herausgabe genehmigte Lottoscheine verwendet werden dürfen[98], oder daß die Zahlenankreuzung nur im sog. Durchschreibeverfahren stattfinden darf[99], kommt insoweit Bedeutung zu, als beim Fehlen dieser Erfordernisse keine Rechtswirkungen entstehen.

Die Einhaltung dieser Vorschriften beim Ausfüllen des Lottoscheins ist unerläßlich. Das Fehlen dieser Erfordernisse kann durch nichts ersetzt oder ergänzt werden; schon um einen reibungslosen Ablauf der Ausspielung gewährleisten zu können. Daß auf die Einhaltung dieser Vorschriften nicht verzichtet werden kann und der Unternehmer auf die unbedingte Beachtung dieser Bestimmungen drängt, ergibt sich u.a. auch aus dem Wortlaut der Bestimmung der Ziffer 7 Nr. 2, in der es heißt: „Die Eintragungen des Teilnehmers auf dem Normal-Lottoschein und dem Lotto-Systemschein sind ausschließlich auf dem Spielabschnitt vorzunehmen". Ebenso ist aus der Ziffer 10 Nr. 5 S. 1 zu folgern, daß der Teilnehmer nicht auf das Durchschreibeverfahren gem. Ziffer 7 Nr. 2 verzichten kann, denn auch diese Ziffer bestimmt, daß für den Inhalt des Spielvertrages ausschließlich die Eintragungen des Teilnehmers auf dem Spielabschnitt maßgebend sind.

Andererseits gibt es aber auch Vorschriften (z.B. Ziffer 7 Nr. 3 S. 1 und 2), deren Außerachtlassung keine nachteiligen rechtlichen Wirkungen nach sich ziehen. Kreuzt nämlich der Teilnehmer mehr als sechs Zahlen in einem Spielfeld an, so gilt nur die zulässige Anzahl der durchkreuzten Zahlen in ihrer arithmetischen Reihenfolge, beginnend mit der kleinsten Zahl[100]. Zahlen, die nicht eindeutig durchkreuzt sind, werden nicht gewertet[101]; jedoch nimmt der Spielabschnitt wenigstens mit den übrigen ordnungsgemäß angekreuzten Zahlen an der Ausspielung teil[102]. Ebenso kommt einem Spielabschnitt Rechtswirksamkeit zu, dem die geforderte[103] Anschrift des Teilnehmers fehlt. Ziffer 9 Nr. 1 S. 3 n.F. bestimmt nur – falls die Annahmestelle nicht mit einem Registriergerät ausgestattet ist –, daß die aufzuklebende Wertbanderole zur Hälfte auf den Spielabschnitt und zur anderen Hälfte auf die sog. Quittung zu kleben ist. Darüber hinaus müssen die Annahmestellen sowohl auf den Spielabschnitt als auch auf dem sog. Quittungsabschnitt ihren Vertriebsstempel aufdrücken[104]. Es kann damit jederzeit nach Vorlage der sog. Quittung mit Vertriebsstempel und fortlau-

98 Vgl. Ziff. 5, Nr. 1 der Amtlichen Spielbedingungen.

99 Vgl. Ziff. 7, Nr. 2 der Amtlichen Spielbedingungen.

100 Vgl. Ziff. 14, Nr. 3 der Amtlichen Spielbedingungen.

101 Vgl. Ziff. 14, Nr. 2, S. 2 der Amtlichen Spielbedingungen, wonach Kreuze, deren Schnittpunkt nicht zweifelsfrei innerhalb eines Zahlenkästchens liegt, als nicht eindeutig gelten.

102 argumentum e contrario aus Ziff. 14, Nr. 3 der Amtlichen Spielbedingungen.

103 Vgl. Ziff. 7, Nr. 3, S. 3 der Amtlichen Spielbedingungen.

104 Vgl. Ziff. 9, Nr. 1, S. 1 der Amtlichen Spielbedingungen.

fend numerierter Banderole oder Abstempelung durch das Registriergerät von der Zentrale festgestellt werden, ob der Inhaber der sog. Quittung als Anspruchsberechtigter aus dem Spielvertrag in Frage kommt oder nicht; unabhängig davon, ob auf dem Spielabschnitt die Anschrift des Teilnehmers vermerkt ist oder nicht. Die fehlende Anschrift auf dem Spielschein hindert die Zentrale auch nicht, an den Inhaber der sog. Quittung mit befreiender Wirkung den auf den Spielabschnitt entfallenden Gewinn auszuzahlen[105].

Dieser beschriebene Vorgang des Ausfüllens des Lottoscheins muß als Voraussetzung der wirksamen Abgabe einer Offerte des Spielers angesehen werden.

Hieraus erwachsen dem Unternehmer noch keinerlei rechtliche Verpflichtungen[106]. Die Abgabe des unausgefüllten Lottoscheins an den Spielteilnehmer ist – ebenso wie das Zur-Verfügunghalten der Einrichtung des Zahlen-Lottos – als bloße Aufforderung zur Abgabe eines Angebotes durch den Teilnehmer, als sog. invitatio ad offerendum zu werten[107].

b) Die Abgabe des ausgefüllten Lottoscheins

Zur wirksamen Offerte von seiten des Teilnehmers ist weiterhin erforderlich, daß er den ausgefüllten Lottoschein bei einer vom Lottounternehmer zugelassenen Annahmestelle abgibt[108], oder daß er durch die Post seinen Lottoschein direkt dem Lottounternehmer zusendet[109]. Die letztgenannte Möglichkeit soll hier jedoch nicht weiter verfolgt werden, da sie absolut bedeutungslos ist.

c) Die Bezahlung des Spieleinsatzes

In der „natürlichen" Reihenfolge der einzelnen Akte folgt nach der Scheinabgabe sodann die Bezahlung des Einsatzes. Dies entspricht auch der Reihenfolge der in den Spielbedingungen aufeinander folgenden Vorschriften. Ziffer 8 Nr. 1 besagt: „Der Teilnehmer leitet den ausgefüllten Lottoschein einer vom Süd-Lotto zugelassenen Annahmestelle unter Bezahlung des Spieleinsatzes und der Bearbeitungsgebühr zu". Erst in Ziffer 9 n.F. wird sodann die Tätigkeit der Annahmestellen geregelt.

In dieser Verpflichtung zur Entrichtung des Einsatzes liegt notwendigerweise ein weiterer Teilakt der Offerte des Teilnehmers. Daß eine Verpflichtung zur Einsatzentrichtung besteht, ist u.a. auch aus Ziffer 6 Nr. 1 und Ziffer 8 Nr. 1

105 Vgl. Ziff. 18, Nr. 3, S. 1 und 2 der Amtlichen Spielbedingungen.
106 Vgl. hierzu auch Gebhardt, Die Fußballwette, S. 64.
107 Vgl. Kohlhaas, Rechtsfragen aus Sportwetten, JZ 1951, 135 (136).
108 Vgl. Ziff. 8, Nr. 1 der Amtlichen Spielbedingungen.
109 Vgl. Ziff. 10, Nr. 4 der Amtlichen Spielbedingungen.

der Spielbedingungen zu folgern. Ziffer 6 schreibt vor, daß ein bestimmter Spieleinsatz für jede einzelne Voraussage zu leisten ist; Ziffer 8 legt schließlich fest, daß bei der Zuleitung des ausgefüllten Lottoscheins dieser Spieleinsatz zu entrichten ist.

Selbst wenn man die Auffassung vertreten sollte, beim tatsächlichen Geschäfts- und Geschehensablauf in den Annahmestellen werde die Zahlung des Spieleinsatzes erst Zug um Zug gegen Rückgabe bzw. Aushändigung des Quittungsabschnittes geleistet, so ist dies nicht als zwingendes Indiz dagegen zu werten, daß die Einsatzleistung als solche – gleichgültig wann sie nun zeitlich erfolgt – ein Teilakt der Teilnehmerofferte ist. Denn in diesem Vorgang des Einzahlens[110] manifestiert sich nach außen am deutlichsten der Wille des Teilnehmers, sich an der Ausspielung beteiligen zu wollen. Dieser Vorgang ist auch neben der Tatsache des rechtzeitigen Eintreffens des ordnungsgemäß ausgefertigten Spielabschnitts beim Unternehmer eine der bedeutsamsten Voraussetzungen der Berechtigung zur Teilnahme an der Ausspielung.

Ob hingegen die Ausfertigung[111] des Lottoscheins durch Aufkleben der Banderole[112] oder durch Aufdruck der Registriernummer und des Vertriebsstempels auf 2 Seiten des dreiteiligen Spielscheins als Offerte des Teilnehmers anzusehen ist, erscheint zweifelhaft. Nach dieser Ausfertigung des Lottoscheins wird die sog. Quittung abgetrennt und – sofern eine Banderole

110 Hinsichtlich der Frage des Zeitpunkts der Verpflichtung zur Einzahlung läßt sich aus Ziffer 8, Nr. 1 der Amtlichen Spielbedingungen nicht mit letzter Sicherheit der Schluß ziehen, ob dies vor oder nach der Spielscheinausfertigung durch die Annahmestelle zu geschehen hat. Ziffer 8, Nr. 1 bestimmt an sich nur, daß Einsatz geleistet werden muß. Auch Ziffer 9, Nr. 1, S. 1 n.F., wonach die Annahmestellen den Lottoschein durch Aufdruck ihres Vertriebsstempels und durch Aufkleben einer oder mehrerer dem Spieleinsatz entsprechender Banderolen mit fortlaufenden Nummern ausfertigen, trifft für den genauen Zeitpunkt, bis zu welchem der Einsatz erbracht sein muß, keine eindeutige Regelung. *Nur* die interne Geschäftsanweisung des § 11, Nr. 3 der Besonderen Geschäftsanweisung legt für den Annahmestellenleiter fest: „Der Teilnehmer hat grundsätzlich *vor* Ausfertigung den Spieleinsatz und die Bearbeitungsgebühr zu bezahlen". Eine zeitlich genauer fixierte Formulierung als nunmehr befand sich in Ziffer 9, Nr. 1 der Amtlichen Spielbedingungen i.d.F. vom 23. Februar 1959, in welcher es noch hieß: „. . . unter gleichzeitiger Bezahlung . . .". Wenn auch diese Formulierung an die Bestimmung der Besonderen Geschäftsanweisungen näher anknüpfte, so scheint auch die derzeitig gültige Fassung der Ziffer 9, Nr. 1 davon ausgehen zu wollen, daß der Einsatz sogleich mit der Scheinabgabe, also noch vor dessen Ausfertigung des Spielscheins zu erbringen, d.h. zumindest vom Teilnehmer anzubieten ist.

111 Vgl. Ziff. 9, Nr. 2, S. 1 der Amtlichen Spielbedingungen n.F.

112 Das Erfordernis der „fortlaufenden Nummernfolge" i.S. von Ziffer 9, Nr. 1 der Amtlichen Spielbedingungen ist lediglich als Dienstanweisung an den Leiter der Annahmestelle, nicht als ein Merkmal der Beschaffenheit des Kontrollzeichens zu werten (vgl. OLG Celle, a.a.O.).

verwendet wurde – diese dabei zugleich auseinandergeschnitten. Die „Quittung", die der Spieler zurückerhält, ist also mit der Hälfte der Banderole versehen. Die Banderole selbst ist eine Wertbanderole; aus ihr ergibt sich nämlich die Höhe des geleisteten Spieleinsatzes. Sie ist zudem für die Abrechnung der Annahmestelle mit der Verwaltung des Lottounternehmers von Bedeutung. Weiterhin dient sie dem Teilnehmer als Beweis für die Entrichtung des Einsatzes. Sie hat allerdings in ihrer Verbindung mit dem sog. Quittungsabschnitt nur noch Bestätigungscharakter, denn mit der Halbierung wird die Banderole als solche entwertet[113].

Da das ev. notwendig werdende Aufkleben der Wertbanderole und das Aufdrücken des Vertriebsstempels, bzw. das Abstempeln mit dem Registriergerät, zum alleinigen Aufgabenbereich der Annahmestelle zählt, in keinem Fall also von Teilnehmern selbst vorgenommen werden darf und auch überwiegend dazu bestimmt ist, die Abrechnung der Zentrale, bzw. der jeweiligen Bezirksstellenleiter mit den einzelnen Annahmestellen zu vereinfachen, zu beschleunigen und die Ausspielung fälschungssicher zu gestalten, kann auch darin kein Teilakt einer Offerte des Teilnehmers gesehen werden.

Dies gilt schließlich auch für die Rückgabe der sog. Quittung. Ziffer 9 Nr. 4 S. 1 n.F. der Spielbedingungen bestimmt hierzu, daß der Teilnehmer den für ihn vorgesehenen Abschnitt des ausgefertigten Lottoscheins – die Quittung – zurückerhält. Nr. 4 dieser Ziffer spricht von „ausgefertigtem" Lottoschein. In der vorausgehenden Nr. 1 dieser Ziffer 9 wird genau festgelegt, daß unter „Ausfertigung" das Aufdrücken des Vertriebsstempels und das Aufkleben der Wertbanderole zu verstehen ist. Daraus folgt nicht nur, daß der Quittungsabschnitt keinesfalls vorher zurückgegeben werden darf, ehe er „ausgefertigt" ist. Es ist hieraus auch zu schließen, daß in der Ausfertigung als solcher und in der späteren Rückgabe der Quittung durch die Annahmestelle kein Teilakt einer Teilnehmerofferte liegt, bzw. liegen kann. Dieses Ergebnis geht auch mit der Rechtsstellung des Annahmestellenleiters zum Unternehmer konform.

2. Die Annahme der Offerte

Die Annahmeerklärung ist, wie die Offerte, in der Regel eine empfangsbedürftige Willenserklärung. Sie wird unter Anwesenden „vollendet", wenn sie vernommen, unter Abwesenden, sobald sie zugegangen ist. Jedoch kann dieser Grundsatz Einschränkungen erfahren.

Einerseits ist es dem Offerenten möglich, die Erfordernisse der ihn bindenden Annahmeerklärung abweichend zu bestimmen. Er kann sie sowohl erschweren[114], indem er eine bestimmte Form oder die Abgabe an sich persönlich

113 Vgl. hierzu § 12, Nr. 6 der Besonderen Geschäftsanweisung für die Vertriebsorganisation des Süd-Lottos.

114 Vgl. hierzu das Beispiel in RGZ 92, 232 (235).

fordert. Er kann sie aber auch erleichtern, indem er beispielsweise bestimmt, daß die Niederlegung eines Briefes an einem erwählten Ort als eine genügende, ihm gegenüber abgegebene Annahmeerklärung gelten soll[115].

Andererseits muß nach der allgemeinen Vertragslehre die Annahme nicht ausdrücklich erklärt sein; sie kann sich auch aus den Umständen (stillschweigend) ergeben. Es muß insbesondere die Erklärung der Annahme der konkreten Offerte nicht nachfolgen. Sie kann also schon im voraus auf eine erwartete oder in Aussicht gestellte Offerte abgegeben werden. Darüber hinaus kann der die Annahme Erklärende auf Grund seiner wirtschaftlich stärkeren Stellung Vertrags-, Geschäfts- oder Spielbedingungen erlassen, die ihrerseits Abweichendes festlegen.

Die Amtlichen Spielbedingungen hängen in jeder Annahmestelle aus; sie werden damit jedem Teilnehmer zur Kenntnis gebracht. Durch diese „Eröffnung" wird der materielle Inhalt der vom Unternehmer gewissermaßen „auf Vorrat" zum Abschluß seinerseits bereitgehaltenen Verträge an einen noch anonymen Kreis von potentiellen Teilnehmern und späteren Vertragspartnern bekanntgegeben und damit ist dann – sachtheoretisch gesprochen – eine „Eröffnung" für künftiges, zunächst unübersehbar vielfältiges rechtsgeschäftliches Spiel vollzogen[116].

Diese Art der rechtsgeschäftlichen „Eröffnung" weicht hier offensichtlich von der sonst üblichen Art ab. Sie verbietet aber nicht anzunehmen, daß der Unternehmer sowohl seine Bedingungen, zu welchen er mit jedem einen in seinem Inhalt bereits vorgegebenen Vertrag abschließen will, im voraus „veröffentlichen" darf, als insbesondere auch seine Annahmeerklärung –, d.h. seine zum Vertragsschluß bestehende Geneigtheit und rechtlich verpflichtende, öffentlich abgegebene Erklärung zur Abschlußbereitschaft – im „vorhinein" abgeben kann. Eine gewisse Einschränkung ist hier jedoch zu machen und zwar dahingehend, daß diese im vorhinein abgegebene Erklärung eine schwächere Bindung hat als beispielsweise dem Vertragsangebot i.S. des § 145 BGB zukommt, denn dem Unternehmer muß es vorbehalten bleiben, mit dem aus der Anonymität zum Vertragsabschluß sich Meldenden nur im Rahmen seines Leistungsvermögens und seiner geschäftlichen Zumutbarkeit Verträge abzuschließen[117].

---

115 Zwei solche vom Offerenten (vermutlich) gewollte Erleichterungen sind ihrer Bedeutung wegen besonders im Gesetz hervorgehoben: § 151 und § 152 BGB. Im Falle des § 151 BGB kommt der Vertrag, sofern der Offerent auf eine Annahmeerklärung verzichtet, oder falls nach der Verkehrssitte eine Annahmeerklärung nicht zu erwarten steht, zustande, sobald aus dem Verhalten des Gegners nach der Verkehrsanschauung der Annahmewille klar hervorgeht. (Vgl. hierzu insbes. Enneccerus-Nipperdey, § 162, S. 994).

116 So in etwa Spiess, „Faktische Verträge" oder öffentliches Recht – oder Tarif? ZAkDR 1942, S. 340 (342).

117 Vgl. hierzu Spiess, S. 342.

Aus Ziffer 10 Nr. 1 und auch aus Ziffer 14 Nr. 1 S. 2 der Spielbedingungen läßt sich mit einiger Berechtigung folgern, daß der Lottounternehmer für jede bei ihm ordnungsgemäß eingehende Offerte seinen Annahmewillen im vorhinein erklärt hat und im Augenblick des Eingangs der Offerte noch besitzt und ihn dadurch zum Ausdruck bringt, also „erklärt", daß er das Angebot auf Vertragsabschluß nicht zurückweist. Im Zeitpunkt des Eintreffens der Offerte wird diese von der vorher erklärten Annahme „erfaßt" und es kommt zum Vertragsabschluß. Eine andere Auslegung widerspräche dem Wortlaut der Ziffer 10 Nr. 1, wonach „der Vertrag ... abgeschlossen (ist), sobald der Spielabschnitt rechtzeitig ... eingegangen ist". Eine andere Interpretation würde insbesondere auch Nr. 2 S. 2 dieser Ziffer unberücksichtigt lassen, derzufolge es unter gewissen Umständen vorgesehen ist, daß der Unternehmer eine Erklärung besonderer Art (Benachrichtigung des Teilnehmers vom verspäteten Eingehen seines Spielabschnitts) abgibt.

Die in dieser Ziffer enthaltene Widerrufsmöglichkeit der Annahmeerklärung ist weder durch vorvertragliche noch durch eine gesetzlich normierte Annahmeverpflichtung ausgeschaltet, denn bis zum Vertragsabschluß besteht zwischen den Parteien weder ein wirksamer Vorvertrag auf Abschluß eines Spielvertrages, noch besteht eine Norm, die dem Lottounternehmer einen Zwang zum Vertragsabschluß mit jedem abschlußwilligen Teilnehmer auferlegt. Darüber hinaus zählt das Zahlenlotto auch nicht zu den unter Kontrahierungszwang[118] stehenden öffentlichen Unternehmen. In einer Widerrufserklärung läge zudem auch kein sittenwidriges Verhalten[119].

Das Zustandekommen des Spielvertrages läßt sich somit unmittelbar aus § 151 BGB herleiten, denn – der Fall, wonach eine solche Erklärung nach der Verkehrssitte nicht zu erwarten ist, scheidet hier wohl aus – der Offerent hat auf den Zugang der im voraus abgegebenen Annahmeerklärung dem Unternehmer gegenüber verzichtet. Die Annahme eines Verzichts auf seiten des Antragenden erscheint schon mit Rücksicht auf die Eigenart und Technik der Massenausspielungen gerechtfertigt und kann bei jedem der Teilnehmer angenommen werden.

3. Das Wirksamwerden des Vertrages

Zur Gültigkeit des Vertrages ist – wie hervorgehoben – die Übereinstimmung der Antrags- und Annahmeerklärung erforderlich. Das bedeutet aber nicht, daß der Zeitpunkt des Wirksamwerdens des Vertrages mit dem Augenblick, in dem Offerte und Annahme zusammentreffen, zusammenfallen müßte. Das

118 Vgl. hierzu Esser, Lehrbuch des Schuldrechts, 4. Aufl., Bd. 1 (1970), § 11, II, S. 84.

119 Vgl. in etwa Enneccerus-Nipperdey, § 162 IV, 2, S. 1000 (1001).

Wirksamwerden des Vertrages kann vielmehr einer Sondervereinbarung unterliegen.

Nach Ziffer 10 Nr. 1 der Spielbedingungen[120, 121] „ist der Spielvertrag mit dem Teilnehmer" abgeschlossen, sobald der Spielabschnitt rechtzeitig, d.h. vor Abschluß der Sicherungsmaßnahmen[122] für die laufende Ausspielung in den Geschäftsräumen des Süd-Lottos in München, Karolinenplatz 4, eingegangen ist. Eingegangen i.S. dieser Bestimmung ist der Spielabschnitt dann, wenn der Empfänger sich bei normaler Gestaltung seiner Verhältnisse die Kenntnis des Erklärungsinhalts verschaffen und die Kenntnisnahme nach den Gepflogenheiten des Verkehrs von ihm erwartet werden kann[123]. Da der Empfänger des Spielabschnittes schon im voraus weiß, was von seiten des Teilnehmers im Spielabschnitt erklärt wird, genügt es, wenn der Spielabschnitt in den Machtbereich des jeweiligen Lottounternehmens, d.h. in die Geschäftsräume[124] gelangt ist. Er muß nicht auch noch in den Besitz des zur Kontrolle der Eingänge berufenen Sachbearbeiters gelangt sein, denn „Besitz an der Erklärungsurkunde" wird durch den Ausdruck „Zugehen der Erklärung" nicht gefordert. Eine Erklärung oder Nachricht kann auch „zugehen", selbst wenn sie nicht in einer Urkunde verkörpert ist[125]. Demgegenüber unterscheidet das Schiedsgericht bei der Westdeutschen Fußball-Toto G.m.b.H. in Köln-Dellbrück[126] zwischen „eintreffen", „ankommen" und „vorliegen" des Totoscheins und folgert demgemäß, daß die Spielabschnitte erst dann „eingegangen" sind, wenn sie der zuständige Kontrollbeamte für Eingänge mit dem Eingangsstempel versehen hat.

Da Spielbedingungen der vorliegenden Art nicht immer auf einer einwandfreien rechtlichen Durcharbeit beruhen[127], scheint ein solches Spiel mit Worten nicht vertretbar.

Bei der Prüfung der Frage nach der Rechtswirksamkeit der Ziffer 10 Nr. 1 der Spielbedingungen darf auch nicht außer Acht gelassen werden, daß es sich bei

120 Vgl. auch § 7 des Niedersächsischen Gesetzes über das Zahlenlotto vom 27. Februar 1956 i.d.F. vom 19. August 1970.

121 Eine Bestimmung ähnlichen Inhalts findet sich in sämtlichen anderen Spiel- und Teilnahmebedingungen.

122 Alle eingehenden Spielabschnitte werden sofort im Mikrofilmverfahren festgehalten, um einem etwaigen Verlust vorzubauen und um weiteres, gegen Fälschungen beweiskräftiges Material zur Hand zu haben (vgl. die Sonderschrift, S. 7); sowie § 11, Abs. 1 der Teilnahmebedingungen von Nordrhein-Westfalen; Ziffer 11, Nr. 1 der Teilnahmebedingungen von Schleswig-Holstein.

123 Vgl. Enneccerus-Nipperdey, § 158 II, A, 1, S. 975.

124 Vgl. Ziff. 1, Nr. 1 und Ziff. 10, Nr. 4 der Amtlichen Spielbedingungen.

125 Vgl. Enneccerus-Nipperdey, S. 976.

126 NJW 1952, 80.

127 Vgl. BGHZ 5, 111.

diesen Spielbedingungen um Allgemeine Geschäftsbedingungen (AGB) handelt und diese seit der Entscheidung des BGH vom 17. Februar 1964[128] einer strengeren richterlichen Inhaltskontrolle unterliegen, als es noch in der Judikatur des Reichsgerichts[129] sowie der Nachkriegsrechtsprechung der deutschen Zivilgerichte bis 1964 der Fall war[130]. Im Vergleich zu den allgemeinen Grenzen der Vertragsfreiheit wie §§ 138, 242 oder § 315 BGB bestehen bei den AGB nämlich weitaus engere Wirksamkeitsgrenzen. Diese lassen sich im Kern auf zwei Kriterien zurückführen[131]: In AGB enthaltene Klauseln sind nur insoweit rechtswirksam, als sie im Rahmen des betreffenden Wirtschaftszweiges *üblich* und *sachlich* angemessen sind[132].

Dabei spielt angesichts der Schnelligkeit, mit der sich die AGB der Wettbewerber aneinander anpassen, das Kriterium der Üblichkeit keine zu große praktische Rolle. Hingegen ist das Kriterium der sachlichen Angemessenheit von ganz entscheidender Bedeutung. In seiner positiven Aussage beinhaltet es, daß auch für die AGB der Grundsatz der Vertragsfreiheit gilt, d.h. daß auch mittels AGB von den (geschriebenen oder ungeschriebenen) Normen des dispositiven Rechts abgewichen werden kann. In seiner negativen Aussage beinhaltet es aber, daß der Grundsatz der Vertragsfreiheit für AGB

---

128 BGHZ 41, 151 ff.

129 Vgl. u.a. RGZ 142, 353 (355 ff.); DR 1941, 1726; RGZ 168, 321 (329).

130 Vgl. hierzu Schmidt-Salzer, Allgemeine Geschäftsbedingungen, NJW 1971, 1010 (1011).

131 Vgl. hierzu Schmidt-Salzer, NJW 1971, 1010 (1012).

132 Die Rechtsprechung hat hierzu eine Fülle, teils positiv, teils negativ gefaßter Formulierungen, teils höheren, teils niedrigeren Aussagewertes geschaffen: Die in den AGB enthaltenen Klauseln seien unwirksam, wenn sie unangemessen (BGHZ 41, 151, [154[), unbillig (BGHZ 22, 90, 110), nicht sachgerecht (BGH NJW 1970, 29), unzumutbar (BGHZ 41, 151 [154]), überraschend (BGH NJW 1965, 246), mit Treu und Glauben nicht vereinbar (BGHZ 20, 164 [167]), anstößig (BGH NJW 1968, 1718 [1720]) oder unüblich (RG JW 1936, 2093 [2094]) sind; eine mißbräuchliche Verfolgung einseitiger Interessen enthalten (BGH NJW 1965, 246), nicht die berechtigten Interessen des Unternehmers gerechtfertigt sind (BGH WM 1968, 195), eine ungerechtfertigte Belastung des Kunden darstellen (BAG NJW 1967, 751 [752]), die Recht und Pflichten der Beteiligten einseitig bestimmen (BGH, Betrieb 1969, 1337 [1338]), dem schwächeren Teil ein unzumutbares Risiko auferlegen (BGH, Betrieb 1969, 1337 [1338]), nicht den Anforderungen eines billigen Ausgleichs zwischen beiderseitigen Belangen entsprechen (BGHZ 20, 164 [167]), nicht die Belange beider Vertraggseiten nach Treu und Glauben angemessen berücksichtigen (BGH, BB 1971, 413), ohne sachlichen Grund die Interessen einer Partei auf Kosten der anderen verfolgen (BAG, NJW 1967, 751), den Kunden rechtlos machen (BGHZ 37, 94 [98]), im Widerspruch zu den Anschauungen des anständigen (bzw. redlichen) Geschäftsverkehrs stehen (BGH, NJW 1969, 1485), bei vernünftiger Betrachtung nicht mehr der Erleichterung des anständigen Geschäftsverkehrs dienen und nicht mehr im Interesse eines glatten Handelsverkehrs liegen. (LG Aachen, NJW 1962, 395) u.a.m. (vgl. hierzu besonders: Schmidt-Salzer, Schriftenreihe, S. 87, 88 und 89.).

nur eingeschränkt gilt: Während die Vertragsfreiheit grundsätzlich auch zum Abschluß objektiv einseitiger und (oder) unüblicher Verträge berechtigt, gilt dies nicht für AGB. Mittels AGB darf also nur in soweit von Normen des dispositiven Rechts abgewichen werden, sofern die berechtigten Interessen der Kunden gewahrt werden[133].

Unter Beachtung dieser herrschenden Grundsätze kann man sagen, daß Ziffer 10 Nr. 1 der Spielbedingungen für die wöchentlich zu Millionen abgeschlossenen Lottoverträge eine durchaus noch angemessene Regelung enthält. Sie sichert nämlich weitgehend gegen strafbare Manipulation und beugt unberechtigten Forderungsklagen gegen den Unternehmer vor. Sie entspricht auch den beiderseitigen Interessen[134] und kann damit letztlich auch nicht als ausschließlich unternehmerfreundlich angesprochen werden.

Sie ist zudem weder sittenwidrig[135], noch liegt darin eine sittenwidrige Ausnützung einer Monopolstellung.

Bei der Prüfung, ob ein Verstoß gegen § 138 Abs. 1 BGB vorliegt, sind folgende Grundsätze zu beachten[136]: Ob eine Einzelbestimmung in AGB oder ein Rechtsgeschäft als solches sittenwidrig ist, muß nach seinem aus der Zusammenfassung von Beweggrund, Inhalt und Zweck zu entnehmenden Gesamtcharakter beurteilt werden[137]. Zwar bedeutet die Überbürdung des außerhalb der Einflußsphäre des Spielers liegenden Risikos des Transports von der Annahmestelle zur Zentrale auf den Teilnehmer für diesen wohl eine erhebliche Belastung. Diese wird jedoch durch Ziffer 11 der Spielbedingungen etwas verringert. Denn darin wird bestimmt, daß die Annahmestellen und die übrigen für die Weiterleitung der Spielabschnitte verantwortlichen Stellen dem Teilnehmer für solche Nachteile haften, die durch vorsätzliche Handlungen von ihnen verursacht wurden.

Zudem ergibt eine Auszahlungsstatistik[138], wonach im Raum Hamburg beispielsweise nur jeder zentausendste Spielschein verloren ging, und nur in jedem achttausendsten Fall ein Spieler, dessen Schein verlorengegangen war,

---

133 So Schmidt-Salzer, NJW 1971, 1012; vgl. auch BGH, MDR 1965, 200 mit weiteren Rechtsprechungsnachweisen; sowie Larenz, II, § 37, I d 1.

134 Vgl. hierzu auch die umfassenden Ausführungen des OLG Celle, a.a.O., die sich – unter Bezugnahme auf die Entstehungsgeschichte des Niedersächsischen Zahlenlottogesetzes – vornehmlich mit dem Schutzgedanken des einzelnen Spielers auseinandersetzen.

135 Vgl. LG München I und Württemberg-Bad. VGH (Senat Stuttgart), zitiert in JZ 1951, 135 (136) = DRZ 1950, 260 (261).

136 Vgl. Staudinger-Coing, Anm. 15 b zu § 138 BGB; ferner RGZ 128, 251 ff.

137 Vgl. RGZ 80, 219 (221); 75, 68 (74); 78, 256 (263); ferner Soergel-Siebert, Komm. zum BGB Bd. 1 Allgemeiner Teil, 10. Aufl. (1967), Anm. 4 zu § 138 BGB; RGR-Komm. zum BGB, 11. Aufl., 1. Teil (1953 ff.); Anm. 6 zu § 138 BGB.

138 Vgl. OLG Hamburg, zitiert in JZ 1951, 135 (136).

gewonnen hatte, daß der Teilnehmer relativ selten damit rechnen muß, daß ein Spielabschnitt nicht in der Zentrale ankommt.

Unter diesen Umständen kann die Bestimmung der Ziffer 10 Nr. 1 der Spielbedingungen nicht als sittenwidrig bezeichnet werden. Sie verstößt nicht gegen das Anstands- und Rechtsgefühl aller Billig- und Gerechtdenkenden[139]. Auch von einer sittenwidrigen Ausnutzung[140] einer Monopolstellung oder von einem sittenwidrigen Gewinnstreben auf seiten des Lottounternehmers kann nicht die Rede sein.

Ein Monopol kann tatsächlicher oder rechtlicher Art sein[141]. Die wirtschaftswissenschaftliche Begriffsbestimmung[142] des Monopols[143, 144] geht davon aus, daß stets die Erzielung eines überhöhten Gewinnes bezweckt wird. Beim rechtlichen Monopol hingegen hat das Unternehmen eine rechtlich gesicherte Alleinstellung, die auf Gesetz oder auf einem gesetzmäßigen Verleihungsakt beruht, kraft dessen es ein subjektives Recht zur ausschließlichen Ausübung einer wirtschaftlichen Tätigkeit auf bestimmten Gebieten hat.

Bei der Untersuchung eines Mißbrauches einer Monopolstellung i.S. der §§ 138, 826 BGB[145] durch den Lottounternehmer kommt es jedoch auf die Unterscheidung, ob der Unternehmer nur wirtschaftlich oder auch oder allein eine rechtlich gesicherte Monopolstellung innehat, nicht an. Entscheidend ist

139 Vgl. RGR-Komm., Anm. 1 zu § 138 BGB; ferner RGZ 80, 219 (221) und A. Koch, S. 7.

140 Vgl. hierzu LG Berlin, WRP 1957, 229.

141 Vgl. zu den Wesensmerkmalen des Monopols: Bartholomeyczik, in Gemeinschaftskomm. Müller-Henneberg-Schwarz, Gesetz gegen Wettbewerbsbeschränkungen, 2. Aufl. (1963), Anm. 48 zu § 22, S. 666.

142 Vgl. Weiss, Monopol, in Handwörterbuch der Staatswissenschaften, 4. Aufl. (1925), 6. Bd., S. 616 ff. und Erich Schneider, Reine Theorie monopolistischer Wirtschaftsformen (1932), S. 80; ferner Bartholomeyczik, Anm. 31 ff., S. 501 ff. und Nipperdey, Stromsperre, Zulassungszwang und Monopolmißbrauch (1929), S. 32, 33.

143 Wenn auch spezifische Seltenheit und Einmaligkeit keine unbedingten Kriterien eines Monopols sind (vgl. Dobretsberger, Konkurrenz und Monopol in der gegenwärtigen Wirtschaft [1929], S. 21) und das Zahlenlotto nicht einmalig ist (vgl. LG München I 11 OH 21/49, Beschluß vom 16. Dezember 1949 – nicht veröffentlicht; Simon, S. 24; Kohlhaas, Rechtsfragen aus Sportwetten, JZ 1951, 138), so kann es doch zumindest als monopoloide Bildung angesprochen werden (vgl. zu diesem Begriff: Weiss, S. 621, l. Sp.; vgl. ferner Schulz, Rundschau – Blick in die Zeit, MDR 1959, 456, der dem Lotto Monopolcharakter zuerkennt). Nach Ansicht des Bayer. Verfassungsgerichtshofs (a.a.O. S. 383) hat der Staat insoweit eine „gewisse faktische Monopolstellung" inne.

144 Vgl. zu den verschiedenen wirtschaftlichen Monopolarten Weiss, S. 616 ff. und Wessels, Monopol, in Staatslexikon, 6. Aufl. 5. Bd. (1960), S. 823 ff.

145 Vgl. zum Monopolmißbrauch und § 138 BGB auch Bartholomeyczik, Vorbem. 8 zu §§ 22–24 des Gesetzes gegen Wettbewerbsbeschränkungen.

vielmehr, ob er sein Geschäft ohne fühlbare Konkurrenz betreiben kann, der Kreis seiner Kunden auf ihn angewiesen ist und er deshalb ihnen gegenüber derart überlegen ist, daß er die Bedingungen für den Abschluß von Verträgen „diktieren" kann. Der Mißbrauch einer solchen Monopolstellung liegt dann im Kern darin, daß er sie einseitig zu seinem Vorteil ausnützt. Entscheidend ist also für die Anwendung der §§ 138, 826 BGB in einem solchen Falle, ob der Monopolinhaber – das Monopol kann auch durch den Zusammenschluß einer Gruppe von Unternehmern gebildet werden[146] – rechtmißbräuchlich bei den Bedingungen, zu denen er Verträge abschließt, einseitig seine Belange zu Grunde gelegt hat, ohne Rücksicht darauf, daß dies mit dem allgemeinen Verkehrsbedürfnis unvereinbar ist, ob er seinen Vertragspartner geknebelt, ob er sich unverhältnismäßig große Vorteile ausbedungen, oder ob er dem Verkehr unzumutbare Fesseln und Erschwernisse aufgezwungen hat[147].

Den Lotto-Unternehmern kann ein solcher Rechtsmißbrauch nicht vorgeworfen werden. Ziffer 10 Nr. 1 der Spielbedingungen bedeutet auch nicht die übermäßige Ausnutzung zum Schaden eines wirtschaftlich Schwächeren durch den wirtschaftlich Stärkeren[148]. Ein Verstoß gegen die guten Sitten in der Form des Mißbrauches einer Monopolstellung ist hier also nicht ersichtlich[149].

Auf der anderen Seite fehlt es den Lottounternehmern auch an einem sittenwidrigen Gewinnstreben[150], denn bei jeder Ausspielung schütten sie von den vereinnahmten Geldern 50% als Gewinnbeträge an die Teilnehmer wieder aus. Den Rest führen sie in der Regel gemeinnützigen Zwecken und Unternehmungen zu[151]. Bei der Beurteilung dieser Verwendung der Lottoeinkünfte darf man freilich nicht darauf abheben, es fehle dem Unternehmer

146 Vgl. RGZ 99, 107 (110); ferner RGZ 103, 82 (83) und die zitierte Rechtsprechung bei Bartholomeyczik, Anm. 32 zu § 22 des Gesetzes gegen Wettbewerbsbeschränkungen.

147 Vgl. RGZ 132, 24 (28); ferner RGZ 106, 386 (388); 62, 264 (266); 79, 224 (229); 115, 257 (285); A. Koch, S. 6.

148 Vgl. RGZ 128, 92 (97); ferner LG Koblenz, zitiert in JZ 1951, 135 (138).

149 Vgl. BGH, JZ 1958, 610 (611); ferner Staudinger-Coing, Anm. 18 a zu § 138 BGB.

150 Vgl. hierzu auch Kohlhaas, Spiel und Wette, S. 14 und den dort zitierten Beschluß des LG Hamburg 8 OH 99/49 vom 20. Juli 1949.

151 In Bayern sind – was bereits erwähnt wurde – die Lottomittel nicht zweckgebunden. Sie fließen als Haushaltsmittel dem Haushalt des Bayerischen Staatsministeriums der Finanzen zu, welches den größten Teil hiervon wieder zur Förderung kultureller und sozialer Einrichtungen verwendet, oder dem Sport zur Verfügung steht. (Z.B. im Jahre 1959 wurde das Süd-Lotto im Rahmen des Bayerischen Staatshaushaltes unter Einzelplan 13, Kapitel 05 [wirtschaftliche Unternehmen i.S. des § 15 RHO], Titel 31 [Gewinne aus den staatlichen Lotterien] aufgeführt.)

demzufolge am Bestreben, irgendeinen redlichen Gewinner von der Gewinnausschüttung auszuschließen oder die anfallenden Gewinne nur auf eine bestimmte Anzahl von Spielern zu konzentrieren[152]. Vielmehr ist darauf abzustellen, daß die Art der Verwendung und Verteilung der Lottoeinkünfte offensichtlich sachlichen und vernünftigen Überlegungen entspringt und nicht eigennützige Sonderinteressen und Bedürfnisse des Unternehmers befriedigt. Die Regelung der Ziffer 10 Nr. 1 der Spielbedingungen des Süd-Lottos wie die entsprechenden Bestimmungen der anderen Lottounternehmen begegnen demnach keinen rechtlichen Bedenken[153, 154, 155].

152 Vgl. Hamann, S. 64.

153 Vgl. Gebhardt, Die Fußballwette, S. 67, 68.

154 Da in Bayern selbst keine besondere gesetzliche Regelung für das Zahlenlotto besteht, kann hinsichtlich der in anderen Bundesländern einmal vorhanden gewesenen oder zum Teil noch vorhandenen Überschneidungen der Regelungen der Vertragsabschlußzeiten in den Spielbedingungen mit den Regelungen in den einzelnen Sportwettengesetzen auf Gebhardt, Die Fußballwette, S. 73 ff. verwiesen werden; vgl. hierzu ferner Württbg.-Bad. VGH, DRZ 1950, 260 (261).

155 Vgl. auch die Reformvorschläge von Gebhardt, Die Fußballwette, S. 82 ff. (für den Toto).

Kapitel 12
Die Teilnahme von beschränkt Geschäftsfähigen und Geschäftsunfähigen an den Ausspielungen[156]

Eine nähere Untersuchung, Durchleuchtung und Überprüfung des Problems der Teilnahme von beschränkt Geschäftsfähigen und Geschäftsunfähigen, insbesondere von Kindern und Jugendlichen, an den Ausspielungen des

---

156 Vgl. hierzu meine Ausführungen in RdJB 1971, 77 ff.

157 Interessant ist in diesem Zusammenhang auch das Ergebnis der Allensbacher Studie hinsichtlich der durchschnittlichen Höhe des letzten Einsatzes im Zahlenlotto:

Durchschnittliche Höhe des letzten Einsatzes im Zahlenlotto	DM
Teilnehmer am Zahlenlotto insgesamt	2,76
Männer	2,99
Frauen	2,48
Altersgruppen	
16–29 Jahre	2,49
30–44 Jahre	2,92
45–59 Jahre	2,93
60 Jahre und älter	2,68
Schulabschluß	
Volksschule	2,72
Höhere Schule ohne Abitur	2,93
Abitur	2,64
Berufskreise	
Landwirte	2,14
Facharbeiter	2,94
Sonstige Arbeiter und Landarbeiter	2,42
Angestellte	2,66
Beamte	2,86
Selbständige in Handel und Gewerbe, freie Berufe	3,36
Netto-Monatseinkommen*	
Unter 600 DM	2,10
600–1249 DM	2,79
1250 DM und mehr	3,19
Regionale Bereiche	
Norddeutschland	2,29
Nordrhein-Westfalen	2,88
Rhein-Main	3,17
Baden-Württemberg	2,66
Bayern	2,70

(vgl. Anhang A 6 der Studie)

---

* Hauptverdiener im Haushalt

Zahlenlottos ist schon deshalb angezeigt, da einmal die erwähnten Repräsentativumfragen des Instituts für Demoskopie in Allensbach am Bodensee in den Jahren 1959 und 1969 zu den überraschenden Ergebnissen gelangten, daß bereits 4 Jahre nach der Einführung des Zahlenlottos in der BRD von den befragten Jugendlichen zwischen 16 und 29 Jahren 26% und 1969 bereits 29% regelmäßig am Lottospiel teilnahmen[157]. Zum anderen ist es bei den millionenfachen Abschlüssen von Spielverträgen pro Woche kaum vermeidbar, daß nicht auch eine Vielzahl von Geisteskranken und anderen Geschäftsunfähigen daran teilnimmt, ohne zurückgewiesen zu werden.

Darüber hinaus erscheint ein näheres Eingehen und Behandeln der Problematik der Teilnahme Jugendlicher schon deshalb angebracht, da das Gesetz vom 4. Dezember 1951 durch das Jugendschutzgesetz (JSchöG)[158] vom 27. Juli 1957 in § 7 eine entscheidende Änderung erfahren hat.

Schließlich fordert noch das Bürgerliche Gesetzbuch, welches hinsichtlich des Abschlusses von Rechtsgeschäften Geschäftsunfähiger und beschränkt Geschäftsfähiger in den §§ 104 ff. allgemein geltende Bestimmungen festlegt[159], eine Auseinandersetzung mit diesen Fragen.

1. Die Regelung nach dem BGB

Der Abschluß eines gültigen Rechtsgeschäfts verlangt neben der Erklärung des Geschäftswillens und der Übereinstimmung der gegenseitigen Willenserklärungen vor allem die Geschäftsfähigkeit des Handelnden, und soweit diese beschränkt ist, die Zustimmung des gesetzlichen Vertreters. Das BGB trifft dabei nicht die gleichen Unterscheidungen in bezug auf Minderjährige, wie dies in § 1 Abs. 3 des Jugendschutzgesetzes (JSchöG) von 1957 geschieht, wonach Kind im Sinne jenes Gesetzes ist, wer noch nicht 14, Jugendlicher, wer 14, aber noch nicht 18 Jahre alt ist, sondern gibt nur die Voraussetzungen an, unter denen die Geschäftsfähigkeit fehlt oder beschränkt ist. Als geschäftsunfähig werden Kinder unter 7 Jahren, Geisteskranke oder Geistesschwache, deren freie Willensbestimmung nicht nur vorübergehend ausgeschlossen ist (§ 104 Nr. 1 und 2 BGB)[160], oder wer wegen Geisteskrankheit[161] entmündigt ist (§ 104 Nr. 3 BGB), bezeichnet.

---

158 Bundesgesetz zum Schutze der Jugend in der Öffentlichkeit.

159 Einer Pressenotiz zufolge (vgl. Süddeutsche Zeitung vom 20. Oktober 1971, S. 2) beabsichtigt die Bundesregierung das Volljährigkeitsalter von derzeit 21 auf 18 Jahre zu senken. Das Bundesjustizministerium hat einen entsprechenden Referentenentwurf fertiggestellt und den Bundesländern zur Stellungnahme zugeleitet.

160 Zur geschichtlichen Entwicklung der §§ 104 ff. BGB vgl. Rümelin, Die Geisteskranken im Rechtsgeschäftsverkehr, (1912), S. 4 ff.

161 Zur Auslegung der Begriffe Geisteskrankheit und Geistesschwäche vgl. Rümelin, S. 15 ff.

Beschränkt geschäftsfähig ist demgegenüber, wer wegen Geistesschwäche, Verschwendung oder Trunksucht entmündigt, wer unter vorläufige Vormundschaft gestellt ist und derjenige Minderjährige, welcher das siebente Lebensjahr überschritten hat.

Dies führt dazu, daß ein Minderjähriger bis zum Eintritt seiner Volljährigkeit (§ 2 BGB)[162], abgesehen von den gesetzlich vorgesehenen Ausnahmen des § 3 BGB, der §§ 112 und 113 sowie des „der Sitte und dem Verkehrsbedürfnis Rechnung tragenden“[163] § 110 („Taschengeldparagraph“), nur mit Zustimmung bzw. Einwilligung seines gesetzlichen Vertreters (§ 107 BGB) rechtswirksam Willenserklärungen abgeben kann, durch die er nicht lediglich einen rechtlichen Vorteil erlangt. Unabhängig von evtl. anderslautenden Bestimmungen in den Spielbedingungen kann somit ein Minderjähriger sich nicht ohne Einwilligung oder Zustimmung seines gesetzlichen Vertreters rechtswirksam am Zahlenlottospiel beteiligen.

2. Die Regelung in den Amtlichen Spielbedingungen

Zuvörderst fällt bei der Durchsicht sämtlicher Spielbedingungen der deutschen Lottounternehmer auf, daß hinsichtlich der Teilnahme Jugendlicher keinerlei Regelungen getroffen werden. Nur die Spielscheine ganz weniger Unternehmen enthalten entsprechende Hinweise. So findet sich unter der Nr. 10 der Spielanweisungen auf dem Lottoschein des Nordwest-Lotto- und -Toto Hamburg die Bestimmung: „Jugendlichen unter 18 Jahren ist die Teilnahme nicht gestattet“. Hingegen bringt der „Auszug aus den Wettbestimmungen“ auf dem Spielschein des Niedersächsischen Zahlenlottos nur den Hinweis: „Die Lottoeinnehmer *sollen* die Vermittlung von Spielen gegenüber Jugendlichen unter 18 Jahren ablehnen“. Mittlerweile fehlen auch auf den Spielscheinen des Süd-Lottos irgendwelche Regelungen in dieser Hinsicht. Dies war vormals nicht der Fall. Noch bei den vor der Einführung der automatischen Auswertung gebräuchlichen Lottoscheinen war in Ziffer 7 der auszugsweise abgedruckten Spielbedingungen vermerkt: „Kindern und Jugendlichen ist die Teilnahme am Süd-Lotto nicht gestattet“. Diese Regelung deckte sich – das muß besonders vermerkt werden – auffallend mit § 7 Abs. 1 Nr. 2. JSchöG vom 27. Juli 1957[164], wonach „Kindern und Jugendlichen nicht gestattet werden“ darf, „in der Öffentlichkeit an Glücksspielen teilzunehmen“. Eine noch größere Übereinstimmung ließ sich bei der

162 So RGZ 74, 234 (235).

163 Zur Reform des Minderjährigenrechts bzw. Mündigkeitsalters vgl. u.a. Schwab, Gedanken zur Reform des Minderjährigenrechts und des Mündigkeitsalters, JZ 1970, 745 ff. und Schulz, Rundschau-Blick in die Zeit, MDR 1971, 107 ff.

164 BGBl. I, S. 1058.

Altfassung des § 7 JschG mit der früher (1959) gültigen Formulierung der Spielbedingungen feststellen, § 7 a.F. lautete: „Der Zutritt zu öffentlichen Spielhallen, die Teilnahme an Glücksspielen ... darf Jugendlichen unter 16 Jahren nicht gestattet werden". Damals lautete auch die Ziffer 7 der auf dem Spielschein vermerkten Bedingungen: „Jugendlichen unter 16 Jahren ist die Teilnahme am Süd-Lotto nicht gestattet".

3. Eigener Lösungsversuch

Es soll im folgenden ein eigener Lösungsversuch unternommen werden, der besonders auf den verhältnismäßig neuen Typ der Massenverträge abstellt, bei welchen der echte und vom Gesetzgeber des BGB ursprünglich ins Auge gefaßte Individualvertrag zusehends zurücktritt und einem neuen Typus Platz macht; einem Vertragstypus, bei welchem auf jegliche Vereinbarungsmodalität verzichtet wird und bei welchem die Vertragsbedingungen auch nicht mehr zwischen den Vertragspartnern ausgehandelt, sondern von wirtschaftlich Mächtigeren vorgegeben werden und vom Partner ohne Änderungsmöglichkeit akzeptiert werden müssen.

a) Die Teilnahme von 7–18-Jährigen

Nach der Definition des BGB handelt es sich bei dieser Altersklasse um Minderjährige. Sie unterliegen den Vorschriften der §§ 107 ff. BGB. Nach der Jugendschutzgesetz-Definition sind es Kinder und Jugendliche.

Spielt ein unter das JSchöG Fallender mit oder ohne Einwilligung seines gesetzlichen Vertreters beim Zahlenlotto mit, so ist ein von ihm abgeschlossener Spielvertrag u.U. wegen Verstoßes gegen § 134 BGB nichtig, denn das Jugendschutzgesetz wird nach allgemeiner Auffassung[165] als Verbotsgesetz i.S. des § 134 BGB angesehen.

Der Begriff des Glücksspiels i.S. dieses Gesetzes ist dabei der gleiche wie der in § 284 StGB. Ob er die in § 286 StGB geregelten öffentlichen Lotterien mitumfaßt, ist aber umstritten. Das Oberlandesgericht Karlsruhe[166] vertrat zum § 7 *a.F.* eine restriktive Auslegung mit dem Argument, daß der Gesetzgeber im Jugendschutzgesetz auf eine eigene Definition des Glücksspiels verzichtet habe. Es liege daher nahe, daß er den Begriff der Vorschrift des § 284 StGB entnommen habe. Eine Ausdehnung des Verbotes auch auf öffentliche Lotterien i.S. des § 286 StGB würde damit zu einer offensichtlich über die Zwecke des Gesetzes hinausgehenden Ausweitung führen[167].

---

165 Vgl. u.a. Staudinger-Coing, Anm. 17 zu § 134 BGB.

166 NJW 1957, 393.

167 Vgl. hierzu auch Tillmann-Göke, Komm. zum Jugendschutzgesetz (1952), Anm. 7 zu § 7.

Folgt man nun dieser Rechtsprechung, so treten – auch für den Bereich des Zahlen-Lottos – keine Bedenken auf; selbst wenn die Bekanntmachung des Bayerischen Staatsministeriums des Inneren vom 7. Juli 1961[168] zum Vollzug des Bundesgesetzes zum Schutze der Jugend in der Öffentlichkeit davon ausgeht, daß das Zahlenlotto unter den Begriff des Glücksspiels i.S. des Jugendschutzgesetzes fällt. Diese Auffassung des Bayerischen Innenministeriums begegnet schon deshalb Bedenken, weil nach der amtlichen Begründung zum Jugendschutzgesetz von 1951[169] der Bundesgesetzgeber nach eingehender Beratung von der Aufnahme eines Fußballtotoverbots in das Gesetz bewußt abgesehen hat, „weil im Hinblick auf die Art der Durchführung der Totowette eine besondere gesetzliche Regelung notwendig erschien". Das Änderungsgesetz von 1957 hat dann auch weder die Totowette noch das mittlerweile aufgekommene Lottospiel in das Verbot der Teilnahme Jugendlicher an dieser Wette und an diesem Spiel aufgenommen. Folglich scheint eine restriktive Auslegung des Gesetzes zwingend.

Eine solche einschränkende Auslegung steht auch nicht mit dem nicht eindeutig klaren Wortlaut[170] des Gesetzes in Widerspruch. Sie widerspricht ferner nicht den zitierten Spielbedingungen auf den Spielscheinen und nicht der Tatsache, daß in Nordrhein-Westfalen und Niedersachsen die Konzessionen für die Lotto- und Totounternehmer nur unter der Auflage erteilt werden, daß Jugendlichen die Teilnahme an Lotto und Toto versagt wird[171]. Der Gesetzgeber auf dem Sektor Jugendschutz – insbesondere seit der Änderung des § 7 im Jahre 1957 – läßt nämlich deutlich die Tendenz erkennen, den Jugendschutz teilweise zurücktreten zu lassen und gegenüber öffentlich genehmigten Spielen und Wetten eine betont liberale Haltung zu zeigen. So wurde beispielsweise in Nordrhein-Westfalen 1955 ein Sportwettengesetz[172] verkündet, welches das alte „Gesetz über die Genehmigung von Sportwetten und Losgeschäften sowie Geschicklichkeitsspielen"[173] mit seinen weitreichenderen Schutzvorschriften außer Kraft setzte[174].

Es läßt sich daher weder eindeutig aus § 7 JSchG a.F., noch aus § 7 n.F. – schon gar nicht unter Berufung auf den „klaren Gesetzeswortlaut"[175] – ein solches Verbot herleiten, denn § 7 n.F. verbietet im Gegensatz zu § 7 a.F.

---

168 Nr. II 4 – 6713 bb 25/61, Ministerialamtsblatt der Bayer. Inneren Verwaltung 1961, 479 ff.

169 BT-Drucksache 1. Wahlper., Nr. 2389, S. 9.

170 A.A. Potrykus, Komm. zum Jugendschutzgesetz, 2. Aufl. (1963), Anm. 9 zu § 7.

171 Vgl. Walter Becker, Neuregelung des Jugendschutzes im Spielautomatenwesen, RdJ 1956, 89 (91).

172 Vom 16. Mai 1955 (GVBl. S. 84).

173 Vom 11. Juli 1947 (GVBl. S. 243).

174 Vgl. hierzu Walter Becker, Glücksspiel-Wette-Jugendschutz, RdJ 1956, 167.

175 So Potrykus, a.a.O.

nicht mehr jede Teilnahme an Glücksspielen, sondern nur die Teilnahme „in der Öffentlichkeit". Dem Gesetzgeber von 1951 und 1957 lag offenbar die Tatsache vor Augen, daß immer mehr Jugendliche sich in öffentlichen – oft schlecht beleumundeten – Spielhallen herumtreiben und sog. „mit mechanischen Vorrichtungen ausgestattete" Spielgeräte- und -automaten in Betrieb setzen. Vor diesem *in* diesen *Spielhallen* vorhandenen Milieu versucht das Gesetz die Jugendlichen zu bewahren[176].

Bei der Abwicklung des Fußball-Toto wie des Lottospiels vollzieht sich jedoch die Teilnahme weder in ähnlichen Bahnen, noch „in der Öffentlichkeit", wie sie § 7 n.F. des JSchöG meint. Vielmehr besteht die „Teilnahme" und Beteiligung an Totowetten und Lottospiel regelmäßig nur in der Ausfüllung des Spielscheins und in der Leistung des Einsatzes[177]. Diese Art von „Teilnahme" Jugendlicher ist aber nicht besonders schutzbedürftig.

Hinzu kommt noch, daß der wegen des Schutzgedankens des Gesetzes an sich weit auszulegende Begriff der Öffentlichkeit i.S. des JSchöG, den der Gesetzgeber absichtlich nicht fest umrissen hat, einen gewissen Spielraum beläßt[178], und ganz andere Tatbestände erfassen wollte und erfaßt hat. Zum Öffentlichkeitsbegriff des JSchöG zählen nämlich nach ganz h.M.[179] einer unbestimmten Personenmehrheit, also jedermann, zugängliche Orte, wie beispielsweise Straßen, Plätze, öffentliche Lokale, öffentliche Gebäude und Verkehrsmittel – etwa Eisenbahnen, Straßenbahnen, Omnibusse, Volksbäder, Sportplätze u.a. mehr. Unter diesen Begriff können demnach nicht die Geschäftsräume der Annahmestellen fallen, denn auch die h.M. zum Öffentlichkeitsbegriff des JSchöG vertritt die Auffassung, daß die Öffentlichkeit nicht in geschlossenen Gesellschaften, Vereinen und auch dann nicht zu bejahen ist, wenn sich in einem öffentlichen Raum nur eine durch bestimmte Beziehungen miteinander verbundene Personenzahl befindet[180].

Damit fallen Toto- und Lottoannahmestellen weder unter den Begriff „in der Öffentlichkeit", noch unter die Bezeichnung „Spielhallen"[181] i.S. des JSchöG. Daraus folgt weiter, daß die Teilnahme Jugendlicher i.S. des JSchöG am Zahlenlottospiel nicht vom Gesetz erfaßt wird[182], mithin nicht verboten

---

176 Vgl. hierzu Rothe-Becker-Zimmermann-Seidel, Jugendschutz und Öffentlichkeit (1953), S. 23.

177 Vgl. hierzu Dalcke-Fuhrmann-Schäfer, Strafrecht und Strafverfahren, 37. Aufl. (1961), Anm. 7 zu § 7.

178 Vgl. Potrykus, Anm. 5 zu § 9 JSchöG.

179 Vgl. statt vieler Potrykus, a.a.O.

180 Vgl. Potrykus, Anm. 8 zu § 7 und Anm. 5 zu § 9 JSchöG.

181 Vgl. auch Tillmann-Göke-Becker, Komm. zum JSchöG, 2. Aufl. (1961), Anm. 4 zu § 7.

182 A.A. Tillmann-Göke-Becker, Anm. 13 zu § 7 und Potrykus, Anm. 9 zu § 7 JSchöG.

ist und ihre Spielverträge nicht wegen Verstoßes gegen § 134 BGB nichtig sind.

b) Die Teilnahme von 18–21-Jährigen

Die Teilnahme Jugendlicher, welche bereits 18, jedoch nicht 21 Jahre alt sind, wird nicht vom JSchöG erfaßt. Ebenso sprechen bzw. sprachen auch die Spielbedingungen auf den Spielscheinen des Nordwest- wie Süd-Lottos kein Verbot der Teilnahme aus. Diese Ziffern wiederholen – wie bereits erwähnt – nur sinngemäß den Gesetzeswortlaut von § 7 n.F. JSchöG[183]. Auch zu Zeiten der Geltung des § 7 a.F. sah z.B. die damalige Ziffer 7 der Süd-Lotto-Spielbedingungen (auf dem Spielschein) genauso wie das Gesetz eine Beschränkung der Teilnahme Jugendlicher bis zum 16. Lebensjahr vor. Als dann der Jugendschutz auf 18 Jahre erweitert wurde, erfuhr auch diese Spielbedingung in Bayern eine Neufassung im Sinne des Gesetzes.

Weiter spricht auch eine terminologische Überlegung für dieses Ergebnis: Mit dem Ausdruck „Kindern und Jugendlichen" kann schon deshalb nur ein Bezug auf die Definition des JSchöG und zwar nur in dem Sinne gewollt sein, daß eine Teilnahme ab 18 Jahre gestattet wird, denn sonst hätte der Lottounternehmer, wenn er alle Minderjährigen von der Teilnahme ausgeschlossen sehen wollte, einfach bestimmen können, daß „Minderjährigen die Teilnahme am (Süd-)Lotto nicht gestattet" ist.

Die ehemals vorhandene Ziffer 7 (auf dem Spielschein) mit der Formulierung „ist nicht gestattet", kann aber auch nicht als ein bloßes „Zurückweisungsrecht" von einer allgemeinen Verpflichtung zur Annahme angesehen werden, denn Ziffer 8 Nr. 2 der Spielbedingungen verneint für die Annahmestellen und das Süd-Lotto eine solche Annahmeverpflichtung generell.

Wenn aber Jugendlichen ab 18 Jahren schon auf Grund der Amtlichen Spielbedingungen die Teilnahme am Lottospiel gestattet wird, bedarf die Frage einer eingehenden Klärung, ob die Spielverträge dieser Minderjährigen entgegen § 108 BGB rechtsverbindlich sind, wenn eine Teilnahme an der Ausspielung ohne Einwilligung der gesetzlichen Vertreter oder gar gegen deren erklärten Willen erfolgt. Könnte man dies auf Grund der Spielbedingungen als *vereinbart* ansehen, träte das Problem zutage, ob ein privater Unternehmer in seinen Vertragsbedingungen Vorschriften des Allgemeinen Teils des BGB willkürlich abändern kann, obschon diese Normen augenfällig in den Katalog der konkurrierenden Gesetzgebung des Bundes fallen (Art. 74 Nr. 1 GG).

Nimmt ein *beschränkt Geschäftsfähiger* ohne Einwilligung seines gesetzlichen Vertreters an den Ausspielungen des Zahlenlottos durch Abschluß eines Spielvertrages teil, so ist dieser Vertrag nach den allgemeinen Regeln des BGB

---

183 Die Formulierung in Niedersachsen muß hier außer Betracht bleiben.

(§ 108 Abs. 1 BGB) zunächst schwebend unwirksam, aber genehmigungsfähig; denn durch die vom beschränkt Geschäftsfähigen zum wirksamen Vertragsschluß erforderliche Willenserklärung erlangt dieser nicht lediglich einen rechtlichen Vorteil (§ 107 BGB). Gem. Ziffer 8 Nr. 1 der Spielbedingungen ist jeder Teilnehmer nämlich gehalten bzw. verpflichtet, den Spieleinsatz zu erbringen. Nicht lediglich vorteilhaft ist aber jedes Rechtsgeschäft, welches gleichzeitig zu einer Verpflichtung führt.

Um diese nicht unbeträchtliche Unsicherheit im Rechtsverkehr und bei der Abwicklung dieser Spielverträge zu umgehen, bietet sich der von Wissenschaft und Lehre entwickelte Begriff des „begrenzten Generalkonsenses“[184] an. Man versteht darunter die konkludente oder ausdrückliche Einwilligung des gesetzlichen Vertreters zu einem Komplex von Rechtsgeschäften des Minderjährigen, die noch nicht individualisiert sind. Mit Hilfe dieses Instituts ist es dann möglich, einen Großteil der Rechtsgeschäfte der Minderjährigen unabhängig vom Willen des gesetzlichen Vertreters voll wirksam werden zu lassen, die er mit den ihm zu keinem bestimmten Zweck – also zur freien Verfügung – belassenen oder gegebenen Geldmitteln bewirkt hat.

In der Praxis unterscheidet sich die Anwendung des „begrenzten Generalkonsenses“ von einer (wortgetreuen) Anwendung des § 110 BGB nur in dem Punkt, daß damit letzten Endes es dem Richter überlassen bleibt, zu entscheiden, ob ein Rechtsgeschäft noch zu den vom Konsens umfaßten Kreis von Rechtsgeschäften gehört und damit unabhängig vom Willen des gesetzlichen Vertreters wirksam ist oder ob es einer Genehmigung bedarf. Die ursprünglich durch § 110 BGB klar gezogenen Grenzen zwischen wirksamen und unwirksamen Rechtsgeschäften Minderjähriger sind damit aber aufgeweicht. Der Vertragspartner des Minderjährigen muß nicht nur prüfen, ob der Minderjährige das Geld zur freien Verfügung hatte. Er muß zudem erwägen, ob der Minderjährige mit diesem Rechtsgeschäft noch innerhalb der Grenzen des Generalkonsenses bleibt. Der Richter wird hier also beim „begrenzten Generalkonsens“ zur maßgeblich „großen Unbekannten“ des wirksamen Vertragsschlusses.

Wendet man aber trotz dieser Bedenken das Institut des „begrenzten Generalkonsenses“ an, so liegt dann in der Überlassung oder im Belassen gewisser Geldbeträge konkludent das Einverständnis des gesetzlichen Vertreters zum Abschluß von Spielverträgen im Lotto. Denn die Teilnahme an den Ausspielungen des Zahlenlottos kann heutzutage wie der tägliche Kauf von Getränken, Tabakwaren, Zeitungs- und Zeitschriften-Erzeugnissen zu dem Komplex von Rechtsgeschäften gerechnet werden, die dem gesetzlichen

---

184 Vgl. u.a. Enneccerus-Nipperdey, § 152 I, 4, S. 937 und Ganske, Fragen zum Taschengeldparagraphen, RdJ 1964, 208 (209); ferner Pawlowski, Die Ansprüche des Vermieters eines Kraftfahrzeuges gegen den minderjährigen Mieter, JuS 1967, 302 (303) mit weiteren Nachweisen.

Vertreter im einzelnen wohl nicht individualisiert erscheinen müssen, aber im Bereich des Alltäglichen liegen.

Bei einer wortgetreuen Anwendung des § 110 BGB muß zudem aber beachtet werden, daß § 110 nur der Fassung, nicht aber seinem Inhalt nach, eine Ausnahme vom Grundsatz des § 107 BGB enthält, und daß nur die zu einer wirksamen Willenserklärung, durch welche der Minderjährige nicht lediglich einen rechtlichen Vorteil erfährt, erforderliche Einwilligung seines gesetzlichen Vertreters durch die Überlassung gewisser Geldmittel an den Minderjährigen erklärt wird. Das Wesentliche bleibt also auch im Falle des § 110 BGB die Einwilligung. Dafür, wie weit diese Einwilligung reicht, ist einmal das Gesetz maßgebend, das ihr beispielsweise in den §§ 1644, 1824 i.V.m. §§ 1821, 1822 BGB von vornherein bestimmte Grenzen zieht; zum anderen aber auch der Inhalt der Einwilligungserklärung selbst. Diese kann, wie jede Willenserklärung, eine, und sei es auch nur stillschweigend ausgedrückte, mehr oder minder weitgehende Beschränkung in sich tragen. Bereits die Formulierung des Gesetzes („zu diesem Zweck") ergibt, daß die Einwilligung auf die Erfüllung eines bestimmten, vom Minderjährigen abgeschlossenen Vertrages beschränkt sein kann. Es darf aber auch nicht bezweifelt werden, daß die Überlassung „zur freien Verfügung" dem Minderjährigen nach dem Willen seines gesetzlichen Vertreters bloß ein Mehr oder Weniger an Freiheit gewähren kann. Man kann also keinesfalls sagen, „daß der gesetzliche Vertreter nur die Wahl habe, entweder es bei der gesetzlichen Regel des § 107 zu belassen oder mit Einräumung der freien Verfügungsgewalt nun auch alles und jedes gutzuheißen, was der Minderjährige mit den ihm überlassenen Mitteln anzufangen für gut findet"[185].

Ein wirksamer Vertragsschluß Minderjähriger kann daher nur über den aufgezeigten Weg erfolgen. Eine Auslegung der Spielbedingungen dahingehend, daß die Wiederholung des Inhalts von § 7 n.F. JSchöG und das Schweigen hinsichtlich der Regelung der wirksamen Teilnahme von 18–21-Jährigen dazu führen müsse, eine vertragliche Vereinbarung anzunehmen, derzufolge die letztgenannte Altersgruppe ohne weiteres berechtigt sei, wirksam Spielverträge abzuschließen, scheitert schon am unabdingbaren Charakter der §§ 104 ff. BGB und der verfassungsmäßig verankerten Kompetenzverteilung zur Gesetzgebung (Art. 74 Nr. 1 i.V.m. Art. 72 Abs. 1 GG).

Zumindest das Institut des „begrenzten Generalkonsenses" führt also zu einer praktikablen Lösung dieses Problems.

In neuerer Zeit sucht man aber darüber hinaus noch den Bereich der von Minderjährigen wirksam abzuschließenden Rechtsgeschäfte dadurch zu erweitern, indem man die Auffassung vertritt, die §§ 107 ff. BGB seien bei den Geschäften im Bereich des modernen Massenverkehrs und der Daseinsvorsorge

185 So RGZ 74, 234 (235).

überhaupt nicht mehr anwendbar[186]. Diese Vertragsverhältnisse kämen, so meint man, nicht durch Willenserklärungen, sondern durch „sozialtypisches Verhalten“[187] zustande. Darüber hinaus wird noch die Ansicht vertreten, daß der Schutz der Minderjährigen auch in den Fällen nicht notwendig sei, in denen sich der beschränkt Geschäftsfähige an „sozialüblichen Freizeitgewohnheiten“[188] beteiligt.

Das Problem der Teilnahme Minderjähriger entgegen ausdrücklichen Verbots ihres gesetzlichen Vertreters und bei Nichtanwendbarkeit des § 110 BGB begegnet den nämlichen Zweifelsfragen wie die Teilnahme Geschäftsunfähiger. Diese Fragen sollen im folgenden gemeinsam behandelt werden.

c) Die Teilnahme Geschäftsunfähiger

Nimmt ein Geschäftsunfähiger an den Ausspielungen des Zahlenlottos teil[189], so ist sein abgeschlossener Spielvertrag – folgt man der absolut herrschenden Auffassung bei der Auslegung des § 105 BGB mit allen sich hieraus ergebenden Konsequenzen – nichtig. Ob eine Auslegung des § 105 BGB nach der herrschenden Meinung im Rahmen des Abschlusses millionenfacher Spielverträge angezeigt und vertretbar ist, erscheint aber zumindest prüfenswert[190].

An den Ausgangspunkt der folgenden Überlegungen ist die Frage[191] nach Sinn und Zweck des § 105 BGB zu stellen.

---

186 Vgl. hierzu im einzelnen Pawlowski, JuS 1967, 302 und die dort zitierte Literatur und Rechtsprechung.

187 Vgl. hierzu auch Larenz, NJW 1956, 1897 ff.; ferner BGHZ 21, 319 (333); 23, 175 (177).

188 Vgl. Pawlowski, JuS 1967, 304.

189 Selbst in Anstalten untergebrachten Geisteskranken wird ein entsprechendes Taschengeld zur Verfügung gestellt. (Vgl. Spiegel-Report über sozial benachteiligte Gruppen in der BRD [VI]: Geisteskranke, Heft 3, 1971, S. 47).

190 Erst kürzlich stellte der BFH in seinem Urteil vom 17. Februar 1970 (BStBl. 70 II, S. 333, 334) fest, daß eine herrschende Lehre oder eine ständige Rechtsprechung weder jede für sich allein noch zusammengenommen geeignet sind, eine Frage außerhalb jede ernstliche Zweifel zu stellen; andernfalls könnte es niemals dazu kommen, daß von der h.L. abgewichen oder eine ständige Rechtsprechung aufgegeben würden.

191 Der Jurist darf sich nicht nur von formal-logischen Schlüssen leiten lassen. Er muß nicht nur Texte und Formulierungen, sondern auch Inhalt, Zweck und Vorstellungen miteinander vergleichen. Denn je inniger die Norm von ihrer Zweckhaftigkeit her verstanden wird, und je geringer das Gewicht des Wortlauts und der Gesetzesgeschichte geachtet wird, desto kleiner wird der Kreis möglicher Zweckverfehlungen. (Vgl. hierzu Ecker, Gesetzesauslegung vom Ergebnis her, JZ 1967, 265 [266]). Dabei sollte auch ein Wort Gustav Radbruch's (Einführung in die Rechtswissenschaft, 9. Aufl. [1952], S. 243) nicht vergessen werden, wonach unter juristischer Interpretation nicht „Nachdenken eines Vorgedachten“, son-

Die Methode nach dem erkennbaren Zweck einer Vorschrift zu suchen, ist nicht neu. Sie reicht in der höchstrichterlichen Rechtsprechung beispielsweise von der Entscheidung des Reichsgerichts vom 27. Mai 1902[192] nicht nur bis zum Urteil des Bundesgerichtshofs vom 21. Januar 1965[193]; sie wird auch in der Literatur und Lehre[194] seit langem vertreten.

Dies führte dazu, daß beispielsweise von der Rechtsprechung[195], entgegen dem klaren Wortlaut des § 766 BGB, eine nur mündlich getroffene Absprache, welcher zufolge die Bürgschaftsverpflichtung des Bürgen dahingehend eingeschränkt wird, daß der Betrag, für den gehaftet wird, herabgemindert werden soll, gültig ist und trotz mangelnder Schriftform vom Bürgen dem Gläubiger gegenüber eingewendet werden kann. Auch früher schon[196] und späterhin[197] hat sich das Reichsgericht ausdrücklich auf den Zweck einer Vorschrift berufen und hat die Normen nicht nur nach ihrem bloßen Wortlaut hin ausgelegt.

Der Sinn und Zweck des § 105 BGB wird nach ganz herrschender Ansicht dahingehend gesehen[198], dem Geschäftsunfähigen Schutz zu gewähren und zwar deshalb, da sein Zustand ihn hindert, seinen Willen frei zu bestimmen, wie dies ein geschäftsfähiger, gesunder Mensch kann. Interpretiert man den § 105 BGB nicht unter Berücksichtigung dieses seines Zweckes, kommt man zu dem Ergebnis, daß der gesunde Vertragspartner gerade aus der Krankheit des geistig Defekten einen durch nichts gerechtfertigten Nutzen zieht, den er nicht hätte, wäre sein Partner im Vertrag gesund gewesen bzw. geblieben.

---

dern „Zu-Ende-Denken eines Gedachten" zu verstehen ist. Darüber hinaus muß noch darauf hingewiesen werden, daß es schon in der Entscheidung des Reichsgerichts (Bd. 20, S. 312 ff. [325] für Zivilsachen) zu den „Aufgaben der Praxis" gerechnet wurde, das „Gesetz zwar mit seinen Mängeln" anzuwenden, aber auch „nach Möglichkeit den Anforderungen, welche der bürgerliche Verkehr an das Gesetz stellt", anzupassen.

192 RGZ 51, 347 (350).

193 NJW 1965, 1132 (1133); vgl. hierzu in etwa auch BGHZ 34, 122 (124, 126, 127, 131); vgl. ferner hierzu die Zusammenstellung der Rechtsprechung des BGH bei Egon Schneider, Über Gründe und Auswirkungen der Änderung einer höchstrichterlichen Rechtsprechung, MDR 1971, 705 (707, Fußn. 45).

194 Vgl. statt vieler: Flume, Allgemeiner Teil des Bürgerlichen Rechts, 2. Bd., Das Rechtsgeschäft (1965), S. 291–292; Egon Schneider, Gesamtschuldverhältnis im Prozeß, MDR 1967, 353 (355); Brox, Fragen der rechtsgeschäftlichen Privatautonomie, JZ 1966, 761 (763–64); Ecker, S. 266 und Ohr, Die soziale Zweckjurisprudenz, NJW 1967, 1255 (1256 ff.); sowie Rümelin, S. 47 ff.

195 RGZ 71, 415 (416).

196 RGZ 51, 347 ff. zu § 326 BGB; RGZ 53, 236 ff. zu § 313 BGB und RGZ 63, 43 ff. zu § 416 BGB.

197 RGZ 76, 310 ff. zu § 15, Abs. 4 G.m.b.H.-Gesetz.

198 Max Wolff, Die „moderne Art der Rechtsprechung", JW 1914, 121 (122) meint, § 105 BGB beinhalte keinen Zweck, sondern spreche vielmehr ein Prinzip aus.

Schon allein die zitierte jahrzehntealte Rechtsprechung und der Hinweis darauf, daß eine Anwendung des § 105 BGB nur seinem Wortlaut nach nicht nur nicht der Neuerscheinung der Massenverträge nach Art des Zahlenlottos gerecht wird, sondern u.U. auch dem allgemeinen Rechtsgefühl als ungerecht, unvernünftig und lebensfremd erscheint, berechtigt und zwingt zugleich, den Zweck des § 105 BGB noch genauer zu untersuchen, zu verfolgen und zu erörtern[199].

Daß die Handlungen der Geschäftsunfähigen – beispielsweise der Geisteskranken – gem. § 105 BGB für nichtig erklärt werden, liegt, wie eingangs erwähnt, darin, daß diese kranken Personen vor Schaden geschützt werden sollen. Die aus der vielfältigen Rechtsprechung des Reichsgerichts erwähnten Entscheidungen kamen deshalb zu einem auf den ersten Blick überraschenden Ergebnis, weil eine Nichtigkeitserklärung dieser Rechtsgeschäfte sonst dem vom Gesetz verfolgten Zweck direkt zuwidergelaufen, also „ungesetzlich"[200] gewesen wäre. Wenn also § 105 BGB *zugunsten* des Geisteskranken wirken soll, müßte dieser Grundsatz gewisse, und zwar folgende Einschränkungen erfahren: Wäre der Geisteskranke beim Abschluß des Rechtsgeschäfts gesund gewesen, so stünde ihm der vertragliche Anspruch zu, und er hätte nur, um sich von den eingegangenen Verpflichtungen befreien zu können, diejenigen Möglichkeiten zur Verfügung, welche das BGB allen (gesunden) anderen Vertragsschließenden in die Hand gibt: Z.B. die Anfechtung wegen Irrtums, Täuschung usw.; womit u.U. auch die Nichtigkeit des abgeschlossenen Rechtsgeschäfts bewirkt wird. (§ 118 BGB). Diese Rechte sind aber in der Regel mit finanziellen Nachteilen verbunden, etwa der Schadensersatzpflicht gem. § 122 BGB.

Demgegenüber tritt beim Geisteskranken die Nichtigkeit seiner Erklärung von selbst, ohne Anfechtung, gleich von Anfang an, ein. Es besteht auch für ihn keine Schadensersatzverpflichtung; selbst wenn seinen gesunden Vertragspartner kein Verschulden trifft, und auch kein anderer, trotz größter Sorgfalt, etwas vom Vorhandensein der Krankheit gemerkt haben sollte. Der Vertragspartner des Geisteskranken trägt seinen Schaden also allein; das Gesetz regelt diesen Fall nicht.

Wenn der Geisteskranke vom Gesetz jedoch einen so umfassenden Schutz zugestanden erhält, so könnte der vom Gesetzgeber verfolgte Zweck – wie Danz[201] meint – keinesfalls der sein, stets nur den gesunden Vertragsgegner zu schädigen. Der Geisteskranke dürfte gerade nur soweit in Schutz

---

199 Zum Problem der offen mißachteten Rechtsnormen vgl. Röhrl, Rechtsgeltung und Rechtswirksamkeit, JZ 1971, 576 (579).

200 Vgl. hierzu Danz, Sind alle Rechtsgeschäfte eines Geisteskranken nichtig? JW 1913, 1016 (1019).

201 Danz, a.a.O.

genommen werden, als er in dem konkreten Rechtsgeschäft durch den Mangel an Überlegung seines krankhaften Zustandes wegen *anders* disponiert hat als dies ein gesunder, verständiger Mensch getan hätte.

Wenn aber ein gesunder, verständiger Vertragspartner im konkreten Fall genauso gehandelt hätte, wie der Geisteskranke tatsächlich gehandelt hat, so ist es in der Tat schwer einzusehen, welchen verständigen Zweck und insbesondere welches schutzwürdige Interesse das Gesetz damit verfolgen will, daß es in einem solchen Fall dem Geisteskranken einen besonderen Schutz gewährt oder ihm Rechte vorenthält.

Zu diesem Punkt scheint ein Hinweis auch auf andere im Gesetz geregelte Fälle notwendig: Das Gesetz versagt einem Sich-Irrenden die Möglichkeit, ein Rechtsgeschäft wegen Irrtums rückgängig zu machen (§ 142 BGB), aus einem ganz ähnlichen Grunde; nämlich dann, wenn ein verständiger Mensch das Geschäft bei Kenntnis der wirklichen Sachlage ebenso abgeschlossen hätte, wie es der Irrende tat (§ 119 Abs. 1 BGB). Ebenso wird die Aufhebung einer Ehe wegen Irrtums über persönliche Eigenschaften des anderen Ehegatten (§ 32 EheGes.) ausdrücklich davon abhängig gemacht, daß „bei verständiger Würdigung“ des Wesens der Ehe der die Aufhebung begehrende Ehegatte von der Eingehung der Ehe abgehalten sein würde. Wenn das Gesetz aber beim Abschluß eines Rechtsgeschäfts oder beim Eingehen einer Ehe zwischen Gesunden als Grenze der Anfechtungs- bzw. Aufhebungsmöglichkeit das Verhalten eines verständigen Menschen im Einzelfall setzt, so kann es, sollte man meinen, doch nicht, wenn im konkreten Fall feststeht, daß auch ein verständiger Mensch so und gerade so gehandelt hätte wie der Geisteskranke, dem Handelnden, nur weil er mit einer Krankheit behaftet war, die aber auf die Art seines Handelns keinerlei Einfluß genommen hat, das Recht zugestehen, sich vom Vertrag wieder freizumachen und dadurch einen Vorteil für sich zu erlangen, den ein Gesunder in gleicher Lage nie erlangt hätte. Noch weniger dürfte das Gesetz den Geisteskranken deswegen „bestrafen“ und ihn um seine vertraglichen Ansprüche bringen, auf welche sich ein gesunder Mensch, der ebenso gehandelt hat, berufen kann. Darin liegt offensichtlich eine kaum ernstlich zu rechtfertigende Bevorzugung bzw. Benachteiligung des Geschäftsunfähigen.

Nur dann, wenn man in dieser – anerkanntermaßen sehr umstrittenen[202] – Weise § 105 BGB nach diesem ihm innewohnenden Zweck auslegt, sind alle diejenigen Rechtsgeschäfte wirksam, bei denen nicht gerade die Geisteskrankheit *kausal* für den Abschluß des Rechtsgeschäfts war. Mit anderen Worten: Nur bei denjenigen Rechtsgeschäften Geschäftsunfähiger tritt Nichtigkeit ein, die der Kranke *nicht* abgeschlossen hätte, wäre er geistig gesund gewesen. Die

202 Vgl. hierzu statt vieler Pawlowski, Rechtsgeschäftliche Folgen nichtiger Willenserklärungen (1966), S. 53.

„Umstände des konkreten Einzelfalls" entscheiden somit über die Wirksamkeit oder Nichtigkeit des eingegangenen Rechtsgeschäfts.

Auch bei der Teilnahme Jugendlicher ohne Einwilligung ihrer gesetzlichen Vertreter bzw. bei bestehendem ausdrücklichen Verbot der Teilnahme am Lottospiel, und wenn deren Beteiligung nicht von § 110 BGB „gedeckt" wird, tritt das nämliche Problem zutage. Auch hier kann man mit der Danz'schen Konstruktion einen Lösungsweg aufzeigen. Auch die §§ 107, 108 BGB – entsprechend interpretiert – bezwecken den Schutz des geschäftlich unerfahrenen Beschränkten bei möglichster Wahrung der Interessen des Gegners[203]. Folgt man also dem Vorschlag von Danz auch insoweit, dann tritt nur in den bereits bei der Behandlung von Spielverträgen Geisteskranker erwähnten Umständen eine Unwirksamkeit ein; oder auch nur dann, wenn der Minderjährige keinen „sozialüblichen Freizeitgewohnheiten"[204] nachgeht.

Es erscheint aber im Rahmen dieser Untersuchung nicht angängig, es bei nur einem Lösungsversuch zu belassen; der zudem in Literatur und Rechtsprechung äußerst umstritten ist, und der sich auch nicht den Wortlaut des Gesetzes zu eigen machen kann. Denn bereits das Reichsgericht hat mit seinem Urteil vom 10. März 1915[205] generell diese Zweckinterpretation des § 105 BGB mißbilligt und zum Ausdruck gebracht, daß eine solche nur dann angebracht wäre, wenn mit Bestimmtheit nachgewiesen werden könnte, daß das Gesetz, ungeachtet seines allgemeinen Wortlauts, diesen Fall nicht habe treffen wollen; wenn also eine Lücke bestünde, die durch den Richter ausgefüllt werden müßte. Dies sei aber keineswegs in allen Fällen angebracht, für die der dem Gesetz unterstellte Zweck nicht zutreffend scheint. Auch stehe eine solche Auslegung in einem gewissen Widerspruch zu den Motiven[206].

Man kann also den von Danz aufgezeigten Weg nur dann beschreiten, wenn man bejaht, daß im Hinblick auf die verhältnismäßig neugeschaffenen Massenverträge – im (offenen) Gegensatz zum vom BGB ins Auge gefaßten Individualvertrag mittlerweilen eine Art Gesetzeslücke aufgetreten ist, welche der Gesetzgeber des § 105 BGB habe (ausdrücklich) nicht schließen wollen bzw. nicht näher geregelt hat, da sie für ihn unbekannt war.

Weitere Überlegungen in dieser Richtung scheinen aber müßig und erübrigen sich schon deshalb, weil andere Wege zu ebenso brauchbaren Ergebnissen führen.

---

203 Vgl. hierzu statt vieler Palandt-Heinrichs, Vorbem. 4 zu § 104 BGB und Pawlowski, Rechtsgeschäftliche Folgen nichtiger Willenserklärungen, S. 56 ff. (58).

204 Vgl. Pawlowski, JuS 1967, 303 ff.

205 Gruchot, Bd. 60, 118 ff.

206 Vgl. Bd. I, S. 129 ff.

Unberücksichtigt bleiben kann damit in diesem Zusammenhang auch die von Pawlowski[207] näher behandelte Streitfrage und der Versuch einer Neufassung der Definition der Nichtigkeit von Verträgen, ihrer Rechtsfolgen und das Problem der Rückabwicklung solcher nichtiger Verträge.

Nur soviel verdient in diesem Zusammenhang Erwähnung: Nach h.M. wird jedes Geschäft als nichtig angesehen, dem die als gewollt bezeichnete Rechtsfolge endgültig versagt ist. Das nichtige Rechtsgeschäft ist aber kein reines Nichts, es liegt immerhin der äußere Tatbestand eines Geschäfts vor[208]. Zudem wurden nichtigen Verträgen um die Jahrhundertwende andere Rechtsfolgen zuerkannt als heute: Damals waren die Parteien eines nichtigen (oder angefochtenen) Vertrages so gestellt, als ob sie keinen Vertrag abgeschlossen hätten[209]; vertragliche Ansprüche gegeneinander standen ihnen nicht zu. Diese Auffassung begründete sich auf dem absoluten Nichtigkeitsbegriff, wonach im Falle der Nichtigkeit alle Wirkungen des Vertrages entfallen, und der Überlegung, daß der Nichtigkeit des Vertrages wegen die durch den Vertrag bewirkte synallagmatische[210] Bindung nicht mehr berücksichtigt werden dürfe[211].

Heute hingegen kann man – wobei im Hinblick auf diese Wandlung die Unwandelbarkeit der Definition der Nichtigkeit etwas überrascht – im Normalfall davon ausgehen[212], daß nichtige Verträge nach (auch nur teilweiser) wechselseitiger Erfüllung zumindest die Folge haben[213], daß die bereits ausgetauschten Leistungen synallagmatisch verbunden bleiben[214,215] und zu berücksichtigen sind, selbst wenn die Nichtigkeit auf der Geschäftsunfähigkeit eines Beteiligten auf gesetzlichem Verbot oder Sittenwidrigkeit beruht. Den Parteien werden also trotz Nichtigkeit positive Vertragsansprüche zuerkannt[216,217].

---

207 Rechtsgeschäftliche Folgen nichtiger Willenserklärungen, S. 9 ff.

208 Vgl. hierzu Pawlowski, Rechtsgeschäftliche Folgen nichtiger Willenserklärungen, S. 10.

209 Ders. a.a.O., S. 11.

210 Zum Begriff des Synallagma vgl. Larenz, Lehrbuch I. Bd., Allgemeiner Teil, 10. Aufl. (1970), § 15 I, S. 153; A. Blomeyer, Fortschritte der modernen Schuldrechtsdogmatik, AcP 154, 527 (535 ff.); v. Caemmerer, Bereicherung und unerlaubte Handlung, Festschrift für Ernst Rabel (1954), S. 333 (384, 386).

211 Vgl. Pawlowski, Rechtsgeschäftliche Folgen nichtiger Willenserklärungen, S. 48 und Rümelin, S. 47.

212 Vgl. A. Blomeyer, Schuldrechtsdogmatik, S. 535.

213 Vgl. Pawlowski, Rechtsgeschäftliche Folgen nichtiger Willenserklärungen, S. 13.

214 Lehre vom faktischen Synallagma, Saldotheorie.

215 Dagegen verneint eine neuere Lehre (vgl. hierzu Pawlowski, Rechtsgeschäftliche Folgen nichtiger Willenserklärungen, S. 55) bei Geschäften von Geschäftsunfähigen den synallagmatischen Zusammenhang der ausgetauschten Leistungen, indem sie auf den Zweck des § 105 BGB hinweist.

Alle diese Erkenntnisse können letztlich jedoch nicht auf den von einem Geschäftsunfähigen abgeschlossenen Lottospielvertrag übertragen werden; schon deshalb nicht, da im Zeitpunkt des Abschlusses der Auslosung von seiten dieses Teilnehmers – selbst wenn er als Gewinner feststeht – nicht an eine „Rückabwicklung" gedacht wird. Aber auch auf seiten des Unternehmers ist, mit Ausnahme des Falles der Ziffer 10 Nr. 3 S. 2 der Spielbedingungen, eine derartige „Rückabwicklungstendenz" nicht vorhanden. Zudem hat bis zu diesem Zeitpunkt der „Geschehnisse" ein „Austausch von Leistungen" im eigentlichen Sinne nicht stattgefunden.

Abschließend ist aber wenigstens hier noch der Hinweis auf die Parallele beim Glücksspielautomaten angezeigt. „Betätigt" sich an einem solchen Automaten ein beschränkt Geschäfts- oder Geschäftsunfähiger durch Einwurf eines Geldstücks und „kassiert" er den anfallenden Gewinn, so wird heutzutage niemand mehr ernsthaft die Auffassung vertreten, dem Spieler „falle" der Gewinn nicht „zu". Diesem Realkontrakt[218] werden nämlich seit je Besonderheiten beigemessen. Das Lottospiel hat damit nicht zu leugnende Ähnlichkeiten. Von der Einsatzleistung abgesehen, drohen und belasten den Minderjährigen (bzw. Geschäftsunfähigen) keine weiteren Pflichten und Risiken. Nach seiner Einsatzleistung hat er nur noch einen „Vorteil" zu erwarten: Den eventuellen Gewinn. Wie soll sich aber unter diesen Umständen noch die Interessenlage rechtfertigen lassen, daß der Unternehmer dem Minderjährigen oder Geschäftsunfähigen den anfallenden Gewinn vorenthalten darf?

d) Das Rechtsinstitut der unzulässigen Rechtsausübung

Will man sich dem unter c) aufgezeigten Lösungsweg nicht anschließen, so führt zumindest das Rechtsinstitut der unzulässigen Rechtsausübung zu einem brauchbaren Ergebnis: Danach kann die eigene Gegenleistung nicht durch Berufung auf die Unwirksamkeit eines von einem Minderjährigen, Entmündigten oder Geschäftsunfähigen abgeschlossenen Vertrages verweigert werden, wenn dieser seine Leistung teilweise oder vollständig erbringt, bzw. erbracht

---

216 Vgl. hierzu RGZ 153, 59 ff.; BGHZ 12, 286 (303, 305); 16, 334 (337).

217 Man muß also, wenn man heute die synallagmatische Bindungswirkung verneinen will, den positiven Nachweis erbringen, daß die Vorschrift, nach welcher der Vertrag als nichtig zu beurteilen ist, (d.h. nach der der Vertrag nicht mit staatlicher Hilfe durchgesetzt oder aufrechterhalten werden kann), auch die synallagmatische Abhängigkeit der ausgetauschten Leistungen aufheben will. Das kann man aber nur dann annehmen, wenn dies zu dem Zweck der die Nichtigkeit herbeiführenden Vorschriften in sinnvoller Beziehung steht, da die Anordnung der Nichtigkeit eines Vertrages zunächst nur die Erfüllungsansprüche betrifft; (vgl. hierzu auch Pawlowski, Rechtsgeschäftliche Folgen nichtiger Willenserklärungen, S. 48).

218 Vgl. Lehmann, Faktische Vertragsverhältnisse, NJW 1958, 1 (2).

hat und (nur) die Gegenleistung noch erwartet[219]. In diesem Fall steht einer Weigerung zur Leistungserbringung der Einwand der unzulässigen Rechtsausübung entgegen. D.h. dieser Einwand greift – so die allgemeine Rechtsprechung, der das überwiegende Schrifttum zustimmt[220] – dann durch, wenn sich ein Vertragsteil in treuwidriger Weise auf die Nichtigkeit bzw. Unwirksamkeit eines Rechtsgeschäfts beruft, bei dessen Abschluß er mitgewirkt, welches mindestens der andere Vertragsteil bei seinem Abschluß für gültig gehalten hat, und bei welchem die Leistung des Minderjährigen bzw. Geschäftsunfähigen als Erfüllung angenommen wurde[221]. Ferner dann, wenn im Hinblick auf das nichtige Rechtsgeschäft nach dessen Abschluß eine Einstellung zutage tritt, die mit dem bisherigen Verhalten hinsichtlich der Gültigkeit des Vertrages nicht in Einklang steht.

Mit diesem Rechtsinstitut können also Geschäften, denen der Gesetzgeber eine rechtliche Gültigkeit abgesprochen hat, dennoch (wenigstens) die Wirkungen rechtmäßig zustande gekommener Rechtsgeschäfte zuerkannt werden.

e) Es bedarf keines „selbständigen Sozialrechts"

Die unter c) und d) aufgezeigten Lösungsmöglichkeiten des Problems der Teilnahme Minderjähriger und Geschäftsunfähiger am Zahlenlottospiel lassen die Bildung eines „selbständigen Sozialrechts"[222] überflüssig erscheinen. Es muß also beim Lottovertrag nicht von einem nur vertragsähnlichen Verhältnis gesprochen werden, bei welchem im Wege der Restriktion und Analogie ein solches „selbständiges Sozialrecht" gebildet werden müßte, kraft dessen seine Verwirklichung mit vertragsähnlichen Wirkungen ausgestattet wird und die „Unwirksamkeitsfolgen eingeschränkt und nur für die Zukunft gezogen werden dürfen"[223].

Obschon im Rahmen der Abwicklung dieser Massenverträge gewisse Typisierungen, Schematisierungen sowie Nivellierungen des vom Gesetzgeber des BGB ins Auge gefaßten Individualkontrakts offenkundig werden[224], er-

---

219 Vgl. Wilhelm Weber, Komm. zu § 242 BGB, Rd.Nr. D 351 und Rd.Nr. D 466; ferner die in Rd.Nr. D 324 und 351 zitierte umfangreiche Literatur und Rechtsprechung.

220 Vgl. Wilhelm Weber, Komm. zu § 242 BGB, Rd.Nr. D 417 und Fußnote; ferner Esser, § 6, I, S. 33 ff.; Rümelin, S. 48, Fußn. 1 (Esser wie Rümelin erwähnen in diesem Zusammenhang auch das im englischen Recht bekannte estoppel by conduct); sowie Tasche, Vertragsverhältnis nach nichtigem Vertragsschluß? Jher. Jahrb. Bd. 90, S. 101–130, die dort erwähnte Rechtsprechung des Reichsgerichts (S. 107–111), sowie die Kritik an dieser Rechtsprechung (S. 113 ff.).

221 Vgl. Wilhelm Weber, Komm. zu § 242 BGB, Rd.Nr. D 325 und D 351.

222 Vgl. hierzu Siebert, Privatrecht im Bereich öffentlicher Verwaltung, Festschrift für Hans Niedermeyer (1953), S. 215 ff. (246).

223 So Lehmann, NJW 1958, 1 (4).

scheint die Einführung eines solchen „selbständigen Sozialrechts" – abgesehen von der Frage seiner rechtlichen Möglichkeit – nicht notwendig. Die Vorschriften des Allgemeinen Teils des BGB sind flexibel genug, um dem Typus und der Eigenart solcher Massenverträge durchaus Rechnung zu tragen.

f) Es bedarf nicht des gemeinrechtlichen Instituts des negotium claudicans[225]

Nach römischem und gemeinem Recht bedurften Rechtsgeschäfte beschränkt Geschäftsfähiger zur Wirksamkeit der gleichzeitigen mit dem Geschäftsabschluß erteilten Einwilligung des gesetzlichen Vertreters (auctoritas). Eine nachträgliche Genehmigung war nicht möglich. Sine auctoritate geschlossene, beiderseits verpflichtende Geschäfte waren aber nicht völlig unwirksam, sondern hatten eine „hinkende" Wirkung[226]: Der beschränkt Geschäftsfähige erwarb die Rechte und Ansprüche aus dem Geschäft, ohne aber seinerseits ex contractu zu haften; d.h. der Gegner konnte von ihm nichts fordern, ihn nicht „verantwortlich" machen.

Trotzdem fand man damals einen Weg, um das Äquivalenzverhältnis zu wahren: Sofern der beschränkt Geschäftsfähige seinerseits den Vertragspartner aus dem Geschäft in Anspruch nahm, mußte er sich dann seine Leistungspflicht entgegenhalten lassen. Bestand er also auf Leistung, mußte er auch die Gegenleistung erbringen. Die rechtliche Konstruktion war dabei verschieden[227].

Man könne dieses Institut – wie Knoche meint – auch auf den tragenden Ordnungsgedanken des Allgemeinen Teils und des Schuldrechts des BGB stützen, wonach die das Wesen des jeweiligen Schuldverhältnisses ausmachende gegenseitige Sinnbezogenheit von Rechten und Pflichten, Leistungen und Gegenleistungen (Äquivalenz) nicht aufgehoben werden dürfe. Dies ergebe sich aus den §§ 104 ff. ebenso wie aus den §§ 242, 273, 274, 281, 320, 322, 387 BGB[228].

Einer Projektion des gemeinrechtlichen Instituts des negotium claudicans auf den Lottospielvertrag bedarf es letztlich aber doch nicht, da das unter den Gesichtspunkt des „venire contra factum proprium" fallende[229] Rechtsinstitut der unzulässigen Rechtsausübung zu einem weitaus brauchbareren Ergebnis führt.

224 Vgl. hierzu Simitis, Die faktischen Vertragsverhältnisse (1957), S. 70 ff. und S. 85 ff.

225 Vgl. hierzu Diederichsen, NJW 1966, 697 (700); sowie Wacke, Der Schutzzweck des Beurkundungszwangs bei Grundstückskaufverträgen, JZ 1971, 684, Fußn. 14 mit weiteren Literaturhinweisen.

226 Vgl. Knoche, Minderjährige als Geschäftsführer ohne Auftrag, MDR 1964, 193 (195).

227 Vgl. hierzu im einzelnen Knoche, a.a.O.

228 So Knoche, a.a.O.

229 Vgl. Wilhelm Weber, Komm. zu § 242 BGB, Rd.Nr. D 325.

HAUPTTEIL III
INHALT UND GEGENSTAND DES SCHULDVERHÄLTNISSES, RECHTSLAGE NACH ABGESCHLOSSENEM SPIELVERTRAG UND RECHTSNATUR DER SOG. QUITTUNG

Kapitel 13
Inhalt und Gegenstand des Lottospiel-Schuldverhältnisses

Zur Beantwortung der Frage, was Inhalt des Lottospielschuldverhältnisses ist, ist es im Rahmen dieser Untersuchung nicht erforderlich, auf die noch heute bestehende unterschiedliche Auffassung über die Definition eines Schuldverhältnisses im einzelnen umfassend einzugehen und Stellung zu nehmen. Erwähnt sei in diesem Zusammenhang nur folgendes:
Das Bürgerliche Gesetzbuch gebraucht z.B. den Ausdruck Schuldverhältnis „zur Bezeichnung desjenigen Rechtsverhältnisses, welches im Anschluß an das römische Recht von den Juristen Obligation genannt zu werden pflegt“[1]. Das BGB wollte also eine das gesamte obligatorische Verhältnis, Forderungsrechte und entsprechende Verbindlichkeit möglichst deckende Bezeichnung wählen. In diesem Sinne gebraucht es beispielsweise in den §§ 241, S. 1; 243, Abs. 2; 362, Abs. 1; 364, Abs. 1; 397, Abs. 1; 405; 781, S. 1 den Begriff Schuldverhältnis.

Larenz[2] hingegen differenziert bei der Frage nach dem Schuldverhältnis die Einzelleistungsbeziehungen (Forderungs- und Leistungspflicht) vom gesamten Rechtsverhältnis. Er meint, das Schuldverhältnis könne eine Reihe von Leistungspflichten und weitere Verhaltenspflichten sowie Gestaltungsrechte und sonstige „Rechtslagen“ umfassen.

Gegen diese Bestimmung des Schuldverhältnisses als „Inbegriff von Rechtsfolgen“ wendet sich vor allem E. Wolf[3] nachdrücklich.

Als allgemeine gültig kann aber zumindest bezeichnet werden: Wesentliche Elemente des Schuldverhältnisses sind zumindest Leistungspflicht und Forderung. Zudem werden die einzelnen Leistungsbeziehungen (Forderungsrechte, Leistungspflichten) von dem ihnen zugrundeliegenden Schuldverhältnis hervorgebracht. Sie sind von ihm abhängig, müssen jedoch nicht unbedingt mit ihm – ganz oder teilweise – identisch sein. Was Inhalt des Schuldverhältnisses im einzelnen[4] ist, muß sich also aus dem Entstehungstatbestand des

---

1 Vgl. Motive Bd. II, S. 1.

2 Larenz, Lehrbuch § 2 I, S. 5 ff.

3 Ernst Wolf, Zum Begriff des Schuldverhältnisses, Festgabe für Heinrich Herrfarth (1961), S. 197.

4 Vgl. hierzu u.a. Larenz, Lehrbuch I. Bd., S. 89 ff.; Fikentscher, Schuldrecht, 3. Aufl. (1971), § 26, S. 92 ff. und A. Blomeyer, Allgemeines Schuldrecht, 4. Aufl. (1969), § 3, S. 19 und § 4 I, 2, S. 24.

konkreten Schuldverhältnisses ergeben; bei vertraglichen aus der Parteivereinbarung, bei gesetzlichen unmittelbar aus dem Gesetz. Der Inhalt des Schuldverhältnisses ist jedoch dabei scharf von den Motiven zu trennen, welche den Parteien bei Eingehung des Schuldverhältnisses vorschweben. Letztere werden nicht Vertragsinhalt; es sei denn, sie werden durch Parteivereinbarung dazu erhoben. Dann verlieren sie aber ihren Charakter als Motive[5].

Der Inhalt der Forderung bestimmt sich somit nach den Rechtsvorschriften und Rechtsgeschäften, auf denen er beruht. Dabei muß noch der Auslegungsgrundsatz des § 157 BGB Erwähnung finden.

Als Gegenstand des Schuldverhältnisses wird – ebenfalls bei schwankendem Sprachgebrauch – die geschuldete Leistung (die Leistungshandlung) selbst bezeichnet, die wiederum einen Inhalt (Tun oder Unterlassen) und einen Gegenstand (den Leistungserfolg) hat[6].

Daraus folgt für das Lottospielschuldverhältnis, daß es weit mehr Forderungsrechte und Leistungspflichten beinhaltet, als man auf den ersten Blick beim Überlesen der Spielbedingungen annehmen möchte. Insbesondere erschöpft sich das Schuldverhältnis beim Lottospiel nicht in der „Voraussage von 6 Gewinnzahlen aus der Zahlenreihe 1 mit 49", wie Ziffer 3 Nr. 1 der Spielbedingungen den Gegenstand des Lottos umschreibt. Der Lottospielvertrag verpflichtet die Vertragspartner nicht nur zur Vornahme bestimmter Handlungen und zur Beachtung und Erfüllung genau festgelegter Leistungspflichten; er gewährt ihnen auch eine Fülle von (Forderungs-) Rechten. Diese Rechte und Pflichten reichen einerseits von den Verpflichtungen der Teilnehmer, die Bearbeitungsgebühr zu entrichten[7], den Einsatz zu leisten[8], die Eintragungen ausschließlich auf den vom Lottounternehmer zugelassenen und herausgegebenen Spielscheinen[9] und nur auf dem sog. Spielabschnitt[10] vorzunehmen, bis hin zur Verpflichtung, innerhalb gewisser – kurz bemessener – Fristen seine Gewinnansprüche anzumelden bzw. Gewinnbeträge abzuholen. Andererseits gewähren die Spielbedingungen dem Unternehmer neben verschiedenen Pflichten, wie beispielsweise der Wahrung des Spielgeheimnisses[11], überwiegend unternehmerfreundliche Rechte wie die, zur Annahme des Lottoscheins nicht verpflichtet zu sein[12], der Berechtigung

5 Vgl. hierzu Ernst Wolf, S. 203.
6 So Palandt-Heinrichs, Vorbem. 1 a zu § 241 BGB.
7 Vgl. Ziffer 6, Nr. 3 der Amtlichen Spielbedingungen.
8 Vgl. Ziffer 8, Nr. 1 der Amtlichen Spielbedingungen.
9 Vgl. Ziffer 5, Nr. 1 der Amtlichen Spielbedingungen.
10 Vgl. Ziffer 7, Nr. 2 der Amtlichen Spielbedingungen.
11 Vgl. Ziffer 4, S. 1 der Amtlichen Spielbedingungen.
12 Vgl. Ziffer 8, Nr. 2 der Amtlichen Spielbedingungen.

innerhalb dreier Monate die Spielabschnitte zu vernichten[13] bis hin zur Beschränkung seiner Haftung nur für eigenes Verschulden[14].

Das Lottospielschuldverhältnis ist auch, trotz der millionenhaften Abschlüsse, unter das Institut des gegenseitigen Vertrages zu rechnen; selbst wenn man dem Lottospielvertrag atypischen Vertragscharakter zuerkennen wollte[15]. Damit können die daraus beiderseits (notwendig) erwachsenden Verpflichtungen in einem (gewissen) Abhängigkeitsverhältnis von- und zueinander stehen.

13 Vgl. Ziffer 21 der Amtlichen Spielbedingungen.

14 Vgl. Ziffer 11, Nr. 2 der Amtlichen Spielbedingungen.

15 Vgl. hierzu Palandt-Heinrichs, Vorbem. 1 c, cc zu § 320 und Anm. 5, 6 zu § 305 BGB.

Kapitel 14
Rechtslage nach abgeschlossenem Spielvertrag

Bevor die Frage der Ansprüche des Spielers aus dem Spielvertrag erörtert wird, muß zuerst die rechtliche Situation aufgezeigt werden, in welcher sich der Teilnehmer nach Abschluß des Spielvertrages befindet.

Hat der Teilnehmer alle ihm auferlegten Verpflichtungen vollständig und rechtzeitig erfüllt, ist zudem der Spielabschnitt von der Annahmestelle ordnungsgemäß ausgefertigt und termingerecht in den Räumen des Unternehmers eingetroffen, dann tritt das Spielvertragsverhältnis in ein Stadium, demzufolge dem Teilnehmer eine „gewisse Chance" eingeräumt wird. Er hat in diesem Zeitpunkt nicht nur seine vertraglich ausbedungenen Vorausverpflichtungen vollständig erfüllt; der Durchsetzbarkeit seines evtl. Gewinnanspruchs steht „nur"mehr die Auslosung der von ihm vorausgesagten Zahlen im Wege.

In diesem Zeitpunkt ist, trotz der ausschließlich vom Zufall abhängigen Zahlenermittlung, für den Teilnehmer der Gegenstand möglicher Forderungen nicht nur begrifflich denkbar; er ist vielmehr „im Keime" bereits vorhanden. Damit fehlt es in diesem Stadium auch nicht mehr an der Rechtsgrundlage für die Möglichkeit der Entstehung künftiger Gewinnansprüche[16].

Die nun folgende Untersuchung behandelt die möglichen Ansprüche des Teilnehmers aus seinem mit dem Lotto-Unternehmer abgeschlossenen Spielvertrag.

I. Der Anspruch auf Teilnahme und Ausspielung

Bei der Behandlung des Anspruchs des Spielers auf Teilnahme an der Auslosung ist davon auszugehen, daß in den Spielbedingungen hierzu keine Sondervereinbarung getroffen wird. Aus der Formulierung der Ziffer 10 Nr. 1 kann jedoch entnommen werden, daß, sofern der Vertrag „abgeschlossen" und wirksam geworden ist, d.h. sobald der Spielabschnitt rechtzeitig vor Abschluß der Sicherungsmaßnahmen für die laufende Ausspielung in den Geschäftsräumen des Lottounternehmers eingegangen ist, damit jeder Teilnehmer, der die von ihm verlangten Bedingungen restlos erfüllt hat, Anspruch darauf hat, an der Ausspielung teilnehmen zu können. Dieser Anspruch auf *Teilnahme* ist aber nicht gleichbedeutend mit einem Anspruch auf *Durchführung* der Ausspielung.

Beim Lotteriespielvertrag im weitesten Sinne ist es seit langem anerkannt[17], daß darin der Unternehmer mit einer Vielzahl von Spielern Verträge

16 Vgl. hierzu in etwa RGZ 134, 225 (227).

17 Vgl. hierzu RGZ 60, 379 (381).

abschließt, in welchen er verspricht, gegen Leistung von Einsätzen, welche in der Regel in Geld bestehen, nach Maßgabe eines Spielplans Gewinne an die spielplanmäßig ermittelten Gewinner zu leisten. Die h.M.[18] folgert hieraus für den Lotteriespielvertrag einen klagbaren Anspruch für jeden Teilnehmer auf Ausspielung. Man geht dabei von der Auffassung aus, daß der Lotteriespielvertrag im weitesten Sinne auch einen Ausspielvertrag mitumfaßt[19].

Ob diese Auffassung ohne weiteres auch für den Zahlenlottospielvertrag vertreten werden kann, erscheint zweifelhaft und muß erst näher überprüft werden.

An Hand der Spielbedingungen läßt sich nämlich – wie bereits erwähnt – hierzu keine Antwort finden. Aus Ziffer 3 Nr. 2 ergibt sich lediglich, daß die Ausspielung des Lottos „i.d.R. wöchentlich" stattfindet. Dies besagt jedoch nichts hinsichtlich eines klagbaren Anspruchs auf Ausspielung bei abgeschlossenem Vertrag. In dieser Bestimmung wird nur ganz allgemein etwas über den Spiel*plan*, über die verschiedenen Termine, bestimmt. Ähnliches gilt auch für die Ziffer 8 Nr. 3, S. 2, wonach in besonderen Fällen die Lottoverwaltung den Annahmeschluß der Annahmestellen ohne gesonderte Bekanntmachung verlegen kann. Dabei muß aber berücksichtigt werden, daß in dieser Bestimmung nur von der Verlegung des *Annahme*schlusses bei den Annahmestellen die Rede ist.

Damit scheint sich der Unternehmer die Möglichkeit offengelassen zu haben, den Abgabetermin für die jeweilige Ausspielung nicht nur um einige Stunden, oder gar Tage hinausverlegen zu können. Auf Grund der vagen und wenig präzisen Formulierungen dieser beiden Ziffern der Spielbedingungen kann man also weit eher die Auffassung vertreten, daß sich der Lottounternehmer vorbehalten wollte, ob wöchentliche Ausspielungen stattfinden. Hierauf deutet insbesondere Ziffer 8 Nr. 3, S. 2 hin.

Es scheint auch nicht vertretbar, den beim Lotteriespielvertrag von der h.M. angenommenen mitumfaßten Ausspielvertrag beim Lottospielvertrag als mitabgeschlossen anzunehmen, denn keine der Bestimmungen der Spielbedingungen läßt ihrem Inhalt nach eine solche Annahme zu.

Selbst Überlegungen, losgelöst von den Spielbedingungen und ihrem Inhalt, im Hinblick auf die Eigenart des Massenspiels sprechen nicht zwingend für die Annahme eines solchen klagbaren Anspruchs auf Ausspielung. Ebensowenig erscheint eine stillschweigend getroffene Vereinbarung zwischen den Vertragsteilen, auch nicht im Bewußtsein, daß ein einklagbarer Anspruch auf

18 Vgl. u.a. Hilfrich, S. 33; Löwenstein, S. 14 ff.; Waag, Die rechtliche Natur des Ausspielgeschäftes und die Frage von der Gewährleistung für Fehler bei diesem Geschäft, Ihering, Jarhb. Bd. 21 (1883), S. 393 ff. (407); Enneccerus-Lehmann, § 190 I, 1, S. 782; RGR-Komm. 11. Aufl. (1960), Anm. 17 zu § 763 BGB.

19 Vgl. statt vieler: Palandt-Thomas, Anm. 1 zu § 763 BGB.

Ausspielung für den Unternehmer kaum unbillige Folgen nach sich zöge, akzeptabel.

Letztlich spricht auch nicht eine Art Vertrauenschutz des Teilnehmers darauf, daß die Amtlichen Spielbedingungen von seiten des Unternehmers eingehalten werden, für einen klagbaren Anspruch auf Ausspielung. Denn – wie schon hervorgehoben – weder aus dem Wortlaut noch aus der Systematik dieser Spielbedingungen läßt sich ein solcher Anspruch herleiten.

Es scheint aber nicht abwegig, auf Grund verschiedener Tatsachen und jahrelanger Übungen folgende rechtliche Überlegung anzustellen:

Sämtliche Lottounternehmer in der Bundesrepublik haben seit Einführung des Zahlenlottospiels im Jahre 1955, also seit mehr als 16 Jahren, bis auf den heutigen Tag *jede* Woche eine Ausspielung vorgenommen bzw. stattfinden lassen[20]. Es wurde auch bis heute von seiten der Lottounternehmer niemals zu verstehen gegeben, daß sie von dieser bisher gepflogenen Übung abgehen werden. Diese tatsächliche Übung hat bei der weitaus größten Zahl der regelmäßig oder auch nur sporadisch an den Ausspielungen teilnehmenden Spielern die feste Überzeugung herausbilden müssen und herausgebildet, daß auch in Zukunft allwöchentliche Ausspielungen des Zahlenlottospiels stattfinden werden.

Die Durchdringung von Recht und Pflicht mit dem Gedanken der Verbundenheit der Vertragspartner unter sich (Treuegedanke im engeren Sinne), aber auch ihrer Verbundenheit mit der Allgemeinheit und mit der jeweiligen konkreten Lebensgemeinschaft[21] ist Inhalt des Grundsatzes von Treu und Glauben, wie er in § 242 BGB seinen Ausdruck findet. Das Maß dieses Grundsatzes bestimmt die Verkehrssitte, also die tatsächliche Übung in den beteiligten Kreisen. Diese gibt Anhaltspunkte dafür, was Treu und Glauben entspricht. Dieser Grundsatz auferlegt aber bekanntlich[22] einem Rechtssubjekt, das über längere Zeit ein bestimmtes Verhalten an den Tag legt, demjenigen gegenüber, der aller Erfahrung und Üblichkeit nach aus diesem Verhalten auf dessen Fortsetzung vertrauen kann und vertraut, die Verpflichtung, dieses Verhalten auch in Zukunft beizubehalten.

Daraus kann man mit guten Gründen folgern, daß der Lottounternehmer verpflichtet ist, auch in Zukunft weiterhin allwöchentlich Ausspielungen vorzunehmen. Jedoch besteht für das Lottounternehmen sicherlich dann keine Verpflichtung zur Vornahme oder Nachholung der Ausspielung, wenn unvorhergesehene Ausnahmesituationen ähnlichen Umfangs und vergleichbarer Intensität auftreten, die nach den Amtlichen Spielbedingungen dazu

20 Bis Ende Dezember 1971 werden es insgesamt 846 Ausspielungen sein.

21 Vgl. hierzu z.B. RGZ 155, 148 (152); 160, 257 (268); 170, 257 (262).

22 Vgl. Wilhelm Weber, Komm. zu § 242 BGB, Rd.Nr. A 291 und 294 zu § 242 BGB.

führen, eine Haftung des Lottounternehmers auszuschließen. Diese Umstände haben ihre nähere Fixierung in Ziffer 11 Nr. 2, S. 2 gefunden, wonach keine Haftung für Schäden durch Feuer, Wasser, Diebstahl, Streik oder höhere Gewalt besteht.

II. Der Anspruch auf Gewinn

Dem Anspruch auf Gewinn wird von den Spielern und Gewinnern eine weitaus größere Bedeutung beigemessen, als ihm im Rahmen der Darstellung der Ansprüche des Spielers zukommt.

1. Entstehung

Seine Entstehung ist – vorausgesetzt, daß ein wirksamer Spielvertrag zustandegekommen ist – nur noch davon abhängig, daß der Teilnehmer die für die einzelnen Gewinnklassen erforderliche Anzahl von Zahlen richtig vorhergesagt hat[23]. Der Anspruch entsteht also in dem Augenblick, in dem der Vorgang der Zeihung der Sechs Zahlen und der Zusatzzahl beendet ist, die Gewinnzahlen also feststehen. Der Abschluß des Protokolls über den Hergang und das Ergebnis der Auslosung ist für den Zeitpunkt der Entstehung des Anspruchs ohne jede Bedeutung. Diese förmliche Beurkundung dient lediglich dem Festhalten der tatsächlichen Vorgänge zum Zwecke der Beweisführung.

2. Inhalt und Geltendmachung

Der Anspruch des Teilnehmers geht auf Zahlung der Gewinnsumme. Was in den Spielbedingungen über die Art, in der die Lottoverwaltungen und die Annahmestellen zahlen können, festgelegt wurde, ist nicht Inhalt des Anspruchs. Die Spielbedingungen sagen nur, wie in der Regel die Auszahlung durchgeführt wird. Die Zentralen könnten, wenn der Gewinner bei ihnen vorspricht, einen größeren Gewinn auch in bar oder durch Übergabe eines Schecks bezahlen.

Hinsichtlich der Fristen bei der Geltendmachung und der Einklagbarkeit der verschiedenen Gewinnansprüche bestehen unter den jeweiligen Lottounternehmen eine kaum mehr zu überbietende Vielfalt. Ebenso verwirrend ist die

---

23 Vgl. hierzu Hamann, S. 58 ff.

unterschiedliche Höhe der durch die jeweiligen Annahmestellen zur Auszahlung an die Gewinner vorgesehenen Beträge[24].

Die Fristen zur Geltendmachung von Gewinnansprüchen sind im einzelnen folgende: In Bayern müssen Gewinne der Klassen I und II binnen drei Tagen nach der Auslosung bei der Zentrale des Süd-Lottos in München persönlich, schriftlich oder telegraphisch angemeldet sein; ansonsten können sie nur noch insoweit „anerkannt"[25] werden, als sie bei der endgültigen Gewinnquoten-Errechnung bereits berücksichtigt worden sind. Ziffer 19 der Spielbedingungen sieht sodann eine insgesamt 4 Wochen*verfall*frist für nicht abgeforderte Spielgewinne vor[26]. Gemäß Ziffer 20 verjähren sämtliche Ansprüche binnen 3 Monaten nach der Auslosung.

Demgegenüber sieht Ziffer XV Nr. 3 der Teilnahmebedingungen des Landes Baden-Württemberg eine Frist zur Anmeldung bzw. Geltendmachung des Gewinns von 6 Wochen vor. Nach Ablauf dieser Frist[27] verfällt der Gewinnanspruch[28]. Für Gewinne, die infolge fehlender, fehlerhafter oder unleserlicher Anschrift nicht zustellbar sind, wird eine Verfallfrist von 8 Wochen nach der Ausspielung festgesetzt[29]. Nach 13 Wochen ist entsprechend Ziffer XVI Nr. 1 eine gerichtliche Geltendmachung ausgeschlossen.

Hingegen ist für Berlin wiederum eine 8-tägige Anmeldefrist (§ 18 der Teilnahmebedingungen), eine sechswöchige Reklamations- (§ 20, Abs. 1, S. 1) und eine 3-monatige Klagefrist (§ 20, Abs. 1, S. 2) vorgesehen.

Die nämliche achttägige Anmeldefrist regeln auch die Teilnahmebedingungen (§ 19, Abs. 1) von Bremen; jedoch nur für Gewinne von über DM 1000,–. Für darunterliegende Gewinnquoten besteht eine 6-wöchige Anmeldefrist[30]. Darüberhinaus sehen die Bremer Bedingungen noch vor[31], daß nicht

24 Diese reichen von DM 0,00 bis DM 1.000,–. In Baden-Württemberg beispielsweise werden entsprechend Ziffer XV Nr. 1 der Teilnahmebedingungen sämtliche Gewinne an die jeweiligen Teilnehmer postalisch überwiesen. Rheinland-Pfalz läßt Gewinne bis zu DM 20,– (vgl. Art. 19 II der Teilnahmebedingungen), Niedersachsen hingegen (vgl. § 17, Nr. 5 der Spielbedingungen) DM 200,– durch die Annahmestellen ausbezahlen. Bayern wiederum zieht hier die Grenze bei DM 300,– (vgl. Ziffer 18, Nr. 2 der Spielbedingungen). Alle übrigen Unternehmen belassen die Auszahlung der Gewinne bis zu DM 1.000,– den jeweiligen Annahmestellen.

25 Vgl. Ziffer 17 der Amtlichen Spielbedingungen.

26 D.h. der nicht oder nicht rechtzeitig angemeldete und bei der endgültigen Gewinnquotenberechnung nicht mit berücksichtigte Gewinnanspruch *geht unter.*

27 Ziffer XV Nr. 3, S. 2 sieht noch eine zweitägige Begründungsfrist vor.

28 Ziffer XV Nr. 3, S. 3.

29 Ziffer XV Nr. 6.

30 Vgl. S. 18, Abs. 2.

31 Vgl. § 21.

abgeholte Gewinne innerhalb von 6 Monaten verfallen und nur binnen 13 Wochen[32] eingeklagt werden können.

Eine weitere Fristenvariante beinhalten die Teilnahmebedingungen der Staatlichen Lotterie der Freien und Hansestadt Hamburg. Danach besteht eine Reklamationsfrist für Gewinne unter DM 1000,– von insgesamt 4 Wochen[33], Verfall jeglicher Ansprüche danach, sowie eine Rechtswegausschlußfrist von 12 Wochen[34]. Bei Gewinnen über DM 1000,– besteht demgegenüber eine 8-tägige Anmeldefrist[35]. Hinzukommt in Hamburg noch eine 4-Wochen-Einspruchsfrist[36] für Einzelgewinne auf einem Dauerspielschein bis einschließlich DM 1000,–. Der Fristbeginn wurde auf den Tag der letzten Ausspielung, für die der Dauerspielschein Gültigkeit hat, festgelegt.

Hessen seinerseits schreibt für Gewinne über DM 1000,– eine 8-tägige[37] Anmeldefrist und für die übrigen Gewinne eine solche von ca. 6 Wochen[38] vor. Hingegen spricht Art. 19 der Hessischen Spielbedingungen eine 8-Wochen-Verfallfrist – gerechnet vom Spieltag – aus und sieht den Ausschluß des Rechtswegs nach 13 Wochen vor[39].

Wie schon bei der Regelung von Haftungs- und Gerichtsstandsfragen fällt das Land Niedersachsen auch bei der Fristenberechnung aus dem Rahmen der anderen Unternehmen. Dort lautet § 18, der die Fristen generell behandelt, nur: „Alle Ansprüche aus der Teilnahme am Zahlenlotto gegen den Lottounternehmer können nur binnen 3 Monaten nach dem Tag, an dem die Auslosung stattgefunden hat, geltend gemacht werden".

Nordrhein-Westfalen sieht hinwiederum in seinen Teilnahmebedingungen vor, daß Gewinne über DM 1000,– binnen 8 Tagen anzumelden sind; andernfalls sie verfallen. Für Gewinne unter DM 1000,– und für die Dauerscheine sind 4- bzw. 8-Wochenfristen zu beachten. Nach 13 Wochen wird auch im Nordrhein-Westfalen-Lotto der Rechtsweg ausgeschlossen.

Rheinland-Pfalz bestimmt für Gewinne über DM 1000,– eine 8-tägige und für die anderen Gewinne eine 6-wöchige Anmeldeausschlußfrist[40] sowie eine 13-wöchige Verfalls-[41] und eine ebensolange Rechtswegausschlußfrist[42].

---

32 § 22.
33 § 19, Abs. 1.
34 § 20, Abs. 1.
35 § 20, Abs. 3.
36 § 20, Abs. 2.
37 Art. 17, Abs. 1, S. 5.
38 Art. 17, Abs. 2, S. 2.
39 Art. 20, Abs. 2.
40 Vgl. Art. 18, Abs. 2+3.
41 Vgl. Art. 18, Abs. 6.
42 Art. 20.

Beim Saarland-Lotto fällt vor allem auf, daß hier eine erhebliche Divergenz zwischen den Anmeldefristen in den Spielbedingungen und den Vermerken auf den Lottoscheinen bestehen. Während Art. 20, Abs. 1 eine 8-tägige Anmeldefrist für Gewinne von DM 1000,– und mehr verbindlich vorschreibt, ist auf jedem Spielschein vermerkt, daß Gewinne in der „Gewinnklasse 1 und Gewinne ab DM 1000,–" bis Dienstag 12.00 Uhr anzumelden sind. Dies ergibt nur eine Anmeldefrist von maximal 2 1/2 Tagen. Für die Anmeldung von Gewinnen bis zu DM 1000,– gilt auch im Saarland wiederum eine 6-Wochenfrist[43]. Nichtausbezahlte Gewinne verfallen nach Ablauf dieser Frist[44]. Für die gerichtliche Geltendmachung sind ebenfalls 13 Wochen vorgesehen[45].

Auch Schleswig-Holstein verzichtet letztlich nicht auf entsprechende Fristen: Bei Gewinnen über DM 1000,– besteht auch dort eine 8-Tagefrist[46]. Für Gewinne darunter muß eine 6-Wochenfrist eingehalten werden[47]. Das Beschreiten des Rechtswegs ist nur innerhalb von 13 Wochen möglich[48].

Gegen eine Vielzahl dieser Bestimmungen sind erhebliche rechtliche Bedenken anzumelden. Es soll hier nicht verkannt werden, daß der Lottounternehmer, „um einen Gewinnanspruch in den Klassen I und II zu sichern, eine schnelle Gewinnauszahlung ohne Quoten-Änderung vornehmen und unberechtigte Gewinnansprüche abwehren zu können"[49], daran interessiert ist, die Anmeldung und Geltendmachung von Gewinnansprüchen und deren Abwicklung schnell vor sich gehen und ihren Abschluß finden zu lassen. Dies umso mehr, als wöchentlich neue Gewinnansprüche entstehen, zu berechnen und abzuwickeln sind.

Trotz alledem scheinen hier aber gewisse, mittlerweilen allgemein gültige Grundsätze außer Acht gelassen worden zu sein:

Unter Ausschlußfristen versteht man – ganz allgemein formuliert – Fristen zur Geltendmachung von Rechten in dem Sinne, daß mit Fristablauf ipso iure das Erlöschen des Rechts eintritt. Daraus folgt, daß die meisten der erwähnten Bestimmungen der Spielbedingungen Ausschlußfristen beinhalten. Dies ist schon des Wortlauts wegen („verfällt") anzunehmen, denn der Eintritt der Verjährung bewirkt nicht das Erlöschen des Rechts, sondern lediglich das Entstehen einer Einrede, welche im Gegensatz zu den Ausschlußfristen nicht von Amts wegen zu berücksichtigen ist. Ausschlußfristen müssen

43 Vgl. Art. 21, Abs. 4.
44 Art. 21, Abs. 7.
45 Art. 22.
46 Ziffer 18, Nr. 2 der Teilnahmebedingungen.
47 Ziffer 18, Nr. 1.
48 Ziffer 19.
49 So Ziffer 17, S. 1 der Amtlichen Spielbedingungen.

aber den Grundsätzen von Treu und Glauben und den guten Sitten entsprechen. Daraus ergibt sich wiederum, daß ungewöhnlich kurz bemessene Fristen wegen Verstoßes gegen diese Grundsätze unwirksam sind.

Die erwähnten Anmeldefristen von 8 Tagen und weniger sind in jedem Fall zu kurz bemessen. Sie bieten in der Regel nicht jedem auch noch so gewissenhaften und redlichen Teilnehmer die Gewähr dafür, seinen Gewinnanspruch auf alle Fälle rechtzeitig anzumelden bzw. geltend machen zu können. Ein Verstoß gegen die zitierten Grundsätze der §§ 242 und 138 BGB liegt hier umso näher, als die Verwaltung die nicht geltendgemachten Gewinnansprüche einem Ausgleichsfonds[50] zuführt und zudem die Hälfte der Gesamtumsätze einbehält. Was sollte damit den Lottounternehmer hindern, diese zu kurz bemessenen Fristen angemessen zu verlängern. Hinzukommt noch, daß in den weitaus wenigsten Fällen eine Fristüberschreitung eintritt[51].

Schließlich muß noch darauf hingewiesen werden, daß beispielsweise in Bayern für die kleinen Gewinne bis zu DM 300,–, welche die große Masse der Gewinne ausmacht, und die gegen Vorlage und Abgabe des sog. Quittungsabschnitts bei den jeweiligen Annahmestellen abgeholt werden können[52], die strengen Folgen wie für die Gewinne der Klassen I und II überhaupt nicht gelten. Ziffer 18, Nr. 1 der Spielbedingungen legt diesen Gewinnern nämlich nur die Verpflichtung auf, „binnen 2 Wochen nach der Ausspielung" den Betrag „abzuholen". Für den Fall der Fristversäumung werden keine weiteren nachteiligen Folgen wie Verfall und Untergang des Gewinnanspruchs ausgesprochen.

Es ist daher in der Tat nicht einzusehen und zudem nicht zwingend, die zumindest bereits bei der Auswertung festgestellten und bei der allgemeinen Gewinnquotenberechnung mitberücksichtigten Gewinne auf Grund nicht erfolgter Anmeldung oder Geltendmachung binnen weniger Tage untergehen zu lassen. Ein besonders großer Verwaltungsaufwand und der Gesichtspunkt der dadurch unzumutbaren Belastungen der Lottoverwaltungen ist ernsthaft nicht feststellbar. Zudem werden die allermeisten Gewinne der beiden ersten Klassen von sich aus versuchen, so schnell wie möglich an die Gewinnsummen heranzugelangen. Schließlich ist den Lottozentralen auch die Anschrift der jeweiligen Gewinner bekannt, und sie können – wie es sämtliche Spiel- und Teilnahmebedingungen vorsehen – ohne weitere Nachprüfung und befreiend

---

50 Vgl. u.a. Ziffer 19, S. 2, HS 2 i.V.m. Ziffer 16, Nr. 5 der Amtlichen Spielbedingungen von Bayern, § 20, Abs. 3 i.V.m. § 17, Abs. 8 der Berliner Teilnahmebedingungen, § 18, Abs. 5 und § 16, Abs. 7 der Nordrhein-Westfalen-Teilnahmebedingungen, Art. 21, Nr. 7 der Saarland-Spielbedingungen.

51 Einer Mitteilung der Staatlichen Lotterieverwaltung in München zufolge fand eine Überschreitung der ausbedungenen Anmeldefristen nur in einem Gewinnfalle größeren Ausmaßes statt; fand aber eine außergerichtliche Lösung.

52 Vgl. Ziff. 18, Nr. 1 der Amtlichen Spielbedingungen.

an diese Anschrift die postalische Überweisung der Gewinnsummen vornehmen. Ganz abgesehen davon berücksichtigen die meisten[53] Fristenbestimmungen insoweit nicht die seit Juli 1965 eingeführten 4-Wochen-Lottoscheine. Letztere wurden geschaffen, um auch während längerer Reisen und den Urlaubswochen eine Teilnahme weiterhin zu ermöglichen. Es erscheint daher insoweit durchaus vertretbar, sowohl für die Anmelde- wie für die Rechtsverfolgungsfristen eine weitaus angemessenere Zeitspanne zu fordern. Hierbei sind vor allem die Generalfrist des § 18 der Niedersachsen-Spielbedingungen von 3 Monaten äußerst vernünftig und praktikabel und kommen den beiderseitigen Interessenlagen entgegen.

D.h. je mehr die Anmelde- und Rechtsverfolgungsfristen in den jeweiligen Teilnahme- oder Spielbedingungen von der Fristenregelung der Niedersächsischen Spielbedingungen abweichen, desto eher verstoßen sie gegen die zitierten Grundsätze des BGB und sind damit nichtig.

III. Die Klagbarkeit des Gewinnanspruchs

Der Grundsatz des § 762 Abs. 1 BGB, wonach durch Spiel und Wette keine Verbindlichkeit begründet wird, gilt an sich auch für das Zahlenlotto. Von diesem Grundsatz macht aber § 763.BGB die Ausnahme; dann nämlich, wenn ein Lotterievertrag vorliegt und diese Lotterie staatlich genehmigt ist[54]. Erst damit besteht eine Verbindlichkeit.

Im Falle des Süd-Lottos ist, wie bei sämtlichen anderen vom Staat unmittelbar selbst betriebenen Lottounternehmen, keine besondere staatliche Genehmigung[55] erforderlich. Es gilt damit ohne weiteres als i.S. von § 763 BGB genehmigt[56]. Der Lottospielvertrag begründet somit voll gültige privatrechtliche Verbindlichkeiten und Ansprüche; insbesondere im Falle eines Gewinnes den auf Auszahlung des Gewinnbetrages[57]. Der Gewinner kann also bei einer evtl. Weigerung des Lottounternehmers, den angefallenen

---

53 Ausnahmen z.B. Nordrhein-Westfalen, § 18, III.

54 Die Genehmigungsgrundsätze sind durch die Verordnung über die Genehmigung öffentlicher Lotterien und Ausspielungen (Lotterie-VO) vom 6. März 1937 (RGBl. I, S. 283) geregelt; sie betrifft jedoch nur die sog. Privatlotterien. Zuständig zur Genehmigung sind nunmehr wieder zufolge Art. 129, Abs. 2 GG die nach Landesrecht bestimmten Stellen (vgl. im einzelnen hierzu die Bekanntmachung des Bayer. Staatsministeriums des Inneren vom 16. April 1949 – (Ministerialamtsblatt von 1949, S. 127); ferner Staudinger-Brändl, Anm. 15 zu § 763 BGB und RGR-Komm. 1. Aufl. (1960), Anm. 1 b zu § 763 BGB).

55 Vgl. statt vieler RGR-Komm. 11. Aufl. (1960), Anm. 16 zu § 763 BGB und Palandt-Thomas, Anm. 2 c zu § 763 BGB.

56 Vgl. RGR-Komm. a.a.O.

57 Vgl. Staudinger-Brändl, Anm. 14 zu § 763 BGB.

Gewinn auszuzahlen, gegen den Unternehmer im ordentlichen Rechtswege vorgehen und Klage auf Auszahlung des Betrages erheben[58, 59].

Im Rahmen der Einklagbarkeit dieser Gewinnansprüche und sonstiger möglicher Prozesse der Teilnehmer den Lottounternehmern gegenüber erscheinen noch besonders zwei Klauseln der Spielbedingungen prüfenswert: Die sog. Freizeichnungs- und die Gerichtsstandsklauseln[60]. Dabei fällt wiederum besonders auf, daß nur ein einziges Unternehmen in der BRD, nämlich Niedersachsen, auf dergleichen Klauseln bewußt verzichtet, während sie bei allen anderen Unternehmen[61] üblich sind.

Diese Freizeichnungsklauseln besagen generell, daß von seiten der jeweiligen Lottounternehmen nur für solche Schäden die Haftung übernommen wird, die nach Eingang in den Geschäftsräumen den für die Auswertung und die Kontrolle dienenden Spielabschnitten entstehen. Sämtliche weitergehende Ansprüche gegen Verantwortliche an der Weiterleitung der Spielabschnitte wie Annahme- und Bezirksstellenleiter, Bundesbahn sowie Bundespost werden hingegen ausgeschlossen.

Außerdem ist vorgesehen, daß für sämtliche Rechtsstreitigkeiten der jeweilige Sitz des Unternehmers ausschließlich zuständig ist.

Beide Klauseln scheinen zum Teil folgende, mittlerweile als herrschend anzusehende Grundsätze nicht genügend zu beachten bzw. geforderte Differenzierung zu vermissen: Prinzipiell sind wohl nicht nur individuell ausgehandelte, sondern auch formularmäßige Haftungsfreizeichnungsklauseln wirksam[62]. Dabei sind nach allgemeiner Ansicht nur die Grenzen für die Zulässigkeit *individueller* Haftungsfreizeichnung durch § 276, Abs. 2 und § 278, S. 2 BGB relativ weitgesteckt, während hingegen die formularmäßigen Haftungsfreizeichnungen sehr viel engeren Grenzen unterliegen[63]. Die herrschende Rechtsprechung geht dabei von der Überlegung aus, daß es für die

---

58 Vgl. RGR-Komm. 10. Aufl. (1953), Anm. 2 zu § 763 BGB.

59 Hinsichtlich der bei der Geltendmachung zu beachtenden bzw. wirksamen Fristen wird auf die Ausführungen im vorausgegangenen Kapitelabschnitt Bezug genommen.

60 Eine nähere Aufzählung, Darlegung und Behandlung möglicher Schadensersatzansprüche des Teilnehmers gegen den Unternehmer, den Annahmestellenleiter und anderer am Transport der Spielabschnitte zur jeweiligen Zentrale wird dabei bewußt außer Acht gelassen.

61 Vgl. in Bayern Ziffer 11 bzw. 22, in Baden-Württemberg Nr. X bzw. XX, in Berlin § 12 bzw. 22, in Bremen § 12 bzw. § 24, in Hamburg § 13 bzw. § 20, Abs. 1, in Hessen Art. 10 bzw. 20, in Nordrhein-Westfalen § 12 bzw. § 20, in Rheinland-Pfalz Art. 12 bzw. 21, im Saarland Art. 12 bzw. Art. 23, in Schleswig-Holstein Nr. 12 bzw. 20 der jeweiligen Teilnehmer- bzw. Wett- oder Spielbedingungen.

62 Vgl. hierzu die Rechtsprechungszitate und Literaturhinweise bei Schmidt-Salzer, Schriftenreihe, S. 113.

63 Vgl. hierzu BGH NJW 1963, 99, 100.

Rechtswirksamkeit von formularmäßigen Haftungszeichnungen auf die Beachtung der Anforderungen eines billigen Ausgleichs der beiderseitigen Interessen ankomme und daß es diesen Anforderungen widerspreche, wenn sich der Unternehmer auf ein eigenes, grobes Verschulden oder auf das grobe Verschulden seiner leitenden Angestellten beruft. Damit sind die in AGB enthaltenen Haftungsausschlußklauseln insoweit unwirksam, als sie sich auf ein grobes Verschulden des Unternehmers oder auf vorsätzliches bzw. grobfahrlässiges Handeln seiner leitenden Angestellten[64] beziehen[65]. Hingegen sind Freizeichnungsklauseln in bezug auf leichtfahrlässiges Handeln des Unternehmers oder seiner leitenden Angestellten sowie hinsichtlich groben Verschuldens oder vorsätzlichen Handelns sonstiger (nichtleitender) Angestellter in aller Regel wirksam. Entscheidende Frage ist dabei nur, ob diese Haftungsfreizeichnung im Hinblick auf den zu beurteilenden Sachverhalt unbillig und den berechtigten Belangen des Kunden widerspricht[66].

Obwohl grundsätzlich hinsichtlich der zuletzt genannten Fallgruppen eine formularmäßige Freizeichnung zulässig ist, bringt die erwähnte Entscheidung des BGH vom 22. Mai 1968 doch deutlich zum Ausdruck, daß es sich hier nicht um eine starre Freizeichnungsgrenze, sondern letztlich um das Ergebnis einer am Einzelfall zu orientierenden Wertung handelt. D.h.: Die vorstehend wiedergegebenen Grenzen formularmäßiger Haftungsfreizeichnungen sind also keineswegs mechanisch anwendbare Rechtsgrundsätze[67], sondern nicht mehr und nicht weniger als das im allgemeinen anzunehmende Ergebnis einer wertenden Beurteilung des konkreten Sachverhalts. Insoweit können sie also ohne weitere Begründung als eine Art Faustregel herangezogen werden; nur Abweichungen von diesen Bewertungsrichtlinien müssen besonders begründet werden. Dabei können dann beispielsweise besondere Umstände eine (grundsätzlich unzulässige) formularmäßige Freizeichnung von der Haftung für eigene grobe Fahrlässigkeit oder für grobfahrlässiges Handeln der leitenden Angestellten als tragbar erscheinen lassen, während andererseits besondere Umstände durchaus auch die grundsätzlich zulässige Freizeichnung von der Haftung für das Handeln der nichtleitenden Angestellten verbieten können.

Bei dieser Angemessenheitsprüfung muß noch nach ständiger und gefestigter höchstrichterlicher Rechtsprechung, wenn auch nicht zu bedeutsam, die Monopolstellung des oder der Unternehmen und die Branchenüblichkeit der entsprechenden Klauseln berücksichtigt werden. Vor allem aber muß dem

---

64 Zum Begriff des leitenden Angestellten in diesem Zusammenhang vgl. Schmidt-Salzer, Schriftenreihe, S. 120.

65 So die ständige neuere Rechtsprechung (vgl. hierzu statt vieler die Zitate bei Schmidt-Salzer, Schriftenreihe, S. 114, Fußn. 4.)

66 So BGH NJW 1968, 1718, 1720.

67 So Schmidt-Salzer, Schriftenreihe, S. 114.

Gesichtspunkt des sog. Organisationsverschulden, d.h. der Haftung für mangelhafte Organisation des Geschäftsbetriebes, ausreichend Rechnung getragen werden. Dies führt letztlich dazu, daß dem Unternehmer eine formularmäßige Freizeichnung überall da zu verwehren ist, wo es sich um die Haftung hinsichtlich der allgemeinen Betriebsorganisation sowie der konkreten Vornahme der zur störungsfreien Abwicklung des betreffenden Vertragsverhältnisses erforderlichen Anordnungen, Aufsichtsmaßnahmen und dergleichen handelt.

Mit anderen Worten: Eine formularmäßige Freizeichnung ist somit nur hinsichtlich des konkreten Personalrisikos zulässig, also nur hinsichtlich der Haftung für Nachlässigkeiten oder Versehen, wie sie bei Arbeitern und Angestellten auch eines ordnungsgemäßen Betriebs nicht auszuschließen sind[68]. Oder anders formuliert: Der jeweilige Unternehmer kann sich nicht von der grobfahrlässigen Verletzung seiner Organisationshaftung, sondern nur von seiner Haftung für ein innerhalb des ordnungsgemäßen Betriebsaufbaus im Einzelfall aufgetretenes, fehlerhaftes Verhalten seiner Arbeiter und nichtleitenden Angestellten wirksam freizeichnen.

Diese Lösung entspricht auch dem Grundgedanken des § 278, S. 2 BGB[69], wonach dem Schuldner die Möglichkeit zur Abwälzung des Personalrisikos gegeben werden soll[70].

---

68 Vgl. hierzu BGHZ 33, 216, 222; insbes. aber Schmidt-Salzer, Schriftenreihe, S. 119.

69 So Schmidt-Salzer, Schriftenreihe, S. 119.

70 Eine ganz andere Frage ist, ob sich Freizeichnungsklauseln auch auf die Arbeiter und Angestellten des Unternehmens selbst erstrecken (sog. Drittwirkung von Freizeichnungsklauseln) (vgl. hierzu BGHZ 22, 109 [122 ff.] und Schmidt-Salzer, Drittwirkung von Freizeichnungsklauseln? BB 1969, 297 ff.). Aus der Perspektive des Unternehmers mag dies sachlich gerechtfertigt sein, daß er neben der eigenen Freizeichnung vom Personalrisiko auch seine Arbeiter und Angestellten von deren eigenen Haftung freizeichnet, um einerseits innerbetriebliche Störungen, andererseits Freistellungsansprüche in den Fällen schadensgeneigter Tätigkeit zu vermeiden, die ihn wirtschaftlich praktisch doch den Schaden tragen ließen. Aus der Perspektive des Kunden würde dies aber bedeuten, daß ihm alle Rechte aus der schadensbegründenden Handlung genommen werden. Die Zulässigkeit der Abwälzung des dem Unternehmer obliegenden Personalrisikos beruht auf ganz anderen Erwägungen (Prinzip der arbeitsteiligen Wirtschaft und der Verantwortungsverlagerung auf die Nächstbeteiligten) als eine Freizeichnung auch des unmittelbar Handelnden von dessen eigener Haftung (so Schmidt-Salzer, Schriftenreihe, S. 121), so daß Freizeichnungsklauseln nicht extensiv i.S. einer Drittwirkung zugunsten der Arbeiter und Angestellten des Unternehmens selbst ausgelegt werden dürfen und ausdrückliche Erstreckung der Haftungsfreizeichnung des Unternehmers auf seine Erfüllungshilfen unwirksam sind, weil der Kunde hierdurch absolut rechtlos gestellt würde und damit elementare zivilrechtliche Haftungsprinzipien aufgehoben würden (so auch Schmidt-Salzer, Schriftenreihe, S. 121; derselbe BB 1969, 297 ff.).

Ganz anders wäre in diesem Zusammenhang die Frage einer evtl. Haftungsbeschränkung auf die Lottomittel zu bewerten: Wie bei der Untersuchung der Organisation im Staatlichen Bereich des Näheren dargelegt, werden – zumindest was das Süd-Lotto betrifft – die vereinnahmten Gelder im Haushaltsplan als Mittel der Lottoverwaltung selbständig ausgewiesen, von der Zentrale eigenverantwortlich verwaltet und abgerechnet. Sie sind damit als eigene Mittel der hoheitlich tätigen Zentrale anzusehen.

Wenn auch Ziffer 11, Nr. 2 der Spielbedingungen nur festlegt, daß „das Süd-Lotto haftet", so hindert dies nicht die Auffassung zu vertreten, daß bei einer Haftung beispielsweise des Süd-Lottos diese nur auf die *Lottomittel beschränkt* ist. Sollten solche nicht vorhanden sein, böte sich eine Haftungsbeschränkung auf die Mittel des Ausgleichsfonds an, der bei verschiedenen Unternehmen[71] bereits besteht, oder zu bilden wäre, um eine solche Haftungsbeschränkung geltend machen zu können.

Ähnliche Probleme und rechtliche Bedenken tauchen auch auf, wenn man die in den Spiel- und Teilnahmebedingungen enthaltenen Gerichtsstandsvereinbarungen näher durchleuchtet. Wenn auch in der deutschen Rechtsprechung noch immer überwiegend und ohne näheres Eingehen auf die in diesem Zusammenhang auftretenden Probleme Gerichtsstand- und Schiedgerichtsklauseln generell als rechtswirksam anerkannt werden, so mehren sich doch mittlerweile die Anzeichen dafür[72], daß hier in nächster Zeit eine Wende zu erwarten steht. Auch bei der Frage der Zulässigkeit der sog. Gerichtsstandsprorogation (§ 38 ZPO) ist die Überlegung anzustellen, ob solche formularmäßigen Vereinbarungen bei Abwägungen der beiderseitigen, berechtigten Belange sachlich angemessen sind[73].

Da sich die Interessen des Unternehmens und die des Kunden hierbei diamentral gegenüberstehen, ist ausschlaggebender Gesichtspunkt, daß die gesetzlichen Regeln über die örtliche Zuständigkeit keineswegs nur reine Zweckmäßigkeitslösungen darstellen. Einerseits erfüllen sie nämlich eine sozialpolitische Schutzfunktion, weil der Beklagte[74] mit dem Prozeß über-

---

71 Vgl. Art. 21, Nr. 7 der Saarland-Spielbedingungen, § 18, Abs. 5 und § 16, Abs. 7 der Nordrhein-Westfälischen Teilnahmebedingungen, sowie § 20, Abs. 3 i.V.m. § 17, Abs. 8 der Berliner Teilnahmebedingungen.

72 Vgl. hierzu die von Löwe, Zur richterlichen Kontrolle von Gerichtsstandsklauseln in Allgemeinen Geschäftsbedingungen, NJW 1971, 1342 ff. zitierten Entscheidungen; ferner LG Braunschweig NJW 1971, 1413 ff. (mit weiteren Nachweisen).

73 Dabei werden sämtliche Gerichtsstandsvereinbarungen der Stadtstaaten Bremen, Hamburg und Berlin außer Betrachtung gelassen, da sich hier das Problem in aller Regel nicht stellt.

74 Diese Bedenken gelten jedoch nur hinsichtlich eines evtl. Aktivprozesses eines Lottounternehmers gegen einen Teilnehmer, sei es auf Rückzahlung zu Unrecht erhaltener Gewinnbeträge oder gegebenenfalls im Rahmen einer negativen Feststellungsklage und sonstiger Schadensersatzprozesse.

zogen wird, während es sich der Kläger überlegen kann, ob er die mit einer Prozeßerhebung verbundenen Lasten auf sich nehmen will[75]. Andererseits enthalten sie differenzierte, dem jeweiligen Anspruch entsprechende Sachregelungen, so daß es sich um echte Ordnungsentscheidungen des Zivilprozeßrechts-Gesetzgebers handelt[76]. Im Hinblick auf die für die Beurteilung formularmäßiger Klauseln eingreifende Ordnungsfunktion des dispositiven Rechts[77] müssen infolgedessen diese Ordnungsentscheidungen bei der Beurteilung der sachlichen Angemessenheit den Ausschlag geben. Damit kann man ohne weiteres mit der im Vordringen befindlichen Rechtsprechung[78], vor allem aber der neueren Literatur[79], die Auffassung vertreten, daß die in §§ 13 ff. ZPO niedergelegten Gerichtsstände nicht formularmäßig abdingbar sind[80, 81], denn durch sie werden in der Tat die Entscheidungsfreiheit des Vertragspartners in absolut einseitiger Interessenwahrnehmung verhindert. Zudem ist bei deren Bestimmung das Vertragsinteresse des Gläubigers ein sachfremder Gesichtspunkt, weil es bei der Gerichtsstandsklausel nur um die Verteilung der mit der Rechtsverfolgung verbundenen Lasten geht, wofür die Aufopferung des Vertragsinteresses in einem Zeitpunkt, in dem die Klausel noch keine aktuelle Bedeutung hat, nämlich bei Vertragsabschluß, unzumutbar ist[82].

---

75 Vgl. hierzu Löwe, Gerichtsstandsvereinbarungen in Allgemeinen Geschäftsbedingungen und Formularverträgen, NJW 1970, 2236 (2239).

76 So Schmidt-Salzer, Schriftenreihe, S. 164.

77 Vgl. Schmidt-Salzer, Schriftenreihe, S. 94 ff.

78 Vgl. die bei Löwe NJW 1971, 1342 ff. zitierten Entscheidungen; ferner LG Braunschweig NJW 1971, 1413 ff.

79 Vgl. hierzu u.a. Schmidt-Salzer, Sonderschrift, S. 164; Löwe, NJW 1970, 2236 ff. und neuerdings auch Manfred Wolf, Rechtsgeschäftliche Entscheidungsfreiheit und vertraglicher Interessenausgleich (1970), S. 127, 233, 242 und 255.

80 Dies gilt aber in keiner Weise von einer formularmäßigen Festlegung der *sachlichen* Zuständigkeit, da hier keine vorrangigen Belange der Teilnehmer beeinträchtigt werden; eine solche Klausel wäre somit rechtswirksam (vgl. hierzu auch Schmidt-Salzer, Schriftenreihe, S. 164).

81 Vgl. hierzu auch den von Löwe, NJW 1970, 2236 (2238) erwähnten, auf Antrag Bayerns vom Bundesrat am 26. Juni 1970 verabschiedeten Gesetzentwurf zur Änderung der ZPO, der auf ein Verbot von vorprozessualen Gerichtsstands- sowie Erfüllungsortvereinbarungen mit Gerichtsstandswirkung unter Nichtvollkaufleuten abzielt. (Hinsichtlich der Einzelheiten dieses Gesetzentwurfes vgl. noch Löwe, Einschränkungen von Gerichtsstandsvereinbarungen, ZRP 1970, 97–100.)

82 So Manfred Wolf, S. 127, 128, 233, 242, 255.

IV. Die Verfügungen über den Gewinnanspruch

1. Die Abtretbarkeit

Bei der Abtretbarkeit des Gewinnanspruches muß zwischen der Abtretung eines bereits angefallenen und eines zukünftigen Gewinnanspruches streng unterschieden werden. Der erste Fall begegnet keinerlei rechtlichen Schwierigkeiten. Die Abtretung dieser Gewinnforderung erfolgt nach den Grundsätzen der §§ 398 ff. BGB.

Auch die Abtretung eines *zukünftigen* Gewinnanspruches richtet sich nach den §§ 398 ff. BGB. Ob jedoch auch bei zukünftigen Gewinnansprüchen das sich aus der Formulierung des § 398, S. 2 und § 401 BGB ergebende[83] Erfordernis[84] der Bestimmtheit, zumindest der Bestimmbarkeit der Forderung vorliegt, kann einer genaueren Prüfung nicht entzogen werden. Denn eine Forderungsabtretung ohne Bestimmtheit bzw. zumindest Bestimmbarkeit ist schon nach Meinung des Reichsgerichts[85] begrifflich nicht denkbar. Die Rechtsprechung des Reichsgerichts[86] verlangt nämlich bei der Abtretung künftiger Forderungen, daß die Bestimmbarkeit der Forderung für jeden Fall gewährleistet sein, und daß nicht lediglich eine bloße Möglichkeit, sondern bereits ein Rechtsverhältnis vorliegen müsse[87]. Hingegen geht die überwiegende Literatur[88], insbesondere aber die Rechtsprechung des Bundesgerichtshofs[89], mittlerweile davon aus, daß man von einer künftigen Forderung immer (schon) dann sprechen könne, wenn nur eines der zur Forderungsentstehung erforderlichen Tatbestandsmerkmale fehlt und daß es, weil eine Untersuchung der Bestimmbarkeit nur für die einzelne in Frage kommende Forderung notwendig sei, genüge, wenn sich die Forderung im Augenblick ihrer Entstehung eindeutig als von der Abtretungsvereinbarung erfaßt bestimmen ließe[90]. Daß das Fehlen eines zugrundeliegenden Schuldverhältnisses nicht der Annahme einer künftigen Forderung entgegensteht, wird u.a. wie folgt begründet[91]:

---

83 Vgl. hierzu BGHZ 7, 365 (367, 369); 30, 238 (240); 32, 367 (369).

84 Vgl. hierzu auch Palandt-Heinrichs, Anm. 3 c zu § 398 BGB.

85 Vgl. u.a. RGZ 134, 225; 149, 96; 155, 26; DR 1940, 581.

86 Vgl. u.a. auch RGZ 55, 334; 58, 72; 67, 166; 98, 200; 136, 100.

87 Vgl. hierzu u.a. RGZ 151, 75; (sowie RGZ 149, 19 [22] zur Frage der Übertragbarkeit einer Forderung vor Inkrafttreten eines Gesetzes).

88 Vgl. hierzu statt vieler: Larenz, LB I. Bd., § 34 III, S. 398–99.

89 BGHZ 7, 365 ff.

90 Kritik an dieser Rechtsprechung äußert v. Caemmerer, Verlängerter Eigentumsvorbehalt und Bundesgerichtshof, JZ 1953, 97 ff.

91 So Hahnzog, Die Rechtsstellung des Zessionars künftiger Forderungen, Münchner Diss. 1962, S. 6.

„Die einzelne Forderung ist in der Regel Bestandteil eines umfassenden Schuldverhältnisses. Zwar versteht das BGB unter Schuldverhältnis auch die einzelne Forderung wie in den §§ 362 ff., welche die Erlöschungsgründe für die Einzelforderung regeln. Daneben wird mit Schuldverhältnis aber auch das gesamte Rechtsverhältnis bezeichnet, das die rechtliche Sonderverbindung zwischen mehreren darstellt. Das Schuldverhältnis in diesem weiteren Sinn kann mehrere Forderungen und Gestaltungsrechte zum Inhalt haben. Existiert nun dieses Schuldverhältnis im weiteren Sinne nicht und liegt selbst noch in Zukunft, so sind auch die einzelnen sich aus ihm ergebenden Leistungspflichten künftige Forderungen. Diese sind schon häufig Gegenstand des Rechtsverkehrs. So liegt dem verlängerten Eigentumsvorbehalt die Abtretung von Kaufpreisforderungen aus noch abzuschließenden Kaufverträgen zu Grunde. Werkunternehmer sind zur Finanzierung künftiger Verträge oft auf die Abtretung der Werklohnforderung aus dem noch abzuschließenden Vertrag angewiesen. Auch die Abtretung von Mietzinsforderungen vor Abschluß des Mietvertrages kommt vor, ebenso von Schadensersatzforderungen, etwa wegen Sachbeschädigung, vor Eintritt der zum Schadenersatz verpflichtenden Umstände. Bei diesen Beispielen handelt es sich jeweils um Forderungen, die sich aus einem in Zukunft zu begründenden Schuldverhältnis entwickeln können."

Hahnzog weist in diesem Zusammenhang mit Recht darauf hin, daß auch das Gesetz selbst, beispielsweise in den §§ 765, Abs.2, 883, Abs. 1, S. 2, § 1113, Abs. 2 und 1204, Abs. 2, zukünftige Forderungen vorsehe.

Er[92] unterscheidet dabei drei Gruppen künftiger Forderungen: Aufschiebend bedingte und befristete Forderungen, sowie künftige Forderungen aus bestehendem Schuldverhältnis und künftige Forderungen, bei denen zwischen Zedent und künftigem Schuldner noch kein Schuldverhältnis besteht. Diese Forderungen bezeichnet er als künftige Forderungen i.e.S.[93]. Bei allen 3 Gruppen hält er einen Abtretungsvertrag für möglich.

Auch die Rechtsprechung des Bundesgerichtshofs[94] kommt zu ähnlichen Ergebnissen. „Zwar", so meint der BGH, „wird die Abtretung einer künftigen Forderung erst *wirksam*, wenn die Forderung entsteht; diese *Wirksamkeits*voraussetzung[95] gehöre jedoch nicht zum *Abschluß*tatbestand des Zessionsvertrages und tritt nicht kraft der Willenseinigung der Vertragsparteien ein, sondern durch ein zusätzliches, von dieser Willensübereinstimmung nicht abhängiges Ereignis"[96].

---

92 Vgl. u.a. S. 110.

93 S. 20.

94 BGHZ 32, 367 (369).

95 Hervorhebungen durch den Verfasser.

96 Vgl. hierzu auch Enneccerus-Lehmann, § 78 III, 3, S. 312.

Auf das Zahlenlotto übertragen, bedeuten diese Erkenntnisse, daß eine Abtretung künftiger Gewinnforderungen bei bestehendem Vertragsverhältnis Teilnehmer–Unternehmer keinerlei rechtlichen Schwierigkeiten begegnet; daß aber auch bei noch nicht abgeschlossenem Spielvertrag diese Tatsache den *Abschluß*tatbestand des Zessionsvertrages nicht tangiert. Auch in diesem Zeitpunkt ist die künftige Forderung i.e.S. hinreichend bestimmt bzw. bestimmbar i.S. der erwähnten Rechtsprechung.

Bei abgeschlossenem Spielvertrag steht der Abtretung der evtl. Gewinnforderung gegenüber dem Unternehmer auch § 400 BGB nicht entgegen. Zudem wird durch diese Abtretung an einen anderen als den aus dem Spielvertrag berechtigten Gläubiger die Leistung ihrem Inhalt nach nicht verändert (§ 399 1. HS. BGB). Schließlich steht der Abtretung nach den Spielbedingungen auch keine Vereinbarung zwischen den Parteien entgegen, die eine solche Abtretung ausschlösse (§ 399, 2. HS. BGB).

Selbst die Abtretung nur eines *Teils* der Gewinnforderung ist möglich, denn eine Teilabtretung ist bei teilbaren Forderungen allgemein anerkannt[97]. Eine äußerste Grenze liegt rechtlich nur dort, wo die Teilabtretung schikanös (§ 226 BGB) oder wegen der Geringfügigkeit des Betrages für den Schuldner unzumutbar wird[98]. Davon kann aber so lange nicht die Rede sein, als der abgetretene Teilbetrag nicht kleiner als der Kleinstgewinn ist, den der Unternehmer auszahlt.

Sowohl Ziffer 18, Nr. 1–3 der Spielbedingungen als auch die Schuldnerschutzbestimmungen der §§ 404 ff. BGB lassen es angezeigt erscheinen, daß dem neuen Gläubiger die zur Geltendmachung der Forderung notwendigen Belege – sog. Quittungsabschnitt und evtl. Urkunde über Forderungsabtretung – ausgehändigt werden, und daß entweder er oder der Altgläubiger die Abtretung dem Unternehmer rechtzeitig anzeigt. Denn Ziffer 18, Nr. 2 und 3 der Spielbedingungen regeln einmal, daß Gewinne über DM 300,– an die auf dem Spielabschnitt vermerkte Anschrift überwiesen werden, wobei nur fakultativ eine Vorlage der sog. Quittung abverlangt wird. Zum anderen sieht Nr. 3 von Ziffer 18 der Spielbedingungen eine Zahlung an jeden Inhaber der Quittung oder an die auf dem Spielabschnitt angegebene Anschrift „mit befreiender Wirkung gegenüber dem Gewinner" vor.

2. Die Verpfändbarkeit

Die Verpfändung eines *angefallenen* Gewinnanspruchs begegnet wiederum keinen rechtlichen Bedenken. Sie vollzieht sich nach den Grundsätzen der

---

97 Vgl. Enneccerus-Lehmann, § 78 III, 6, S. 313; ferner in etwa RGZ 146, 398 (402).

98 Vgl. BGHZ 23, 53 (56).

§§ 1274 ff. BGB. Die Verpfändung ist jedoch nur dann wirksam, sofern sie der Gläubiger (nicht der Pfandgläubiger) gem. § 1280 BGB dem Schuldner anzeigt. Das genügt allerdings, da zur Übertragung des Gewinnanspruchs nur ein schlichter Abtretungsvertrag erforderlich ist.

Einer Übergabe des sog. Quittungsabschnitts zur Entstehung des Pfandrechts bedarf es dabei nicht, denn die Abtretung und auch die Geltendmachung der Gewinnforderung ist nicht notwendig an die Innehabung der sog. Quittung gebunden. Der Besitz dieser ist aber für den Pfandgläubiger insofern von Bedeutung, als der Unternehmer berechtigt ist, an jeden Inhaber der sog. Quittung und an die auf dem Spielabschnitt angegebene Anschrift den Gewinnbetrag auszuzahlen. Der Pfandgläubiger muß demzufolge den Quittungsabschnitt herausverlangen können. Ein solcher obligatorischer Herausgabeanspruch steht ihm gemäß §§ 1274, 1275 i.V.m. § 402 BGB zu[99, 100].

Die Verpfändung eines *künftigen* Gewinnanspruchs bzw. die Verpfändbarkeit künftiger Forderungen im engeren Sinne wird hingegen von der überwiegenden Mehrheit abgelehnt[101]. Diese Auffassung wird damit begründet, daß § 1280 BGB als Formvorschrift den Kreis der verpfändbaren gegenüber den abtretbaren künftigen Forderungen einschränke. Dabei sei die Anzeige des verpfändenden Gläubigers an den Schuldner Teil des das Pfandrecht begründenden Tatbestands. Eingeräumt wird aber, daß § 1280 BGB an sich nur vom Schuldner, nicht aber vom künftigen Schuldner spricht, so daß dies einer entsprechenden Anwendung eigentlich nicht entgegenstünde, da das Gesetz wie bei der Abtretung auch bei der Verpfändung die künftige Forderung nicht berücksichtigt habe. Die h.M. vertritt dann aber die Auffassung, es könne jedoch einem beliebigen Dritten, der zur Zeit in noch keinem Verhältnis zum Verpfänder stehe, aus dem die Forderung erwachsen kann, nicht zugemutet werden, die Verpfändungsanzeige gegen sich wirken zu lassen[102]. Dadurch werde er zur Wahrnehmung der Interessen eines Dritten verpflichtet, bevor er sich hinsichtlich der Forderung irgendwie gebunden habe.

Untersucht man aber näher, worin die „unzumutbare Belastung" des künftigen Schuldners besteht, so kommt man zu keinem anderen Ergebnis als bei der Vorausabtretung selbst. Teilt dort der Zedent dem künftigen Schuldner die Vorausabtretung mit, so kann dieser den Zedenten auch nicht mehr als verfügungsberechtigt hinsichtlich der Forderung ansehen. Die

99 Vgl. hierzu RGR-Komm. zum BGB, 11. Aufl. (1960), Anm. 6 zu § 402 BGB.

100 Bei teilweiser Verpfändung des Gewinnanspruchs ist der Gewinner u.U. verpflichtet, dem Pfandgläubiger zeitweilig den Alleinbesitz an der sog. Quittung zu verschaffen, oder ihm eine beglaubigte Abschrift, zumindest aber die Einräumung des Mitbesitzes daran zu ermöglichen (vgl. RGR-Komm. zum BGB 11. Aufl. [1960], Anm. 7 zu § 402 BGB).

101 Vgl. hierzu Hahnzog, S. 66 und die in Fußnote 48 zitierte Literatur.

102 Vgl. hierzu auch Süss, Abtretung künftiger Ansprüche, Erlanger Diss. 1910, S. 74.

Schuldnerschutzvorschriften der §§ 406 ff. BGB entfallen, soweit dort auf die Kenntnis von der Abtretung abgestellt wird. Die Möglichkeit weiterer, für den Schuldner günstiger Verfügungsgeschäfte zwischen Schuldner und Zedent scheidet damit aus. Durch die Wirksamkeit der Verpfändungsanzeige wird der Schuldner nicht in weiterem Umfang belastet. Er kann nicht mehr an den Verpfänder allein mit befreiender Wirkung leisten (§§ 1281, S. 1; 1282, S. 1 BGB) oder einen Vorauserlaß vereinbaren (§§ 1279, 1276, Abs. 1 BGB). Der künftige Schuldner behält aber auch hier völlige Freiheit, ob er die Forderung zur Entstehung bringen will oder nicht. Für die Verpfändbarkeit ergibt sich lediglich insoweit eine Einschränkung gegenüber der Abtretbarkeit, als bei der Vorausverpfändung der künftige Schuldner bestimmt sein muß, da nur so eine Verpfändungsanzeige möglich ist. Bei der Abtretung genügt dagegen Bestimmbarkeit im Moment der Vereinbarung zwischen Zedent und Zessionar. Steht die Person des künftigen Schuldners aber fest, so kann auch die Verpfändung einer künftigen Forderung im engeren Sinne erfolgen[103].

3. Die Pfändbarkeit

Hierbei ist ähnlich zu differenzieren wie bei der Abtretung der Gewinnforderung. Hinsichtlich bereits *entstandener* bzw. *angefallener*, jedoch noch nicht ausbezahlter Gewinnansprüche gelten die Grundsätze der §§ 829, 835 ZPO. Der die Pfändung betreibende Gläubiger des gewinnenden Teilnehmers muß einen Pfändungs- und Überweisungsbeschluß erwirken und zustellen lassen. Dabei wird aber folgendes noch zu beachten sein:

In der Regel wird es nämlich die Ausnahme bilden, daß der zur Pfändung entschlossene Gläubiger wenigstens die nach der Rechtsprechung des Reichsgerichts[104] zum Erlaß eines Pfändungs- und Überweisungsbeschlusses notwendig genaue Bezeichnung der zu pfändenden Forderung erbringen kann, so daß „bei verständiger Auslegung des Beschlusses unzweifelhaft feststeht, welche Forderung Gegenstand der Zwangsvollstreckung sein soll und ist“[105]. Fehlt es aber hieran, so ist der Pfändungs- und Überweisungsbeschluß unwirksam und nicht geeignet, für den pfändenden Gläubiger Pfändungspfandrecht und Einziehungsbefugnis zu begründen. Der Gläubiger kann meist die Höhe der Gewinnforderung, auch nicht annähernd, bestimmen, denn der Unternehmer hat vertraglich die Verpflichtung übernommen, das Spielgeheimnis zu wahren. Der pfändende Gläubiger weiß auch in der Regel nicht, in welcher der 5 möglichen Gewinnklassen sein Schuldner gewonnen hat. Dem

103 Vgl. hierzu Hahnzog, S. 66, 67.

104 Vgl. statt vieler RGZ 139, 97 (99) mit weiteren Entscheidungsnachweisen.

105 So RGZ a.a.O., S. 99; vgl. hierzu u.a. auch RGZ 108, 318 (319–20); 140, 340 (342); und 160, 37 (39).

Gläubiger ist es aber nach der erwähnten Rechtsprechung des Reichsgerichts nicht verwehrt, die Beschreibung der den Gegenstand der Vollstreckungsmaßnahme bildenden Forderung auf die verschiedenste Weise vorzunehmen. Dabei schaden Unvollständigkeiten und Ungenauigkeiten in der Bezeichnung erst dann, wenn trotz ihrer die „Identifizierung“[106] der zu pfändenden Forderung eindeutig unmöglich ist. Der pfändende Gläubiger muß folglich wenigstens den genauen Namen und die Anschrift seines Schuldners und den ungefähren Zeitpunkt[107] der Teilnahme an der gewinnbringenden Ausspielung mitteilen. Er muß ferner angeben, bei welcher Annahmestelle und bei welchem Lottounternehmen der Spielabschnitt abgegeben wurde.

Steht einmal die Drittschuldnerin und die Annahmestelle fest, bei welcher der Schuldner den Schein abgegeben hat; steht ferner fest, in welcher Ausspielung er gewonnen hat, so ist die Höhe des Gewinnes feststellbar. Mit Hilfe der genannten Daten kann sie vom Lottounternehmer ermittelt werden. Das ist dem Unternehmer bei den wenigen hohen Gewinnen der Klasse I und II verhältnismäßig mühelos möglich, da die Gewinnlisten dieser Klassen überschaubar klein sind. Aber auch die Nachforschung in den Klassen III, IV und V ist dem Unternehmer möglich. Es kommt bei einer Auslosung sehr vereinzelt nur vor, daß eine Gewinnforderung gepfändet wird. Ist dem Unternehmer die genaue Ausspielung und die Annahmestelle bekanntgegeben, dann ist es ihm ein Leichtes, die für den Versand an die Annahmestellen bereitliegenden Gewinnlisten zu überprüfen, ob sich die Registrier-, bzw. Banderolennummer des Schuldners darunter befindet. Will die Drittschuldnerin nicht selbst vor der Auszahlung die Angaben des Pfändungs- und Überweisungsbeschlusses mit der Anschrift, an die sie auszahlt, vergleichen, dann kann sie die Angaben jenes Beschlusses allen Annahmestellen mitteilen, welche die Kleingewinne auszahlen dürfen. Bei den wenigen Pfändungen einer Gewinnforderung beim Zahlenlotto ist ein solches Nachforschen dem Unternehmer durchaus zumutbar; abgesehen davon, daß die Pfändbarkeit einer Forderung nicht an der Unzumutbarkeit für den Drittschuldner scheitern darf und kann.

Dem pfändenden Gläubiger kann aber, da er mit dem Unternehmer nicht in vertraglichen Bindungen steht, kein rechtlicher Anspruch zuerkannt werden, der es ihm ermöglicht, in die Unterlagen des Unternehmers selbst Einblick zu nehmen.

---

106 So RGZ 139, 97 (99).

107 Bei weitestgehender Auslegung der vom Reichsgericht entwickelten Grundsätze wird man hier zumindest fordern müssen, daß der Gläubiger wenigstens den annähernden Zeitpunkt des Gewinnanfalles – z.B. Ende Februar, Anfang März 1971 und nicht, wie es eigentlich korrekt lauten müßte: 9. oder 10. Ausspielung am 27. Februar bzw. 6. März 1971 – benennt.

Bei der Pfändung eines *künftigen*[108] Gewinnanspruchs sind hingegen ganz allgemein folgende Grundsätze zu beachten[109] und Überlegungen anzustellen:

Künftige Forderungen im engeren Sinne werden – wie erwähnt – vom materiellen Recht als Gegenstände des Rechtsverkehrs anerkannt. Die Anerkennung ihrer Pfändbarkeit entspräche damit auch dem Zweck des Vollstreckungsrechts, das Schuldnervermögen, soweit es verkehrsfähig ist, allen Gläubigern zugänglich zu machen. Das ergibt sich auch aus der Regelung des § 851 Abs. 1 ZPO und des § 400 BGB, nach der Forderung hinsichtlich ihrer Nichtabtretbarkeit und Unpfändbarkeit gleich zu behandeln sind. Daraus folgert die überwiegende Meinung[110] aber noch nicht, daß jede abtretbare Forderung auch pfändbar ist. Die Pfändung einer künftigen Forderung ist nach überwiegender Auffassung[111] nur dann zulässig, wenn ihr Rechtsgrund im Moment der Pfändung schon besteht[112]. Die künftigen Forderungen im engeren Sinne sind nach dieser Auffassung nicht pfändbar, da keine rechtliche Bindung zwischen Vollstreckungsschuldner und Drittschuldner vorhanden ist. Soweit die Pfändbarkeit der künftigen Forderungen im engeren Sinne bejaht wird[113], sind damit aber noch nicht alle im voraus abtretbaren Forderungen auch pfändbar. Um die Formvorschriften der §§ 829 ff. ZPO erfüllen zu können, die entsprechend angewandt werden[114], muß der künftige Drittschuldner bestimmt sein, da die Pfändung durch Zustellung des Pfändungsbeschlusses an ihn erfolgt (§ 829 Abs. 1 und 3 ZPO). Auch muß der Forderungsgegenstand genau bestimmt sein, da die Pfändung von Sach- und Geldforderungen in verschiedener Weise vorgenommen wird.

Hinsichtlich des Arguments, der Drittschuldner, der noch in keiner Rechtsbeziehung zum Vollstreckungsschuldner stehe, werde durch das Verbot, an diesen zu leisten, zu stark belastet, gilt das Gleiche wie bei der Verpfändung. Auch hier ist die Belastung nicht stärker als bei der Vorausabtretung, von welcher der Schuldner in sicherer Weise Kenntnis erlangt hat.

Das weitere, von der überwiegenden Auffassung vorgebrachte Bedenken, der

---

108 Vgl. hierzu ganz allgemein Hahnzog, S. 4 und 5.

109 Vgl. zu den Literaturstimmen Hahnzog, S. 67 ff.

110 Vgl. Süss, S. 76 mit weiteren Literatur- und Rechtsprechungsnachweisen.

111 Vgl. vor allem Süss, S. 76 ff. und die bei Hahnzog, S. 67, Fußnote 51 zitierte Rechtsprechung und Literatur.

112 Vgl. u.a. RGZ 82, 227 (230); 134, 225 (227); 157, 321 (324); ferner KG, JW 1930, 764[2]; OLG Kassel, JW 1937, 1025[45]; OLG Karlsruhe JW 1934, 198[35] und OLG Breslau JW 1934, 1057[5].

113 Insbes. v. Tuhr, Verfügungen über künftige Forderungen, DJZ 1904, 426 (431) und Kohler, Die Pfändbarkeit zukünftiger Forderungen, Mainzer Diss. 1952, S. 37 ff. und S. 87, Fußn. 1 mit weiteren Nachweisen.

114 v. Thur, S. 426; Kohler, S. 74.

Vollstreckungsschuldner werde in seiner wirtschaftlichen Betätigungsfreiheit zu sehr eingeschränkt, entfällt, wenn man beachtet, daß der Vollstreckungsschuldner wie der Zedent nicht zur Schaffung der Forderung verpflichtet ist. Die Pfändbarkeit wird nur dann zu verneinen sein, wenn feststeht, daß der Drittschuldner infolge des Pfändungsbeschlusses die Forderung nicht begründen will[115]. Hier würde in der Tat der Vollstreckungsschuldner geschädigt, ohne daß der Vollstreckungsgläubiger einen Vorteil hätte. Bei den in erster Linie interessierenden künftigen Geldforderungen wird es dem Drittschuldner aber gleichgültig sein, an wen er letztlich zu leisten hat; solange er nur glaubt, seine Gegenleistung zu erhalten. Es besteht kein ersichtlicher Grund dafür, den Vollstreckungsschuldner allein davor zu schützen, daß Dritte von seiner Zahlungsunwilligkeit oder -unfähigkeit durch Zustellung des Pfändungsbeschlusses Kenntnis erhalten und dadurch eventuell vom Abschluß weiterer Geschäfte mit ihm abgehalten werden. Unter Umständen wird der Vollstreckungsschuldner selbst den Abschluß von Geschäften unterlassen, dessen Erfolg ihm wegen der zuvor erfolgten Pfändung letzten Endes doch nicht unmittelbar zukommt. Daran wird er durch die Pfändung nicht gehindert.

Es ist deshalb auch nicht richtig, die Pfändung künftiger Forderungen im engeren Sinne für sittlich fragwürdig zu halten[116], da der Vollstreckungsschuldner zur Vollstreckungsvereitelung geradezu angereizt werde, denn die Nichtschaffung der gepfändeten Forderung ist sein gutes Recht. Dieses Risiko nimmt der Vollstreckungsgläubiger in Kauf, da er weiß, daß es sich nur um eine künftige Forderung handelt.

Gegen die Pfändbarkeit künftiger Forderungen im engeren Sinne wird weiterhin geltend gemacht[117], der Staat dürfe nicht zwecklos seine Zwangsmacht privaten Interessen leihen. Die bloße Möglichkeit, daß künftig ein für die Zwangsvollstreckung geeignetes Objekt entsteht, genüge nicht. Diese Meinung übersieht, daß das Gericht bei der Pfändung einer bereits bestehenden Forderung auch nicht zu prüfen hat, ob die Forderung tatsächlich existiert. Dafür sind die Behauptungen des Vollstreckungsgläubigers als wahr zu unterstellen. Grundsätzlich wird also nur die angebliche Forderung gepfändet[118]. Weiß das Gericht jedoch, daß die Forderung nicht besteht, so hat es die begehrte Pfändung wegen fehlenden Rechtsschutzbedürfnisses abzuweisen[119]. Beantragt aber der Vollstreckungsgläubiger von vornherein

---

115 Vgl. Kohler, S. 81.

116 Vgl. Flume, Zur Problematik des verlängerten Eigentumsvorbehalts, NJW 1959, 913 (916).

117 Vgl. Süss, S. 78 und bei Hahnzog, S. 68.

118 Vgl. statt vieler Hahnzog, S. 69 und die dort in Fußn. 57 zitierte Literatur.

119 Vgl. wiederum statt vieler Hahnzog, S. 69 und die dort in Fußn. 58 zitierte Rechtsprechung und Literatur.

die Pfändung einer künftigen Forderung im engeren Sinne, so weiß das Gericht auch, daß es sich um eine (noch) nicht existierende Forderung handelt. In diesem Falle ist jedoch ein Rechtsschutzbedürfnis anzuerkennen, denn eine solche Pfändung ist nicht von vornherein zwecklos, sondern erfolgt gerade aus dem Grunde, weil die Forderung voraussichtlich entstehen wird. Ist die Entstehung der künftigen Forderung zudem wahrscheinlich, so ist das Risiko hinsichtlich der Unwirksamkeit des Pfändungsaktes nicht wesentlich größer als bei der Pfändung einer angeblich bestehenden Forderung.

Die Pfändung ist nur in den Fällen wegen fehlenden Rechtsschutzbedürfnisses abzulehnen, in denen es sich „um phantastische Zukunftshoffnungen ohne jede Basis“ handelt[120]; wenn also die Entstehung ganz unwahrscheinlich ist.

Daraus kann nun für den Fall der Pfändung zukünftiger Gewinnforderungen beim Zahlenlotto folgendes Ergebnis gezogen werden:

Die fehlende Rechtsbeziehung zwischen Teilnehmer und Unternehmer vor Abschluß des jeweiligen Spielvertrages als solche steht der Pfändbarkeit künftiger Gewinnforderungen nicht entgegen. Damit ist es entbehrlich, auf die, etwas problematische, aber ständige, Rechtsprechung des Reichsgerichts[121] zur Frage der Pfändung künftiger Ansprüche aus bestehenden Geschäftsverbindungen mit einer Bank zurückgreifen zu müssen. Dieser Rechtsprechung zufolge werden Banken (nötigenfalls) verpflichtet, sog. schwarze Listen aufzustellen, um die einmal erfolgte Pfändung nicht mehr in Vergessenheit geraten zu lassen. Diese Entscheidungen, die auf den Besonderheiten, wie sie bei einem Kontokorrentverhältnis zwischen der Bank und ihrem Kunden bestehen, basieren, so daß man wenigstens dort von einer auf Dauer gerichteten Geschäftsbeziehung mit vertraglichem Charakter sprechen kann, können aber unter gar keinen Umständen auf die Beziehungen zwischen Teilnehmer und Unternehmer des Zahlenlottos übertragen werden, denn hier fehlt es schon an der auf eine gewisse Dauer berechneten Rechtsbeziehung. Diese fehlt selbst dann, wenn sich der Teilnehmer regelmäßig an den Ausspielungen beteiligen sollte. Denn mit dem Abschluß der Ausspielung endet das bestehende Vertragsverhältnis zwischen den Parteien jedesmal, und ein neues wird erst wieder auf Grund einer neuen Offerte des Spielers für die nächstfolgende Ausspielung begründet.

Aber selbst wenn der Teilnehmer bei einer Annahmestelle größere Vorauszahlungen und Gutschriften für künftige Spielabschlüsse stehen haben sollte, könnte daraus nicht die Folgerung gezogen werden, es läge zwischen dem Teilnehmer und dem Lottounternehmer ein Vertrags- und Vertrauensverhält-

120 Vgl. hierzu nur Kohler, S. 67 und Hahnzog, S. 69 und die dort in Fußn. 59 zitierte weitere Literatur; sowie Seuffert-Walsmann, Komm. zur ZPO 12. Aufl. (1932), Anm. 1 a zu § 829 mit weiteren Nachweisen.

121 Vgl. u.a. Bd. 108, 318 (320); insbes. aber RGZ 135, 139 (141).

nis, ähnlich einem Kontokorrentverhältnis, vor. Die Tatsache der Gutschrift bei der Annahmestelle beeinflußt nicht den wesentlichen Punkt, daß es zur Begründung eines Lottospielvertrags jeweils eines neuen Entschlusses des Spielers bedarf[122].

Der wirksamen Pfändung einer bzw. jeglicher zukünftiger Gewinnforderungen beim Zahlenlottospiel steht aber auf alle Fälle das fehlende Rechtsschutzbedürfnis entgegen, denn es handelt sich, wie die Ausführungen im Kapitel 8 zur Wahrscheinlichkeitsrechnung zeigen, hier um eine „phantastische Zukunftshoffnung ohne jede Basis". Dies trifft insbesondere bei den Gewinnklassen I–III zu. Aber auch die Klassen IV und V lassen bei der überragenden Rolle des Zufalls, der die Auslosung der Gewinnzahlen beherrscht, kein anderes Ergebnis zu.

Damit deckt sich bei den zukünftigen Gewinnforderungen im Lottospiel die Pfändbarkeit nicht mit der Verpfändbarkeit.

122 Vgl. hierzu auch Kohlhaas, Rechtsfragen aus Sportwetten, JZ 1951, 135 (138–139).

Kapitel 15
Das äußere Erscheinungsbild des Lottoscheins

Die Lottoscheine der einzelnen Unternehmen in der BRD unterscheiden sich hinsichtlich Größe, Umfang, Zahlenfeldanordnung, Farbe und Beschriftung schon derart voneinander[123], daß es wiederum angezeigt erscheint, das Grundsätzliche dieser Lottoscheine nur an Hand eines einzigen Unternehmens näher zu überprüfen. Dies soll am Spielschein des Süd-Lottos geschehen. Dieser – 15,4 cm lang, 10,4 cm breit – ist auf seiner Vorderseite mit 8 fast quadratischen Spielfeldern (Zahlen 1–49) rot bedruckt und weist noch auf der linken Seite den Aufdruck „Süd-Lotto im Deutschen Lottoblock ‚6 aus 49' " sowie „Spielabschnitt, Los der Olympia Lotterie" auf. Zudem befindet sich auf dieser Vorderseite noch eine Rubrik für die Postanschrift des Teilnehmers sowie der Vermerk, daß die Eintragungen in roter Farbe unzulässig sind, da elektronische Auswertungen vorgenommen werde. Die Rückseite dieses Spielscheinteils ist leer.

Der zweite Teil, nur auf seiner Rückseite mit der gleichen Zahlenfelderanordnung versehen, ist grün bedruckt und wird als Quittung bezeichnet. Er befindet sich an der Unterkante des Abschnitts 1 und ist leicht abtrennbar. Auf dieser Rückseite befindet sich noch folgender Hinweis: „Diese Quittung dient lediglich als Bestätigung für die Abgabe des Lottoscheins und für den geleisteten Einsatz. Für die Gewinnfeststellung sind ausschließlich die Eintragungen auf dem Spielabschnitt maßgebend". Die Vorderseite dieses Abschnitts 2 ist für Reklame und Hinweise nicht amtlichen Charakters freigehalten.

Der 3. Teil dieses Spielscheins, wiederum an der Unterkante des Teils 2 angeschlossen, enthält die auszugsweise Wiedergabe der Spielbedingungen für das Süd-Lotto und die Olympia-Lotterie. Seine Rückseite ist in der Größenformation der Zahlenfelderanreihung des Spielabschnitts und der sog. Quittung mit Kohlepapier überzogen und wird durch Umklappen zwischen den Spielabschnitt und die sog. Quittung gelegt. Bei der ordnungsgemäßen Ausfüllung des Lottoscheins durch Ankreuzen der entsprechenden 6 Zahlen auf dem Spielabschnitt (im sog. Durchschreibeverfahren)[124] werden diese auf den entsprechenden Zahlenfeldern der sog. Quittung mitangekreuzt.

123 Beispielsweise sind in Berlin nur je 2 Spiele auf dem Spielschein vermerkt. Dieser hat – 3-teilig – die Ausmaße 10,4 cm x 7,4 cm. Hessen sieht demgegenüber auf dem Normal-Lotto-Schein 10 Spiele vor, ist nur 2-teilig und hat das Format 16,4 cm x 10,4 cm. Hamburg wiederum läßt 8 Spiele auf einem einzigen Spielschein zu. Dieser ist 3-teilig und 14,4 cm x 10,4 cm. Auf dem Saarland-Lottoschein befinden sich hingegen 6 Spielgelegenheiten. Dieser Schein ist 2-teilig und in den Ausmaßen 13,4 cm x 10,4 cm. Niedersachsen schließlich läßt pro Schein (3-teilig: 10,3 cm x 15 cm) 8 Spiele zu.

124 Vgl. Ziffer 7, Nr. 2 der Amtlichen Spielbedingungen.

Neben diesem sog. Normallottoschein werden noch sog. Lottosystemscheine[125] und sog. Lottozahlkarten[126] verwendet. Diese beiden unterscheiden sich aber in der äußeren Form erheblich vom Normallottoschein; sie sollen im weiteren nicht näher behandelt werden.

In der Ausfüllung des Lottoscheins durch Ankreuzen der sechs Zahlen liegt die Verkörperung einer Gedankenäußerung in vereinbarten Wortzeichen[127]. Der Spieler gibt zu verstehen, daß er damit rechnet, daß die von ihm angekreuzten Zahlen bei der kommenden Auslosung gezogen werden. Dem Lottoschein kommt somit Urkundeneigenschaft zu[128].

125 Der Allensbacher Studie zufolge (vgl. S. 65) benutzen nur rund 6% aller Teilnehmer am Zahlenlotto diese Systemscheine.

126 Vgl. Ziffer 5, Nr. 1 der Amtlichen Spielbedingungen.

127 Vgl. hierzu Stein-Jonas-Schönke-Pohle, ZPO-Komm. 18. Aufl. (1953), Bd. I, Vorbem. I zu § 415 ZPO.

128 Vgl. hierzu auch Simon, S. 41.

Kapitel 16
Die sog. Quittung als Bestätigung i.S. Ziffer 10, Nr. 5, S. 2 der Amtlichen Spielbedingungen

Die sog. Quittung[129] soll gem. Ziffer 10, Nr. 5, S. 2 der Spielbedingungen „dem Teilnehmer lediglich als Bestätigung für die Abgabe des Lottoscheins und für den geleisteten Einsatz“ dienen. Aus Ziffer 18, Nr. 1 der Spielbedingungen ergibt sich aber außerdem, daß die Annahmestellen Gewinne bis zu 300 DM „gegen Rückgabe der Quittung“ auszahlen.

Fragt man nach dem Rechtscharakter dieser sog. Quittung, so scheidet die Rechtsfigur einer Inhaberschuldverschreibung und eines Schuldscheins schon aus folgenden Gründen aus:

Inhaberschuldverschreibung i.S. § 793 BGB kann sie deshalb nicht sein, weil diese eine Schuldverschreibung, d.h. eine Urkunde voraussetzt, in der sich der Aussteller zu einer Leistung an den Inhaber der Urkunde verpflichtet; es sich also um eine Verbriefung von Forderungsrechten handeln müßte[130], und es an dem strengen Formerfordernis der eigenhändigen Unterschrift[131], zumindest aber der mechanischen Vervielfältigung der Namensunterschrift (sog. Faksimile) fehlt. Zudem müßte sich aus der Urkunde selbst ergeben, daß der Aussteller jedem (dem jeweiligen) Inhaber zur Leistung verpflichtet sein will. Diese Inhaberklausel braucht wohl nicht notwendigerweise wörtlich in der Urkunde aufgenommen sein, muß sich jedoch zumindest deutlich aus dem Inhalt des Scheines selbst ergeben[132].

Schuldscheincharakter[133] kann diesem Abschnitt des Lottoscheins schon deshalb nicht zuerkannt werden, weil Schuldscheine Schuldverpflichtung begründende oder bestätigende, vom Schuldner zum Beweise für das Bestehen der Schuld ausgestellte Urkunden sind[134]. Im Schuldschein wird vom

---

129 Zur Rechtsnatur des Spielabschnitts beim Fußballtoto vgl. Simon, S. 44; zum Lottospielabschnitt vgl. auch LG München II 5 0 127/60, Urteil vom 27. September 1961 (nicht veröffentlicht).

130 Vgl. hierzu statt vieler Palandt-Thomas, Anm. 1 zu § 793 BGB.

131 Vgl. Staudinger-Kober, Anm. I, 3 zu § 793 BGB; ferner Pauly, Schuldverschreibung auf den Inhaber und das Erfordernis staatlicher Genehmigung zu ihrer Ausgabe, Marburger Diss. 1913, S. 44.

132 Vgl. Staudinger-Kober, Anm. I, 2 zu § 793 BGB und Pauly, S. 44; ferner OLG Dresden, OLG 18, 189 (190).

133 Zum Unterschied zwischen Schuldschein und Quittung und zwischen dieser und dem reinen Empfangsschein vgl. u.a. Ahlers, Die rechtliche Natur der Quittung nach geltendem Recht, Leipziger Diss. 1913, S. 3 ff.; Wagner, Die rechtliche Natur der Quittung, Breslauer Diss. 1925, S. 5 ff.; und Engelbrecht, Die Behandlung der unechten und der nicht begebenen Quittungen, Marburger Diss. 1923, S. 13.

134 Vgl. RGR-Komm. zum BGB 11. Aufl. (1960), Anm. 1 zu § 952 BGB; Enneccerus-Lehmann, § 64 II, S. 262; RGZ 116, 166 (173); 120, 85 (89); 127, 169 (171).

Schuldner bekannt, etwas zu schulden. In der Regel wird er zudem vom Schuldner[135] selbst ausgestellt[136].

Die sog. Quittung ist aber weder eine eine Schuldverpflichtung begründende noch eine sie bestätigende Urkunde. Der Lottounternehmer will mit der Rückgabe dieses Teils des Lottoscheins an den Spieler nach der Ausfertigung nicht das Entstehen oder Bestehen einer Schuld dem Teilnehmer gegenüber anerkennen. Ein solcher Wille ist den Spielbedingungen an keiner Stelle zu entnehmen. Diese weisen vielmehr ausdrücklich nur auf die vertragliche Vereinbarung des bloßen Bestätigungscharakters hin.

Der sog. Quittungsabschnitt ist aber auch keine Quittung. Der Begriff „Quittung" ist vieldeutig[137]. In der Hauptsache ist sie ein Beweismittel der Erfüllung, insbesondere von Geldschulden[138]; vornehmlich ein schriftliches Bekenntnis des Empfanges und der Einlösung einer geschuldeten Leistung[139]. Dabei ist jedoch wert, hervorgehoben zu werden, daß das bloße Bekenntnis, eine Summe empfangen zu haben, noch keine Quittung darstellt[140], vielmehr muß diese einen Hinweis auf die (bestehende) Schuld enthalten. Dieser Hinweis kann sich allerdings auch aus den Umständen ergeben[141].

Die sog. Quittung stellt keine Bescheinigung über die Einlösung oder Bezahlung einer schon bestehenden Schuld dar. Sie ist lediglich Beweismittel für den Empfang des ausgefüllten Spielscheins und des Einsatzes[142]. Die Erteilung einer Quittung, deren Anspruch in § 368, Abs. 1 BGB geregelt ist, setzt den Empfang einer Leistung[143], und zwar der dem Gläubiger geschuldeten Leistung voraus. Dies kann jedoch nur in Erfüllung einer Rechtsverbindlichkeit geschehen[144].

---

135 Beim Süd-Lotto ist dies der Bayerische Staat, vertreten durch die Staatliche Lotterieverwaltung in München.

136 Vgl. hierzu Wagner, S. 10.

137 Hinsichtlich der verschiedenen Quittungstheorien vgl. u.a. Mikasch, Die rechtliche Bedeutung der Quittung, Breslauer Diss. 1932, S. 10 ff.; Wagner, S. 58–59; Dallwig, Die Rechtsnatur der Quittung, Marburger Diss. 1936, S. 18 ff.; Ahlers, S. 16 ff.

138 Vgl. Enneccerus-Lehmann, § 64 I, S. 260.

139 Vgl. RGR-Komm. zum BGB 11. Aufl. (1960), Anm. 4 zu § 368 BGB; RGZ 108, 50 (55).

140 Vgl. RGZ 79, 191 (192).

141 Vgl. Enneccerus-Lehmann, § 64 I, S. 260.

142 Vgl. RGZ 108, 50 (55).

143 Unter „Leistungen" i.S. des § 368 BGB werden nicht nur Geldschulden, sondern Leistungen jeglicher Art verstanden (vgl. Staudinger-Werner, 9. Aufl. (1928), II. Bd., Teil I, Anm. III, 1 zu § 368 BGB).

144 Vgl. Simon, S. 59; ferner Staudinger-Werner, Anm. I, 1 zu § 368 BGB.

Wie bereits im Hauptteil II näher ausgeführt, bedarf es zur Entstehung des Lottoschuldverhältnisses von seiten des Teilnehmers u.a. der Abgabe des Lottoscheins und der Leistung des Einsatzes. Lottoscheinabgabe und Einsatzleistung sind somit Voraussetzung des Entstehens des Schuldverhältnisses. Die Bestätigung über Abgabe des Spielscheins und über Zahlung des Einsatzes wird also nicht in Erfüllung einer bestehenden Verbindlichkeit erteilt, denn eine Rechtsverbindlichkeit besteht zwischen dem Unternehmer und dem Teilnehmer im Zeitpunkt der Ausfertigung[145] des Lottoscheins noch nicht. Die Abstempelung und das Aufdrücken des Namens der Annahmestelle sowie einer fortlaufenden Zahl für die Ausspielung der Olympia-Lotterie durch die Registriermaschine ist jedoch nur als eine rein innerbetriebliche[146] Angelegenheit[147] zu werten, die lediglich den Nachweis für den gezahlten Spieleinsatz und die Ablieferung des ausgefüllten Lottoscheins erbringt.

Wenn auch die Bestätigung i.S. der Ziffer 10, Nr. 5, S. 2 der Spielbedingungen ebenso wie die Quittung den Spieler vor einer nochmaligen Inanspruchnahme schützen will[148], so fehlt dieser Bestätigung noch aus folgenden Gründen der Quittungscharakter:

Die Quittung ist an sich kein Formgeschäft[149]. Da aber § 368, Abs. 1 BGB von einem „schriftlichen Empfangsbekenntnis" spricht, entspräche die sog. Quittung nur dann einer Quittung i.S. der Vorschriften des BGB (z.B. § 368 BGB), wenn sie mit einer der Vorschrift des § 126 BGB genügenden Unterschrift versehen wäre. Dazu wäre eine Namensunterschrift oder gerichtlich oder notariell beglaubigtes Handzeichen nötig[150]. Der sog. Quittungsabschnitt hat jedoch nur den Aufdruck „Süd-Lotto". Auch die bei der Ausfertigung aufgedruckte bzw. aufgestempelte Firmenbezeichnung der Annahmestellen genügt insoweit nicht den Anforderungen der Schriftlichkeit i.S. § 126, Abs. 1 BGB[151].

---

145 Unter „Ausfertigung" ist – um es zu wiederholen – in diesem Zusammenhang die Übergabe des ordnungsgemäß ausgefüllten Lottoscheins unter gleichzeitiger Bezahlung des Spieleinsatzes und der Bearbeitungsgebühr, das Aufdrücken des Vertriebsstempels der Annahmestelle nach Aufkleben einer dem Spieleinsatz entsprechenden Banderole mit fortlaufender Nummer (Ziff. 9, Nr. 1 n.F.) bzw. Abstempelung des Spielscheins durch das Registriergerät, die daraufhin vorzunehmende Teilung des Lottoscheins in Spielabschnitt und Quittung und die Rückgabe der als Quittung bezeichneten Hälfte des Scheins an den Teilnehmer (Ziff. 9, Nr. 4 n.F.) zu verstehen.

146 Vgl. Simon, S. 59.

147 Vgl. Simon, S. 42 ff. dazu, was der (Toto-)Schein vor der Ausfertigung darstellt.

148 Vgl. Ehlerding, Die Quittung, Erlanger Diss. 1932, S. 9.

149 Vgl. Enneccerus-Lehmann, § 64 I, 3, S. 261.

150 So die ganze h.M. vgl. Staudinger-Werner, Anm. II zu § 368 BGB und Staudinger-Coing, Anm. 8 a zu § 126 BGB.

151 Vgl. Staudinger-Coing, Anm. 8 a zu § 126 BGB.

Der sog. Quittung kommt damit nur der Charakter einer reinen Bestätigung zu. Bestätigt werden soll, wie Ziffer 10, Nr. 5, S. 2 sehr klar zu erkennen gibt, daß vom Teilnehmer der Lottoschein ordnungsgemäß abgegeben und der erforderliche Spieleinsatz erbracht ist.

Wenn auch der dem Spieler zurückgegebene Teil des Lottoscheins nicht eine Quittung i.S. des bürgerlichen Rechts darstellt, so kommt ihm doch eine gewisse Beweiskraft zu. Wegen der fehlenden Unterschrift kann mit ihm zwar kein Urkundenbeweis gem. § 416 ZPO geführt werden; er unterliegt aber zumindest der freien richterlichen Beweiswürdigung i.S. des § 286 ZPO[152]. Als bloße Bestätigung, insbesondere mit der aufgeklebten Banderole bzw. Registriernummer, ist er geeignet, als ein Beweismittel im Prozeß vom Richter gewertet zu werden. In der Regel wird aus ihm der Richter die volle Überzeugung von der Wahrheit der behaupteten, bedingungsgemäßen, Beteiligung am Lottospiel schöpfen können. Der Inhaber dieser Bestätigung wird also, wie der Inhaber einer Quittung, vor einer nochmaligen Inanspruchnahme und vor dem Ausschluß von der Beteiligung am Spiel geschützt. Dem Lottounternehmer steht jedoch selbstverständlich insoweit der Beweis der Unrichtigkeit frei[153].

152 Vgl. RGR-Komm. zum BGB 11. Aufl. (1960), Anm. 6 zu § 368 BGB.

153 Vgl. hierzu Rosenberg, Die Beweislast, 4. Aufl. (1956), S. 344.

Kapitel 17
Der Legitimationscharakter der sog. Quittung

Die Frage nach dem Legitimationscharakter der sog. Quittung stellt sich im Hinblick auf die in den Spielbedingungen getroffene Vereinbarung[154], wonach der Gewinner z.B. in Bayern Beträge bis zu 300,– DM „binnen zwei Wochen nach der Ausspielung seinen Gewinn gegen Rückgabe der Quittung bei der Annahmestelle abzuholen" hat. Neben dem Bestätigungscharakter wird dem sog. Quittungsabschnitt damit ersichtlich eine gewisse Legitimationsfunktion zuerkannt. Diese zusätzliche Funktion verdient näher geprüft zu werden.

Einfache Legitimationszeichen[155] weisen folgende rechtliche Eigentümlichkeiten auf: Sie sind keine Wertpapiere[156], sondern *Kontrollzeichen*. Sie ermangeln vielfach der Unterschrift des Schuldners und benennen keinen Gläubiger. Sie lassen auch den Inhaber nur prima facie berechtigt erscheinen, den Anspruch geltend zu machen. Die Berechtigung kann jedoch auch anderweitig nachgewiesen werden[157]. Das Legitimationszeichen zirkuliert nicht als Wert und hat keine Forderungsträgereigenschaft; es ist vielmehr nur Akzessorium der Forderung. Der Schuldner *kann* ohne Prüfung an den Inhaber leisten und wird auch dann von seiner Schuld befreit, wenn der Inhaber nicht berechtigt ist[158]. Andererseits kann der wahre Berechtigte auch ohne Vorlage des Zeichens die Leistung verlangen, falls er seine Berechtigung auf andere Weise, z.B. durch Benennung von Zeugen oder Vorlage anderer Urkunden, beweisen kann, und der Schuldner nicht schon an den Inhaber geleistet hat[159]. Das Gläubigerrecht richtet sich nach dem zugrunde liegenden Vertrag; es bleibt trotz Untergang der Urkunde bestehen. Dem Inhaber können alle Einreden aus dem zugrunde liegenden Rechtsverhältnis entgegengehalten werden.

Das einfache Legitimationszeichen wird rechtlich im „Einklang mit der Verkehrsansicht"[160] in den wichtigsten Beziehungen nach der Norm des § 807 BGB behandelt[161].

---

154 Vgl. Ziff. 18, Nr. 1, S. 2 der Amtlichen Spielbedingungen.

155 So Hueck, Recht der Wertpapiere, 9. Aufl. (1963), S. 124.

156 Vgl. Hueck, S. 124; Blumensaat, Inhaberschuldzeichen und Legitimationszeichen, Göttinger Diss. 1936, S. 14.

157 Vgl. Blumensaat, S. 18.

158 Vgl. Hueck, S. 124.

159 Vgl. Hueck, S. 124.

160 So Enneccerus-Lehmann, S. 216, 1, S. 861.

161 Vgl. hierzu in etwa Erman-Hense, Handkommentar zum BGB, 1. Bd., 4. Aufl. (1967), Anm. 1 b, c zu § 807 BGB.

Unter Beachtung dieser Merkmale kann man die sog. Quittung als einfaches Legitimationszeichen bezeichnen. Dagegen spricht nicht, daß aus dem Spielvertrag nur der wirkliche Gläubiger berechtigt und der Unternehmer *nicht verpflichtet* ist, an den Inhaber der „Quittung" zu zahlen. Ziffer 18 Nr. 3 der Spielbedingungen *berechtigt* ihn jedoch hierzu, ohne prüfen zu müssen, ob der Überbringer der „Quittung" der wirklich Berechtigte ist. Daß der Unternehmer berechtigt ist, Gewinne über 300,– DM „an die Anschrift . . . zu überweisen", spielt in diesem Zusammenhang keine weitere Rolle. Und daß ausgezahlt wird „nach Maßgabe der . . . Gewinnliste" (Ziffer 18, Nr. 1), ist für die Qualifizierung der „Quittung" als Legitimationszeichen ebenso ohne jegliche Bedeutung. Dieser Passus meint nur, daß die Gewinnliste maßgebend dafür ist, *ob* und *in welcher Höhe* ein Gewinn für den Spieler angefallen ist, gleichgültig, wie er sich als der Berechtigte ausweist und gleichgültig, wer für den Spieler den Gewinn entgegennehmen kann.

Daß die sog. Quittung Kontrollzeichenfunktion besitzt und auch in dieser Absicht ausgegeben wird, ist angesichts der Formulierung der Ziffer 18, Nr. 1 und Nr. 3 damit nicht mehr zweifelhaft. Zudem weist auch § 25, Nr. 2 d der Besonderen Geschäftsanweisungen für die Vertriebsorganisation des Süd-Lottos, wonach bei Verlust der sog. Quittung keine Gewinne von den Annahmestellen nach Maßgabe der ihnen zugegangenen Gewinnlisten ausgezahlt werden dürfen, sondern die Gewinnbeträge an das Süd-Lotto zurückzusenden sind, auf diese Funktion eines Kontrollzeichens hin.

ANHANG

Spielbedingungen für das Zahlenlotto in Baden-Württemberg
(Gültig ab 30. Juni 1969)

Einleitung zu den Spielbedingungen

Nach dem Gesetz über das Zahlenlotto vom 10.3.1958 (Ges.Bl. S. 87) veranstaltet das Land Baden-Württemberg eine Zahlenlotterie (Zahlenlotto). Das Finanzministerium hat mit der Durchführung die Staatliche Sport-Toto GmbH in Stuttgart beauftragt und die nachstehenden Spielbedingungen festgesetzt.
Die Staatliche Sport-Toto GmbH (Gesellschaft) führt diesen Auftrag unter der Bezeichnung „Staatliches Zahlenlotto Baden-Württemberg" durch.

Erster Abschnitt
Allgemeines

I. Spielgrundlage

1. Die Grundlage des Lottospieles bildet der Spielvertrag.
2. Die Teilnahme an einer Ausspielung im Zahlenlotto ist nur mit den jeweils gültigen Spielscheinen, die die Gesellschaft herausgegeben hat, möglich.
3. Mit der Einreichung des Spielscheines bei einer Annahmestelle erkennt der Teilnehmer die Spielbedingungen der Gesellschaft als verbindlich an.
4. Die Gesellschaft kann mit anderen deutschen Lotto-Unternehmen die Ausgabe eines gemeinsamen Spielscheines und eine gemeinsame Gewinnermittlung und -ausschüttung an die Gesamtzahl der Gewinner der beteiligten Lotto-Unternehmen (Block) vereinbaren. Ihren eigenen Teilnehmern gegenüber gelten dabei ausschließlich die Spielbedingungen der Gesellschaft.

II. Gegenstand des Zahlenlottos

1. Gegenstand des Zahlenlottos ist die Voraussage von 6 Zahlen (Gewinnzahlen), die aus der Zahlenreihe 1 bis 49 ausgelost werden (Ziff. XI Abs. 1).
2. In der Regel findet wöchentlich eine Ausspielung statt.

III. Form der Spielscheine

1. Form und Inhalt der Spielscheine bestimmt die Gesellschaft.
2. Der Spielschein besteht aus zwei Teilen, von denen der eine als Spielabschnitt, der andere als Quittungsabschnitt dient. Die beiden Teile dürfen von dem Teilnehmer nicht voneinander getrennt werden.
3. Änderungen der Spielscheine (Vordrucke) durch den Teilnehmer sind unstatthaft (Ziff. XII Abs. 8).
4. Als Spielscheine im Sinne dieser Spielbedingungen gelten der Normalschein, der Dauerschein, der Vielreihenschein und der Systemschein.

IV. Spieleinsatz

1. Der Mindesteinsatz beträgt 1,– DM für zwei Einzelspiele (Zahlenfelder). Darüber hinaus können für jeden weiteren Einsatz von 1,– DM je zwei weitere Spiele abgeschlossen werden. Jedes ausgefüllt Zahlenfeld gilt als ein besonderes Spiel.
2. Bei Vielreihenspielen sind auf einem Vielreihenschein nur Einsätze von 8,– DM für 16 Einzelspiele oder von 12 DM für 24 Einzelspiele zulässig. Ist der Mindesteinsatz von 8,– DM nicht entrichtet, so nimmt der Vielreihenschein nicht an der Ausspielung teil.
3. Der Spieleinsatz muß spätestens bei Annahmeschluß eingegangen sein. Die rechtzeitige Entrichtung des Spieleinsatzes ist die Voraussetzung für die Teilnahme an der Ausspielung.
4. Ist der Einsatz für die eingereichten Spielvoraussagen nicht voll bezahlt, so werden in der Reihenfolge von rückwärts so viele Spiele gestrichen, bis die noch verbleibenden Spiele durch den Einsatz gedeckt sind.
5. Ist nur *ein* Spiel (Zahlenfeld) oder eine ungerade Zahl von Spielen gekennzeichnet, so nimmt das eine Spiel oder das in der Reihenfolge letzte Spiel an der Ausspielung nur teil, wenn dafür 1,– DM entrichtet ist. Dies gilt nicht für Systemspiele, wenn das System eine ungerade Zahl von Spielen enthält.
6. Zuviel entrichteter Einsatz wird unter Abzug der Überweisungskosten zurückerstattet.

V. Bearbeitungsgebühr

1. Die Gesellschaft erhebt für jeden abgegebenen Spielschein eine Bearbeitungsgebühr von 20 Pfennig.
2. Für Spielscheine, die mittels Briefes an eine Annahmestelle eingesandt werden, wird ein besonderer Unkostenzuschlag in Höhe der amtlichen Postgebühren erhoben.

VI. Systemspiele und Dauerspiele

1. Der Abschluß eines Spielvertrages über eine größere Anzahl von Spielen ist auf besonderen von der Gesellschaft ausgegebenen Vordrucken in abgekürzter Schreibweise nach den besonderen Bestimmungen für Systemspiele möglich (Anlage 1).
2. Der Abschluß eines Spielvertrages über mehrere aufeinander folgende Ausspielungen ist auf dem von der Gesellschaft zu diesem Zweck herausgegebenen Dauerschein nach den besonderen Bestimmungen für Dauerspiele möglich (Anlage 2).
3. Im übrigen gelten für die Systemspiele und die Dauerspiele die (allgemeinen) Spielbedingungen.

Zweiter Abschnitt
Spielvertrag

VII. Form der Teilnahme

1. Die Teilnahme an der Ausspielung wird unter Entrichtung des Einsatzes erklärt durch
   a) Abgabe des ausgefüllten Spielscheines bei einer Annahmestelle oder
   b) Einsendung des ausgefüllten Spielscheins mittels Briefes an eine Annahmestelle.
2. Als Voraussage kreuzt der Teilnehmer auf jedem Zahlenfeld, für das er den Einsatz leistet, 6 Zahlen durch. Der Schnittpunkt des Kreuzes muß jeweils innerhalb eines Ziffernkästchens liegen.

3. Die Eintragungen auf dem Spielschein müssen eindeutig sein. Sie müssen mit Kugelschreiber, Tinte oder Maschinenschrift in schwarzer oder blauer Farbe erfolgen. Mit Bleistift oder in farbiger Schrift (außer schwarz und blau) ausgefüllte Spielscheine nehmen an der Gewinnausschüttung nicht teil.
4. Für die ordnungsgemäße Ausfüllung einschließlich der genauen Durchschrift ist der Teilnehmer selbst verantwortlich. Die Gesellschaft und ihre Annahmestellen haften nicht für Eintragungen irgendwelcher Art, die die Annahmestelle auf Wunsch des Teilnehmers auf dem Spielschein vornimmt.
5. Der Teilnehmer hat auf dem Spielabschnitt des Scheines seine vollständige Anschrift mit Postleitzahl deutlich lesbar anzubringen; sie soll in Blockschrift geschrieben werden. Es darf nur *ein* Berechtigter eingetragen sein. Bei Gemeinschaftsspielen ist als Berechtigter eine natürliche oder juristische Person einzutragen; nur diese gilt gegenüber der Gesellschaft als anspruchsberechtigt.

VIII. Entgegennahme des Spielscheines und Abschluß des Spielvertrags

1. Hat der Teilnehmer seinen ausgefüllten Spielschein der Annahmestelle zugeleitet und den Einsatz entrichtet, so versieht diese Stelle die beiden Abschnitte mit ihrer Registriernummer und gibt dem Teilnehmer den Quittungsabschnitt zurück. Der Teilnehmer muß sich überzeugen, daß sein Abschnitt die Registriernummer aufweist und daß er den Quittungsabschnitt zurückerhalten hat.
2. Die Annahmestelle ist dem Teilnehmer gegenüber nicht verpflichtet, nachzuprüfen, ob dieser einen gültigen Vordruck benützt und ihn ordnungsgemäß ausgefüllt hat.
3. Durch die Entgegennahme des Spielscheines wird nicht anerkannt, daß die Bestimmungen der Gesellschaft für die ordnungsgemäße Ausfüllung und Einreichung erfüllt sind.
4. Der Spielabschnitt ist die für die Gewinnfeststellung maßgebende Urkunde. Mit dem Eingang bei der Annahmestelle wird er Eigentum der Gesellschaft.
5. Der Teilnehmer kann nach der Entgegennahme des Spielscheines durch die Annahmestelle den Spielabschnitt nicht mehr zurückverlangen.
6. Nach Annahmeschluß leitet die Annahmestelle die entgegengenommenen Spielabschnitte in Ausführung des ihr von der Gesellschaft erteilten Geschäftsauftrags auf dem vorgeschriebenen Weg an die Zentrale der Gesellschaft in Stuttgart weiter.
7. Der Spielvertrag zwischen der Gesellschaft und dem Teilnehmer ist geschlossen, wenn der Spielabschnitt bei der Zentrale der Gesellschaft in Stuttgart rechtzeitig (Ziff. XII Abs. 1) in gesicherte Verwahrung genommen ist. Ist ein rechtswirksamer Spielvertrag hiernach nicht abgeschlossen, so erstattet die Gesellschaft auf Antrag den Einsatz und die Bearbeitungsgebühr gegen Vorlage des Quittungsabschnitts zurück. Weitergehende Ansprüche des Teilnehmers gegen die Gesellschaft sind ausgeschlossen.
8. Für den Inhalt des Spielvertrages sind ausschließlich die Voraussagen auf dem der Gesellschaft zugegangenen Spielabschnitt maßgebend. Aus dem dem Teilnehmer zurückgegebenen Quittungsabschnitt kann ein Gewinnanspruch nicht hergeleitet werden.
9. Die Gesellschaft kann Spielscheine, die gegen die Spielbedingungen oder gegen die Interessen der Gesellschaft verstoßen, von der Ausspielung ausschließen.
10. Alle Spielscheine (mit Ausnahme der Dauerscheine – siehe besondere Bestimmungen Anlage 2) gelten nur für die Ausspielung, die auf den Eingang bei der Gesellschaft in Stuttgart folgt, ohne Rücksicht auf Vordrucke oder Vermerke, die auf einen anderen Termin hinweisen. Für Sonderausspielungen kann diese Bestimmung nach besonderer Bekanntgabe geändert werden.

11. Die Gesellschaft schließt den Spielvertrag nur mit der Person ab, deren Anschrift aus dem Spielabschnitt ersichtlich ist. Sie befaßt sich nicht mit Vereinbarungen Dritter (Spielgemeinschaften).

IX. Annahmeschluß

1. Soweit von der Gesellschaft nichts anderes bestimmt ist, müssen Spielschein und Spieleinsatz bei der Annahmestelle spätestens bis Freitagabend zum üblichen Geschäftsschluß eingegangen sein.
2. Nach Annahmeschluß eingehende Spielscheine, für die der Spieleinsatz entrichtet ist, gelten für die nächste Ausspielung.

X. Haftung

1. Die Gesellschaft haftet dem Teilnehmer für alle Schäden, die nach der rechtswirksamen Annahme des Spielabschnittes in der Zentrale schuldhaft verursacht werden (Ziff. VIII Abs. 7).
2. Die Annahmestellen und die mit der Weiterleitung der Spielabschnitte an die Gesellschaft in Stuttgart beauftragten Stellen haften dem Teilnehmer nur für Schäden, die sie selbst durch vorsätzliche Handlungen verursacht haben. Jede Stelle haftet nur für Vorgänge in ihrem unmittelbaren Arbeitsbereich.
3. Die Haftung der Gesellschaft für Verschulden der Annahmestellen und der mit der Weiterleitung der Spielabschnitte an die Gesellschaft in Stuttgart beauftragten Stellen bei Verlust oder nicht rechtzeitigem Eingang des Spielabschnitts bei der Zentrale in Stuttgart wird gemäß §§ 276 Abs. 2, 278 BGB dem Teilnehmer gegenüber ausgeschlossen.
4. Die Gesellschaft haftet nicht für Schäden, die durch Verschulden der Bundespost, der Bundesbahn oder sonstiger Transportunternehmen entstehen. Ebenso ist jede Haftung für Schäden ausgeschlossen, die durch strafbare Handlungen dritter Personen, wie zum Beispiel durch Diebstahl oder Raub entstehen. Sie haftet weiterhin nicht für Schäden, die durch höhere Gewalt, insbesondere durch Feuer, Wasser, Streik oder innere Unruhen hervorgerufen werden. In diesen Fällen erstattet die Gesellschaft den Spieleinsatz und die Bearbeitungsgebühr auf Antrag gegen Vorlage des Quittungsabschnitts zurück. Weitergehende Ansprüche des Teilnehmers gegen die Gesellschaft sind ausgeschlossen.
5. Die Gesellschaft haftet auch nicht für Mängel, die auf fehlerhafter Herstellung des Spielscheins beruhen. Ist auf Grund von Herstellungsmängeln (Druckfehlern usw.) der Abschluß eines ordnungsgemäßen Spielvertrags unmöglich, so nimmt der Spielschein an der Ausspielung nicht teil. Der Einsatz und die Bearbeitungsgebühr werden auf Antrag dem Teilnehmer von der Gesellschaft erstattet oder gutgeschrieben. Ein weitergehender Anspruch besteht nicht.

Dritter Abschnitt
Gewinne

XI. Auslosung der Gewinnzahlen

1. Die 6 Gewinnzahlen werden jeweils zu einem bestimmten Termin nach Annahmeschluß durch öffentliche Auslosung unter notarieller oder behördlicher Kontrolle aus

den Zahlen 1 bis 49 ermittelt. Im Anschluß an diese Auslosung wird aus den verbleibenden Zahlen noch eine Zusatzzahl für die Gewinnklasse II ausgelost.

2. Die Gewinnzahlen und die Zusatzzahl werden im Anschluß an die Auslosung bekanntgegeben.

XII. Gewinnfeststellung

1. An der Gewinnfeststellung nehmen nur die Spielabschnitte teil, die spätestens vor Beginn der Auslosung der Gewinnzahlen bei der Zentrale der Gesellschaft in Stuttgart in gesicherte Verwahrung genommen sind. Die Gesellschaft stellt die Gewinne ausschließlich auf Grund der Prüfung der rechtswirksam angenommenen Spielabschnitte fest.
2. Zahlen, die auf dem Spielschein nicht eindeutig durchgekreuzt sind, werden nicht gewertet; dies gilt insbesondere für solche Kreuze, deren Schnittpunkt nicht zweifelsfrei innerhalb eines bestimmten Ziffernkästchens liegt.
3. Hat der Teilnehmer in einem Zahlenfeld mehr als 6 Zahlen durchgekreuzt, so werden nur 6 Zahlen in ihrer arithmetischen Reihenfolge, beginnend mit der niedrigsten Zahl, gewertet. Die restlichen höheren Zahlen werden nicht gewertet.
4. Hat der Teilnehmer weniger als 6 Zahlen durchgekreuzt, so werden nur diese gewertet.
5. Die Gesellschaft ist berechtigt, auch andere Kennzeichnungen der vom Teilnehmer gewählten Zahlen anzuerkennen, wenn diese Kennzeichnungen für die Gesellschaft eindeutig und einheitlich sind. Für sie gelten Abs. 3 und 4 entsprechend.
6. Sind in einem Zahlenfeld insgesamt nicht mehr als 6 Zahlen gekennzeichnet, so werden auch verschiedenartige Kennzeichnungen gewertet.
7. Sind in einem Zahlenfeld mehr als 6 Zahlen verschiedenartig gekennzeichnet, so werden nur die Kreuze gewertet.
8. Beschädigte (z.B. eingerissene und zerknüllte), undeutlich beschriftete, geänderte, radierte oder nicht ordnungsgemäß ausgefüllte (Ziff. VII Abs. 3 und 5) Spielscheine können zurückgewiesen werden. Spielscheine, die den Anforderungen nicht entsprechen, insbesondere solche, auf denen der Teilnehmer den Vordruck geändert hat, nehmen an der Gewinnausschüttung nicht teil. Eine Verpflichtung der Gesellschaft zur Erstattung des Einsatzes und der Bearbeitungsgebühr wird nicht begründet.

XIII. Gewinnklassen

1. Es gewinnen die Teilnehmer

in der Gewinnklasse I,	die 6 Gewinnzahlen,
in der Gewinnklasse II,	die 5 Gewinnzahlen und die Zusatzzahl,
in der Gewinnklasse III,	die 5 Gewinnzahlen,
in der Gewinnklasse IV,	die 4 Gewinnzahlen,
in der Gewinnklasse V,	die 3 Gewinnzahlen

in einem Spiel richtig vorausgesagt haben.

2. Von dem gesamten Aufkommen der Spieleinsätze einer Ausspielung werden 50% als Gewinnsumme ausgeschüttet. Diese Gewinnsumme verteilt sich auf die Gewinnklassen wie folgt:

Gewinnklasse I	20% der Gewinnsumme,
Gewinnklasse II	5% der Gewinnsumme,
Gewinnklasse III	25% der Gewinnsumme,
Gewinnklasse IV	25% der Gewinnsumme,
Gewinnklasse V	25% der Gewinnsumme.

Die Gewinnsumme für jede Gewinnklasse wird an die in ihr als Gewinner festgestellten Teilnehmer zu gleichen Teilen verteilt (Gewinnquote).

3. Werden in einer Gewinnklasse einer Ausspielung keine Gewinne ermittelt, so wird die Gewinnsumme der nächstniedrigeren Gewinnklasse zugeschlagen. Sind in keiner Gewinnklasse Gewinne angefallen, so wird die gesamte Gewinnsumme auf diejenigen Teilnehmer verteilt, welche die nächsthöchste Anzahl der Gewinnzahlen vorausgesagt haben (Ersatzgewinnklasse), sofern nicht der Fall der Mindestquote eintritt (Ziff. XIV Abs. 3).

XIV. Quotenfeststellung

1. Die Gewinnquote beträgt im Höchstfalle 500 000,– DM. Übersteigt die Gewinnquote die festgesetzte Höchstsumme, so wird die überschießende Gewinnsumme der nächstniedrigeren Gewinnklasse zugeschlagen.
2. Liegt die Gewinnquote einer Gewinnklasse unter 1,– DM, so wird ihre gesamte Gewinnsumme der nächsthöheren Gewinnklasse zugeschlagen.
3. Wird in keiner Gewinnklasse einschließlich der „Ersatzgewinnklasse" die Mindestquote von 1,– DM erreicht, so wird die gesamte Gewinnsumme der Ausschüttungssumme der nächsten Ausspielung zugeschlagen. Die Spieleinsätze verfallen.
4. Die Gesellschaft ist berechtigt, die Gewinnquote bis zur Mindesthöhe von 1,– DM aufzufüllen; in diesem Falle wird einer anderen Gewinnklasse oder der nächsten Ausspielung nichts zugeschlagen.
5. Die Gewinnquote einer Gewinnklasse darf die einer höheren Gewinnklasse nicht übersteigen. In einem solchen Falle werden die Gewinnsummen dieser beiden Gewinnklassen zusammengelegt und gleichmäßig an die Gewinner beider Gewinnklassen verteilt.
6. Alle Gewinnquoten werden auf 5 Pf abgerundet. Nach der Abrundung verbleibende Spitzenbeträge werden einem Ausgleichsfonds zugeführt, über den die Gesellschaft verfügt.
7. Ist gemäß Ziff. I Abs. 4 dieser Spielbedingungen mit anderen Lotto-Unternehmen eine gemeinsame Gewinnermittlung und -ausschüttung vereinbart, so werden die Gewinnsummen der beteiligten Unternehmen zusammengelegt und nach Errechnung der Gewinnquoten auf die Gewinner dieser Unternehmen verteilt.
8. Die Höhe der Gewinnquoten wird nach Vorliegen der Auswertungsergebnisse von der Gesellschaft bekanntgegeben. Die Bekanntgabe erfolgt ohne Gewähr. Gewinnquoten von mehr als 1 000,– DM gelten zunächst als vorläufig; sie können sich ändern, wenn innerhalb von 8 Tagen nach der Ausspielung weitere berechtigte Gewinnansprüche festgestellt werden.

XV. Gewinnauszahlung

1. Die Gewinne werden dem Teilnehmer kostenfrei an seine auf dem Spielabschnitt vermerkte Anschrift überwiesen.
2. Ist eine Anschrift (Namens- und Ortsangabe) teilweise oder ganz unleserlich, fehlerhaft oder überhaupt nicht angegeben, so leistet die Gesellschaft mit befreiender Wirkung an denjenigen, der den zugehörigen Quittungsabschnitt vorlegt. Das gleiche gilt, wenn mehrere Teilnehmer auf dem Spielschein angegeben sind.
3. Sämtliche Gewinne bis zu 1 000,– DM werden unverzüglich ausbezahlt. Hat ein Gewinner einen solchen Gewinnbetrag nicht binnen 14 Tagen nach der Ausspielung erhalten, so hat er seinen Anspruch unmittelbar bei der Gesellschaft in Stuttgart innerhalb einer Frist von 6 Wochen nach dem Tage der Ausspielung entweder durch

die bei den Annahmestellen erhältliche Reklamationskarte oder brieflich unter Angabe der vollständigen Anschrift und Beifügung des Quittungsabschnitts geltend zu machen. Der Anspruch gilt als rechtzeitig erhoben, wenn er innerhalb der Frist von 6 Wochen nach dem Tage der Ausspielung durch Fernschreiben, Telegramm oder Fernspruch mitgeteilt ist und wenn die schriftliche Begründung innerhalb einer weiteren Frist von 2 Tagen eingeht. Nach Ablauf der Frist von 6 Wochen verfällt der Gewinnanspruch.

4. Teilnehmer mit einem Gewinn von mehr als 1 000,– DM werden von der Gesellschaft schriftlich benachrichtigt. Hat ein Gewinner am 4. Tage nach der Ausspielung diese Benachrichtigung nicht erhalten, so hat er seinen Gewinnanspruch spätestens am 8. Tage nach der Ausspielung bei der Gesellschaft in Stuttgart geltend zu machen entweder durch persönliche Vorsprache unter Vorlage des Quittungsabschnitts oder durch Fernschreiben, Telegramm oder Fernspruch unter gleichzeitiger Absendung des Quittungsabschnitts. Nach Ablauf der Frist von 8 Tagen verfällt der Gewinnanspruch. Die Gewinne über 1 000,– DM werden am 9. Tage nach der Ausspielung an die bis dahin endgültig festgestellten Gewinner überwiesen.
5. Meldet ein Teilnehmer einen Gewinn über 1 000,– DM nach Ablauf der Frist von 8 Tagen, aber innerhalb einer Frist von 6 Wochen nach der Ausspielung bei der Gesellschaft an, so kann die Gesellschaft diesen Gewinn zur Vermeidung unbilliger Härten ganz oder teilweise ohne Anerkennung einer Rechtspflicht auszahlen.
6. Gewinne, die infolge fehlender, fehlerhafter oder unleserlicher Anschrift nicht zustellbar sind, verfallen mit Ablauf von 8 Wochen nach der Ausspielung.
7. Die Gesellschaft ist berechtigt, von jedem Teilnehmer die Überlassung des Quittungsabschnitts zu verlangen.

XVI. Klagefrist und Fristenberechnung

1. Alle Ansprüche aus der Teilnahme am Zahlenlotto gegen die Gesellschaft sowie ihre Annahmestellen und die mit der Weiterleitung der Spielscheine an die Gesellschaft in Stuttgart beauftragten Stellen können nur binnen 13 Wochen nach der Ausspielung gerichtlich geltend gemacht werden. Eine spätere Rechtsverfolgung ist ausgeschlossen.
2. Für die Berechnung der in den Ziffern XV und XVI bestimmten Fristen gilt der auf den Annahmeschluß folgende Sonntag als Tag der Ausspielung.

Vierter Abschnitt
Einzelbestimmungen

XVII. Aufbewahrung

Spielscheine, auf die kein Gewinnanspruch erhoben wurde, werden einen Monat, Spielscheine mit Gewinnen der Gewinnklassen IV und V werden drei Monate aufbewahrt. Im übrigen gelten für die Aufbewahrung die handelsrechtlichen Vorschriften.

XVIII. Spielgeheimnis

Name und Beteiligung gibt die Gesellschaft ohne Einwilligung des Teilnehmers nicht bekannt.

XIX. Bekanntgaben

Die Gesellschaft gibt ihre Mitteilungen durch die von ihr herausgegebene Toto-Vorschau, durch Aushang in ihren Annahmestellen oder durch Presse, Rundfunk oder Fernsehen bekannt.

XX. Gerichtsstand

Gerichtsstand ist Stuttgart.

XXI. Inkrafttreten

Die vorstehenden Spielbedingungen und die Sonderbestimmungen in den Anlagen treten am 30. Juni 1969 in Kraft. Zum gleichen Zeitpunkt werden die Spielbedingungen und die Sonderbestimmungen der Anlagen in der bisherigen Fassung ungültig.

Genehmigt:
Finanzministerium
Baden-Württemberg

STAATLICHE SPORT-TOTO GmbH
Stuttgart

Anlage 1
Besondere Bestimmungen für Systemspiele im Zahlenlotto

1. Gemäß Ziffer III Abs. 3 in Verbindung mit Ziffer VI Abs. 1 der Spielbedingungen sind vom Staatlichen Zahlenlotto Baden-Württemberg der Vielreihenschein und der Systemschein herausgegeben. Der Vielreihenschein ermöglicht Vielreihen- und Blockspiele, der Systemschein ermöglicht Kombinationsspiele.
2. Die Gesellschaft nimmt in abgekürzter Schreibweise nur die von ihr zugelassenen Formen der Kombinationsspiele und der Blockspiele an. Spiele nach anderen Systemen werden nur voll ausgeschrieben zugelassen.
3. Der Teilnehmer hat in dem dafür vorgesehenen Berechnungsfeld die Anzahl der Spiele und den Spieleinsatz einzutragen. Die Annahmestelle quittiert den entgegengenommenen Spieleinsatz.
4. Entsprechen die Eintragungen nicht den für Systemspiele geltenden Regeln, so nimmt das betreffende Systemspiel nicht an der Ausspielung teil.
5. Ist der Spieleinsatz für Blockspiele oder Kombinationsspiele zu gering berechnet und bezahlt, so gilt folgendes:
   a) Bei der Kurzschreibweise von Blockspielen werden die nicht vom Einsatz gedeckten Voraussagen in der Reihenfolge von unten nach oben und von rechts nach links gestrichen.
   b) Enthält der Systemschein vollmathematische Kombinationsspiele, so werden die Wahlzahlen einer Kombination, beginnend mit der arithmetisch höchsten Zahl, soweit gestrichen und nicht gewertet, bis ein Kombinationsspiel verbleibt, das durch den Einsatz gedeckt ist.
   c) Ein vom Einsatz nicht gedecktes Kombinationsspiel der verkürzten engeren Wahl (v.e.W.) nimmt nicht an der Ausspielung teil. Enthält der Systemschein mehrere v.e.W.-Kombinationsspiele und ist der Gesamteinsatz zu gering berechnet und bezahlt, so werden zunächst die zu gering berechneten Spiele und sodann die Spiele in der Reihenfolge von rechts nach links gestrichen.

Anlage 2
Besondere Bestimmungen für Dauerspiele

1. Gemäß Ziff. III Abs. 3 in Verbindung mit Ziff. VI Abs. 2 der Spielbedingungen wird vom Staatlichen Zahlenlotto Baden-Württemberg der Dauerschein herausgegeben, der es ermöglicht, mit den gleichen Voraussagen für 8 Spiele an 4 aufeinander folgenden Ausspielungen teilzunehmen.
2. Der Spieleinsatz für 4 Ausspielungen beträgt 16,– DM. Außerdem wird je Dauerschein eine Bearbeitungsgebühr von 80 Pf erhoben.
3. Der Teilnehmer hat auf dem Dauerschein in allen 8 Zahlenfeldern als Voraussagen der Gewinnzahlen je 6 Zahlen zu durchkreuzen.
4. Der Dauerschein gilt erstmals für die Ausspielung, die auf den Eingang bei der Gesellschaft in Stuttgart folgt, ohne Rücksicht auf Vermerke, die auf eine andere Ausspielung hinweisen. Nach dieser ersten Ausspielung gilt der Dauerschein für die sich unmittelbar anschließenden 3 weiteren Ausspielungen.

Genehmigt:
Finanzministerium
Baden-Württemberg

STAATLICHE SPORT-TOTO GmbH
Stuttgart

Teilnahmebedingungen der Staatlichen Sport-Toto GmbH Stuttgart für die Olympia-Lotterie
(Gültig ab 30. Juni 1969)

Einleitung

Auf Grund des Gesetzes vom 19.9.1967 (Ges.Bl. S. 209) veranstaltet das Land Baden-Württemberg eine Olympia-Lotterie. Das Finanzministerium hat mit der Durchführung die Staatliche Sport-Toto GmbH in Stuttgart beauftragt und die nachstehenden Teilnahmebedingungen festgesetzt.

I. Allgemeines

1. Die Bestimmungen sind für alle Teilnehmer an der Olympia-Lotterie in Baden-Württemberg verbindlich.
2. Die Ausspielungen finden in der Regel wöchentlich zusammen mit der Sportwette und dem Zahlenlotto statt.
3. Die Cesellschaft führt die Ausspielungen gemeinsam mit den im Deutschen Totoblock und Deutschen Lottoblock zusammengefaßten Unternehmen durch.

II. Teilnahme an der Olympia-Lotterie

1. Die Teilnahme an der Olympia-Lotterie erfolgt in zeitlicher und sachlicher Verbindung mit den Wett- und Spielscheinen der Gesellschaft für Sportwette und Zahlenlotto in der Weise, daß jeder in einer Annahmestelle ordnungsgemäß entgegengenommene Wett- oder Spielschein ein Los der Olympia-Lotterie darstellt.
2. Die auf dem Wett- oder Spielschein von der Annahmestelle angebrachte Registriernummer ist die Losnummer für die Olympia-Lotterie.
3. Der Spieleinsatz für ein Los beträgt 0,10 DM; er wird zugleich mit dem Einsatz für die Sportwette oder das Zahlenlotto entrichtet.
4. Der Dauerlottoschein nimmt nur einmal an der Olympia-Lotterie teil, und zwar bei der ersten Veranstaltung des Zahlenlottos nach der Einreichung des Scheins.

III. Ziehung der Gewinnzahl

1. Für jede Ausspielung der Olympia-Lotterie wird eine vierstellige Gewinnzahl durch öffentliche Ziehung unter notarieller oder behördlicher Aufsicht ausgelost.
2. Art, Ort und Zeitpunkt der Ziehung bestimmt jeweils die Gesellschaft im Einvernehmen mit den im Deutschen Totoblock und Deutschen Lottoblock zusammengefaßten Unternehmen.

IV. Gewinnplan

1. Das Spielkapital der Olympia-Lotterie ergibt sich aus der Gesamtsumme der wöchentlichen Einsätze bei den Toto- und Lotto-Unternehmer der Bundesländer und Westberlins.
2. Als Gewinnsumme werden 25% des jeweiligen Spielkapitals bei jeder Veranstaltung ausgeschüttet.

3. Die Gewinnsumme wird wie folgt verteilt:
   a) in 2 Gewinnklassen, und zwar
   in Gewinnklasse I mit Einzelgewinnen zu DM 50,–,
   in Gewinnklasse II mit Einzelgewinnen zu DM 5,–
   sowie
   b) in Prämien zu DM 50 000,–,
   DM 5 000,–
   und zu DM 500,–.

V. Gewinn- und Prämien-Ermittlung

1. In der Olympia-Lotterie gewinnen
   in der Gewinnklasse I
   die Teilnehmer, auf deren Wett- oder Spielschein die Registriernummer in den 4 Endziffern mit der gezogenen Gewinnzahl übereinstimmt,
   je DM 50,–,
   in der Gewinnklasse II
   die Teilnehmer, auf deren Wett- oder Spielschein die Registriernummer in den 3 Endziffern mit den 3 Endziffern der gezogenen Gewinnzahl übereinstimmt,
   je DM 5,–.
2. Die Prämien werden ausgelost. An der Prämienauslösung nehmen die Gewinner der Gewinnklasse I teil. Bei jeder Ausspielung werden ausgelost:
   1 Prämie zu DM 50 000,–,
   15 Prämien zu DM 5 000,–
   und so viele Prämien zu DM 500,–,
   als der Rest der Gewinnsumme zuläßt.
3. Ein etwa verbleibender Spitzenbetrag wird der Gewinnsumme der nächsten Ausspielung zugeschlagen.
4. Die Prämienauslosung findet am 10. Tag nach der Ziehung der Gewinnzahl statt. Sie ist öffentlich und wird unter notarieller oder behördlicher Aufsicht durchgeführt.

VI. Auszahlung der Gewinne und der Prämien

1. Die Gewinne der Gewinnklasse II werden durch die Annahmestellen der Gesellschaft vom 5. Tage nach der Veranstaltung an gegen Abgabe des Quittungsabschnitts bar ausgezahlt. Wenn der Gewinn auf einen Dauerschein entfallen ist, genügt die Vorlage des Quittungsabschnitts, auf dem die Annahmestelle die Gewinnauszahlung vermerkt; der Teilnehmer quittiert den empfangenen Betrag.
2. Die Gewinne der Gewinnklasse I werden unverzüglich nach der Ausspielung, die Prämien werden sofort nach der Auslosung dem Teilnehmer kostenfrei an seine auf dem Spielabschnitt des Wett- oder Spielscheins vermerkt Anschrift überwiesen.
   Gewinne und Prämien, die bei den Annahmestellen nicht abgeholt werden oder die infolge fehlender, fehlerhafter oder unleserlicher Anschrift nicht zustellbar sind, verfallen nach Ablauf von 8 Wochen nach der Ausspielung bzw. nach der Prämienauslosung.

VII. Gewinnanmeldung

Die Gewinner der Gewinnklasse I sollen ihren Gewinnanspruch spätestens am 8. Tage nach der Ziehung der Gewinnzahl schriftlich, persönlich, telegrafisch oder fernmündlich bei der Gesellschaft in Stuttgart anmelden, sofern sie bis zu diesem Tage ihren Gewinn nicht erhalten haben. Gewinner, die diese Frist nicht einhalten, haben keinen Anspruch auf Teilnahme an der Prämienauslosung.

VIII. Ergänzende Bestimmungen

1. Wett- und Spielscheine, die von der Teilnahme an der Sportwette oder am Zahlenlotto ausgeschlossen sind, nehmen an der Olympia-Lotterie nicht teil.
2. Soweit in diesen Teilnahmebedingungen Abweichendes nicht festgesetzt ist, werden die Wettbestimmungen für die Sportwette und die Spielbedingungen für das Zahlenlotto in ihrer jeweiligen Fassung entsprechend angewendet.

IX. Bekanntgabe der Gewinnzahl

Die Gewinnzahl macht die Gesellschaft im Anschluß an die Ziehung jeweils in ihrem Mitteilungsblatt, durch Aushang in den Annahmestellen oder durch Presse, Rundfunk, Fernsehen bekannt.

X. Inkrafttreten

Die vorstehenden Teilnahmebedingungen für die Olympia-Lotterie treten am 30. Juni 1969 in Kraft. Zum gleichen Zeitpunkt werden die bisherigen Bestimmungen für die Olympia-Lotterie ungültig.

Genehmigt:
Finanzministerium
Baden-Württemberg

STAATLICHE SPORT-TOTO GmbH
Stuttgart

Amtliche Spielbedingungen des Süd-Lotto
(Gültig ab 1. Oktober 1962)

I. Allgemeines

1. Träger des Süd-Lottos

(1) Träger des Süd-Lotto ist das Land Bayern. Das Süd-Lotto – das auf Bayern beschränkt ist – wird betrieben durch die Staatliche Lotterieverwaltung (München, Karolinenplatz 4), unter Aufsicht des Staatsministeriums der Finanzen.
(2) Das Süd-Lotto kann Ausspielungen gemeinsam mit anderen Unternehmen veranstalten.

2. Verbindlichkeit der Spielbedingungen, Änderungen, Ergänzungen

(1) Maßgebend für die Teilnahme an Ausspielungen des Süd-Lotto sind diese Amtlichen Spielbedingungen, die für den Teilnehmer verbindlich sind.
(2) Änderungen und Ergänzungen dieser Spielbedingungen sowie Bedingungen für Sonderausspielungen werden entweder auf dem Lottoschein bzw. der Lotto-Zahlkarte oder durch Aushang in den Annahmestellen bekanntgemacht.

3. Gegenstand des Süd-Lotto

(1) Gegenstand des Süd-Lotto ist die Voraussage von 6 Gewinnzahlen aus der Zahlenreihe 1 mit 49.
(2) Die Ausspielungen des Süd-Lotto finden in der Regel wöchentlich statt.

4. Spielgeheimnis

Das Süd-Lotto wahrt das Spielgeheimnis, unbeschadet der Amtshilfe zur Aufklärung von Straftaten. Insbesondere dürfen die Namen der Gewinner nur mit deren ausdrücklicher Genehmigung veröffentlicht werden. Diese Einschränkung entfällt, falls der Gewinner in Presse oder Rundfunk bereits erwähnt wurde.

II. Teilnahme am Spiel

5. Lottoscheine

(1) Zur Teilnahme am Süd-Lotto sind Lottoscheine, die vom Süd-Lotto zugelassen sind, zu verwenden. Lottoscheine sind Normal- und System-Lottoscheine, die bei den Annahmestellen erhältlich sind, sowie Lotto-Zahlkarten; diese werden von den Post-Annahmestellen, deren Adresse beim Süd-Lotto zu erfahren ist, ausgegeben.
(2) Der Normal-Lottoschein und die Lotto-Zahlkarte enthalten u.a. folgende Angaben:
- a) die Zahlenreihe, aus der die Gewinnzahlen ausgelost werden,
- b) die Anzahl der auszulosenden Gewinnzahlen,
- c) die Anzahl der Gewinnklassen,
- d) die Stellen, welche die Spielgewinne auszahlen.

(3) Die Gültigkeitsdauer der Lottoscheine ergibt sich aus dem Schein selbst oder kann durch Aushang bei den Annahmestellen bestimmt werden.
(4) Jeder Lottoschein besteht aus zwei Abschnitten – dem Spielabschnitt und der Quittung. Der Teilnehmer darf die beiden Abschnitte nicht voneinander trennen. Über die Bedeutung der Abschnitte siehe Ziffer 10 (5).
(5) Mit einem Lottoschein können so viele Spiele abgeschlossen werden, als abgegrenzte Zahlenfelder oder Zahlenreihen auf dem Spielabschnitt aufgedruckt sind. Jedes Zahlenfeld und jede Zahlenreihe enthalten in Kästchen sämtliche Zahlen, aus denen gelost wird (siehe auch Ziffer 7 (5)).
(6) Bei Mängeln in der Herstellung des Lottoscheines, welche eine Teilnahme an der Ausspielung bzw. Auswertung des Spielabschnittes unmöglich machen, erhält der Teilnehmer seinen Spieleinsatz zurück und nimmt an der Ausspielung nicht teil. Ein weitergehender Anspruch besteht nicht.

6. Spieleinsatz und Bearbeitungsgebühr

(1) Der Spieleinsatz für jede einzelne Voraussage der Gewinnzahlen (= Spiel) beträgt 50 Pf. Der Teilnehmer kann für jede Ausspielung beliebig viele Spiele, jedoch nur in gerader Anzahl (2, 4 usw.) abschließen.
(2) Das Süd-Lotto kann Mindest- und Höchsteinsätze je Schein festsetzen.
(3) Für jeden abgelieferten Lottoschein hat der Teilnehmer eine Bearbeitungsgebühr zu entrichten, deren Höhe auf dem Lottoschein angegeben ist.

7. Ausfüllen des Lottoscheines durch den Teilnehmer

(1) Für die Wahl des richtigen Lottoscheines und für sein ordnungsgemäßes Ausfüllen ist der Teilnehmer allein verantwortlich.
(2) Die Eintragungen des Teilnehmers auf dem Normal-Lottoschein und dem System-Lottoschein sind ausschließlich auf dem Spielabschnitt vorzunehmen (Durchschreibeverfahren).
(3) Der Teilnehmer hat in jedem Zahlenfeld bzw. jeder Zahlenreihe, für die er Einsatz leistet, 6 Zahlen vorauszusagen. Die Zahlen sind einzeln zu durchkreuzen. Der Schnittpunkt der Kreuze muß innerhalb des Zahlenkästchens liegen. Der Teilnehmer trägt ferner seine Anschrift in den hierfür vorgesehenen Raum des Lottoscheines ein.
(4) Will der Teilnehmer nicht alle auf dem Lottoschein vorgesehenen Spiele abschließen, so sind die Zahlenfelder und Zahlenreihen in der Reihenfolge ihrer Numerierung, d.h. mit Spiel 1 beginnend, zu benützen.
(5) Für die Abgabe von Systemspielen kann sich der Teilnehmer einer vom Süd-Lotto zugelassenen verkürzten Schreibweise bedienen. Die Bestimmungen über diese Schreibweise sind auf der Rückseite der System-Lottoscheine abgedruckt oder werden in Merkblättern veröffentlicht, die das Süd-Lotto herausgibt.

8. Zuleitung des ausgefüllten Lottoscheines an das Süd-Lotto, Annahmeschluß

(1) Der Teilnehmer leitet den ausgefüllten Lottoschein einer vom Süd-Lotto zugelassenen Annahmestelle unter Bezahlung des Spieleinsatzes und der Bearbeitungsgebühr zu.
(2) Die Annahmestellen und das Süd-Lotto sind zur Annahme des Lottoscheines nicht verpflichtet.
(3) Der jeweilige Annahmeschluß der Annahmestellen wird durch Aushang in diesen Stellen bekanntgegeben. In besonderen Fällen kann das Süd-Lotto den Annahmeschluß der Annahmestellen ohne besondere Bekanntmachung verlegen.

(4) Der Lottoschein bzw. der Spielabschnitt der Lotto-Zahlkarte (siehe Ziffer 5 (1)) müssen bis zu dem vom Süd-Lotto festgesetzten Annahmeschluß im Besitz der Annahmestelle sein. Nach Annahmeschluß eintreffende Lottoscheine und Lotto-Zahlkartenabschnitte werden nicht für die laufende, sondern für die nächstfolgende Ausspielung angenommen.

9. Aufgaben der Annahmestelle

(1) Die Annahmestelle fertigt den Lottoschein aus durch Aufdruck Ihres Vertriebsstempels und Aufkleben einer oder mehrerer dem Spieleinsatz entsprechenden Banderolen mit laufender Nummer. Normal-Lottoscheine erhalten je eine Banderole, welcher der Spieleinsatz aufgedruckt ist. Diese Banderole wird zur Hälfte auf den Spielabschnitt, zur Hälfte auf die Quittung geklebt. System-Lottoscheine erhalten für jede DM Spieleinsatz je eine Banderole. Die nummernmäßig erste und letzte der für einen System-Lottoschein benötigten Banderolen werden der Quittung aufgeklebt, die übrigen Banderolen auf dem Spielabschnitt.
(2) Soweit Annahmestellen mit einem Registriergerät ausgestattet sind, erfolgt die Ausfertigung der Lottoscheine durch Abstempeln in diesem Gerät. Der maschinelle Stempelaufdruck enthält folgende Angaben: Ausspielungsnummer, Vertriebsnummer und Anschrift der Annahmestelle, Registriernummer des Lottoscheines und Einsatzbetrag einschließlich Bearbeitungsgebühr. Bei Ausfall des Registriergerätes werden die Lottoscheine durch Aufdruck des Vertriebsstempels auf dem Spiel- und Quittungsabschnitt sowie durch Aufkleben einer Nummern-Banderole auf den Quittungsabschnitt ausgefertigt. Die Nummer der Banderole wird durch die Annahmestelle auf den Spielabschnitt übertragen.
(3) Die Annahmestelle ist nicht verpflichtet, die Richtigkeit des Lottoscheines und der Eintragungen des Teilnehmers zu überprüfen.
(4) Der Teilnehmer erhält den für ihn bestimmten Abschnitt des ausgefertigten Lottoscheines – die Quittung – zurück. Er muß sich überzeugen, daß seine Quittung die entsprechenden Banderolen (mit Wertaufdruck) bzw. den maschinellen Stempelaufdruck oder eine Nummern-Banderole aufweist und daß er den richtigen Abschnitt des Lottoscheines – die Quittung – zurückerhalten hat. Quittungen ohne Banderolen bzw. maschinellen Stempelaufdruck oder Nummern-Banderole sind ungültig.
(5) Den Spielabschnitt des ausgefertigten Lottoscheines behält die Annahmestelle. Dieser Abschnitt darf dem Teilnehmer nicht wieder zugänglich gemacht werden.
(6) Nach Annahmeschluß leitet die Annahmestelle die ausgefertigten Spielabschnitte auf dem vom Süd-Lotto vorgeschriebenen Weg an die Zentrale des Süd-Lotto in München.
(7) Stellt eine Annahmestelle vor Absendung der Spielabschnitte an die Zentrale des Süd-Lotto in der laufenden Nummernfolge das Fehlen einer Banderole bzw. Registriernummer (Maschinen- oder Banderolen-Nummer) fest, so gibt sie durch Aushang bekannt, daß der diese Nummer tragende Lottoschein ungültig ist und an der Ausspielung nicht teilnimmt. Der Aushang erfolgt sofort nach der Feststellung vor Auslosung der Gewinnzahlen. Der Spieleinsatz wird zurückerstattet. Weitergehende Ansprüche des Teilnehmers gegen die Annahmestelle bestehen nicht.
(8) Übernimmt eine Annahmestelle auf Wunsch von Teilnehmern das Ausfüllen von Lottoscheinen, so haftet sie nicht für etwaige Fehler bei der Ausführung dieses Auftrages.

[Punkt 9 wurde am 2. Oktober 1967 auf Grund der Verwendung von Registriergeräten zur Ausfertigung der Lottoscheine wie vorstehend geändert]

10. Abschluß und Inhalt des Spielvertrages

(1) Der Spielvertrag des Süd-Lotto mit dem Teilnehmer ist abgeschlossen, sobald der Spielabschnitt rechtzeitig, d.h. vor Abschluß der Sicherungsmaßnahmen für die laufende Ausspielung, in den Geschäftsräumen des Süd-Lotto in München, Karolinenplatz 4, eingegangen ist.
(2) Treffen Spielabschnitte – gleich aus welchem Grunde – verspätet in den Geschäftsräumen des Süd-Lotto ein, so wird der Spielvertrag nicht für die laufende, sondern für die nächstfolgende Ausspielung abgeschlossen. Die Teilnehmer werden benachrichtigt.
(3) Treffen Spielabschnitte – gleich aus welchem Grunde – nicht in den Geschäftsräumen des Süd-Lotto ein, so kommt ein Spielvertrag nicht zustande. Der Spieleinsatz wird zurückerstattet. Weitergehende Ansprüche des Teilnehmers bestehen nicht.
(4) Lottoscheine, die der Teilnehmer entgegen der Bestimmung in Ziffer 8 (1) nicht einer Annahmestelle zuleitet, sondern unter Beifügung des Spieleinsatzes und der Bearbeitungsgebühr unmittelbar an das Süd-Lotto sendet, müssen spätestens am vorletzten Arbeitstag vor der Ausspielung – in der Regel am Freitag – innerhalb der Geschäftszeit in den Geschäftsräumen des Süd-Lotto in München, Karolinenplatz 4, eintreffen. Trifft ein solcher Schein verspätet ein, so wird der Spielvertrag nicht für die laufende, sondern für die nächstfolgende Ausspielung abgeschlossen.
(5) Für den Inhalt des Spielvertrages sind ausschließlich die Eintragungen des Teilnehmers auf dem Spielabschnitt maßgebend. Die Quittung dient dem Teilnehmer lediglich als Bestätigung für die Abgabe des Lottoscheines und für den geleisteten Einsatz.
Etwaige Vermerke des Teilnehmers, daß sein Spielabschnitt für eine frühere oder spätere Ausspielung gelten soll, sind ohne Wirkung und bleiben außer Betracht.

11. Haftung und Haftungsausschluß

(1) Die Annahmestellen und die übrigen für die Weiterleitung der Spielabschnitte verantwortlichen Stellen haften dem Teilnehmer gegenüber nur für solche Nachteile, die durch vorsätzliche Handlungen von ihnen verursacht werden. Jede Stelle haftet allein für Vorgänge in ihrem unmittelbaren Arbeitsbereich, so daß jede Haftung für andere Stellen ausgeschlossen ist.
(2) Das Süd-Lotto haftet nur für eigenes Verschulden nach Eintreffen der Spielabschnitte in seinen Geschäftsräumen; es haftet nicht für Verschulden der Bundespost, der Bundesbahn oder eines sonstigen Transportmittels und auch nicht für Verschulden der Annahmestellen und der mit der Weiterleitung der Spielabschnitte betrauten Stellen. Ebenso besteht keine Haftung für Schäden durch Feuer, Wasser, Diebstahl, Streik oder höhere Gewalt. In allen diesen Fällen wird der Spieleinsatz zurückerstattet. Weitergehende Ansprüche des Teilnehmers bestehen nicht.

III. Gewinnermittlung

12. Art der Gewinnermittlung

Die Gewinnermittlung besteht in der Auslosung und ferner in der Auswertung der Spielabschnitte. Das Süd-Lotto kann die Gewinnermittlung gemeinsam mit anderen Unternehmen vornehmen (vgl. Ziffer 1 (2) und Ziffer 16 (6)).

13. Auslosung

(1) Für jede Ausspielung findet eine Auslosung statt, durch die aus der Zahlenreihe 1 mit 49 die 6 Gewinnzahlen und ferner eine Zusatzzahl ermittelt werden. Ort, Art und Zeitpunkt der Auslosung bestimmt das Süd-Lotto. Die Auslosung ist öffentlich und findet in der Regel am Samstag nach dem Annahmeschluß statt.
(2) Die Gewinnzahlen und die Zusatzzahl werden durch Aushang bei den Annahmestellen bekanntgegeben.

14. Gültige Voraussagen

(1) An der Auswertung nehmen nur diejenigen Voraussagen (Spiele) teil, welche in der Reihenfolge ihrer Numerierung auf dem Lottoschein durch den gezahlten Einsatz gedeckt sind. Ist bei einer verkürzten Schreibweise die Anzahl der Spiele eines Lotto-Systems nicht durch den gezahlten Einsatz gedeckt, so kann das Süd-Lotto nach seiner Wahl entweder den Fehlbetrag nacherheben oder das betreffende Lotto-System unter Rückzahlung des gezahlten Spieleinsatzes von der Teilnahme ausschließen.
(2) Zahlen, welche nicht eindeutig durchkreuzt sind, werden nicht gewertet. Als nicht eindeutig gelten insbesondere solche Kreuze, deren Schnittpunkt nicht zweifelsfrei innerhalb eines Zahlenkästchens liegt.
(3) Sind in einem Zahlenfeld mehr als 6 Zahlen durchkreuzt, so gilt nur die zulässige Anzahl von 6 durchkreuzten Zahlen in ihrer arithmetischen Reihenfolge – beginnend mit der kleinsten Zahl – als vorausgesagt. Spiele, in deren Zahlenfeld weniger als 6 Zahlen durchkreuzt sind, sind gültig; die durchkreuzten Zahlen werden gewertet.
(4) Zahlen, die in anderer Weise als durch Kreuze gekennzeichnet sind, werden grundsätzlich nicht gewertet; das Süd-Lotto ist jedoch berechtigt, solche Zahlen, soweit die Kennzeichnungen eindeutig sind, in folgenden Fällen anzuerkennen:
a) Der Teilnehmer hat in einem Zahlenfeld nicht mehr als 6 Zahlen gekennzeichnet.
b) Der Teilnehmer hat zur Kennzeichnung der von ihm gewählten Zahlen in einem Zahlenfeld ausschließlich gleichartige andere Kennzeichen als Kreuze verwendet; Absatz 3 gilt entsprechend.

15. Die Gewinnklassen

Es gewinnen in jeder Ausspielung
in der Gewinnklasse I die Teilnehmer, die 6 Gewinnzahlen,
in der Gewinnklasse II die Teilnehmer, die 5 Gewinnzahlen und die Zusatzzahl,
in der Gewinnklasse III die Teilnehmer, die 5 Gewinnzahlen,
in der Gewinnklasse IV die Teilnehmer, die 4 Gewinnzahlen,
in der Gewinnklasse V die Teilnehmer, die 3 Gewinnzahlen
in einem Spiel richtig vorausgesagt haben.

16. Verteilung der Gewinnausschüttung auf Gewinnklassen und Einzelgewinne

(1) Von dem Gesamtbetrag der Spieleinsätze werden grundsätzlich 50 v.H. als Gewinnsumme ausgeschüttet. Diese Gewinnsumme verteilt sich auf die Gewinnklasse I zu 20 v.H., auf die Gewinnklasse II zu 5 v.H., auf die Gewinnklassen III, IV und V zu je 25 v.H. Die Bearbeitungsgebühr ist kein Spieleinsatz. Werden in einer Gewinnklasse der

Ausspielung keine Gewinne ermittelt, so wird diese Gewinnsumme der nächstniedrigeren Gewinnklasse zugeschlagen.

(2) Innerhalb jeder Gewinnklasse wird die Gewinnsumme gleichmäßig auf die Gewinner verteilt (Gewinnquote = Einzelgewinn). Liegt die Gewinnquote unter DM 1,–, so entfällt eine Auszahlung in der betreffenden Gewinnklasse. Die Gewinnsumme dieser Klasse wird der nächsthöheren Gewinnklasse zugeschlagen, jedoch ist das Süd-Lotto berechtigt, die Gewinnquote bis zur Mindesthöhe von DM 1,– aufzufüllen. In diesem Falle wird einer anderen Gewinnklasse nichts zugeschlagen. Wird in keiner Gewinnklasse die Mindest-Quote von DM 1,– erreicht, so wird die ganze Gewinnsumme derjenigen der nächstfolgenden Ausspielung zugeschlagen; die Spieleinsätze und die Bearbeitungsgebühren verfallen.

(3) Die Gewinnquote beträgt im Höchstfalle DM 500 000,–. Übersteigt der Einzelgewinn diesen Betrag, so wird die überschießende Gewinnsumme jeweils der nächstniedrigeren Gewinnklasse zugeschlagen.

(4) Der Einzelgewinn einer Gewinnklasse darf den Einzelgewinn einer höheren Gewinnklasse nicht übersteigen. Tritt ein derartiger Fall ein, so werden die Gewinnsummen beider Gewinnklassen zusammengelegt und gleichmäßig an die Gewinner beider Gewinnklassen verteilt.

(5) Die Gewinnquoten werden auf volle 5 Pf abgerundet. Nach der Abrundung verbleibende Spitzenbeträge werden einem Ausgleichsfonds zugeführt, über den das Süd-Lotto verfügt.

(6) Wird die Ausspielung gemeinsam mit anderen Unternehmen durchgeführt, so werden die Gewinnsummen der beteiligten Unternehmen zusammengelegt und nach Errechnung gemeinsamer Gewinnquoten auf die Gewinner dieser Unternehmern verteilt. Alle Gewinner sind in ihrer Gewinnklasse gleichberechtigt.

(7) Die Gewinnquoten werden nach jeder Ausspielung bekanntgegeben bzw. in den Annahmestellen ausgehängt. Diese Gewinnquoten sind vorläufige und können geändert werden, falls innerhalb von 8 Tagen nach der Ausspielung weitere berechtigte Gewinnansprüche festgestellt werden.

17. Anmeldung der Gewinnansprüche in den Gewinnklassen I und II

Um einen Gewinnanspruch in den Gewinnklassen I und II zu sichern, eine schnelle Gewinnauszahlung ohne Quoten-Änderung vornehmen und unberechtigte Gewinnansprüche abwehren zu können, ist der Teilnehmer verpflichtet, Gewinnansprüche in diesen Gewinnklassen spätestens am dritten Tage nach der Auslosung bei der Zentrale des Süd-Lotto in München persönlich, schriftlich oder telegrafisch anzumelden. Hierbei hat der Teilnehmer seinen Lottoschein durch Angabe seiner Anschrift, der Annahmestelle und gegebenenfalls der Banderolen-Nummer eindeutig zu bezeichnen. Nach diesem Zeitpunkt geltend gemachte Gewinnansprüche in Gewinnklasse I und II können nur insoweit anerkannt werden, als sie bei der endgültigen Gewinnquoten-Errechnung bereits berücksichtigt worden sind.

IV. Gewinnauszahlung

18. Auszahlende Stellen und Empfangsberechtigte

(1) Gewinnbeträge bis zu DM 300,– zahlen die Annahmestellen nach Maßgabe der ihnen vom Süd-Lotto zugegangenen Gewinnlisten aus; die Gewinne sind binnen 2 Wochen nach der Ausspielung gegen Rückgabe der Quittung bei den Annahmestellen abzuholen.

Gewinne auf Lottoscheinen, die über die Post eingingen, werden abzüglich Überweisungskosten an die auf dem Spielabschnitt angegebene Anschrift überwiesen.
(2) **Gewinnbeträge über DM 300,–** werden durch das Süd-Lotto an die auf dem Spielabschnitt angegebene Anschrift überwiesen. Bei Überweisung werden die auf volle 10 Pf aufgerundeten Überweisungskosten abgezogen. Das Süd-Lotto behält sich das Recht vor, gegebenenfalls die Quittung zur Kontrolle einzufordern.
(3) Das Süd-Lotto und seine Annahmestellen dürfen mit befreiender Wirkung gegenüber dem Gewinner den Gewinn an jeden Inhaber der Quittung (auch des Quittungsabschnittes der Lotto-Zahlkarte) auszahlen bzw. dem Gewinner den Gewinn an die auf dem Spielabschnitt angegebene Anschrift überweisen. Eine Verpflichtung, die Berechtigung des Inhabers der Quittung bzw. die Ordnungsmäßigkeit der Anschrift zu prüfen, besteht nicht.
(4) Abreden von Teilnehmern an Spielgemeinschaften über die Berechtigung zur Empfangnahme des Gewinnes sind für das Süd-Lotto unverbindlich.

19. Verfallsfrist nichtabgeforderter Spielgewinne

Ist der Teilnehmer nicht binnen zwei Wochen nach der Auslosung im Besitz des von ihm beanspruchten Gewinnes, so muß er diesen binnen weiterer zwei Wochen bei derjenigen Annahmestelle anfordern, der er seinen Lottoschein zugeleitet hat. Nach Ablauf dieser Frist verfallen die Gewinne; sie werden dem Ausgleichsfonds (Ziffer 16 (5)) zugeführt.

20. Verjährung

Alle Ansprüche aus der Teilnahme am Spiel verjähren binnen drei Monaten nach der Auslosung. Vom Süd-Lotto abgelehnte Ansprüche können nur binnen dieser Frist gerichtlich geltend gemacht werden.

21. Vernichtung alter Spielabschnitte

Das Süd-Lotto ist ohne Rechtsnachteile für sich berechtigt, die Lottoscheine nach Ablauf von drei Monaten vom Tage der Auslosung an zu vernichten.

22. Gerichtsstand

Gerichtsstand bei Rechtsstreitigkeiten mit dem Süd-Lotto ist München.

Vorstehende, durch das Bayerische Staatsministerium der Finanzen genehmigte, Amtliche Spielbedingungen treten am 1. Oktober 1962 in Kraft. Sie gelten erstmalig für die 40. Lotto-Ausspielung 1962.

München, den 30. September 1962/2. Oktober 1967

Der Präsident der Staatlichen Lotterieverwaltung

Teilnahmebedingungen der Deutschen Klassenlotterie Berlin, rechtsfähige Anstalt des öffentlichen Rechts, für das Berliner Zahlenlotto

I. Allgemeines

§ 1 Träger des Zahlenlottos

(1) Die Deutsche Klassenlotterie Berlin, rechtsfähige Anstalt des öffentlichen Rechts, im folgenden DKLB genannt, veranstaltet gemäß § 2 des Gesetzes über die Deutsche Klassenlotterie Berlin in der Fassung vom 10. Januar 1969 (GVBl. S. 134) im Land Berlin ein Zahlenlotto.
(2) Die DKLB kann Veranstaltungen gemeinsam mit anderen Unternehmen und auch Veranstaltungen mit besonderen Bedingungen durchführen.

§ 2 Verbindlichkeit der Teilnahmebedingungen

(1) Für die Teilnahme am Zahlenlotto sind ausschließlich die Teilnahmebedingungen in ihrer jeweils gültigen Fassung maßgebend und für den Teilnehmer verbindlich. Das gilt auch dann, wenn die DKLB mit anderen Unternehmen eine gemeinsame Gewinnermittlung und Gewinnausschüttung durchführt.
(2) Die Teilnahmebedingungen, ihre Änderungen und Ergänzungen sowie die Bedingungen für Sonderveranstaltungen werden in den Annahmestellen durch Aushang bekanntgegeben. Die DKLB behält sich eine anderweitige Bekanntgabe vor.

§ 3 Gegenstand des Zahlenlottos

Gegenstand des Zahlenlottos ist die Voraussage von sechs Zahlen aus der Zahlenreihe 1–49 (Gewinnzahlen).

§ 4 Spielgeheimnis

Die Namen der Teilnehmer dürfen nur mit deren ausdrücklicher Einwilligung bekanntgegeben werden.

II. Einreichung und Weiterleitung der Losscheine

§ 5 Losscheine

(1) Die Teilnahme am Zahlenlotto ist nur mit den von der DKLB herausgegebenen jeweils gültigen Losscheinen möglich.
(2) Jeder Losschein besteht aus drei Abschnitten:
dem Abschnitt A = Quittungsabschnitt für den Teilnehmer,
dem Abschnitt B = Kontrollabschnitt,
dem Abschnitt C = Auswertungsabschnitt.
(3) Die drei Abschnitte dürfen von dem Teilnehmer nicht voneinander getrennt werden.

(4) Bei Mängeln in der Herstellung des Losscheins, die eine Teilnahme an der Veranstaltung unmöglich machen, erhält der Teilnehmer seinen Einsatz auf Antrag zurück und nimmt an der Veranstaltung nicht teil. Weitergehende Ansprüche bestehen nicht.

§ 6 Spieleinsatz

(1) Der Einsatz für die Voraussage in einer Zahlenreihe (= Spiel) beträgt 0,50 DM.
(2) Für die einzelnen Losscheine können ein Mindesteinsatz und ein Höchsteinsatz festgelegt werden.
(3) Der Normal-Losschein ist unentgeltlich.

§ 7 Eintragungen des Teilnehmers auf dem Losschein

(1) Für die Wahl des richtigen Losscheins und für seine ordnungsgemäße Ausfüllung ist der Teilnehmer allein verantwortlich. Die Annahmestelle ist nicht verpflichtet, die Richtigkeit des Losscheins sowie die Ordnungsmäßigkeit der Eintragung zu prüfen. Will der Teilnehmer nicht alle auf dem Losschein vorgesehenen Spiele abschließen, so sind die Zahlenfelder in der Reihenfolge ihrer Numerierung, also mit dem ersten Zahlenfeld beginnend, zu benutzen.
(2) Für Eintragungen irgendwelcher Art, die die Annahmestelle für den Teilnehmer auf dem Losschein vornimmt, haften weder die DKLB noch die Annahmestelle.
(3) Der Teilnehmer hat in jedem Spiel sechs Zahlen durch Kreuze zu kennzeichnen, deren Schnittpunkt innerhalb eines Zahlenkästchens liegen muß (Normal-Losschein).
(4) Für Eintragungen auf Losscheinen, die von der DKLB für besondere Spielarten des Zahlenlottos herausgegeben werden, gelten zusätzlich die besonderen Teilnahmebedingungen für diese Spielarten.
(5) Der Losschein ist nur auf dem für die Auswertung bestimmten Abschnitt C deutlich sichtbar auszufüllen.
(6) Der Teilnehmer kann seine Anschrift in dem hierfür vorgesehenen Raum des Losscheins eintragen.

§ 8 Abgabe der Losscheine und Annahmeschluß

(1) Die Teilnahme an den Veranstaltungen der DKLB ist nur über die zugelassenen Annahmestellen möglich.
(2) Der Losschein muß bis zu dem für die betreffende Annahmestelle festgesetzten Annahmeschluß in deren Besitz sein. Den Zeitpunkt des Annahmeschlusses bestimmt die DKLB; er wird durch Aushang angezeigt. Die DKLB kann den Annahmeschluß für einzelne oder für alle Annahmestellen auch ohne Bekanntmachung festsetzen.
(3) Ein Annahmezwang besteht nicht.

§ 9 Ausfertigung der Losscheine

(1) Die Annahmestelle
a) locht auf dem Normal-Losschein die auf dem Zahlenfeld des Abschnitts C angekreuzten Zahlen derart, daß alle Abschnitte gleichzeitig und übereinstimmend gelocht werden.

b) setzt auf dem Normal-Losschein den Nummernstempel, durch dessen Aufdruck der gelochte Losschein für die laufende Spielwoche gültig wird,
c) gibt dem Teilnehmer nach ordnungsgemäßer Ausfertigung gegen gleichzeitige Zahlung des Einsatzes den Abschnitt A zurück.

(2) Der Teilnehmer hat sich selbst zu überzeugen, daß er den mit dem Nummernstempel sowie mit ordnungsgemäßer Lochung versehenen Abschnitt A (Normal-Losschein) zurückerhält. Der Quittungsabschnitt ist sorgfältig aufzubewahren. Die Gefahr des Verlustes trägt der Teilnehmer.

(3) Ungelochte oder nicht mit einem Nummernstempel versehene Normal-Losscheine nehmen nicht an der Auslosung teil und begründen keinen Gewinnanspruch.

(4) Ausgefertigte Losscheine sind Urkunden, deren mißbräuchliche Herstellung, Änderung oder Verwendung strafrechtlich verfolgt werden können.

(5) Die Abschnitte B und C (Kontroll- und Auswertungsabschnitte) dürfen nach Ausfertigung des Losscheins dem Teilnehmer oder Dritten aus Sicherheitsgründen nicht mehr zugänglich gemacht werden.

(6) Für System-Losscheine, Dauer-Losscheine usw. gelten besondere Bedingungen.

(7) Die zu 6) erwähnten Bedingungen sind Bestandteil dieser Teilnahmebedingungen und des Spielvertrages.

(8) Vereinbarungen Dritter sind für das Unternehmen unverbindlich. Mitglieder von Spielgemeinschaften müssen ihre Rechtsverhältnisse ausschließlich unter sich regeln.

§ 10 Weiterleitung der Kontroll- und Auswertungsabschnitte

Nach Ausfertigung der Losscheine nimmt die Annahmestelle die Auswertungs- und Kontrollabschnitte in Verwahrung und leitet sie nach Weisung der DKLB auf dem vorgeschriebenen Wege und zum festgesetzten Zeitpunkt weiter.

III. Der Spielvertrag

§ 11 Abschluß und Inhalt des Spielvertrages

(1) Der Spielvertrag zwischen der DKLB und dem Teilnehmer ist geschlossen, wenn die der Kontrolle und Auswertung dienenden Losscheinabschnitte bei der DKLB eingegangen sind und der Kontrollabschnitt rechtzeitig durch Verschluß gesichert worden ist. Fehlt eine dieser Voraussetzungen, so kommt der Spielvertrag nicht zustande. Der Einsatz wird auf Antrag erstattet. Weitergehende Ansprüche des Teilnehmers sind ausgeschlossen.

(2) Für den Inhalt des Spielvertrages sind ausschließlich die übereinstimmenden Lochungen oder Kennzeichnungen auf den der Auswertung und der Kontrolle dienenden Losscheinabschnitten maßgebend. In Zweifelsfällen gilt für die Gewinnfeststellung die Lochung oder Kennzeichnung auf dem Auswertungsabschnitt. Aus dem als Quittung dienenden Abschnitt kann ein Gewinnanspruch nicht hergeleitet werden. Dieser Abschnitt dient lediglich als Nachweis für den geleisteten Einsatz.

(3) Die Auswertungs- und Kontrollabschnitte gelten in jedem Falle nur für die jeweilige Veranstaltung, zu der es rechtzeitig bei der DKLB eingegangen sind. Später eintreffende Auswertungs- und Kontrollabschnitte gelten für die folgende Veranstaltung. Vermerke, daß der Losschein für eine frühere oder spätere Veranstaltung gelten soll, bleiben unberücksichtigt.

(4) Ein Anspruch des Teilnehmers auf Abschluß des Spielvertrages besteht nicht. Die DKLB ist berechtigt, einen bei ihr eingegangenen Losschein bei Vorliegen eines wichtigen

Grundes von der Veranstaltung auszuschließen. Der Ausschluß ist durch Aushang in der Annahmestelle bekanntzugeben. Darüber hinaus kann gegenüber dem Teilnehmer bis zur Beendigung der Gewinnermittlung der Rücktritt vom Vertrage aus wichtigem Grunde erklärt werden. Der Einsatz wird auf Antrag erstattet.

IV. Haftungsbestimmungen

§ 12 Umfang und Ausschluß der Haftung

(1) Die DKLB haftet dem Teilnehmer für Schäden, die nach dem Eingang der der Auswertung und der Kontrolle dienenden Abschnitte in der DKLB schuldhaft verursacht werden. Die Haftung der DKLB für Verschulden der Annahmestelle sowie der übrigen, für die Behandlung und Weiterleitung der Losscheine verantwortlichen Stellen wird gemäß §§ 276, Abs. 2, 278 BGB ausgeschlossen.
(2) Die DKLB haftet nicht für Verschulden der Bundespost, Bundesbahn oder sonstiger Transportunternehmen. Ebenso ist jede Haftung für Schäden ausgeschlossen, die durch strafbare Handlungen dritter Personen (z.B. Raub, Diebstahl, Urkundenfälschung) entstanden sind. Die DKLB haftet weiterhin nicht für Schäden, die durch höhere Gewalt, insbesondere durch Feuer, Wasser, Streiks, innere Unruhen oder aus sonstigen Gründen, die die DKLB nicht zu vertreten hat, hervorgerufen werden. In diesen Fällen wird der Einsatz auf Antrag erstattet. Weitergehende Ansprüche des Teilnehmers sind ausgeschlossen.
(3) Die Annahmestellen sowie die übrigen für die Behandlung und Weiterleitung der Losscheine verantwortlichen Stellen oder Personen haften dem Teilnehmer nur für Schäden, die sie selbst vorsätzlich verursacht haben. Jede Stelle oder Person haftet nur für Vorgänge in ihrem unmittelbaren Arbeitsbereich.

V. Gewinnermittlung

§ 13 Ermittlung der Gewinnzahlen (Auslosung)

(1) Für jede Veranstaltung findet eine Auslosung statt, bei der sechs Gewinnzahlen und die Zusatzzahl ermittelt werden.
(2) Art, Ort und Zeitpunkt der Auslosung (Abs. 1) bestimmt die DKLB. Die Auslosung ist öffentlich und findet unter behördlicher oder notarieller Aufsicht statt, nachdem die Kontrollabschnitte durch Verschluß gesichert worden sind.
(3) Die Gewinnzahlen und die Zusatzzahl werden durch Aushang in den Annahmestellen bekanntgegeben.

§ 14 Auswertung

Grundlage für die Gewinnermittlung sind die Auswertungsabschnitte. Auf Grund der Gewinnzahlen und der Zusatzzahl erfolgt die Auswertung der Losscheine.

§ 15 Gültige Voraussagen

(1) An der Auswertung nehmen nur diejenigen Voraussagen (Spiele) teil, die in der Reihenfolge ihrer Numerierung auf dem Losschein durch den Einsatz gedeckt sind.

(2) Ist bei einer verkürzten Schreibweise die Anzahl der Spiele eines Systems durch den Einsatz nicht gedeckt, so kann der Fehlbetrag nacherhoben oder es können alle oder einzelne Spiele des betreffenden Losscheins von der Teilnahme ausgeschlossen werden.
(3) Zahlen, die nicht eindeutig gelocht oder gekennzeichnet sind, werden nicht gewertet. Sind in einem Spiel mehr als sechs Zahlen gelocht oder gekennzeichnet, so gelten nur die ersten sechs Zahlen in ihrer arithmetischen Reihenfolge, beginnend mit der kleinsten Zahl. Die DKLB ist berechtigt, neben Kreuzen auch andere Kennzeichnungen der vom Teilnehmer gewählten Zahlen anzuerkennen, wenn diese Kennzeichnungen für die DKLB eindeutig erkennbar sind. Losscheine mit weniger gelochten Zahlen oder Kennzeichnungen, als vorausgesagt werden müssen, nehmen an der Gewinnermittlung teil.

§ 16 Gewinnklassen

Es gewinnen
in der Klasse 1 die Teilnehmer, die sechs Gewinnzahlen,
in der Klasse 2 die Teilnehmer, die fünf Gewinnzahlen und die Zusatzzahl,
in der Klasse 3 die Teilnehmer, die fünf Gewinnzahlen (ohne die Zusatzzahl),
in der Klasse 4 die Teilnehmer, die vier Gewinnzahlen,
in der Klasse 5 die Teilnehmer, die drei Gewinnzahlen
in einem Spiel richtig vorausgesagt haben.

§ 17 Verteilung der Gewinnausschüttungssumme auf die Gewinnklassen und Einzelgewinne

(1) Von dem Gesamtbetrag der Einsätze werden grundsätzlich 50 v.H. als Gewinnsumme ausgeschüttet. Diese Gewinnsumme verteilt sich auf die Gewinnklassen wie folgt:

Gewinnklasse 1	20 v.H.
Gewinnklasse 2	5 v.H.
Gewinnklasse 3	25 v.H.
Gewinnklasse 4	25 v.H.
Gewinnklasse 5	25 v.H.

(2) Ist in keiner der Gewinnklassen ein Gewinn ermittelt, so wird die ganze Gewinnsumme gleichmäßig auf diejenigen Teilnehmer verteilt, welche die höchste Anzahl der Gewinnzahlen vorausgesagt haben.
(3) Wird in einer Gewinnklasse kein Gewinn ermittelt, so wird die Gewinnsumme der nächstniedrigeren Gewinnklasse zugeschlagen.
(4) Innerhalb der Gewinnklassen wird die Gewinnsumme gleichmäßig auf die Gewinne verteilt. Der so ermittelte Einzelgewinn (Gewinnquote) kann je Spiel in seiner Höhe (z.Z. 500 000 DM) begrenzt werden.
(5) Übersteigt der Einzelgewinn die festgesetzte Höchstsumme, so wird die überschießende Gewinnsumme der nächstniedrigeren Gewinnklasse zugeschlagen.
(6) Unterschreitet der Einzelgewinn die Mindestsumme (z.Z. 1,– DM), so entfällt die Auszahlung dieser Gewinne. Die Gewinnsumme wird der nächsthöheren Gewinnklasse zugeschlagen. Die DKLB ist jedoch berechtigt, den Einzelgewinn bis zur Mindesthöhe aufzufüllen. In diesem Falle wird einer anderen Gewinnklasse nichts zugeschlagen.
(7) Der Einzelgewinn einer Gewinnklasse darf den Einzelgewinn einer höheren Gewinnklasse nicht übersteigen. Tritt ein solcher Fall ein, so werden die Gewinnsummen beider Gewinnklassen zusammengelegt und gleichmäßig auf die Gewinne beider Gewinnklassen verteilt.
(8) Einzelgewinne werden auf durch 0,05 DM teilbare Beträge abgerundet. Die verbleibenden Spitzenbeträge werden einem Ausgleichsfonds zugeführt, über den die DKLB

verfügt, z.B. zur Aufrundung von Gewinnen, zur Ausschüttung von Prämien oder zur Regelung von Härtefällen.
(9) Wird eine Veranstaltung gemeinsam mit anderen Unternehmen durchgeführt, so werden die Gewinnausschüttungssummen der beteiligten Unternehmen zusammengelegt und nach Errechnung gemeinsamer Gewinnquoten auf die Gewinne dieser Unternehmen verteilt. Hierbei sind alle Gewinne in ihrer Gewinnklasse gleichberechtigt.
(10) Die Höhe der Einzelgewinne in den Gewinnklassen wird in der Annahmestelle durch Aushang bekanntgegeben.
(11) Gewinnquoten im Werte von mehr als 1000 DM können sich ändern, wenn innerhalb von acht Tagen nach Ablauf des Spieltages weitere berechtigte Gewinnansprüche festgestellt werden; alle anderen Gewinne werden nach der Gewinnfeststellung unverzüglich ausgezahlt.

VI. Gewinnauszahlung und Fristen

§ 18 Gewinnanmeldung

Zur Sicherung eines Gewinnanspruchs und zur Abwehr eines unberechtigten Gewinnanspruchs ist der Anspruch auf einen Gewinn über 1000 DM spätestens acht Tage nach Ablauf der Auslosung unter Angabe der Stempelnummer oder Banderolennummer des Losscheins bei der DKLB anzumelden. Eine Gewinnanmeldung, die der DKLB erst nach Ablauf dieser Frist zugeht, begründet einen Gewinnanspruch nur dann, wenn der Gewinn bei der Gewinnermittlung berücksichtigt worden ist. Weitergehende Ansprüche des Teilnehmers sind ausgeschlossen.

§ 19 Gewinnauszahlung

(1) Gewinne bis 1000 DM werden gegen Rückgabe des Quittungsabschnittes frühestens am dritten Werktage nach Ablauf der Auslosung durch die zuständige Annahmestelle in bar ausgezahlt. Gewinne über 1000 DM werden nach Ablauf der Anmeldefrist (§ 18) gegen Rückgabe des Quittungsabschnittes durch die DKLB ausgezahlt.
(2) Die DKLB kann mit befreiender Wirkung Gewinne durch die Post unter Abzug der auf 0,10 DM aufgerundeten Überweisungsgebühr an den Inhaber des Quittungsabschnittes oder an die auf dem Auswertungsabschnitt angegebene Anschrift auszahlen. Sind mehrere Anschriften auf dem Losschein angegeben, so wird die DKLB durch die Zahlung an einen Teilnehmer gegenüber den anderen Teilnehmern befreit. Abreden von Teilnehmern an Spielgemeinschaften über die Berechtigung zur Empfangnahme von Gewinnen sind für die DKLB unverbindlich.
(3) Die DKLB wird auch durch Auszahlung des Gewinnes an den Inhaber des Quittungsabschnittes befreit. Eine Verpflichtung der DKLB, die Berechtigung des Inhabers des Quittungsabschnittes zur Entgegennahme des Gewinns nachzuprüfen, besteht nicht.

§ 20 Reklamationen und Fristen

(1) Der Anspruch auf einen Gewinn muß binnen sechs Wochen nach Ablauf des Auslosungstages bei der für die Auszahlung des Gewinnes zuständigen Stelle (§ 19 Abs. 1) unter Vorlage des Quittungsabschnittes erhoben werden. Wird der Anspruch nicht unverzüglich anerkannt, so ist er binnen drei Monaten nach Ablauf des

Auslosungstages gerichtlich geltend zu machen. Nach Ablauf dieser Frist erlischt der Anspruch.
(2) Sonstige Ansprüche aus der Teilnahme am Zahlenlotto gegen die DKLB, ihre Bezirks- und Annahmestellen können nur binnen drei Monaten nach Ablauf des Auslosungstages gerichtlich geltend gemacht werden. Eine spätere Rechtsverfolgung ist ausgeschlossen.
(3) Gewinne, die innerhalb von drei Monaten nicht abgeholt wurden oder zugestellt werden konnten, verfallen und werden dem Ausgleichsfonds (§ 17 Abs. 8) zugeführt. Ein Rechtsanspruch auf Auszahlung besteht dann nicht mehr.

§ 21 Vernichtung der Losscheine

Die DKLB ist ohne eigenen Rechtsnachteil berechtigt, sechs Wochen nach dem Auslosungstag die Losscheine zu vernichten, auf die keine Gewinne entfallen sind, mit Ausnahme derjenigen, für die ein Anspruch angemeldet oder gerichtlich geltend gemacht worden ist.

§ 22 Gerichtsstand

Gerichtsstand ist der Sitz der Deutschen Klassenlotterie Berlin.

§ 23 Inkrafttreten

Diese Teilnahmebedingungen treten mit Wirkung vom 1. März 1971 an die Stelle der bisher gültigen Teilnahmebedingungen.

Berlin, den 1. März 1971

Deutsche Klassenlotterie Berlin
rechtsfähige Anstalt des Öffentlichen Rechts
DER VORSTAND

April 1971

Bremer Toto und Lotto GmbH
Teilnahmebedingungen für Fußballtoto, Zahlenlotto und Olympia-Lotterie

I. Allgemeines

§ 1 Organisation

(1) Die BREMER TOTO UND LOTTO GMBH (im folgenden Gesellschaft genannt), veranstaltet den Fußballtoto, das Zahlenlotto und die Olympia-Lotterie (im folgenden Veranstaltungen genannt) im Lande Bremen gemäß den gesetzlichen Bestimmungen.
(2) Die Gesellschaft kann die Veranstaltungen gemeinsam mit anderen Unternehmen durchführen.

§ 2 Verbindlichkeit der Teilnahmebedingungen

(1) Für die Teilnahme an den Veranstaltungen sind ausschließlich die vom Senator für Inneres genehmigten Teilnahmebedingungen der Gesellschaft in ihrer jeweils gültigen Fassung maßgebend und für den Spielteilnehmer verbindlich. Dies gilt auch dann, wenn die Gesellschaft eine gemeinsame Gewinnermittlung und Gewinnausschüttung mit anderen Unternehmen durchführt.
(2) Die Teilnahmebedingungen werden durch Aushang in den Annahmestellen bekanntgegeben. Dies gilt auch für etwaige Änderungen und Ergänzungen der Teilnahmebedingungen sowie für die Bekanntgabe von Bedingungen für Sonderveranstaltungen. Die Gesellschaft behält sich eine andere Form der Bekanntgabe vor.

§ 3 Gegenstand des Fußballtoto, des Zahlenlotto und der Olympia-Lotterie

(1) Gegenstand der **Ergebniswette** ist die Voraussage des Ausgangs einer bestimmten Anzahl von Fußballspielen, wobei zwischen dem Sieg des in den Spielpaarungen erstgenannten Vereins, dem unentschiedenen Ergebnis und dem Sieg des zweitgenannten Vereins zu wählen ist (1–0–2).
(2) Gegenstand der **Auswahlwette** ist die Voraussage eines bestimmten Ausgangs von 6 Fußballspielen, die aus den 39 für die jeweilige Veranstaltung festgesetzten Fußballspielen auszuwählen sind (§ 13 Abs. 3). Neben dem Endergebnis können auch die Ergebnisse der ersten Halbzeit oder beider Halbzeiten gesondert, d.h. jede Halbzeit für sich, gewertet werden.
(3) Gegenstand des **Zahlenlotto** ist die Voraussage von 6 Zahlen, die aus der Zahlenreihe 1–49 gezogen werden.
(4) Jeder an der Fußballtoto- und Zahlenlotto-Veranstaltung sowie an der Lotterie **GlücksSpirale** teilnehmende Spielschein bzw. Los stellt gleichzeitig ein Los der Olympia-Lotterie dar. Monatslottoscheine und Lose der GlücksSpirale nehmen an der Olympia-Lotterie nur einmal teil, und zwar bei der Veranstaltung, die auf die Registrierung und Abrechnung der Spielscheine bzw. Lose folgt. Die von der Annahmestelle auf dem Spielschein bzw. Los angebrachte Registriernummer ist gleichzeitig die Losnummer für die Olympia-Lotterie. Wenn ein Spielschein bzw. Los mehrere Registriernummern aufweist, gilt stets die niedrigste als Losnummer.
(5) Die Veranstaltungen finden in der Regel wöchentlich statt.

§ 4 Spielgeheimnis

Die Namen der Spielteilnehmer dürfen nur mit deren ausdrücklicher Einwilligung bekanntgegeben werden.

II. Einreichung und Weiterleitung der Spielscheine

§ 5 Spielscheine

(1) Die Teilnahme an den Veranstaltungen ist nur unter diesen Teilnahmebedingungen mit den jeweils gültigen Spielscheinen möglich, die die Gesellschaft zugelassen hat. Die Gesellschaft kann zulassen, daß auch Spielscheine benutzt werden, die von den Blockpartnern herausgegeben worden sind. In diesen Fällen gelten die bremischen Teilnahmebedingungen. Der Verfall von Spielscheinen wird rechtzeitig im Informationsblatt und in den Annahmestellen bekanntgegeben.
(2) Der Spielschein besteht aus drei Teilen, von denen einer (Original) zur Auswertung, einer als Bescheinigung (Quittung) für den Spielteilnehmer und einer zur Kontrolle bestimmt ist. Sie dürfen von dem Spielteilnehmer nicht voneinander getrennt werden.
(3) Bei Mängeln in der Herstellung und Beschaffenheit von Spielscheinen (z.B. starke Verschmutzung und unleserlich gewordene Eintragung), die eine Teilnahme an der Veranstaltung unmöglich machen, erhält der Spielteilnehmer den Spieleinsatz und die Bearbeitungsgebühr auf Antrag zurück und nimmt an der Veranstaltung nicht teil. Ein weitergehender Anspruch besteht nicht.

§ 6 Spieleinsatz und Bearbeitungsgebühr

(1) Der Spieleinsatz für Voraussagen in einer Tipreihe (= Tip) bzw. in einem Zahlenfeld (= Spiel) beträgt DM –,50.
(2) Für die einzelnen Spielscheine kann ein Mindesteinsatz und ein Höchsteinsatz festgelegt werden.
(3) Die Beteiligung ist nur mit einer geraden Anzahl (2, 4, 6) Tips bzw. Spiele möglich. Bei Systemscheinen kann die Beteiligung auch mit einer ungeraden Anzahl Tips bzw. Spiele erfolgen.
(4) Für jeden abgegebenen Spielschein ist neben dem Spieleinsatz eine Bearbeitungsgebühr zu zahlen. Die Höhe dieser Bearbeitungsgebühr ist auf den Spielscheinen angegeben.
(5) Der Spieleinsatz für die Olympia-Lotterie beträgt pro Los DM –,10 und ist bei der Einreichung der Spielscheine mit dem Spieleinsatz und der Bearbeitungsgebühr zu entrichten.

§ 7 Eintragungen des Spielteilnehmers auf dem Spielschein

(1) Für die Wahl des richtigen Spielscheines und für seine ordnungsgemäße Ausfüllung ist der Spielteilnehmer allein verantwortlich. Die Annahmestelle ist nicht verpflichtet, die Richtigkeit des Spielscheines sowie die Ordnungsmäßigkeit der Eintragungen zu prüfen. Für seine Eintragungen soll der Spielteilnehmer ausschließlich das Original benutzen; die Eintragungen werden auf den Quittungsabschnitt und den Kontrollabschnitt durchgeschrieben.
(2) Der Spielteilnehmer hat bei der Ergebniswette je Tipreihe 11 Voraussagen (1 = Sieg des erstgenannten Vereins, 0 = unentschiedenes Ergebnis, 2 = Sieg des zweitgenannten

Vereins), bei der Auswahlwette je Zahlenfeld 6 Fußballspiele (Spielnummern) und beim Zahlenlotto je Zahlenfeld 6 Zahlen eindeutig zu kennzeichnen. Die Kennzeichnung soll durch Kreuze (x) erfolgen, deren Schnittpunkt jeweils innerhalb eines Zahlenkästchens liegen muß. Die Voraussagen des Spielteilnehmers sind in laufender Reihenfolge, und zwar je nach dem Vordruck von links nach rechts oder von oben nach unten einzutragen.
(3) Für System- und Monatslottoscheine gelten zusätzlich besondere, **auf der Rückseite des Quittungsabschnittes A abgedruckte Bestimmungen.** Für Spielscheine für Sonderausspielungen gelten zusätzlich besondere Richtlinien, die bei den Annahmestellen einzusehen bzw. erhältlich sind.
(4) Beim Fußballtoto kann der jeweilige Spielplan dem Informationsblatt der Gesellschaft entnommen werden. Eine Verpflichtung bekanntgewordener Spielausfälle besteht nicht.
(5) Der Spielteilnehmer trägt seine den postalischen Bestimmungen entsprechende Anschrift in dem hierfür vorgesehenen Raum des Spielscheines ein. Die Gesellschaft befaßt sich nicht mit Vereinbarungen, die Spielteilnehmer untereinander oder mit Dritten eingehen (z.B. Spielgemeinschaften). Diese Spielteilnehmer müssen ihre Rechtsverhältnisse ausschließlich unter sich regeln.

§ 8 Abgabe der Spielscheine und Annahmeschluß

(1) Die Teilnahme an den Veranstaltungen wird nur von den zugelassenen Annahmestellen vermittelt.
(2) Eine Verpflichtung zur Annahme und Registrierung der Spielscheine besteht nicht.
(3) Der Annahmeschluß (in der Regel Freitagabend Ladenschlußzeit) kann von der Gesellschaft in besonderen Fällen für einzelne oder für alle Annahmestellen – auch ohne vorherige Bekanntmachung – verlegt werden.

§ 9 Registrierung der Spielscheine und fehlerhafte Eintragungen

(1) Der Spielteilnehmer erhält nach Zahlung des Spieleinsatzes und der Bearbeitungsgebühr den mit Datum des Veranstaltungstages, der Anschrift der Annahmestelle und der Registriernummer versehenen Quittungsabschnitt zurück.
(2) Aus Sicherheitsgründen kann der Spielteilnehmer nach der Registrierung des Spielscheines durch die Annahmestelle die zur Auswertung und Kontrolle dienenden Abschnitte nicht mehr zurückverlangen.
(3) Den Annahmestellenleitern und ihren Hilfskräften ist vertraglich verboten, Spielscheine für Spielteilnehmer auszufüllen. Nimmt die Annahmestelle trotzdem den Auftrag eines Spielteilnehmers zum Ausfüllen und Abgeben des Spielscheins entgegen, so haftet sie – abgesehen von zwingenden gesetzlichen Vorschriften – nicht, wenn der Auftrag fehlerhaft oder gar nicht ausgeführt wird.

§ 10 Weiterleitung der nicht für den Spielteilnehmer bestimmten Abschnitte

Nach Annahmeschluß leitet die Annahmestelle die registrierten Auswertungs- und Kontrollabschnitte auf dem von der Gesellschaft vorgeschriebenen Weg bis zu dem festgesetzten Zeitpunkt an die mit der Weiterbearbeitung und Weiterleitung beauftragten Stellen.

III. Spielvertrag

§ 11 Abschluß und Inhalt des Spielvertrages

(1) Der Spielvertrag ist geschlossen, wenn die zur Kontrolle und zur Auswertung dienenden Abschnitte eines Spielscheines in der Zentrale der Gesellschaft eingegangen sind und der Kontrollabschnitt durch Verschluß rechtzeitig (d.h. vor Beginn des zuerst stattfindenden Fußballspieles bzw. vor Beginn der Ziehung der Gewinnzahlen) gesichert ist. Fehlt diese Voraussetzung, so kommt der Spielvertrag nicht zustande. Der Spieleinsatz und die Bearbeitungsgebühren werden auf Antrag zurückerstattet. Weitergehende Ansprüche des Spielteilnehmers sind ausgeschlossen.
(2) Für den Inhalt des Spielvertrages sind ausschließlich die übereinstimmenden Voraussagen auf den zur Kontrolle und zur Auswertung dienenden Abschnitten maßgebend. Bei verschobenen oder deckungsgleichen Durchschriften gelten nur die Eintragungen auf dem Original-Spielscheinabschnitt (Auswertungsabschnitt).
(3) Aus dem Quittungsabschnitt kann ein Gewinnanspruch nicht hergeleitet werden; er dient lediglich als Quittung für die Zahlung des Spieleinsatzes und der Bearbeitungsgebühr.
(4) Ein Anspruch des Spielteilnehmers auf Abschluß des Spielvertrages besteht nicht. Darüber hinaus kann gegenüber dem Spielteilnehmer bis zum Beginn der Gewinnermittlung aus wichtigem Grunde der Rücktritt vom Vertrag erklärt werden. (Abs. 1 Satz 3 und 4 gelten entsprechend.)
(5) Die Auswertungs- und Kontrollabschnitte gelten in jedem Falle für diejenige Veranstaltung, zu der sie rechtzeitig (s. Abs. 1) bei der Gesellschaft eingetragen sind. Später eintreffende Auswertungs- und Kontrollabschnitte gelten für die folgende Veranstaltung. Abweichende Veranstaltungsdaten, ob sie aufgedruckt oder von dem Spielteilnehmer vermerkt sind, bleiben außer Betracht.
(6) Der Monatslottoschein nimmt in jedem Fall an sämtlichen 4 bzw. 5 Lotto-Veranstaltungen eines Monats teil. Sofern die Abgabe rechtzeitig vor dem ersten Ziehungstage eines Kalendermonats erfolgt, gilt der Monatslottoschein für den laufenden Monat, sonst für den auf den Abgabetag folgenden Monat. Spätester Abgabetag ist der jeweilige Freitag (§ 8 Abs. 3 gilt entsprechend) vor dem ersten Sonntag des Spielmonats. Abs. 5 Satz 3 gilt entsprechend.

IV. Haftungsbestimmungen

§ 12 Umfang und Ausschluß der Haftung

(1) Die Gesellschaft haftet dem Spielteilnehmer für alle Schäden, die nach dem Eingang der zur Auswertung und zur Kontrolle dienenden Abschnitte in der Zentrale schuldhaft verursacht werden. Die Haftung der Gesellschaft für Verschulden der Annahmestellen und der für die Weiterleitung der Spielscheine zur Zentrale der Gesellschaft verantwortlichen Stellen wird ausgeschlossen (§ 278 Satz 2 BGB).
(2) Die Gesellschaft haftet nicht für Verschulden der Bundespost, der Bundesbahn oder sonstiger Transportunternehmen. Ebenso ist jede Haftung für Schäden ausgeschlossen, die durch strafbare Handlungen dritter Personen, wie z.B. Diebstahl oder Raub, entstanden sind. Sie haftet weiterhin nicht für Schäden, die durch höhere Gewalt, insbesondere durch Feuer, Wasser, Streiks, innere Unruhen oder aus sonstigen Gründen, die die Gesellschaft nicht zu vertreten hat, hervorgerufen werden. In diesen Fällen werden der Spieleinsatz und die Bearbeitungsgebühr auf Antrag zurückerstattet. Weitergehende Ansprüche des Spielteilnehmers sind ausgeschlossen.

(3) Die Annahmestellen und die für die Weiterbearbeitung und Weiterleitung der Spielscheine zur Zentrale verantwortlichen Stellen haften dem Spielteilnehmer nur für Schäden, die sie selbst vorsätzlich verursacht haben. Jede Stelle haftet nur für Vorgänge in ihrem unmittelbaren Arbeitsbereich.

V. Gewinnermittlung

§ 13 Ermittlung der Toto-Ergebnisse, Ziehungen der Lotto-Gewinnzahlen und der Gewinnzahl der Olympia-Lotterie

(1) Im Fußballtoto wird die Richtigkeit der Voraussagen in der Regel durch den Ausgang der betreffenden Spiele entschieden. Maßgebend für die Wertung ist das nach Ablauf der Spielzeit festgestellte Ergebnis. Wird ein Spiel wiederholt, so wird das erste Spiel und nicht das Wiederholungsspiel gewertet, gleichgültig, an welchem Tage es ausgetragen wird. Eine nachträgliche Änderung oder Annullierung von Spielergebnissen durch sportliche Instanzen ist für die Wertung ohne Bedeutung. Jedes Spiel wird ohne Rücksicht auf seine Bezeichnung als Meisterschaftsspiel, Pokalspiel, Freundschaftsspiel usw. gewertet.

(2) Alle Spiele werden ohne Rücksicht auf einen etwaigen Platzwechsel zwischen dem erstgenannten und dem zweitgenannten Verein oder eine sonstige Verlegung des Austragungsortes stets so gewertet, wie sie auf dem Spielplan stehen.

(3) Bei der Auswahlwette werden 6 Spiele als Gewinnspiele und ein weiteres Spiel als Zusatzspiel gewertet. Die zu wertenden Spiele werden aus den unentschiedenen Spielen und – wenn diese nicht ausreichen – aus den Spielen mit dem geringsten Torunterschied ermittelt. Hierbei haben den Vorrang:

a) Spiele mit höherer Gesamt-Torzahl (z.B. 5:5 vor 4:4 vor 3:3 usw., bzw. 5:4 oder 4:5 vor 4:3 oder 3:4 vor 3:2 oder 2:3 usw.) und

b) bei gleichen Torzahlen die Spiele mit der kleineren Nummer (Nummer der Reihenfolge auf dem Spielschein).

(4) Für Spiele, die an den Spieltagen der betreffenden Veranstaltung nicht stattgefunden haben oder vor Ablauf der Spielzeit abgebrochen wurden, gilt – gleichwertig den Ergebnissen ausgetragener Spiele – eine durch Auslosung nach sportlichen Gesichtspunkten ermittelte Ersatzwertung (1, 0 oder 2). Bei der Auswahlwette gelten die Spiele mit der

Ersatzwertung 1 wie ein Spiel mit dem Ergebnis 1:0,
Ersatzwertung 0 wie ein Spiel mit dem Ergebnis 0:0
Ersatzwertung 2 wie ein Spiel mit dem Ergebnis 0:1.

Werden außer dem Endergebnis auch Halbzeitergebnisse gewertet, so gilt bei einem ausgefallenen Spiel die Ersatzwertung sowohl für das Endergebnis als auch für die Halbzeitergebnisse. Ist nur eine Halbzeit gespielt oder das Spiel in der zweiten Halbzeit abgebrochen worden, so wird das Ergebnis der ersten Halbzeit gewertet; für das Ergebnis der zweiten Halbzeit und das Endergebnis gilt die Ersatzwertung.

(5) Im Zahlenlotto findet für jede Veranstaltung eine Ziehung statt, bei der 6 Gewinnzahlen und die Zusatzzahl ermittelt werden.

(6) In der Olympia-Lotterie findet für jede Veranstaltung eine Ziehung statt, bei der als Gewinnzahl eine vierstellige Zahl ermittelt wird.

(7) Art, Ort und Zeitpunkt der Ziehungen (Abs. 4 bis 6) bestimmt die Gesellschaft. Die Ziehungen sind öffentlich und finden unter notarieller oder behördlicher Aufsicht statt.

(8) Die Gewinntipreihe der Ergebniswette, die Gewinnspiele der Auswahlwette, die Gewinnzahlen des Zahlenlotto und die Gewinnzahl der Olympia-Lotterie werden durch

Aushang in der Annahmestelle sowie ggf. durch Presse, Rundfunk und Fernsehen bekanntgegeben.

§ 14 Auswertung

Grundlage für die Gewinnermittlung sind die Auswertungsabschnitte. Die Auswertung der Spielscheine erfolgt auf Grund der Gewinntipreihe der Ergebniswette, der Gewinnspiele der Auswahlwette, der Gewinnzahlen des Zahlenlotto und der Gewinnzahl der Olympia-Lotterie.

§ 15 Gültige Voraussagen

(1) An der Auswertung nehmen nur diejenigen Tips bzw. Spiele teil, die in der vorgeschriebenen Reihenfolge durch den gezahlten Spieleinsatz gedeckt sind.
(2) Ist bei einer verkürzten Schreibweise die Anzahl der Tips bzw. Spiele eines Systems durch den gezahlten Spieleinsatz nicht gedeckt, so kann der Fehlbetrag nacherhoben oder soviele Tips bzw. Spiele des betreffenden Spielscheines (von rechts nach links gerechnet) von der Teilnahme ausgeschlossen werden, wie durch den Spieleinsatz nicht gedeckt sind.
(3) Voraussagen, die nicht eindeutig gekennzeichnet sind, werden nicht gewertet.
(4) Sind die Voraussagen der Ergebniswette, die gewählten Fußballspiele (Spielnummern) bei der Auswahlwette sowie die gewählten Zahlen beim Zahlenlotto nicht durch Kreuze gekennzeichnet, können andere Kennzeichen, wenn sie eindeutig und einheitlich sind, wie Kreuze gewertet werden.
(5) Sind in einem Tip der Ergebniswette für eine Spielpaarung mehrere Voraussagen gemacht worden, so wird keine dieser Voraussagen gewertet. Fehlen in einem Tip einzelne Voraussagen, so werden die vorhandenen gültigen Voraussagen dennoch gewertet.
(6) Bei mehr als 6 ordnungsgemäß gekennzeichneten Spielnummern bzw. Zahlen gelten nur die ersten 6 in ihrer arithmetischen Reihenfolge. Sind in einem Spiel insgesamt nicht mehr als 6 Markierungen vorhanden, werden auch verschiedenartige Kennzeichen gewertet. Sind in einem Spiel mehr als 6 verschiedenartige Markierungen vorhanden, gelten nur die Kreuze.
(7) Die Gesellschaft ist berechtigt, mangelhafte Eintragungen gelten zu lassen, wenn der Wille des Spielteilnehmers für die Gesellschaft eindeutig erkennbar ist.

§ 16 Gewinnklassen des Fußballtoto und des Zahlenlotto sowie Verteilung der Gewinnsummen

(1) Die Gewinnklassen des Fußballtoto und Zahlenlotto ergeben sich aus der Anzahl richtiger Voraussagen je Tip bzw. Spiel.
(2) Von dem Gesamtbetrag der jeweiligen Spieleinsätze werden grundsätzlich 50% als Gewinnsumme ausgeschüttet. Die Gewinnsumme verteilt sich auf die Gewinnklassen wie folgt:

Ergebniswette

Gewinnklasse I	(0 Fehler)	33 1/3%
Gewinnklasse II	(1 Fehler)	33 1/3%
Gewinnklasse III	(2 Fehler)	33 1/3%

Auswahlwette

Gewinnklasse I	(6 Gewinnspiele)	20%
Gewinnklasse II	(5 Gewinnspiele und Zusatzspiel)	5%
Gewinnklasse III	(5 Gewinnspiele)	15%
Gewinnklasse IV	(4 Gewinnspiele)	20%
Gewinnklasse V	(3 Gewinnspiele)	40%

Zahlenlotto

Gewinnklasse I	(6 Gewinnzahlen)	20%
Gewinnklasse II	(5 Gewinnzahlen und Zusatzzahl)	5%
Gewinnklasse II	(5 Gewinnzahlen)	25%
Gewinnklasse IV	(4 Gewinnzahlen)	25%
Gewinnklasse V	(3 Gewinnzahlen)	25%

(3) Innerhalb der Gewinnklassen wird die Gewinnsumme gleichmäßig auf die Gewinne verteilt. Der so ermittelte Einzelgewinn (Gewinnquote) beträgt je Tip bzw. Spiel im Höchstfall DM 500.000,–; im Mindestfall DM 1,–.
(4) Werden in einer Gewinnklasse keine Gewinne erzielt, so wird die Gewinnsumme der nächstniedrigeren Gewinnklasse zugeschlagen.
(5) Übersteigt der Einzelgewinn die festgesetzte Höchstumme, so wird die überschießende Gewinnsumme der nächstniedrigeren Gewinnklasse zugeschlagen. Unterschreitet der Einzelgewinn den Betrag von DM 1,–, so entfällt die Auszahlung dieser Gewinne; die Gewinnsumme wird der nächsthöheren Gewinnklasse zugeschlagen. Die Gesellschaft ist berechtigt, die Gewinnquote bis zur Mindesthöhe aufzufüllen. In diesem Falle wird einer anderen Gewinnklasse nichts zugeschlagen.
(6) Der Einzelgewinn einer Gewinnklasse darf den Einzelgewinn einer höheren Gewinnklasse nicht übersteigen. Tritt ein derartiger Fall ein, so werden die Gewinnsummen beider Gewinnklassen zusammengelegt und gleichmäßig auf die Gewinne beider Gewinnklassen verteilt.
(7) Einzelgewinne werden auf durch DM –,05 teilbare Beträge abgerundet. Verbleibende Spitzenbeträge werden dem Ausgleichsfonds zugeführt, über den die Gesellschaft verfügt.
(8) Die Höhe der Einzelgewinne in den verschiedenen Gewinnklassen wird durch Aushang in den Annahmestellen bekanntgegeben. Einzelgewinne über DM 1000,– können sich ändern, wenn innerhalb der achttägigen Gewinnanmeldefrist weitere berechtigte Gewinnansprüche festgestellt werden. Alle anderen Gewinne werden nach der Gewinnfeststellung unverzüglich ausbezahlt.
(9) Wird eine Veranstaltung gemeinsam mit anderen Unternehmen durchgeführt, werden die Gewinnsummen der beteiligten Unternehmen zusammengelegt und nach Errechnung gemeinsamer Gewinnquoten auf die Gewinner dieser Unternehmen verteilt. Hierbei sind alle Gewinner in ihrer Gewinnklasse gleichberechtigt.

§ 17 Gewinnklassen und Prämien der Olympia-Lotterie sowie Verteilung der Gewinnsumme

(1) Von dem Gesamtbetrag der jeweiligen Einsätze werden grundsätzlich 25% als Gewinnsumme ausgeschüttet.
(2) Die Gewinnsumme wird verteilt

A – in 2 Gewinnklassen, und zwar

in Gewinnklasse I mit Einzelgewinnen zu	DM	50,–
in Gewinnklasse II mit Einzelgewinnen zu	DM	5,–

sowie
B – in Prämien zu DM 50 000,–
zu DM 5 000,–
und zu DM 500,–.

Alle Spielteilnehmer, auf deren Spielschein die Registriernummer in den 4 Endziffern mit der Gewinnzahl übereinstimmt, gewinnen DM 50,–; alle Spielteilnehmer, auf deren Spielschein die Registriernummer in den 3 Endziffern mit den 3 Endziffern der Gewinnzahl übereinstimmt, gewinnen DM 5,–. Die Prämien werden ausgelost, und zwar in der Regel am 10. Tage nach der Ziehung der Gewinnzahl. An der Prämienauslosung nehmen nur die Gewinner der Gewinnklasse I teil. Es werden bei jeder Veranstaltung ausgelost:

1 Prämie zu DM 50 000,–
15 Prämien zu DM 5 000,–
und aus der restlichen Gewinnsumme Prämien zu DM 500,–.

Ein etwa verbleibender Spitzenbetrag wird der Gewinnsumme der nächsten Veranstaltung zugeschlagen.
(3) Die Auslosung der einzelnen Prämien erfolgt öffentlich und unter notarieller oder behördlicher Aufsicht.

VI. Veranstaltungstag, Gewinnauszahlung und Reklamation

§ 18 Veranstaltungstag

Als Veranstaltungstag im Sinne der nachfolgenden Bestimmungen gilt in jedem Fall ausschließlich der Sonntag, der dem für die jeweilige Veranstaltung geltenden Annahmeschluß folgt. Abweichende Angaben, die aus dem Vertriebsstempel (§ 9 Abs. 1) hervorgehen, bleiben außer Betracht.

§ 19 Gewinnbescheid und Gewinnanmeldung

(1) Bei Gewinnen und Prämien über DM 1000,– werden die Gewinner innerhalb von vier Tagen durch die Gesellschaft benachrichtigt, andernfalls ist der Gewinnanspruch innerhalb von 8 Tagen nach dem Veranstaltungstage unter Vorlage des Quittungsabschnittes persönlich oder durch eingeschriebenen Brief bei der Gesellschaft anzumelden.
(2) Hat ein Spielteilnehmer einen von ihm beanspruchten Gewinn oder eine Prämie bis zu DM 1000,– nicht binnen 3 Wochen nach dem Veranstaltungstag erhalten, so hat er seinen vermeintlichen Anspruch innerhalb einer Frist von 6 Wochen nach dem Veranstaltungstag unter Vorlage des Quittungsabschnittes bei der Gesellschaft anzumelden.
(3) In der Olympia-Lotterie müssen alle Gewinner der Gewinnklasse I innerhalb von 8 Tagen nach dem Veranstaltungstag ihren Gewinnanspruch unter Vorlage des Quittungsabschnittes persönlich oder durch eingeschriebenen Brief bei der Gesellschaft anmelden, sofern sie bis zu diesem Zeitpunkt ihren Gewinn nicht erhalten haben. Gewinner, die diese Frist nicht einhalten, haben keinen Anspruch auf Teilnahme an der Prämienauslosung (§ 17 Abs. 2).
(4) Nach Ablauf der Gewinnanmeldefristen verfallen die Gewinnansprüche, sofern sie nicht bei der Gewinnermittlung festgestellt worden sind.

§ 20 Gewinnauszahlung

(1) Gewinne über DM 1000,– und die mit diesen auf einem Spielschein erzielten Gewinne bis DM 1000,– sowie alle Prämien werden bis spätestens nach Ablauf der zweiten Woche nach dem Veranstaltungstag durch die Gesellschaft überwiesen oder ausgezahlt.
(2) Gewinne bis zu DM 1000,– – soweit sie nicht zusammen mit höheren Gewinnen auf einem Spielschein erzielt wurden – werden gegen Rückgabe des Quittungsabschnittes durch die Annahmestelle ausgezahlt, bei der der Spielschein abgegeben wurde. Sie werden dort eine Woche – in der Regel ab Mittwoch nach der Veranstaltung – zur Abholung bereitgehalten. Danach werden nicht abgeholte Gewinne unter DM 5,– nur noch auf besondere Anforderung, alle übrigen ohne Anforderung an die auf dem Spielschein angegebene Anschrift überwiesen.
(3) Die Gesellschaft ist bei der Überweisung von Gewinnen und Prämien berechtigt, für Überweisungskosten (Porto, Bearbeitungsgebühr usw.) DM 1,– in Abzug zu bringen.
(4) Die Auszahlung oder die Überweisung der Gewinne bzw. Prämien erfolgt an den auf dem Spielschein mit persönlicher Anschrift eingetragenen Spielteilnehmer mit befreiender Wirkung gegenüber den Gewinnern. Sind mehrere Anschriften auf dem Spielschein angegeben, so ist die Gesellschaft befreit, wenn einer der genannten Spielteilnehmer den Empfang des gesamten Gewinnes bzw. der Prämie quittiert hat oder der gesamte Gewinn bzw. die Prämie an einen der genannten Spielteilnehmer überwiesen wurde. Die Gesellschaft ist auch befreit, wenn sie den Gewinn bzw. die Prämie an den Inhaber des Quittungsabschnittes auszahlt oder überweist. Eine Verpflichtung, die Berechtigung des Inhabers des Quittungsabschnittes zu prüfen, besteht nicht. Dies gilt auch dann, wenn auf dem Spielschein keine Anschrift angegeben oder der Berechtigte nicht eindeutig bestimmbar ist.

§ 21 Verfall von Gewinnen

Festgestellte Gewinne, die innerhalb von 6 Monaten nach dem Veranstaltungstage nicht abgefordert worden sind oder nicht zugestellt werden konnten, verfallen gemäß § 11 Abs. 2 des Gesetzes über Totalisatoren und Lotterien.

VII. Schlußbestimmungen

§ 22 Ausschlußfrist

Alle Ansprüche aus der Teilnahme am Fußballtoto und an der Olympia-Lotterie gegen die Gesellschaft sowie ihre Bezirks- und Annahmestellen können nur binnen 13 Wochen nach dem Veranstaltungstage gerichtlich geltend gemacht werden; eine spätere Rechtsverfolgung ist ausgeschlossen.

§ 23 Vernichtung alter Spielscheinabschnitte

Die Gesellschaft ist ohne eigene Rechtsnachteile berechtigt, nach Ablauf der im Gesetz über Totalisatoren und Lotterien vorgesehenen Frist die Spielscheine zu vernichten, auf die keine oder nur Gewinne bis zu DM 1000,– entfallen sind, mit Ausnahme derjenigen, für die ein Anspruch angemeldet oder gerichtlich geltend gemacht worden ist.

§ 24 Gerichtsstand

Gerichtsstand ist Bremen.

§ 25 Inkrafttreten

Diese Teilnahmebedingungen treten mit Genehmigung des Senators für Inneres, Bremen, zur 17. Veranstaltung am 19. April 1971 in Kraft. Gleichzeitig werden die bisherigen Teilnahmebedingungen aufgehoben.

Nordwest Lotto und Toto Hamburg
Staatliche Lotterie der Freien und Hansestadt Hamburg
Teilnahmebedingungen

I. Allgemeines

§ 1 Organisation

(1) Das Zahlenlotto und der Fußballtoto werden in Hamburg vom „Nordwest Lotto und Toto Hamburg" im Namen und für Rechnung der Freien und Hansestadt Hamburg als Staatslotterie durchgeführt.
(2) Das „Nordwest Lotto und Toto Hamburg" (im folgenden als „Unternehmen" bezeichnet) kann Lotto-Ausspielungen und Toto-Wettbewerbe (im folgenden „Veranstaltungen genannt) zum Zwecke einheitlicher Gewinnermittlung und Gewinnausschüttung gemeinsam mit anderen Unternehmen durchführen.

§ 2 Gegenstand der Veranstaltungen

(1) Gegenstand des Zahlenlottos ist die Voraussage von 6 Zahlen, die aus der Zahlenreihe 1–49 ausgelost werden.
(2) Gegenstand des Fußballtotos ist die Voraussage bestimmter Ergebnisse (Sieg, Unentschieden, Niederlage, Torzahlen u.ä.) einer festgesetzten Anzahl von Fußballspielen.
(3) Die Veranstaltungen finden im allgemeinen wöchentlich statt.

§ 3 Verbindlichkeit der Teilnahmebedingungen

(1) Maßgebend und verbindlich für die Teilnahme an Veranstaltungen des Unternehmens sind diese Teilnahmebedingungen und die Spielanweisungen auf den Spielscheinen. Dies gilt auch, wenn das Unternehmen Veranstaltungen gemeinsam mit anderen Unternehmen durchführt.
(2) Die Teilnahmebedingungen, die Spielanweisungen sowie Bedingungen für Sonderveranstaltungen werden durch Aushang in den Annahmestellen, auf den Lotto- bzw. Toto-Spielscheinvordrucken (im folgenden „Spielscheine" genannt) oder in anderer Weise bekanntgegeben.
(3) Eine Verpflichtung zur Veröffentlichung bekanntgewordener Spielausfälle besteht nicht.

§ 4 Spiel- und Wettgeheimnis

Das Unternehmen wahrt das Spiel- und Wettgeheimnis. Die Namen von Gewinnnern dürfen nur mit deren ausdrücklicher Genehmigung veröffentlicht werden. Diese Einschränkung entfällt, wenn der Gewinner bereits in der Öffentlichkeit bekanntgeworden ist.

II. Einreichung und Weiterleitung der Spielscheine

§ 5 Spielscheine

(1) Die Teilnahme an den Veranstaltungen ist nur möglich mit den vom Unternehmen herausgegebenen oder genehmigten Spielscheinen.
(2) Die Spielscheine enthalten u.a. folgende Angaben:
a) die Zahlenreihe, aus der die Gewinnzahlen ausgelost werden, sowie die einzelnen Nummern der Spielpaarungen, deren Ergebnisse vorausgesagt werden sollen,
b) die Anzahl der Gewinnklassen bzw. Gewinnränge.
(3) Die jeweiligen Spielpaarungen des Totos sind aus den in den Annahmestellen erhältlichen Spielpaarungsübersichten zu ersehen. Unbeschadet eines Platzwechsels gilt als Platzverein der erstgenannte, als Gastverein der zweitgenannte Verein. Dies gilt auch für Fußballspiele, die auf neutralen Plätzen angesetzt sind.
(4) Jeder Spielschein besteht aus drei Teilen, die mit einer gleichlautenden gedruckten Nummer gekennzeichnet sind und vom Teilnehmer nicht voneinander getrennt werden dürfen.
Von den drei Teilen dient

einer als Quittungsteil	(a)
einer als Auswertungsteil	(c)
einer als Kontrollteil	(b)

(5) Die Spielscheine haben Gültigkeit bis zu dem auf ihnen oder durch Aushang bei den Annahmestellen bekanntgegebenen Verfalltag.

§ 6 Höhe des Spieleinsatzes und Höhe der Spielschein-Gebühr

(1) Der Spieleinsatz für die Voraussagen in einer Lotto-Zahlenreihe (= Spiel) bzw. in einer Toto-Tipreihe (= Tip) beträgt DM 0,50.
(2) Für die Spielscheine können Mindest- und Höchstspieleinsätze festgelegt werden. Diese sind aus den Spielanweisungen auf den Spielscheinen ersichtlich.
(3) Das Unternehmen kann bestimmen, daß jeweils nur eine gerade Anzahl von Spielen bzw. Tips abgeschlossen werden darf.
(4) Für jeden abgelieferten Spielschein hat der Teilnehmer eine Spielschein-Gebühr zu entrichten. Die Höhe dieser Gebühr ist auf dem Spielschein angegeben.

§ 7 Eintragungen des Teilnehmers auf den Spielscheinen

(1) Der Teilnehmer kann für jede Veranstaltung über einen Mindestspieleinsatz hinaus beliebig viele Spiele bzw. Tips bis zu einem eventl. festgesetzten Höchstspieleinsatz je Spielschein abschließen. Sie sind in laufender Reihenfolge von links nach rechts bzw. von oben nach unten einzutragen. Für die Bezeichnung der Voraussagen (Zeichen oder Zahlen) sind die Spielanweisungen auf den Spielscheinen maßgebend (s.a. § 15 Ziff. 1–5 der Teilnahmebedingungen).
(2) Der Teilnehmer trägt seine Anschrift in den hierfür vorgesehenen Raum des Spielscheines ein. Das Unternehmen wird durch Vereinbarungen des Teilnehmers mit Dritten (Spiel- bzw. Wettgemeinschaften) nicht gebunden (s.a. § 18 Ziff. 2 der Teilnahmebedingungen).
(3) Der Teilnehmer benutzt für seine Eintragungen ausschließlich den zuoberst liegenden Teil c des zusammengefalteten Spielscheines; die anderen Teile werden durchgeschrieben. Die Eintragungen auf den Teilen, die dem Teilnehmer nicht zurückgegeben werden, müssen übereinstimmen.

(4) Soweit für einzelne Spielscheinarten besondere Bestimmungen gelten, sind sie in den Spielanweisungen auf den Spielscheinen vermerkt.

§ 8 Haftung für falsche oder fehlerhafte Spielscheine sowie für fehlerhafte Eintragungen

(1) Spielscheine mit Herstellungsfehlern nehmen an den Veranstaltungen nicht teil. Spieleinsatz und Spielschein-Gebühr werden zurückgezahlt. Ein weitergehender Anspruch des Teilnehmers besteht nicht. Das Unternehmen kann im Einzelfalle die Teilnahme zulassen, wenn der Fehler nach seinem Ermessen nicht wesentlich ist.
(2) Für die Wahl des richtigen Spielscheines und die ordnungsgemäße Ausfüllung ist der Teilnehmer allein verantwortlich. Insbesondere sind die Annahmestellen nicht verpflichtet, die Richtigkeit des Spielscheines, die Eintragungen sowie die Höhe des sich daraus ergebenden Spieleinsatzes zu überprüfen.

§ 9 Abgabe der Spielscheine und Annahmeschluß

(1) Die Teilnahme an den Veranstaltungen wird nur von zugelassenen Annahmestellen vermittelt. An diese sind bei Abgabe der Spielscheine Spieleinsatz und Spielschein-Gebühr zu entrichten.
(2) Die Annahmestellen und das Unternehmen sind zur Annahme und Ausfertigung von Spielscheinen nicht verpflichtet.
(3) An der Veranstaltung nehmen alle Spielscheine teil, welche bis zum Zeitpunkt der Weiterleitung (Annahmeschluß) bei den Annahmestellen ausgefertigt sind und bei dem Unternehmen rechtzeitig gem. § 11 Abs. 2 eingehen. Später eintreffende Lotto-Spielscheine gelten für die folgende Veranstaltung (s.a. § 11 Abs. 2). Später eintreffende Toto-Spielscheine spielen nicht mit; der Spieleinsatz wird zurückgezahlt.
(4) Der Zeitpunkt, bis zu welchem eine Annahmestelle in der Regel Spielscheine entgegennimmt und ausfertigt, wird durch Aushang bekanntgegeben.

§ 10 Ausfertigung der Spielscheine

(1) Den Annahmestellen ist es nicht gestattet, für den Teilnehmer Spielscheine auszufüllen. Das Unternehmen haftet nicht für Eintragungen irgendwelcher Art, die Annahmestellen dennoch auf den Spielscheinen für den Teilnehmer vornehmen.
(2) Gegen Zahlung des Spieleinsatzes und der Spielschein-Gebühr fertigt die Annahmestelle den ausgefüllten Spielschein aus, indem sie ihn mit einer für alle drei Spielscheinteile gleichlautenden Registrier-Nummer sowie auf dem Quittungsteil mit einem Annahmestellenstempel versieht, aus dem Name und Anschrift der Annahmestelle sowie Nummer und Datum der Veranstaltung zu ersehen sind.
(3) Der Teilnehmer erhält einen Abschnitt des ausgefertigten Spielscheines zurück, und zwar soll er den mit dem Annahmestellenstempel versehenen Abschnitt erhalten. Der dem Teilnehmer zurückgegebene Abschnitt dient als Quittung. Die anderen beiden Abschnitte dürfen nach Ausfertigung des Spielscheines dem Teilnehmer nicht wieder zugänglich gemacht werden, auch nicht zur Rückgängigmachung der Teilnahme, zur ergänzenden Ausfüllung oder zur Einsichtnahme, sie dienen als Kontroll- und Auswertungsabschnitt.
(4) Der Teilnehmer hat sich zu überzeugen, daß er nur einen, und zwar den mit Annahmestellenstempel und Registrier-Nummer versehenen Abschnitt zurückerhalten hat.

§ 11 Weiterleitung der nicht für den Teilnehmer bestimmten Spielscheinabschnitte

(1) Die Annahmestellen übergeben nach Annahmeschluß die Auswertungs- und die Kontrollabschnitte auf dem vom Unternehmen vorgeschriebenen Weg bis zu dem festgesetzten Zeitpunkt an die mit der Weiterbearbeitung und mit der Weiterleitung an das Unternehmen beauftragten Stellen.
(2) Die als Kontroll- und Auswertungsabschnitte dienenden Teile der Spielscheine gelten für die Veranstaltung, zu der sie nach Ausfertigung in einer Annahmestelle rechtzeitig beim Unternehmen eingegangen sind. Auf den Spielscheinabschnitten vermerkte abweichende Spieltage bleiben außer Betracht. Als rechtzeitig gilt ihr Eingang, wenn sie spätestens eine Stunde vor Beginn des am frühesten angesetzten Fußballspieles oder, falls die Ziehung der Lotto-Gewinnzahlen vor diesem Fußballspiel beginnt, eine Stunde vor Beginn der Ziehung bei dem Unternehmen eingegangen sind und der als Kontrollabschnitt dienende Teil oder eine Ablichtung von einem Spielscheinabschnitt unter Verschluß genommen worden ist.

III. Spielvertrag

§ 12 Abschluß und Inhalt des Spielvertrages

(1) Der Spielvertrag zwischen dem Unternehmen und dem Teilnehmer ist erst dann geschlossen, wenn die als Auswertungs- und Kontrollabschnitt dienenden Teile des Spielscheines beim Unternehmen eingegangen sind und einer von ihnen durch Verschluß gesichert ist oder wenn ein Abschnitt eingegangen und eine Ablichtung hiervon durch Verschluß gesichert ist. Fehlt eine dieser Voraussetzungen, so kommt der Spielvertrag nicht zustande. Der Spieleinsatz und die Spielschein-Gebühr werden auf Antrag zurückgezahlt. Weitergehende Ansprüche des Teilnehmers sind ausgeschlossen.
(2) Für den Inhalt des Spielvertrages sind ausschließlich die übereinstimmenden Voraussagen auf den zur Kontrolle und zur Auswertung dienenden Spielscheinabschnitten maßgebend. Aus dem als Quittung dienenden Spielscheinabschnitt kann ein Gewinnanspruch nicht hergeleitet werden; er dient lediglich als Nachweis für einen geleisteten Spieleinsatz.

IV. Haftung

§ 13 Haftung und Ausschluß der Haftung

(1) Das Unternehmen haftet dem Teilnehmer für alle Schäden, die nach dem Eingang der zur Kontrolle und Auswertung dienenden Spielscheinabschnitte beim Unternehmen schuldhaft verursacht werden. Die Haftung des Unternehmens für jegliches Verschulden der Annahmestellen und der übrigen für die Weiterleitung der Spielscheinabschnitte zum Unternehmen verantwortlichen Stellen wird gemäß §§ 276 Abs. 2, 278 BGB ausgeschlossen.
(2) Das Unternehmen haftet nicht für Verschulden der Bundespost, der Bundesbahn oder sonstiger Transportunternehmen. Ebenso ist jede Haftung für Schäden ausgeschlossen, die durch strafbare Handlungen dritter Personen, wie zum Beispiel Diebstahl oder Raub, entstanden sind. Es haftet auch nicht für Schäden, die durch höhere Gewalt, insbesondere durch Feuer, Wasser, Streiks oder innere Unruhen hervorgerufen werden. In

diesen Fällen werden der Spieleinsatz und die Spielschein-Gebühr auf Antrag zurückgezahlt. Weitergehende Ansprüche des Teilnehmers sind ausgeschlossen.
(3) Die Annahmestellen und die übrigen für die Weiterleitung der Spielscheinabschnitte zum Unternehmen verantwortlichen Stellen haften dem Teilnehmer nur für Schäden, die sie selbst vorsätzlich verursacht haben. Jede Stelle haftet nur für Vorgänge in ihrem unmittelbaren Arbeitsbereich.

V. Gewinnermittlung

§ 14 Ermittlung der Gewinnzahlen des Zahlenlottos (Auslosung) und der Ergebnisse des Fußballtotos (Wettbewerb) und ihre Bekanntgabe

(1) Für jede einzelne Zahlenlotto-Ausspielung findet eine Auslosung statt, bei der 6 Gewinnzahlen und die Zusatzzahl aus der Zahlenreihe 1–49 ermittelt werden. Art, Ort und Zeitpunkt der Auslosung bestimmt das Unternehmen. Die Auslosungen sind öffentlich und finden unter notarieller oder behördlicher Aufsicht statt.
(2) Für jeden einzelnen Toto-Wettbewerb wird die Richtigkeit der Voraussagen durch den Ausgang der vorgesehenen Fußballspiele bestimmt. Die Fußballspiele finden nach Annahmeschluß – in der Regel am Sonnabend/Sonntag – statt. Eine nachträgliche Änderung oder Annullierung eines Spielergebnisses durch sportliche Instanzen bleibt unberücksichtigt. Alle für den betreffenden Wettbewerb festgesetzten und regulär ausgetragenen Fußballspiele (mindestens 2 x 45 Minuten, bei satzungsgemäßer Verlängerung zusätzlich 2 x 15 Minuten werden mit dem vom Schiedsrichter festgestellten Ergebnis gewertet. Alle Spiele werden ohne Rücksicht auf einen etwaigen Platzwechsel zwischen Platzverein und Gastverein, eine sonstige Verlegung des Austragungsortes oder einen Wechsel in der Bezeichnung (Meisterschaftsspiel, Pokalspiel, Freundschaftsspiel usw.) stets so gewertet, wie sie auf dem Spielplan stehen. Zur Sicherung einer lückenlosen Tipreihe wird für jeden Wettbewerb eine nach sportlichen Gesichtspunkten festgesetzte Ersatztipreihe öffentlich unter notarieller oder behördlicher Aufsicht ausgelost. Art, Ort und Zeitpunkt der Auslosung bestimmt das Unternehmen. Für Spiele, die an den Spieltagen des betreffenden Wettbewerbs nicht stattgefunden haben oder während ihres Ablaufs abgebrochen worden sind, gilt das Ergebnis dieser Auslosung (1 oder 0 oder 2).
(3) Bei der Toto-Auswahlwette gelten die Spiele
mit der Ersatzwertung 1 wie ein Spiel mit dem Ergebnis 1:0,
mit der Ersatzwertung 0 wie ein Spiel mit dem Ergebnis 0:0,
mit der Ersatzwertung 2 wie ein Spiel mit dem Ergebnis 0:1.
Es werden 6 Spiele als Gewinnspiele und 1 weiteres Spiel als Zusatzspiel gewertet. Die zu wertenden Spiele werden aus den unentschiedenen Spielen und – wenn diese nicht ausreichen – aus den Spielen mit dem geringsten Torunterschied ermittelt, wobei

a) Spiele mit höherem Gesamt-Torergebnis (z.B. 5:5 vor 4:4 vor 3:3 usw. bzw. 5:4 oder 4:5 vor 4:3 oder 3:4 vor 3:2 oder 2:3 usw.),
b) bei gleichen Torergebnissen die Spiele mit der kleineren Nummer den Vorrang haben (Nummer der Reihenfolge im Spielplan).

(4) Neben dem Endergebnis können auch die Torergebnisse der ersten Halbzeit oder beider Halbzeiten getrennt gewertet werden.
(5) Die Gewinnzahlen und die Zusatzzahl des Zahlenlottos sowie die Ergebnisse des Fußballtotos werden durch Aushang in den Annahmestellen bekanntgegeben.

§ 15 Gültige Voraussagen

(1) An der Auswertung nehmen nur diejenigen eingetragenen Voraussagen (Spiele bzw. Tips) teil, die in der Reihenfolge von links nach rechts bzw. von oben nach unten durch den bezahlten Spieleinsatz gedeckt sind. Ist bei einer verkürzten Schreibweise der Voraussagen die Anzahl der Spiele bzw. Tips durch den gezahlten Spieleinsatz nicht gedeckt, so kann das Unternehmen nach seiner Wahl entweder den Fehlbetrag nacherheben oder den Spielschein unter Rückzahlung des gezahlten Spieleinsatzes von der Teilnahme ausschließen.

(2) a) Die vom Teilnehmer vorausgesagten Lottozahlen bzw. Nummern der Spiele bei der Toto-Auswahlwette sind auf den Normal-, Dauer- und Mehrreihen-Spielscheinen und auf den Normal-Spielscheinen der Toto-Ergebniswetten einzeln durch Kreuze (X) zu kennzeichnen, deren Schnittpunkt innerhalb des Zahlenkästchens liegen muß; andere Kennzeichen können, wenn sie eindeutig und einheitlich sind, wie Kreuze gewertet werden.

b) Für die Voraussagen bei den System-Spielscheinen im Lotto und Toto sowie den Mehrreihen Spielscheinen der Toto-Ergebniswetten sind die gewählten Zahlen einzutragen.

c) Bei mehr als 6 (gem. Abs. 2 a) gekennzeichneten Zahlen bzw. Spielnummern je Spiel oder Tip gelten nur die ersten 6 in ihrer arithmetischen Reihenfolge. Sind insgesamt nicht mehr als 6 Zahlen oder Spielnummern gekennzeichnet, werden auch verschiedenartige Kennzeichen gewertet. Sind mehr als 6 Zahlen bzw. Spielnummern verschiedenartig gekennzeichnet, gelten nur die Kreuze.

(3) Ist in einem Tip der Toto-Ergebniswette auf einem Normal-Spielschein für eine Spielpaarung mehr als eine Voraussage gemacht worden, so werden in diesem Tip alle Voraussetzungen für die betreffende Spielpaarung nicht gewertet. Fehlen Voraussagen, so nimmt der Spielschein gleichwohl mit den auf ihm eingetragenen gültigen Voraussagen an dem Wettbewerb teil.

(4) Die Eintragungen auf den Spielscheinen müssen deutlich geschrieben sein und dürfen keine Zweifel an der eindeutigen Bestimmung der Voraussagen (Zeichen oder Zahlen) zulassen. Sind die nach Ziff. (2) Abs. a–c geltenden Voraussagen (Zeichen oder Zahlen) auf den als Kontrollabschnitt und als Auswertungsabschnitt dienenden Teilen des Spielscheines verschieden oder auf einem Teil nicht eindeutig bestimmbar, so können die Voraussagen gewertet werden, die in beiden Teilen übereinstimmend und eindeutig eingetragen sind.

(5) Das Unternehmen ist berechtigt, mangelhafte Eintragungen gelten zu lassen, wenn der Wille des Teilnehmers für das Unternehmen nach seinem Ermessen eindeutig erkennbar ist.

§ 16 Gewinnklassen des Zahlenlottos und Gewinnränge des Fußballtotos

(1) Im Zahlenlotto gewinnen:

in der Klasse I	die Teilnehmer, die 6 Gewinnzahlen,
in der Klasse II	die Teilnehmer, die 5 Gewinnzahlen und die Zusatzzahl,
in der Klasse III	die Teilnehmer, die 5 Gewinnzahlen,
in der Klasse IV	die Teilnehmer, die 4 Gewinnzahlen,
in der Klasse V	die Teilnehmer, die 3 Gewinnzahlen
	in einem Spiel richtig vorausgesagt haben.

(2) Im Fußballtoto gewinnen bei der Auswahlwette:

im 1. Rang die Teilnehmer, die 6 Gewinnspiele,
im 2. Rang die Teilnehmer, die 5 Gewinnspiele und das Zusatzspiel,
im 3. Rang die Teilnehmer, die 5 Gewinnspiele,

im 4. Rang die Teilnehmer, die 4 Gewinnspiele,
im 5. Rang die Teilnehmer, die 3 Gewinnspiele
in einem Tip richtig vorausgesagt haben.

(3) Im Fußballtoto gewinnen bei den Ergebniswetten:
Bei einer Wette mit 2 Rängen
im 1. Rang die Teilnehmer mit 0 Fehler,
im 2. Rang die Teilnehmer mit 1 Fehler,
bei einer Wette mit 3 Rängen außerdem
im 3. Rang die Teilnehmer mit 2 Fehlern,
bei einer Wette mit 4 Rängen außerdem
im 4. Rang die Teilnehmer mit 3 Fehlern
in einem Tip usw.

§ 17 Verteilung der Gewinnsummen auf die Gewinnklassen des Zahlenlottos bzw. Gewinnränge des Fußballtotos und Einzelgewinne

(1) Von dem Gesamtbetrag der jeweiligen Spieleinsätze werden grundsätzlich 50% als Gewinnsumme ausgeschüttet. Diese Gewinnsumme verteilt sich auf die Gewinnklassen bzw. Gewinnränge gleichmäßig oder nach einem aus den Spielscheinen ersichtlichen Schlüssel. Änderungen der Verteilung bzw. des Schlüssels werden durch Aushang in den Annahmestellen bekanntgegeben.

(2) Werden in einer Gewinnklasse bzw. in einem Gewinnrang keine Gewinne erzielt, so wird die Gewinnsumme der nächstniedrigeren Gewinnklasse bzw. dem nächstniedrigeren Gewinnrang zugeschlagen.

(3) Innerhalb der Gewinnklassen bzw. Gewinnränge wird die Gewinnsumme gleichmäßig auf die Gewinner verteilt. Der so ermittelte Einzelgewinn (Gewinnquote) kann je Spiel bzw. Tip in seiner Höhe begrenzt werden.

(4) Übersteigt der Einzelgewinn die festgesetzte Höchstumme, so wird die überschießende Gewinnsumme der nächstniedrigeren Gewinnklasse bzw. dem nächstniedrigeren Gewinnrang zugeschlagen.

(5) Unterschreitet der Einzelgewinn den Betrag von DM 1,–, so entfällt die Auszahlung dieser Gewinne; die Gewinnsumme wird der nächsthöheren Gewinnklasse bzw. dem nächsthöheren Gewinnrang zugeschlagen. Das Unternehmen ist berechtigt, die Gewinnquoten bis zur Mindesthöhe aufzufüllen. In diesem Falle wird einer anderen Gewinnklasse bzw. einem anderen Gewinnrang nichts zugeschlagen.

(6) Der Einzelgewinn einer Gewinnklasse bzw. eines Gewinnranges darf den Einzelgewinn einer höheren Gewinnklasse bzw. eines höheren Gewinnranges nicht übersteigen. Tritt ein derartiger Fall ein, so werden die Gewinnsummen beider Gewinnklassen bzw. Gewinnränge zusammengelegt und gleichmäßig an die Gewinner beider Gewinnklassen bzw. Gewinnränge verteilt.

(7) Einzelgewinne werden auf durch DM 0,05 teilbare Beträge abgerundet. Verbleibende Spitzenbeträge werden einem Ausgleichsfonds zugeführt, über den das Unternehmen verfügt, z.B. zur Aufrundung von Gewinnquoten, für Prämienauslosungen und Härtefälle.

(8) Die Höhe der Einzelgewinne in den verschiedenen Gewinnklassen bzw. Gewinnrängen wird durch Aushang in den Annahmestellen bekanntgegeben. Einzelgewinne über DM 1000,– können sich ändern, wenn innerhalb der achttägigen Einspruchsfrist weitere berechtigte Gewinnansprüche festgestellt werden.

(9) Wird eine Veranstaltung gemeinsam mit anderen Unternehmen durchgeführt, so werden die Gewinnausschüttungssummen der beteiligten Unternehmen zusammengelegt und nach Errechnung gemeinsamer Gewinnquoten auf die Gewinner dieser Unternehmen verteilt. Hierbei sind alle Gewinner in ihrer Gewinnklasse bzw. in ihrem Gewinnrang gleichberechtigt.

VI. Gewinnauszahlung

§ 18 Auszahlende Stellen und Empfangsberechtigter

(1) Die Gewinne werden den Teilnehmern durch die Stellen und auf dem Wege ausgehändigt oder überwiesen, die das Unternehmen auf den Spielscheinen oder durch Aushang in den Annahmestellen bekanntgibt. Bei Überweisung werden auf volle DM 0,10 aufgerundete Kosten abgezogen.

(2) Gewinne von DM 5,– bis einschließlich DM 1000,–, die in der Annahmestelle nicht innerhalb der auf dem Spielschein angegebenen Frist abgeholt worden sind, überweist das Unternehmen an die auf dem Spielschein angegebene Anschrift. Gewinnbeträge unter DM 5,– werden nur auf besondere Anforderung, die vor Ablauf der Verfallfrist (§ 19) bei dem Unternehmen eingegangen sein muß, überwiesen.

(3) Das Unternehmen und die Annahmestellen dürfen mit befreiender Wirkung gegenüber dem Gewinner den Gewinn an jeden Inhaber des Quittungsabschnittes gegen dessen Rückgabe auszahlen – auch dann, wenn auf dem Spielschein keine Anschrift angegeben oder der Berechtigte nicht eindeutig bestimmbar ist – oder nicht abgeholte Gewinne an die auf dem Spielschein angegebene Anschrift überweisen. Unbeschadet seiner vorstehenden Befugnisse ist das Unternehmen berechtigt aber nicht verpflichtet, die Berechtigung des Inhabers des Quittungsabschnittes zu prüfen.

VII. Reklamation und Fristen

§ 19 Verfallfrist

(1) Hat ein Gewinner einen Gewinn bis einschließlich DM 1000,– nicht binnen 2 Wochen nach der Veranstaltung erhalten, so muß er diesen binnen weiterer 2 Wochen über die zuständige Annahmestelle oder unmittelbar bei dem Unternehmen unter Vorlage des Quittungsabschnittes reklamieren. Auf Auszahlung von Gewinnen, die nicht innerhalb dieser 4 Wochen nach der Veranstaltung unter Vorlage des Quittungsabschnittes angefordert werden, besteht nach Ablauf der 4 Wochen kein Anspruch.

(2) Einzelgewinne auf einem Dauer-Spielschein bis einschl. DM 1000,– werden vom Unternehmen unter Abzug anteiliger Portokosten an die angegebene Anschrift überwiesen, und zwar insgesamt in der Woche, die auf die letzte der 5 Ausspielungen folgt, für die der Dauer-Spielschein Gültigkeit hat. Die Einspruchsfrist für Gewinne bis einschl. DM 1000,– beträgt 4 Wochen, beginnend mit dem Tage der letzten Ausspielung, für die der Dauer-Spielschein Gültigkeit hat. Nach Ablauf der Einspruchsfrist verfallen die nicht geltend gemachten Gewinnansprüche.

(3) Gewinner im Zahlenlotto und im Fußballtoto, deren Einzelgewinn den Betrag von DM 1000,– übersteigt, werden innerhalb von 4 Tagen nach der Veranstaltung unmittelbar benachrichtigt. Gewinner, die nicht innerhalb dieser Frist benachrichtigt worden sind, müssen ihren Gewinnanspruch unverzüglich beim Unternehmen anmelden. Diese Anmeldung muß innerhalb von 8 Tagen nach der Veranstaltung beim Unternehmen eingegangen sein. Sie muß persönlich oder durch eingeschriebenen Brief unter Vorlage des Quittungsabschnittes erfolgen. Nach Ablauf der Anmeldefrist von 8 Tagen verfallen die Gewinnansprüche, falls das Unternehmen einen Gewinn nicht bereits selbst festgestellt hat.

(4) Gewinne, die infolge fehlender, fehlerhafter oder unleserlicher Anschrift nicht zustellbar oder nicht innerhalb der Einspruchsfrist abgefordert sind, verfallen mit Ablauf von 8 Wochen nach der Veranstaltung, soweit sie nicht nach Ziff. (1), (2) und (3) kürzeren Verfallfristen unterliegen.

§ 20 Rechtsweg und Gerichtsstand

(1) Alle Ansprüche aus der Teilnahme an den Veranstaltungen gegen das Unternehmen sowie seine Bezirks- und Annahmestellen können auf dem ordentlichen Rechtsweg geltend gemacht werden.
Nach Ablauf von 12 Wochen nach der betreffenden Veranstaltung ist eine Rechtsverfolgung ausgeschlossen.
(2) Gerichtsstand für alle Rechtsstreitigkeiten zwischen dem Unternehmen und dem Teilnehmer ist für beide Teile Hamburg.

§ 21 Vernichtung erledigter Spielscheinabschnitte

Das Unternehmen ist ohne Rechtsnachteile für sich berechtigt, nach Ablauf von 12 Wochen – gerechnet vom Tage der Veranstaltung – die Spielscheine zu vernichten.

VIII. Schlußbestimmung

§ 22 Inkrafttreten

Diese Teilnahmebedingungen treten mit Wirkung vom 1. November 1969 an die Stelle der im Januar 1967 in Kraft getretenen Teilnahmebedingungen.

Nordwest Lotto und Toto Hamburg
Staatliche Lotterie der Freien und Hansestadt Hamburg

Spielbedingungen der Hessischen Lotterieverwaltung für das Zahlenlotto

I. Allgemeines

Art. 1 Träger und Veranstalter des Zahlenlottos

(1) Das Land Hessen ist nach dem Gesetz über das Zahlenlotto in Hessen vom 29.6.1956 Träger des hessischen Zahlenlottos. Dieses wird von der Hessischen Lotterieverwaltung veranstaltet und betrieben. Die technische Durchführung des Zahlenlottos ist der Lotterie-Treuhandgesellschaft mbH Hessen übertragen.
(2) Die Lotterieverwaltung kann mit anderen deutschen Lotto-Unternehmen gemeinsam Ausspielungen veranstalten.

Art. 2 Verbindlichkeit der Spielbedingungen

(1) Für die Teilnahme an den Veranstaltungen des Zahlenlottos in Hessen sind ausschließlich die Spielbedingungen der Lotterieverwaltung in ihrer jeweils gültigen Fassung maßgebend und für den Spieler verbindlich. Dies gilt auch dann, wenn die Lotterieverwaltung gemeinsam mit anderen deutschen Lotto-Unternehmen Ausspielungen veranstaltet.
(2) Änderungen und Ergänzungen der Spielbedingungen sowie Bedingungen für besondere Spiele im Rahmen des Zahlenlottos werden in derselben Form bekanntgegeben wie diese Spielbedingungen.

Art. 3 Gegenstand des Zahlenlottos

Gegenstand des Zahlenlottos ist die Voraussage von 6 Zahlen aus der Zahlenreihe 1–49.

Art. 4 Spielgeheimnis

Die Namen der Spieler dürfen – unbeschadet der Amtshilfe zur Aufklärung von Straftaten – nur mit ihrer ausdrücklichen Einwilligung bekanntgegeben werden. Diese Einschränkung entfällt, wenn der Spieler, z.B. im Falle eines Gewinnes, in Presse, Rundfunk oder Fernsehen bereits erwähnt worden ist.

II. Teilnahme am Spiel

Art. 5 Lottoschein

(1) Ein Spielvertrag kann nur unter Verwendung eines amtlichen Lottoscheines, der in der Regel aus zwei Teilen (Auswertungsabschnitt und Quittungsabschnitt) besteht, abgeschlossen werden. In besonderen Fällen können auch Lottoscheine mit mehr als zwei Teilen herausgegeben werden. Die Spielscheinabschnitte dürfen von dem Spieler nicht voneinander getrennt werden. Amtliche Spielscheine sind nur die von der Lotterieverwaltung herausgegebenen oder von ihr zugelassenen Spielscheine.

(2) Jeder Spieler unterwirft sich mit Übergabe eines Lottoscheines an eine Annahmestelle oder der Einsendung eines Lottoscheines an eine Fernannahmestelle den amtlichen Spielbedingungen.
Die Lotterieverwaltung haftet nicht für Schäden, die sich auf Grund der Herstellung des Lottoscheines ergeben. Kann wegen eines Herstellungsmangels (Druckfehler usw.) ein rechtswirksamer Spielvertrag nicht abgeschlossen werden, so werden dem Spieler auf Antrag der Einsatz und die Bearbeitungsgebühr zurückerstattet. Ein weitergehender Anspruch besteht nicht.

Art. 6 Spieleinsatz und Bearbeitungsgebühr

(1) Der Mindesteinsatz beträgt 1,– DM für zwei Spiele (abgegrenzte Zahlenfelder). Für jeden weiteren Einsatz von 1,– DM können zwei weitere Spiele abgeschlossen werden. Der Gesamteinsatz für einen Lottoschein ist in vollen DM-Beträgen zu entrichten. Die Lotterieverwaltung behält sich vor, den Mindesteinsatz anders festzusetzen.
(2) Für jeden abgegebenen Spielschein hat der Teilnehmer eine Bearbeitungsgebühr zu entrichten, deren Höhe von der Lotterieverwaltung festgesetzt wird und auf den Lottoscheinen angegeben ist.

Art. 7 Eintragungen des Spielers auf dem Lottoschein

(1) Für die Wahl des richtigen Scheines und für seine ordnungsgemäße Ausfüllung ist der Spieler allein verantwortlich. Die Annahmestellen sind nicht verpflichtet, die Richtigkeit des Scheines und die Ordnungsmäßigkeit der Eintragungen zu prüfen.
Die Lotterieverwaltung haftet nicht für Eintragungen, die eine Annahmestelle auf einem Spielschein für einen Teilnehmer vornimmt.
(2) Eintragungen sind möglichst nur mit schwarzer oder blauer Farbe vorzunehmen (Kugelschreiber, Tintenstift, Schreibmaschine usw.). Eintragungen in roter Farbe sind nicht zulässig. Die Lotterieverwaltung haftet nicht für Nachteile, die entstehen, weil diese Bestimmung nicht beachtet wird.
(3) Weichen die Eintragungen in einem Spiel (Zahlenfeld) eines Lottoscheinabschnittes von denen des entsprechenden Spiels eines anderen Abschnittes ab, so ist dieses Spiel nur insoweit für eine Gewinnfeststellung maßgebend, als die Voraussagen auf dem Auswertungsabschnitt und auf dem Mikrofilm bzw. der Fotokopie des Auswertungsabschnittes in den entsprechenden Spielen übereinstimmen.
(4) Mit einem Lottoschein können so viele Spiele abgeschlossen werden, als abgegrenzte Zahlenfelder auf dem Lottoschein aufgedruckt sind. Jedes Zahlenfeld enthält 49 Zahlen, aus denen 6 Gewinnzahlen ausgelost werden. Der Spieler soll in jedem abgegrenzten Zahlenfeld (Spiel), für welches er den festgesetzten Einsatz leistet, 6 Zahlen durch Kreuze kennzeichnen, deren Schnittpunkt innerhalb eines Zahlenkästchens liegen muß. Eintragungen auf Mehrspiel- und Systemscheinen regeln sich nach den hierfür erlassenen besonderen Richtlinien.
(5) Die Anschrift des Spielers auf dem Lottoschein muß eindeutig den Namen oder die Bezeichnung des im Falles eines Gewinnes allein empfangsberechtigten Spielers erkennen lassen.
(6) Enthält ein Lottoschein keine Anschrift, so kann die Lotterieverwaltung einen Gewinn mit befreiender Wirkung an jeden Besitzer des Quittungsabschnittes gegen Herausgabe des Lottoscheinabschnittes nach Ablauf der in Art. 17 festgelegten Fristen auszahlen. Sie ist nicht verpflichtet zu prüfen, ob der Besitzer des Quittungsabschnittes empfangsberechtigt ist. Die Herausgabe des Quittungsabschnittes kann auch zur sachgemäßen Bearbeitung von Einsprüchen verlangt werden.

Art. 8 Übergabe und Weiterleitung der Lottoscheine

(1) Zur Teilnahme an einem Spieltag hat

a) der Spieler einen ordnungsgemäß ausgefüllten Lottoschein unter gleichzeitiger Entrichtung des entsprechenden Spieleinsatzes bis zu dem bekanntgegebenen Annahmeschlußtermin bei einer Annahmestelle abzugeben oder einer Fernannahmestelle einzusenden.

b) die Annahmestelle bzw. Fernannahmestelle den abgegebenen Lottoschein mit einer Kontrollnummer und mit der Bezeichnung der Annahmestelle bzw. Fernannahmestelle zu versehen,

c) die Annahmestelle bzw. Fernannahmestelle den Quittungsabschnit (B) des Lottoscheines dem Spieler auszuhändigen und den Auswertungsabschnitt (A) der zur Weiterleitung der Lottoscheine an die Gesellschaft in Wiesbaden bestimmten Stelle zu übergeben.

(2) Alle Lottoscheine gelten für den Spieltag, der dem rechtzeitigen Eingang des Lottoscheines bis zum festgesetzten Annahmeschlußtermin bei der Gesellschaft in Wiesbaden folgt. Dies gilt ohne Rücksicht auf evtl. vom Spieler eingetragene oder auf dem Lottoschein vorgedruckte Spieltagskennzeichnungen.

(3) Die Annahme eines Lottoscheines gilt nicht als Beweis dafür, daß die nach den Spielbedingungen erforderlichen Bedingungen für den rechtswirksamen Abschluß eines Spielvertrages erfüllt sind.

(4) Die Annahmestellen sind zur Annahme von Lottoscheinen nicht verpflichtet.

III. Abschluß und Inhalt des Spielvertrages

Art. 9 Spielvertrag

(1) Der Spielvertrag ist nur rechtswirksam, wenn der zur Auswertung bestimmte Lottoscheinabschnitt vor dem Zeitpunkt des amtlichen Verschlusses bei der Zentrale der Gesellschaft in Wiesbaden eingeht. Fehlt diese Voraussetzung, so kommt der Spielvertrag nicht zustande. Der Spieleinsatz und die Bearbeitungsgebühr werden auf Antrag zurückerstattet. Weitergehende Ansprüche des Teilnehmers bestehen nicht.

(2) Der ordnungsgemäße Eingang des Auswertungsabschnittes wird durch Verfilmen (Mikrofilm) oder durch Fotokopieren dieses Abschnittes registriert. Der Film oder die Fotokopie des Auswertungsabschnittes ist vor Beginn der Ziehung der Gewinnzahlen in amtlichen Verschluß zu nehmen.

(3) Der bei der Gesellschaft in Wiesbaden eingegangene Lottoscheinabschnitt und der bis nach Beendigung der Auswertung aller Lottoscheine unter amtlichem Verschluß gehaltene Mikrofilm bzw. die Fotokopie dieses Abschnittes sind in der Regel allein maßgebende Belege für die Teilnahmeberechtigung, für den Inhalt des Spielvertrages und für die Gewinnfeststellung (Urkunden). Die Lotterieverwaltung kann einen dem Spieler von der Annahmestelle ausgehändigten Lottoscheinabschnitt als Beleg im Sinne dieser Vorschrift gelten lassen, sofern die Eintragungen auf diesem Abschnitt mit dem Mikrofilm oder der Fotokopie des bei der Gesellschaft eingegangenen Lottoscheinabschnittes übereinstimmen.

(4) Der vom Spieler einer Annahmestelle zur Weiterleitung an die Gesellschaft übergebene Lottoscheinabschnitt wird mit dem Zeitpunkt der Übergabe an die Annahmestelle Eigentum der Lotterieverwaltung. Dieser Abschnitt ist dem Spieler aus Sicherheitsgründen nicht mehr zugänglich zu machen. Der Spieler hat darauf zu achten, daß ihm nur ein Abschnitt, und zwar der für ihn bestimmte Quittungsabschnitt, ausgehändigt wird. Aus der Nichtbeachtung dieser Vorschrift dem Spieler entstehende

Nachteile sind nicht von der Lotterieverwaltung zu vertreten. Aus dem Quittungsabschnitt allein kann kein Gewinnanspruch hergeleitet werden. Dieser Abschnitt dient in der Regel nur als Nachweis für den geleisteten Spieleinsatz.

(5) Ein Anspruch des Spielers auf Abschluß des Spielvertrages besteht nicht. Die Lotterieverwaltung ist berechtigt, einen bei der Gesellschaft eingegangenen Lottoschein bei Vorliegen eines wichtigen Grundes von der Veranstaltung auszuschließen. Der Ausschluß ist dem Spieler mitzuteilen. Darüber hinaus kann die Lotterieverwaltung gegenüber dem Spieler bis zur Beendigung der Gewinnermittlung aus wichtigem Grund vom Vertrag zurücktreten. Der Spieleinsatz und die Bearbeitungsgebühr werden auf Antrag zurückerstattet. Weitergehende Ansprüche des Teilnehmers bestehen nicht.

(6) Wird vor dem Zeitpunkt des amtlichen Verschlusses das Fehlen einer Kontrollnummer bzw. eines mit Kontrollnummer versehenen Auswertungsabschnittes festgestellt, so kann die Lotterieverwaltung Lottoscheinabschnitte, die diese Kontrollnummer tragen, durch Aushang bei der Annahmestelle für ungültig erklären und von dem Spieltag ausschließen. Der Spieleinsatz und die Bearbeitungsgebühr werden auf Antrag zurückerstattet. Auch in diesem Fall hat der Teilnehmer keine weitergehenden Ansprüche.

IV. Haftung und Ausschluß der Haftung

Art. 10 Haftung der Lotterieverwaltung und der Gesellschaft

Die Lotterieverwaltung haftet dem Spieler für alle Schäden, die nach dem Eingang der Auswertungsabschnitte in der Zentrale der Gesellschaft schuldhaft verursacht werden. Ist ein Schaden durch den Spieler mitverschuldet worden, regelt sich die Haftung nach § 254 BGB. Die Haftung der Lotterieverwaltung für Verschulden ihrer Annahmestellen und die Haftung der Gesellschaft für Verschulden ihrer Abrechnungsstellen und Bezirksstellen wird gemäß §§ 276 Abs. 2, 278 BGB ausgeschlossen.

Art. 11 Haftung der Annahmestellen, der Abrechnungsstellen und Bezirksstellen

Die Annahmestellen der Lotterieverwaltung sowie die Abrechnungs- und Bezirksstellen der Gesellschaft haften dem Spieler für Schäden, die sie selbst vorsätzlich verursacht haben. Jede Stelle haftet nur für Vorgänge in ihrem unmittelbaren Arbeitsbereich.

Art. 12 Haftungsausschluß

Die Lotterieverwaltung und die Gesellschaft haften nicht für Verschulden der Bundespost, Bundesbahn oder sonstiger Transportunternehmen. Ebenso ist jede Haftung für Schäden ausgeschlossen, die durch strafbare Handlungen dritter Personen, wie z.B. Diebstahl oder Raub, entstanden sind. Sie haften ferner nicht für Schäden, die durch höhere Gewalt, insbesondere durch Feuer, Wasser, Streiks oder innere Unruhen erwachsen. In diesen Fällen werden der Spieleinsatz und die Bearbeitungsgebühr auf Antrag zurückerstattet. Weitergehende Ansprüche des Spielers bestehen nicht.

V. Gewinnermittlung

Art. 13 Auslosung

(1) Für jede Veranstaltung des Zahlenlottos findet eine Auslosung statt, bei der aus der Zahlenreihe 1–49 sechs Gewinnzahlen und die Zusatzzahl ermittelt werden.
(2) Art, Ort und Zeitpunkt der Auslosung bestimmt die Lotterieverwaltung. Die Auslosung ist öffentlich und findet unter behördlicher oder notarieller Aufsicht statt. Die Gewinnzahlen und die Zusatzzahl werden regelmäßig im Anschluß an die Auslosung bekanntgegeben.

Art. 14 Gültige Spiele

(1) An der Auswertung nehmen nur diejenigen Spiele (abgegrenzte Zahlenfelder) eines Lottoscheines teil, die durch den bezahlten Einsatz gedeckt sind. Ein Spiel kann auch in abgekürzter Schreibweise auf besonderen von der Gesellschaft herausgegebenen Lottoscheinen eingetragen werden (Systemspiele). Entspricht der Spieleinsatz für ein Systemspiel nicht den Eintragungen, die für das entsprechende System erforderlich sind, so nehmen nur die bezahlten Spiele an der Veranstaltung teil, wie sie in abgewickelter Form dargestellt werden können. Die Abwicklung der Systeme, die in abgekürzter Schreibweise eingetragen werden, erfolgt nach den von der Gesellschaft herausgegebenen Bestimmungen. Der Abschluß der hier in Frage stehenden Spiele im einzelnen regelt sich nach den von der Lotterieverwaltung herausgegebenen besonderen Richtlinien. Im übrigen gelten auch für diese Spiele die allgemeinen Spielbedingungen.
(2) Die vom Spieler gewählten Zahlen müssen einzeln durch Kreuze, deren Schnittpunkt innerhalb eines Zahlenkästchens liegen muß, gekennzeichnet werden. Andere Kennzeichnungen können, wenn sie eindeutig die Willenserklärung des Spielers erkennen lassen und innerhalb eines Spieles einheitlich sind, wie Kreuze gewertet werden. Hat der Spieler mehr als 6 Zahlen in dieser Weise gekennzeichnet, gelten nur die ersten 6 Zahlen in ihrer arithmetischen Reihenfolge, beginnend mit der kleinsten Zahl.
(3) Sind in einem Spiel insgesamt nicht mehr als 6 Zahlen eindeutig gekennzeichnet, können auch verschiedenartige Kennzeichnungen als gültig anerkannt werden. Sind jedoch in einem Spiel mehr als 6 Zahlen verschiedenartig gekennzeichnet, so werden nur die Kreuze als gültige Kennzeichnungen gewertet.
(4) Zahlen, die nicht eindeutig gekennzeichnet sind, werden nicht gewertet.

Art. 15 Gewinnklassen

(1) Es gewinnen
in der Gewinnklasse I die Spieler, die 6 Gewinnzahlen,
in der Gewinnklasse II die Spieler, die 5 Gewinnzahlen und Zusatzzahl,
in der Gewinnklasse III die Spieler, die 5 Gewinnzahlen ohne Zusatzzahl,
in der Gewinnklasse IV die Spieler, die 4 Gewinnzahlen,
in der Gewinnklasse V die Spieler, die 3 Gewinnzahlen
in einem Spiel richtig vorausgesagt haben.
(2) Werden an einem Spieltag in der Gewinnklasse I keine Gewinne erzielt, so wird die Gewinnsumme dieser Gewinnklasse der Gewinnsumme der Gewinnklasse II zugeschlagen. Werden an einem Spieltag weder in der Gewinnklasse I noch in der Gewinnklasse II Gewinne erzielt, so werden die Gewinnsummen der Gewinnklassen I und II der Gewinnklasse III zugeschlagen, und so fort.

VI. Gewinnausschüttung

Art. 16 Gewinnquoten

(1) Von dem Gesamtbetrag der Spieleinsätze werden 50% als Gewinnsumme an die Spieler ausgeschüttet, die die für einen Gewinnanspruch erforderliche Anzahl richtiger Voraussagen getroffen haben. Diese Gewinnsumme wird wie folgt auf die Gewinnklassen verteilt:

Gewinnklasse I 20% der Gewinnsumme,
Gewinnklasse II 5% der Gewinnsumme,
Gewinnklasse III 25% der Gewinnsumme,
Gewinnklasse IV 25% der Gewinnsumme,
Gewinnklasse V 25% der Gewinnsumme.

(2) Innerhalb jeder Gewinnklasse wird die Gewinnsumme gleichmäßig auf die Gewinner verteilt (Gewinnquote). Die Gewinnquote beträgt je Einzelspiel im Höchstfalle 500 000,– DM. Übersteigt die Gewinnsumme der Gewinnklasse I den Gesamtbetrag der in dieser Klasse ermittelten Gewinne (Gewinnquoten), so wird der Rest der Gewinnsumme der Gewinnklasse I der Gewinnsumme der Gewinnklasse II (5 Gewinnzahlen und Zusatzzahl) zugerechnet. Übersteigt die Gewinnsumme der Gewinnklasse II allein oder zusammen mit einem Restbetrag der Gewinnsumme der Gewinnklasse I den Gesamtbetrag der in der Gewinnklasse II ermittelten Gewinne (Gewinnquoten), so wird der Rest der Gewinnsumme dieser Klasse der Gewinnsumme der Klasse III (5 Gewinnzahlen) zugeschlagen, und so fort.

(3) Liegt die Gewinnquote unter 1,– DM, so wird der Gewinn dieser Gewinnklasse nicht ausgezahlt. Die Gewinnsumme dieser Klasse wird der nächsthöheren Gewinnklasse zugeschlagen. Wird in keiner Gewinnklasse die Mindestquote von 1,– DM erreicht, so wird die gesamte Gewinnsumme der des nächstfolgenden Spieltages zugeschlagen. Die Lotterieverwaltung ist berechtigt, die Gewinnquote bis zur Mindesthöhe von 1,– DM aufzufüllen; in diesem Fall wird die Gewinnsumme dieser Klasse nicht der nächsthöheren Gewinnklasse oder der nächsten Ausspielung zugeschlagen.

(4) Die errechnete Gewinnquote wird auf 5 Pf. abgerundet. Verbleibende Spitzenbeträge werden einem Ausgleichsfonds zugeführt, über den die Lotterieverwaltung verfügt (Aufrundung von Gewinnquoten, Reklamationsfälle, Prämien).

(5) Die Gewinnquote einer Gewinnklasse darf die Gewinnquote einer höheren Gewinnklasse nicht übersteigen. Tritt jedoch ein solcher Fall ein, so werden die Gewinnsummen beider Gewinnklassen zusammengelegt und gleichmäßig an die Gewinner beider Gewinnklassen verteilt.

(6) Wird das Zahlenlotto gemeinsam mit Lotto-Unternehmen anderer Länder durchgeführt, so werden die Gewinnsummen der beteiligten Unternehmen zusammengelegt und nach Errechnung gemeinsamer Gewinnquoten auf alle bei diesen Unternehmen ermittelten Gewinner verteilt.

(7) Die Höhe der Gewinnquoten wird nach Vorliegen der Auswertungsergebnisse bekanntgegeben.

Art. 17 Gewinnauszahlung

(1) Sämtliche Gewinnbeträge bis zu 1000,– DM (Einzelquote) werden unverzüglich nach Freigabe der Gewinnquoten zur Zahlung angewiesen. Gewinne, die den Betrag von 1000,– DM (Einzelquote) übersteigen, werden nach Ablauf einer achttägigen Einspruchsfrist, vom Spieltage an gerechnet, ausgeschüttet. Die Gewinner mit einem Gewinnbetrag von mehr als 1000,– DM (Einzelquote) werden von der Gesellschaft schriftlich

benachrichtigt. Alle Spieler, die am 4. Tage nach der Ausspielung nicht im Besitz einer Gewinnbenachrichtigung sind, aber glauben, zu den Gewinnern mit einem Gewinnbetrag von mehr als 1000,– DM zu gehören, müssen ihren Anspruch persönlich oder schriftlich per Einschreiben unter Vorlage des Quittungsabschnittes des Lottoscheines bei der Gesellschaft anmelden. Die Anmeldung muß innerhalb von 8 Tagen nach dem Spieltag bei der Gesellschaft in Wiesbaden eingegangen sein.
(2) Alle Gewinne mit einem Betrage von weniger als 1000,– DM, die nicht innerhalb von 14 Tagen nach dem Spieltag bei den Gewinnern eingegangen sind, müssen unter Vorlage des Quittungsabschnittes bei der Gesellschaft reklamiert werden. Die Einspruchsfrist beträgt sechs Wochen, gerechnet vom Spieltag.
(3) Die durch die Gesellschaft bekanntgegebenen Gewinnquoten von mehr als 1000,– DM gelten als vorläufig; sie werden durch berechtigte Gewinnansprüche, die innerhalb der in Absatz 1 vorgesehenen Frist angemeldet werden, entsprechend geändert.
(4) Überweisungskosten können vom Gewinn abgezogen werden. Die Gesellschaft ist berechtigt, diese Kosten auf volle 10 Pf. aufzurunden.
(5) Die Gewinne sind nach den zur Zeit geltenden steuerlichen Vorschriften einkommensteuerfrei.

VII. Anmeldung von Gewinnansprüchen, Fristen

Art. 18 Einspruchsfristen

(1) Die Anmeldung von Gewinnansprüchen nach Art. 17 muß der Gesellschaft in Wiesbaden spätestens am letzten Tage der festgesetzten Fristen zugegangen sein. Andernfalls ist der Spieler von der Gewinnbeteiligung ausgeschlossen (Ausschlußfrist). Nachteile, die dem Spieler aus der Nichtbeachtung dieser Vorschrift entstehen, sind nicht von der Lotterieverwaltung zu vertreten.
(2) Bei der Anmeldung sind anzugeben: Datum des Spieltages, Kontrollnummer des Lottoscheines, Nummer der Annahmestelle oder Fernannahmestelle und Höhe des Spieleinsatzes. Angemeldete Ansprüche, die diese Angaben nicht enthalten, können zurückgewiesen werden, da eine Bearbeitung wegen dieses Mangels nicht erfolgen kann.

Art. 19 Verfallfrist

Gewinne, die infolge falscher oder unleserlicher Anschrift nicht zustellbar oder nicht innerhalb der Einspruchsfrist abgefordert sind, verfallen nach Ablauf von 8 Wochen, gerechnet vom Spieltag an.

VIII. Schlußbestimmungen

Art. 20 Rechtsweg

(1) Gerichtsstand ist der Sitz der Lotterieverwaltung.
(2) Alle Ansprüche aus der Teilnahme am Zahlenlotto gegen die Lotterieverwaltung und ihre Annahmestellen sowie gegen die Gesellschaft und ihre Abrechnungs- und Bezirksstellen verjähren in 13 Wochen seit dem Spieltage.

Art. 21 Vernichtung der Lottoscheine

Die Lotterieverwaltung ist berechtigt, die Lottoscheinabschnitte und ggf. auch Filme und Fotokopien von Lottoscheinabschnitten eines Spieltages, die nicht die für einen Gewinnanspruch erforderliche Anzahl richtiger Voraussagen enthalten, nach Ablauf von 13 Wochen, vom Spieltage an gerechnet, zu vernichten. Lottoscheinabschnitte, die einen Gewinnanspruch ausweisen, können gleichfalls nach Ablauf von 13 Wochen, vom Spieltage an gerechnet, vernichtet werden, sofern sie auf Mikrofilm aufgenommen oder fotokopiert worden sind. Die Mikrofilme und Fotokopien von Lottoscheinabschnitten, die einen Gewinnanspruch ausweisen, sind 3 Jahre, vom Spieltage an gerechnet, zu verwahren.

Art. 22 Inkrafttreten

Diese Spielbedingungen treten am 1. Januar 1967 an die Stelle der Spielbedingungen vom 15. Dezember 1964 (veröffentlicht im Staatsanzeiger für das Land Hessen Seite 1565).

Wiesbaden, den 17. November 1966

HESSISCHE LOTTERIEVERWALTUNG
Bauer
Regierungsdirektor

Verordnung über Spielbedingungen für das Zahlenlotto in der Fassung der Änderungsverordnung vom 24. August 1967 des Landes Niedersachsen

Auf Grund des § 6 Abs. 1 des Gesetzes über das Zahlenlotto vom 27. Februar 1956 (Nieders. GVBl. Sb. I S. 581) in der Fassung des Gesetzes vom 19. August 1970 (Nieders. GVBl. S. 312) wird im Einvernehmen mit dem Minister der Finanzen für Spiele über die Voraussage der Ziehung von Zahlen verordnet.

I. Allgemeines

§ 1 Verbindlichkeit der Spielbedingungen

Für die Teilnahme an den Auslosungen eines zugelassenen Lottounternehmers sind ausschließlich diese Spielbedingungen maßgebend. Das gilt auch, wenn der Lottounternehmer eine gemeinsame Gewinnermittlung und Gewinnausschüttung mit anderen Lottounternehmen durchführt.

§ 2 Gegenstand des Zahlenlottos

Gegenstand des Zahlenlottos ist die Voraussage einer bestimmten Anzahl von Zahlen, die aus einer festgesetzten Zahlenreihe ausgelost werden (Gewinnzahlen).

§ 3 Spielgeheimnis

Namen von Teilnehmern dürfen nur mit deren Einwilligung vom Lottounternehmer bekanntgemacht werden.

II. Einreichung und Weiterleitung der Lottoscheine, Rücktritt vom Spielvertrag

§ 4 Lottoscheine

(1) Spielverträge werden nur unter Verwendung von Lottoscheinen abgeschlossen, die von dem Lottounternehmer oder mit seiner Genehmigung herausgegeben werden.
(2) Der Verkaufspreis darf höchstens betragen:
für Lottoscheine nach Anlage A 0,10 DM,
für Lottoscheine nach Anlagen B–D 0,20 DM.
(3) Jeder Lottoschein besteht aus 3 Abschnitten:
Abschnitt A für den Teilnehmer,
Abschnitt B für die Lottozentrale,
Abschnitt C für die Hinterlegungsstelle.
Der Teilnehmer darf die Einzelabschnitte des Lottoscheines nicht voneinander trennen.

(4) Alle Abschnitte des Lottoscheines sind mit einer gleichlautenden maschinell aufgedruckten Nummer zu versehen.
(5) Mit dem Inkrafttreten dieser Verordnung gelten die in den Anlagen A–D abgedruckten Muster der Lottoscheine.

§ 4 a Olympia-Lotterie

Der Abschluß eines Spielvertrages ist mit einer Beteiligung an der Olympia-Lotterie nach Maßgabe der dafür erteilten Lotteriegenehmigung zu verbinden.

§ 5 Spieleinsatz

(1) Der Lottoeinnehmer hat die Lottoscheine und die Spieleinsätze entgegenzunehmen.
(2) Der Einsatz für jede Voraussage der Gewinnzahlen (Spiel) beträgt 0,50 DM.
(3) Auf den Lottoscheinen kann ein auf volle DM-Beträge lautender Einsatz vorgeschrieben werden. Im übrigen ist die Anzahl der durch einen Teilnehmer abzuschließenden Spiele nicht begrenzt.

§ 6 Eintragungen des Teilnehmers auf dem Lottoschein

(1) Für die Auswahl des richtigen Lottoscheines ist der Teilnehmer allein verantwortlich. Der Lottoeinnehmer und der Lottounternehmer haften nicht für Eintragungen irgendwelcher Art, die ein Lottoeinnehmer auf einem Lottoschein für einen Teilnehmer vornimmt. Der Lottoeinnehmer ist nicht verpflichtet, den Lottoschein daraufhin zu prüfen, ob er vorschriftsmäßig ausgefüllt ist oder ob er für eine andere als die unmittelbar bevorstehende Auslosung abgegeben wird.
(2) Der Lottoschein kann auch im Durchschreibeverfahren ausgefüllt werden. Der Teilnehmer soll Name und Anschrift deutlich lesbar, möglichst mit Druckbuchstaben (Blockschrift) eintragen. Namen- oder Firmenstempel sind zugelassen. Vereinbarungen des Teilnehmers mit Dritten sind für den Lottounternehmer unverbindlich.
(3) Eintragungen des Teilnehmers, die seinen Willen für den Lottounternehmer nicht eindeutig erkennen lassen, insbesondere mehrdeutige oder in den Abschnitten B und C des Lottoscheines nicht übereinstimmende Eintragungen, werden bei der Gewinnermittlung nicht berücksichtigt.
(4) In dem Lottoschein nach Anlage A (Zahlenblock) und nach Anlage D (Zahlenreihe) hat der Teilnehmer 6 Zahlen aus den Zahlenfeldern 1 bis 49 einzeln durch Kreuze zu kennzeichnen, deren Schnittpunkt innerhalb des jeweiligen Zahlenfeldes liegen muß. Benutzt er den Lottoschein nach Anlage B, so hat er 6 Zahlen der Zahlenreihe 1 bis 49 in laufender Reihenfolge untereinander einzutragen.
(5) Der Systemlottoschein (Anlage C) soll nach den bei den Lottoeinnehmern ausliegenden und von dem Lottounternehmer anerkannten Systemführern ausgefüllt werden. Die Anerkennung des Systemführers durch den Lottounternehmer ist an deutlich sichtbarer Stelle im Systemführer zu vermerken. Für die Kennzeichnung durch Kreuze gilt Absatz 4 Satz 1 entsprechend.
(6) Auf dem Systemlottoschein soll angegeben werden:
a) die Systemart des Lottospiels,
b) die Höhe des Spieleinsatzes für jedes einzelne Systemspiel und für den gesamten Systemlottoschein.

§ 7 Gültigkeit der Spielunterlagen

An der Gewinnermittlung einer Auslosung nehmen alle Lottoscheine teil, die von den Annahmestellen der Lottozentrale übersandt worden sind. Dies gilt auch für Lottoscheine, auf denen das Datum des Auslosungstages unzutreffend eingetragen ist.

§ 8 Abgabe der Lottoscheine und Annahmeschluß

(1) Der Lottoschein muß bei der Annahmestelle bis zu dem für sie festgesetzten Annahmeschluß abgegeben sein.
(2) Sofern der Auslosungstag ein Sonntag ist, haben die Lottoeinnehmer bis spätestens zur Ladenschlußzeit des vorhergehenden Freitags Lottoschein entgegenzunehmen.
(3) Ein vom Absatz 2 abweichender Annahmeschluß muß mindestens drei Tage vor Beginn des Auslosungstages durch Aushang bei dem Lottoeinnehmer bekanntgegeben werden.

§ 9 Ausfertigung der Lottoscheine

(1) Die Abschnitte A bis C des Lottoscheines sind von den Lottoeinnehmern mit Banderolen oder mit einer Kontrollstempelung zu versehen, die eine gleichlautende Kontroll-Numerierung in fortlaufender Folge und die Bezeichnung der Annahmestelle tragen müssen.
(2) Bei dem Lottoschein nach Anlage B versieht der Lottoeinnehmer die Abschnitte B und C der Zahlkarte mit der Bezeichnung seiner Annahmestelle und numeriert sie fortlaufend.
(3) Der Abschnitt A ist von den Lottoeinnehmern den Teilnehmern zurückzugeben.
(4) Lottoscheine ohne die vorgeschriebene Banderolierung oder Stempelung und Numerierung nehmen nicht an der Auslosung teil.
(5) Die Abschnitte B und C verbleiben im Besitz der Lottoeinnehmer oder des Lottounternehmers; sie dürfen weder dem Teilnehmer noch dritten Personen wieder zugänglich sein oder gemacht werden.

§ 10 Weiterleitung der Auswertungs- und Kontroll-Abschnitte

(1) Die Abschnitte B und C werden unabhängig voneinander auf einem von dem Lottounternehmer zu bestimmenden Wege der Lottozentrale zugeleitet.
(2) Der Abschnitt C wird von der Lottozentrale spätestens 2 Stunden vor der jeweiligen Auslosung bei einer amtlichen Stelle oder bei einem von dem Lottounternehmer mit Zustimmung der Aufsichtsbehörde bestellten Treuhänder hinterlegt.

§ 11 Rücktritt vom Spielvertrag

(1) Wird von der Lottozentrale an Hand der Banderolierung oder der sonst vorgeschriebenen Kontrollnummern festgestellt, daß unter den Lottoscheinen ein Abschnitt B fehlt, so ist der Lottounternehmer berechtigt, für die den fehlenden Banderolennummern oder Kontrollnummern entsprechenden Lottoscheine den Rücktritt vom Spielvertrag zu erklären. Ein solcher Rücktritt ist wirksam, wenn er spätestens 2 Stunden vor der Auslosung durch Aushang bei dem Lottoeinnehmer, der die vor und hinter der fehlenden Banderolennummer oder Kontrollnummer liegenden Banderolennummern oder Kon-

trollnummern verwendet hat, bekanntgemacht wird; die Rücktrittserklärung gilt damit als dem Teilnehmer zugegangen. Der Teilnehmer hat in diesem Fall nur Anspruch auf Rückerstattung seines Spieleinsatzes und des Kaufpreises.
(2) Ein erklärter Rücktritt ist unwirksam, wenn durch eine von der Lottozentrale unverzüglich zu veranlassende Nachprüfung festgestellt wird, daß der Abschnitt B sich bei den gemäß § 10 Abs. 2 hinterlegten Abschnitten des Lottoscheines befindet oder der Abschnitt C vorliegt und wenn ein Gewinnanspruch besteht. Eine entsprechende Mitteilung ist unverzüglich bei dem betreffenden Lottoeinnehmer zwei Wochen von dem der Bekanntgabe der Gewinnquoten folgenden Tage an auszuhängen.

III. Gewinnermittlung und Gewinnfeststellung

§ 12 Ermittlung der Ergebnisse

Die Auslosung der 6 Zahlen und der Zusatzzahl aus den Zahlen 1 bis 49 hat unter notarieller Aufsicht öffentlich zu erfolgen. Wird die Auslosung gemeinsam mit anderen Lottounternehmen veranstaltet und ist nach den für diese Unternehmen geltenden Bestimmungen eine Auslosung unter behördlicher Aufsicht zulässig, so ist diese der Auslosung unter notarieller Aufsicht gleichzusetzen. Die Zeit und der Ort der Auslosung sind von dem Lottounternehmer durch Aushang in den Lottoannahmestellen mindestens 3 Tage vor der Auslosung bekanntzumachen. Über den Auslosungsvorgang ist ein Protokoll zu fertigen, das mindestens 3 Jahre aufzubewahren ist.

§ 13 Gewinnermittlung, Auswertung und Gewinnfeststellung

(1) Der Gewinnermittlung wird von der Lottozentrale der Abschnitt B zugrundegelegt. Der Abschnitt C dient der Kontrolle. § 6 Abs. 3 und § 11 bleiben unberührt.
(2) Gewinner der Klassen I und II sollen ihren Gewinnanspruch unverzüglich, spätestens innerhalb 36 Stunden nach Ablauf des Auslosungstages, dem Lottoeinnehmer, bei dem das Spiel abgeschlossen worden ist, oder dem Lottounternehmer anzeigen.
(3) Gewinner der Klassen I, II und III, deren Gewinnbetrag 1000 DM übersteigt, werden innerhalb von 4 Tagen durch die Lottozentrale von ihrem Gewinn benachrichtigt. Ist ein Gewinner nicht benachrichtigt worden, so soll er, sofern auf ihn nicht Absatz 2 zutrifft, bei dem Lottounternehmer seinen Gewinnanspruch innerhalb von 8 Tagen seit der Auslosung anzeigen.
(4) Die unmittelbar nach der Auslosung bekanntgegebenen Gewinnbeträge über 1000 DM gelten als vorläufig. Sie können sich ändern, wenn weitere Gewinnansprüche innerhalb der achttägigen Anmeldefrist festgestellt werden.

§ 14 Gültige Voraussagen

(1) Bei Spielen mittels Lottoschein der Anlage B ist der Spielvertrag nur für so viele Spielreihen, von links nach rechts gerechnet, abgeschlossen, als durch den gezahlten Betrag Spielreihen gedeckt sind.
(2) Sind die vom Teilnehmer gewählten Zahlen bei Lottoscheinen nach Anlagen A, C (unterer Teil) und D nicht durch Kreuze gemäß § 6 Abs. 4 Satz 1 gekennzeichnet, so können andere Kennzeichen, wenn sie eindeutig und einheitlich sind, wie Kreuze gewertet werden. Mit Ausnahme des Systemlottoscheines gelten bei mehr als 6 ordnungsgemäß gekennzeichneten Zahlen nur die ersten 6 in arithmetischer Reihenfolge.

Sind in einem Zahlenblock insgesamt nicht mehr als 6 Zahlen gekennzeichnet, so werden auch verschiedenartige Kennzeichen gewertet. Sind in einem Zahlenblock mehr als 6 Zahlen verschiedenartig gekennzeichnet, so gelten nur die Kreuze.

(3) Ist bei Spielen auf dem Systemlottoschein (Anlage C) die Anzahl der Spielreihen eines Systemspiels durch den Spieleinsatz nicht gedeckt, so gilt der Spielvertrag nur für den Teil der Spiele, für den bei der Abwicklung, von links nach rechts gerechnet, der gezahlte Betrag ausreicht. Die Abwicklung erfolgt für jede Systemart nach den vom Lottounternehmer festgelegten Regeln, die in jeder Annahmestelle ausliegen müssen. Bestehen Zweifel darüber, welches der Systemspiele mangels Einsatzes nicht rechtswirksam abgeschlossen wurde, so erfolgt die Abwicklung aus der im Systemlottoschein ersichtlichen Reihenfolge.

(4) Ist für Systemspiele ein zu hoher Einsatz entrichtet worden, so wird der Betrag zurückerstattet, der nach den vom Lottounternehmer festgelegten Regeln den zu zahlenden Einsatz übersteigt.

(5) Sind zu einem System mehr Zahlen durchkreuzt, als der dazu angegebenen Anzahl oder dem Einsatz entspricht, so bleiben diese in der arithmetischen Reihenfolge der größten zur kleinsten Zahl unberücksichtigt.

§ 15 Gewinnklassen

(1) Die Lottozentrale ermittelt die Gewinner.

(2) Gewinner sind

in der Klasse I die Teilnehmer, die alle 6 Gewinnzahlen,
in der Klasse II die Teilnehmer, die 5 Gewinnzahlen und die Zusatzzahl,
in der Klasse III die Teilnehmer, die 5 Gewinnzahlen,
in der Klasse IV die Teilnehmer, die 4 Gewinnzahlen,
in der Klasse V die Teilnehmer, die 3 Gewinnzahlen

in einem Spiel (§ 5 Abs. 2) richtig vorausgesagt haben.

§ 16 Verteilung der Gewinnsumme und Gewinnbegrenzung

(1) Von den gesamten Spieleinsätzen werden 50% als Gewinn ausgeschüttet. Der Gewinnausschüttungsbetrag verteilt sich auf die Gewinnklassen wie folgt:

Klasse I 20%
Klasse II 5%
Klassen III–V je 25%.

Werden in einer Klasse keine Gewinner ermittelt, so wird die Gewinnsumme der nächstniedrigeren Gewinnklasse zugeschlagen. Kann überhaupt kein Gewinner ermittelt werden, so fällt der gesamte Gewinnausschüttungsbetrag dem der nächsten Auslosung zu. Ist ein Gewinn in einer Klasse mit weniger Gewinnzahlen höher als ein Gewinn in einer Klasse mit mehr Gewinnzahlen, so werden die Gewinnsummen beider Klassen zusammengelegt und gleichmäßig an die Gewinner beider Klassen verteilt.

(2) Die Gewinner einer Klasse erhalten die gleiche Gewinnquote.

(3) Der Gewinn je Spiel kann mit Genehmigung der Aufsichtsbehörde auf einen Höchstbetrag (Höchstgewinn) begrenzt werden. Übersteigt der Einzelgewinn einer Klasse den festgesetzten Höchstgewinn, so wird der überschießende Betrag der nächstniedrigeren Gewinnklasse zugeschlagen.

(4) Die Begrenzung des Gewinnes je Spiel auf einen Höchstbetrag ist eine Woche vor Inkrafttreten von dem Lottounternehmer unter Angabe des Höchstgewinnes durch Aushang in den Lottoannahmestellen bekanntzumachen.

(5) Wird die Auslosung gemeinsam mit anderen Lottounternehmen veranstaltet, so wird der Gewinnausschüttungsbetrag mit denen der anderen Unternehmen zusammengelegt und auf die Gewinner aller beteiligten Unternehmen verteilt.

IV. Gewinnauszahlung

§ 17 Empfangsberechtigung und Überweisung

(1) Der Gewinnbetrag kann auf einen durch 0,05 DM teilbaren Betrag aufgerundet oder abgerundet werden. Ein verbleibender Überschuß kann nur der Haftungsrücklage zugeführt oder mit vorheriger Zustimmung der Aufsichtsbehörde für die nächste oder eine besondere Auslosung verwendet werden.
(2) Gewinne unter 1 DM werden nicht ausgezahlt. Die nicht ausgezahlten Beträge werden der nächsthöheren Gewinnklasse zugeschlagen. Ist keine nächsthöhere Gewinnklasse vorhanden, so wird der Betrag der nächsten Auslosung zugeschlagen. Der Lottounternehmer ist jedoch auch berechtigt, den kleinsten Einzelgewinn bis zur Mindesthöhe von 1 DM aufzufüllen.
(3) Die Auszahlung erfolgt mit befreiender Wirkung an den auf dem Lottoschein eingetragenen Teilnehmer. Sind mehrere Empfänger oder Anschriften auf dem Lottoschein angegeben, so ist der Lottounternehmer befreit, wenn er an einen der genannten Teilnehmer zahlt.
(4) Der Lottounternehmer wird auch frei, wenn er einen Gewinn an den jeweiligen Inhaber des A-Abschnittes auszahlt. Eine Verpflichtung, die Berechtigung des Inhabers des A-Abschnittes zu prüfen, besteht nicht. Dies gilt auch dann, wenn auf dem Lottoschein keine Anschrift angegeben oder der Berechtigte nicht eindeutig bestimmbar ist.
(5) Der Lottounternehmer kann die Lottoeinnehmer ermächtigen, Gewinne bis zu 200 DM in bar auszuzahlen. Dabei soll der Abschnitt A dem Lottoeinnehmer ausgehändigt werden. Gewinne, die 14 Tage nach dem Auslosungstag nicht ausgezahlt sind, müssen von dem Lottoeinnehmer an die Lottozentrale abgeführt werden. Der Lottounternehmer überweist die Gewinne den Gewinnern auf deren Kosten. Er ist berechtigt, die Überweisungskosten auf volle 10 Pfennige aufzurunden. Gewinnbeträge, die nach Abzug der Kosten weniger als 1 DM betragen, werden nur nach ausdrücklicher Anforderung der Gewinner von dem Lottounternehmer überwiesen. Die innerhalb der im § 18 festgesetzten Frist nicht angeforderten Gewinnbeträge werden mit vorheriger Zustimmung der Aufsichtsbehörde für eine besondere Auslosung verwendet.
(6) Die übrigen Gewinne werden sobald wie möglich, spätestens 14 Tage nach Abschluß der Gewinnermittlung, den Gewinnern auf deren Kosten überwiesen. Der Lottounternehmer ist berechtigt, die Überweisungskosten auf volle 10 Pfennige aufzurunden. Auf Verlangen ist der Gewinn in bar auszuzahlen; Absatz 5 Satz 2 gilt entsprechend.

V. Schlußbestimmungen

§ 18 Fristen

Alle Ansprüche aus der Teilnahme am Zahlenlotto gegen den Lottounternehmer können nur binnen 3 Monaten nach dem Tage, an dem die Auslosung stattgefunden hat, geltend gemacht werden.

§ 19 Inkrafttreten der Verordnung

(1) Diese Verordnung tritt am 2. Juli 1966/1. Oktober 1967 in Kraft.

(2) Gleichzeitig tritt die Verordnung über Bestimmungen für den Abschluß von Lottospielen vom 27. September 1962 (Nieders. GVBl. S. 155) in der Fassung der Verordnung vom 7. Juli 1965 (Nieders. GVBl. S. 184) außer Kraft.

Hannover, den 24. August 1967

Der Niedersächsische Minister des Innern

Nordwest Lotto in Nordrhein-Westfalen
Teilnahmebedingungen für Zahlenlotto, Fußballtoto und Olympia-Lotterie

I. Allgemeines

§ 1 Organisation

Das Nordwest Lotto in Nordrhein-Westfalen (im folgenden Nordwest Lotto genannt) veranstaltet das Zahlenlotto, den Fußballtoto und die Olympia-Lotterie aufgrund der hierzu von Herrn Innenminister des Landes Nordrhein-Westfalen erteilten Genehmigungen. Das Vertriebsgebiet umfaßt das Land Nordrhein-Westfalen.

§ 2 Verbindlichkeit der Teilnahmebedingungen

1. Für die Teilnahme an den Veranstaltungen sind ausschließlich die Teilnahmebedingungen des Nordwest Lotto in ihrer jeweils gültigen Fassung maßgebend und für den Spielteilnehmer verbindlich. Dies gilt auch dann, wenn das Norwest Lotto eine gemeinsame Gewinnermittlung und Gewinnausschüttung mit anderen Unternehmen durchführt.
Von diesen Teilnahmebedingungen abweichende Angaben auf Spielscheinen bleiben außer Betracht.
2. Die Teilnahmebedingungen sind bei den Annahmestellen und Versandstellen einzusehen bzw. erhältlich. Etwaige Änderungen und Ergänzungen der Teilnahmebedingungen sowie die Bedingungen für Sonderveranstaltungen werden durch Aushang in den Annahmestellen bzw. durch die Versandstellen bekanntgegeben. Das Nordwest Lotto behält sich eine andere Form der Bekanntgabe vor.

§ 3 Gegenstand des Zahlenlotto, des Fußballtoto und der Olympia-Lotterie

1. Gegenstand des Zahlenlotto ist die Voraussage von 6 Zahlen, die aus der Zahlenreihe 1–49 gezogen werden.
2. Gegenstand der Auswahlwette ist die Voraussage eines bestimmten Ausganges von 6 Fußballspielen, die aus den für die jeweilige Veranstaltung festgesetzten 39 Fußballspielen auszuwählen sind (s. § 13 Abs. 4). Neben dem Endergebnis können auch die Ergebnisse der ersten Halbzeit oder beider Halbzeiten vorauszusagen sein.
Gegenstand der Ergebniswette ist die Voraussage des Ausganges der für die jeweilige Veranstaltung festgesetzten 11 Fußballspiele, wobei je Spielpaarung zwischen dem Sieg des erstgenannten Vereins, dem unentschiedenen Ergebnis und dem Sieg des zweitgenannten Vereins zu wählen ist.
3. Jeder an einer Zahlenlotto- bzw. Fußballtoto-Veranstaltung teilnehmende Spielschein stellt ein Los der Olmypia-Lotterie dar. Dauerscheine nehmen an der Olympia-Lotterie nur bei der Eingangsveranstaltung teil. Die auf dem Spielschein von der Annahmestelle angebrachte Registriernummer (s. § 9) ist gleichzeitig die Losnummer für die Olympia-Lotterie.
4. Die Veranstaltungen finden im allgemeinen wöchentlich statt.

§ 4 Spielgeheimnis

Die Namen der Spielteilnehmer dürfen nur mit deren ausdrücklicher Einwilligung bekanntgegeben werden.

II. Einreichung und Weiterleitung der Spielscheine

§ 5 Spielscheine

1. Die Teilnahme an den Veranstaltungen ist nur mit den jeweils gültigen Spielscheinen möglich, die das Nordwest Lotto herausgegeben bzw. zugelassen hat. Die Spielscheine haben Gültigkeit bis zu dem auf ihnen oder durch Aushang in den Annahmestellen bzw. durch die Versandstellen bekanntgegebenen Verfalltag.
2. Die Spielscheine enthalten u.a.:
   a) die für die einzelnen Spielscheinarten geltenden besonderen Bestimmungen,
   b) die Angabe der für die Abwicklung zuständigen Landesgeschäftsstelle.
3. Jeder Spielschein besteht aus drei Teilen, von denen einer als Quittungsabschnitt und einer als Spielabschnitt dient; der dritte Teil (Karbonteil) dient ausschließlich zur Erstellung der Durchschriften. Die Abschnitte sind mit einer gleichlautend gedruckten Nummer gekennzeichnet und dürfen vom Spielteilnehmer nicht voneinander getrennt werden.
4. Bei Mängeln in der Herstellung von Spielscheinen, die eine Teilnahme an der Veranstaltung unmöglich machen, erhält der Spielteilnehmer den Spieleinsatz und die Bearbeitungsgebühr (s. § 6) auf Antrag zurück und nimmt an der Veranstaltung nicht teil. Ein weitergehender Anspruch besteht nicht.

§ 6 Spieleinsatz und Bearbeitungsgebühr

1. Der Spieleinsatz für die Voraussagen in einem Zahlenfeld (= Spiel) bzw. in einer Tipreihe (= Tip) beträgt DM 0,50.
2. Für die einzelnen Spielscheine kann ein Mindesteinsatz und ein Höchsteinsatz festgesetzt werden.
3. Die Beteiligung ist nur mit einer geraden Anzahl (2, 4, 6) Spiele bzw. Tips in der Reihenfolge von links nach rechts bzw. von oben nach unten möglich.
Bei Systemscheinen kann die Beteiligung auch mit einer ungeraden Anzahl Spiele bzw. Tips erfolgen.
4. Lotto-Dauerscheine können nur an fünf aufeinanderfolgenden Veranstaltungen mit 2, 4 oder 6 Spielen zum Einsatzbetrag von jeweils DM 5,–, DM 10,– oder DM 15,– teilnehmen.
5. Für jeden abgegebenen Spielschein ist neben dem Spieleinsatz eine Bearbeitungsgebühr zu zahlen, die für Normalscheine DM 0,10, für System- und Dauerscheine DM 0,50 beträgt.
6. Der Spieleinsatz für die Olympia-Lotterie beträgt pro Los DM 0,10 und ist bei der Einreichung der Spielscheine mit dem Spieleinsatz (Abs. 1) und der Bearbeitungsgebühr (Abs. 5) zu entrichten.

§ 7 Eintragungen des Spielteilnehmers auf dem Spielschein

1. Für die Wahl des richtigen Spielscheines und für seine ordnungsgemäße Ausfüllung ist der Spielteilnehmer allein verantwortlich. Die Annahmestellen bzw. die Versandstellen

sind nicht verpflichtet, die Richtigkeit des Spielscheines sowie die Ordnungsmäßigkeit der Eintragungen zu prüfen.
2. Der Spielteilnehmer hat beim Zahlenlotto je Zahlenfeld 6 Zahlen, bei der Auswahlwette je Zahlenfeld 6 Fußballspiele (Spielnummern) und bei der Ergebniswette je Tipreihe 11 Voraussagen (1 = Sieg des erstgenannten Vereins, 0 = unentschiedenes Ergebnis, 2 = Sieg des zweitgenannten Vereins) eindeutig zu kennzeichnen. Die Kennzeichnung hat durch Kreuze (x) zu erfolgen, deren Schnittpunkt jeweils innerhalb eines Zahlenkästchens liegt. Für Eintragungen auf Systemscheinen gelten besondere Richtlinien, die bei den Annahmestellen und Versandstellen einzusehen bzw. erhältlich sind.
3. Beim Fußballtoto kann der jeweilige Spielplan der Lotto-Toto-Zeitung „GLÜCK" entnommen werden. Eine Verpflichtung zur Veröffentlichung bekanntgewordener Spielausfälle besteht nicht.
4. Der Spielteilnehmer trägt seine den postalischen Bestimmungen entsprechende Anschrift in den hierfür vorgesehenen Raum des Spielscheines ein. Das Nordwest Lotto befaßt sich nicht mit Vereinbarungen, die Spielteilnehmer untereinander oder mit Dritten eingehen (z.B. Spielgemeinschaften); diese Spielteilnehmer müssen ihre Rechtsverhältnisse ausschließlich unter sich regeln.

§ 8 Abgabe der Spielscheine und Annahmeschluß

1. Die Teilnahme an den Veranstaltungen wird von den zugelassenen Annahmestellen und Versandstellen vermittelt.
2. Eine Verpflichtung zur Annahme und Registrierung der Spielscheine besteht nicht.
3. Der Annahmeschluß (in der Regel Freitagabend Ladenschlußzeit) kann vom Nordwest Lotto in besonderen Fällen für einzelne oder für alle Annahmestellen und Versandstellen auch ohne vorherige Bekanntmachung verlegt werden.

§ 9 Registrierung der Spielscheine

1. Der Spielteilnehmer erhält nach Zahlung des Spieleinsatzes und der Bearbeitungsgebühr einen Teil des registrierten Spielscheines als Quittung zurück (Quittungsabschnitt). Der Quittungsabschnitt soll mit dem Vertriebsstempel versehen sein, aus dem das Datum des Veranstaltungstages und die Anschrift der Annahmestelle hervorgehen.
2. Aus Sicherheitsgründen kann der Spielteilnehmer nach der Registrierung des Spielscheines durch die Annahmestelle den Spielabschnitt nicht mehr zurückverlangen.
3. Bei Übersendung der Spielscheine an eine Versandstelle sind Spieleinsatz und Bearbeitungsgebühr auf das Postscheckkonto der Versandstelle einzuzahlen. Bei Übergabe der Zahlkarte am Postschalter erhält der Spielteilnehmer als Nachweis für die geleistete Zahlung den mit dem Poststempel versehenen Teil als Quittungsabschnitt zurück. Nicht das Datum des Poststempels, sondern allein der Zeitpunkt des Einganges der Zahlung und des Spielscheines bei der Versandstelle sind maßgebend für die Rechtzeitigkeit des Einganges vor Annahmeschluß.
4. Übernimmt eine Annahmestelle oder eine Versandstelle auf Wunsch des Spielteilnehmers die Ausfüllung eines Spielscheines, so haftet sie hierbei nicht für etwaige Fehler.

§ 10 Weiterleitung der nicht für den Spielteilnehmer bestimmten Abschnitte

Die Annahmestellen und die Versandstellen übergeben nach Annahmeschluß die Spielabschnitte auf dem vom Nordwest Lotto vorgeschriebenen Weg bis zu dem festgesetzten Zeitpunkt an die mit der Weiterbearbeitung und Weiterleitung beauftragten Stellen.

III. Der Spielvertrag

§ 11 Abschluß und Inhalt des Spielvertrages

1. Der Spielvertrag ist abgeschlossen, wenn der Spielabschnitt in der Landesgeschäftsstelle eingegangen und der von ihm erstellte Mikrofilm rechtzeitig - d.h. vor Beginn der Ziehung der Gewinnzahlen bzw. vor Beginn des zuerst stattfindenden Fußballspieles – durch Verschluß gesichert ist. Fehlt diese Voraussetzung, so kommt der Spielvertrag nicht zustande. Der Spieleinsatz und die Bearbeitungsgebühr werden zurückerstattet. Weitergehende Ansprüche des Spielteilnehmers sind ausgeschlossen.
2. Für den Inhalt des Spielvertrages sind ausschließlich die übereinstimmenden Voraussagen auf dem Spielabschnitt und dem von ihm erstellten Mikrofilm maßgebend.
3. Aus dem Quittungsabschnitt kann ein Gewinnanspruch nicht hergeleitet werden; er dient lediglich als Quittung für die Zahlung des Spieleinsatzes und der Bearbeitungsgebühr.
4. Ein Anspruch des Spielteilnehmers auf Abschluß des Spielvertrages besteht nicht. Darüber hinaus kann gegenüber dem Spielteilnehmer bis zur Beendigung der Gewinnermittlung aus wichtigem Grunde der Rücktritt vom Vertrag erklärt werden. Abs. 1 Satz 3 und 4 gelten entsprechend.
5. Der Spielabschnitt gilt in jedem Falle für die jeweilige Veranstaltung, zu der er rechtzeitig (s. Abs. 1) in der Landesgeschäftsstelle eingegangen ist. Abweichende Veranstaltungsdaten, ob sie aufgedruckt oder auf andere Weise vermerkt sind, bleiben außer Betracht.

IV. Haftungsbestimmungen

§ 12 Umfang und Ausschluß der Haftung

1. Dem Spielteilnehmer wird für alle Schäden gehaftet, die nach dem Eingang des Spielabschnittes in der Landesgeschäftsstelle verursacht werden. Die Haftung für Verschulden der Annahmestellen, der Versandstellen und der für die Weiterleitung der Spielabschnitte zur Landesgeschäftsstelle verantwortlichen Stellen sind gemäß §§ 276 Abs. 2, 278 BGB ausgeschlossen.
2. Für Verschulden der Bundespost, der Bundesbahn oder sonstiger Transportunternehmen wird nicht gehaftet. Ebenso ist jede Haftung für Schäden ausgeschlossen, die durch strafbare Handlungen dritter Personen, wie z.B. Diebstahl oder Raub, entstanden sind. Weiterhin wird nicht für Schäden gehaftet, die durch höhere Gewalt, insbesondere durch Feuer, Wasser, Streiks oder innere Unruhen hervorgerufen werden. In diesen Fällen werden der Spieleinsatz und die Bearbeitungsgebühr auf Antrag zurückerstattet. Weitergehende Ansprüche des Spielteilnehmers sind ausgeschlossen.
3. Die Annahmestellen, die Versandstellen und die für die Weiterbearbeitung und Weiterleitung der Spielabschnitte zur Landesgeschäftsstelle verantwortlichen Stellen haften dem Spielteilnehmer nur für Schäden, die sie selbst vorsätzlich verursacht haben. Jede Stelle haftet nur für Vorgänge in ihrem unmittelbaren Bereich.

V. Gewinnermittlung

§ 13 Ermittlungen der Gewinnzahlen des Zahlenlotto, der Ergebnisse des Fußballtoto (Gewinnspiele und Gewinntipreihe) und der Gewinnzahl der Olympia-Lotterie

1. Im Zahlenlotto findet für jede Veranstaltung eine Ziehung statt, bei der als Gewinnzahlen 6 Zahlen und eine Zusatzzahl ermittelt werden.
2. Im Fußballtoto wird für jede Veranstaltung die Richtigkeit der Voraussagen in der Regel durch den Ausgang der betreffenden Fußballspiele bestimmt. Maßgebend für die Wertung ist das nach Ablauf der Spielzeit festgestellte Ergebnis. Eine nachträgliche Änderung oder Annullierung von Spielergebnissen durch sportliche Instanzen ist für die Wertung ohne Bedeutung.
3. Alle Spiele werden ohne Rücksicht auf einen etwaigen Platzwechsel zwischen Platzverein und Gastverein, eine sonstige Verlegung des Austragungsortes oder einen Wechsel in der Bezeichnung (Meisterschaftsspiel, Pokalspiel, Freundschaftsspiel usw.) stets so gewertet, wie sie auf dem Spielplan stehen.
4. Bei der Auswahlwette werden als Gewinnspiele 6 Spiele und ein Zusatzspiel gewertet. Die zu wertenden Spiele werden aus den unentschiedenen Spielen und – wenn diese nicht ausreichen – aus den Spielen mit dem geringsten Torunterschied ermittelt. Hierbei haben den Vorrang:

a) Spiele mit höherer Gesamt-Torzahl (z.B. 5:5 vor 4:4 vor 3:3 usw. bzw. 5:4 oder 4:5 vor 4:3 oder 3:4 vor 3:2 oder 2:3 usw.)
und
b) bei gleichen Torzahlen die Spiele mit der kleineren Spielnummer.

5. Für die Spiele, die an den Spieltagen der betreffenden Veranstaltung nicht stattgefunden haben oder vor Ablauf der Spielzeit abgebrochen wurden, gilt – gleichwertig den Ergebnissen ausgetragener Spiele – eine durch Auslosung nach sportlichen Gesichtspunkten ermittelte Ersatzwertung (1, 0 oder 2).

Bei der Auswahlwette gelten die Spiele
mit der Ersatzwertung „1" wie ein Spiel mit dem Ergebnis 1:0
mit der Ersatzwertung „0" wie ein Spiel mit dem Ergebnis 0:0
mit der Ersatzwertung „2" wie ein Spiel mit dem Ergebnis 0:1

Sind neben dem Endergebnis auch die Ergebnisse der ersten Halbzeit oder beider Halbzeiten vorauszusagen, so gilt bei einem ausgefallenen oder in der ersten Halbzeit abgebrochenen Spiel die Ersatzwertung sowohl für das Endergebnis als auch für die Halbzeitergebnisse. Wird in einem solchen Fall ein Spiel nach Ablauf der ersten Halbzeit abgebrochen, so gilt die Ersatzwertung nur für das Ergebnis der zweiten Halbzeit und für das Endergebnis.
6. In der Olympia-Lotterie findet für jede Veranstaltung eine Ziehung statt, bei der als Gewinnzahl eine vierstellige Zahl ermittelt wird.
7. Art, Ort und Zeitpunkt der Ziehungen (Abs. 1, 5 und 6) bestimmt das Nordwest Lotto. Die Ziehungen sind öffentlich und finden unter notarieller oder behördlicher Aufsicht statt.
8. Die Gewinnzahlen des Zahlenlotto, die Gewinnspiele der Auswahlwette, die Gewinntipreihe der Ergebniswette und die Gewinnzahl der Olympia-Lotterie werden durch Aushang in den Annahmestellen bzw. durch die Versandstellen sowie ggf. durch Presse, Rundfunk und Fernsehen bekanntgegeben.

§ 14 Auswertung

Grundlage für die Gewinnermittlung sind die Spielabschnitte. Die Auswertung der Spielscheine erfolgt auf Grund der Gewinnzahlen des Zahlenlotto, der Gewinnspiele der Auswahlwette, der Gewinntipreihe der Ergebniswette und der Gewinnzahl der Olympia-Lotterie.

§ 15 Gültige Spiele bzw. Tips

1. An der Auswertung nehmen nur diejenigen Spiele bzw. Tips teil, welche in der vorgeschriebenen Reihenfolge auf dem Spielschein durch den gezahlten Spieleinsatz gedeckt sind.
2. Ist bei einer verkürzten Schreibweise die Anzahl der Spiele bzw. Tips eines Systems durch den gezahlten Spieleinsatz nicht gedeckt, so kann der Fehlbetrag nacherhoben oder können alle oder einzelne Spiele bzw. Tips des betreffenden Spielscheines von der Teilnahme ausgeschlossen werden.
3. Voraussagen, die nicht eindeutig gekennzeichnet sind, werden nicht gewertet.
4. Sind die gewählten Zahlen beim Zahlenlotto bzw. die gewählten Fußballspiele (Spielnummern) bei der Auswahlwette sowie die Voraussagen der Ergebniswette nicht durch Kreuze gekennzeichnet, können andere Kennzeichen, wenn sie eindeutig und einheitlich sind, wie Kreuze gewertet werden.
5. Bei mehr als 6 ordnungsgemäß gekennzeichneten Zahlen bzw. Spielnummern gelten nur die ersten 6 in ihrer arithmetischen Reihenfolge. Sind in einem Spiel insgesamt nicht mehr als 6 Markierungen vorhanden, werden auch verschiedenartige Kennzeichen gewertet. Sind in einem Spiel mehr als 6 verschiedenartige Markierungen vorhanden, gelten nur die Kreuze.
6. Sind in einem Tip der Ergebniswette für eine Spielpaarung mehrere Voraussagen gemacht worden, so wird keine dieser Voraussagen gewertet. Fehlen in einem Tip einzelne Voraussagen, so werden die vorhandenen gültigen Voraussagen dennoch gewertet.
7. Das Nordwest Lotto ist berechtigt, mangelhafte Eintragungen gelten zu lassen, wenn der Wille des Spielteilnehmers für das Nordwest Lotto eindeutig erkennbar ist.

§ 16 Gewinnklassen des Zahlenlotto und Fußballtoto sowie Verteilung der Gewinnsumme

1. Die Gewinnklassen des Zahlenlotto und Fußballtoto ergeben sich aus der Anzahl richtiger Voraussagen je Spiel bzw. je Tip (s. Abs. 2).
2. Von dem Gesamtbetrag der jeweiligen Einsätze werden grundsätzlich 50% als Gewinnsumme ausgeschüttet. Die Gewinnsumme verteilt sich auf die Gewinnklassen wie folgt:

Im Zahlenlotto	Gewinnklasse I	(6 Gewinnzahlen)	20%
	Gewinnklasse II	(5 Gewinnzahlen und Zusatzzahl)	5%
	Gewinnklasse III	(5 Gewinnzahlen)	25%
	Gewinnklasse IV	(4 Gewinnzahlen)	25%
	Gewinnklasse V	(3 Gewinnzahlen)	25%
in der Auswahlwette	Gewinnklasse I	(6 Gewinnspiele)	20%
	Gewinnklasse II	(5 Gewinnspiele und Zusatzspiel)	5%
	Gewinnklasse III	(5 Gewinnspiele)	15%
	Gewinnklasse IV	(4 Gewinnspiele)	20%

	Gewinnklasse V	(3 Gewinnspiele)	40%
in der Ergebniswette	Gewinnklasse I	(0 Fehler)	33 1/3%
	Gewinnklasse II	(1 Fehler)	33 1/3%
	Gewinnklasse III	(2 Fehler)	33 1/3%

3. Innerhalb der Gewinnklassen wird die Gewinnsumme gleichmäßig auf die Gewinne verteilt. Der so ermittelte Einzelgewinn (Gewinnquote) beträgt je Spiel bzw. je Tip im Höchstfalle DM 500 000,–, im Mindestfalle DM 1,–.
4. Werden in einer Gewinnklasse keine Gewinne erzielt, so wird die Gewinnsumme der nächstniedrigeren Gewinnklasse zugeschlagen.
5. Übersteigt der Einzelgewinn die festgesetzte Höchstsumme, so wird die überschießende Gewinnsumme der nächstniedrigeren Gewinnklasse zugeschlagen. Unterschreitet der Einzelgewinn den Betrag von DM 1,–, so entfällt die Auszahlung dieser Gewinne, die Gewinnsumme wird der nächsthöheren Gewinnklasse zugeschlagen. Das Nordwest Lotto ist berechtigt, die Gewinnquote bis zur Mindesthöhe aufzufüllen. In diesem Falle wird einer anderen Gewinnklasse nichts zugeschlagen.
6. Der Einzelgewinn einer Gewinnklasse darf den Einzelgewinn einer höheren Gewinnklasse nicht übersteigen. Tritt ein derartiger Fall ein, so werden die Gewinnsummen beider Gewinnklassen zusammengelegt und gleichmäßig auf die Gewinne beider Gewinnklassen verteilt.
7. Einzelgewinne werden auf durch DM 0,05 teilbare Beträge abgerundet. Verbleibende Spitzenbeträge werden dem Ausgleichsfonds (§ 18 Abs. 5) zugeführt.
8. Die Höhe der Einzelgewinne in den verschiedenen Gewinnklassen wird durch Aushang in den Annahmestellen bzw. durch die Versandstellen bekanntgegeben. Einzelgewinne über DM 1000,– können sich ändern, wenn innerhalb der achttägigen Gewinnanmeldefrist weitere berechtigte Gewinnansprüche festgestellt werden.

§ 17 Gewinnklassen und Prämien der Olympia-Lotterie sowie Verteilung der Gewinnsumme

1. Von dem Gesamtbetrag der jeweiligen Einsätze werden grundsätzlich 25% als Gewinnsumme ausgeschüttet.
2. Die Gewinnsumme wird verteilt

A – in 2 Gewinnklassen, und zwar
in Gewinnklasse I mit Einzelgewinnen zu DM 50,–
in Gewinnklasse II mit Einzelgewinnen zu DM 5,–
sowie

B – in Prämien zu DM 50 000,–
zu DM 5 000,–
und zu DM 500,–

Alle Spielteilnehmer, auf deren Spielschein die Registriernummer in den 4 Endziffern mit der Gewinnzahl übereinstimmt, gewinnen DM 50,–; alle Spielteilnehmer, auf deren Spielschein die Registriernummer in den 3 Endziffern mit den 3 Endziffern der Gewinnzahl übereinstimmt, gewinnen DM 5,–.
Die Prämien werden ausgelost, und zwar in der Regel am 10. Tage nach der Ziehung der Gewinnzahl. An der Prämienauslosung nehmen nur die Gewinner der Gewinnklasse I teil. Es werden bei jeder Veranstaltung ausgelost:

1 Prämie	zu DM 50 000,–
15 Prämien	zu DM 5 000,–
und aus der restlichen Gewinnsumme Prämien	zu DM 500,–

Ein etwa verbleibender Spitzenbetrag wird der Gewinnsumme der nächsten Veranstaltung zugeschlagen.

3. Die Auslosung der einzelnen Prämien erfolgt öffentlich und unter notarieller oder behördlicher Aufsicht.

VI. Gewinnauszahlung

§ 18 Veranstaltungstag, Auszahlung der Gewinne und Prämien, Fristen, Verfall

1. Als Veranstaltungstag im Sinne der nachfolgenden Bestimmungen gilt in jedem Fall ausschließlich der Sonntag, der dem für die jeweilige Veranstaltung geltenden Annahmeschluß folgt. Abweichende Angaben, die aus dem Vertriebsstempel hervorgehen (§ 9 Abs. 1), bleiben außer Betracht.
2. Gewinne über DM 1000,– und die mit diesen auf einem Spielschein erzielten Gewinne bis DM 1000,– sowie alle Prämien werden in der zweiten Woche nach der Veranstaltung durch die Landesgeschäftsstelle überwiesen.
Gewinne bis DM 1000,– – soweit sie nicht zusammen mit höheren Gewinnen auf einem Spielschein erzielt wurden – werden durch die Annahmestelle gegen Rückgabe des Quittungsabschnittes ausgezahlt; sie werden dort 2 Wochen – in der Regel ab Mittwoch nach der Veranstaltung – zur Abholung bereitgehalten. Danach werden nicht abgeholte Gewinne unter DM 3,– nur noch auf besondere Anforderung, alle übrigen ohne Anforderung an die auf dem Spielschein angegebene Anschrift durch die Landesgeschäftsstelle überwiesen. Bei Dauerscheinen werden die Gewinne bis DM 1000,– – soweit sie nicht zusammen mit höheren Gewinnen auf einem Spielschein erzielt wurden – in der Annahmestelle 5 Wochen – in der Regel ab Mittwoch nach der Gewinnveranstaltung – zur Abholung bereitgehalten; nicht abgeholte Gewinne, auch solche unter DM 3,–, werden in der 11. Woche nach der Eingangs-Veranstaltung durch die Landesgeschäftsstelle an die auf dem Spielschein angegebene Anschrift überwiesen.
Bei Gewinnen und Prämien, die überwiesen werden, können die Kosten auf einen durch DM 0,10 teilbaren Betrag aufgerundet und in Abzug gebracht werden.
3. Bei Gewinnen über DM 1000,– werden die Gewinner innerhalb von 4 Tagen durch die Landesgeschäftsstelle benachrichtigt, andernfalls ist der Gewinnanspruch innerhalb von 8 Tagen nach dem Veranstaltungstage bei der Landesgeschäftsstelle unter Vorlage des Quittungsabschnittes persönlich oder durch eingeschriebenen Brief anzumelden.
Bei allen übrigen Gewinnen und bei Prämien, die nicht binnen 4 Wochen (bei Dauerscheinen 8 Wochen) nach dem Veranstaltungstage abgeholt oder zugestellt worden sind, ist der Gewinnanspruch binnen weiterer 2 Wochen bei der Landesgeschäftsstelle unmittelbar oder über die zuständige Annahmestelle bzw. Versandstelle unter Vorlage des Quittungsabschnittes anzumelden.
Nach Ablauf dieser Gewinnanmeldefristen verfallen die Gewinnansprüche.
In der Olympia-Lotterie müssen alle Gewinner der Gewinnklasse I ihren Gewinnanspruch innerhalb von 8 Tagen nach dem Veranstaltungstage unter Vorlage des Quittungsabschnittes persönlich oder durch eingeschriebenen Brief bei der Landesgeschäftsstelle anmelden, sofern sie bis zu diesem Zeitpunkt ihren Gewinn nicht erhalten haben.
Gewinner, die diese Frist nicht einhalten, haben keinen Anspruch auf Teilnahme an der Prämienauslosung (§ 17 Abs. 2).
4. Das Nordwest Lotto, die Annahmestellen und die Versandstellen dürfen mit befreiender Wirkung gegenüber dem Gewinner den Gewinn bzw. die Prämie an die auf dem Spielabschnitt angegebene Anschrift überweisen oder an jeden Inhaber des Quittungsabschnittes auszahlen. Das Recht, ggf. den Quittungsabschnitt zur Kontrolle anzufordern, bleibt vorbehalten. Eine Verpflichtung, die Berechtigung des Inhabers des

Quittungsabschnittes zu prüfen, besteht nicht. Dies gilt auch dann, wenn auf dem Spielabschnitt keine Anschrift angegeben oder der Berechtigte nicht eindeutig bestimmbar ist.

5. Unzustellbare Gewinne und Prämien werden nach Ablauf von 13 Wochen nach dem Veranstaltungstage dem Ausgleichsfonds (siehe auch § 16 Abs. 7) zugeführt. Dazu gehören auch die Gewinne unter DM 3,–, die nicht abgeholt und nicht zur Überweisung angefordert wurden.

Über diesen Fonds verfügt das Nordwest Lotto zur Aufrundung der Gewinnquoten, für Prämien, berechtigte Reklamationen, Härtefälle oder in sonstiger Weise.

VII. Schlußbestimmungen

§ 19 Ausschlußfrist

Alle Ansprüche aus der Teilnahme am Zahlenlotto, am Fußballtoto oder an der Olympia-Lotterie, auch soweit sie sich gegen Annahmestellen, Versandstellen oder andere Stellen richten, können nur binnen 13 Wochen nach dem Veranstaltungstage gerichtlich geltend gemacht werden; eine spätere Rechtsverfolgung ist ausgeschlossen.

§ 20 Gerichtsstand

Gerichtsstand ist Köln.

§ 21 Inkrafttreten

Diese Teilnahmebedingungen treten zur 1. Veranstaltung am 4. Januar 1970 in Kraft. Die bisherigen Teilnahmebedingungen werden damit ungültig.

Nordwest Lotto
in Nordrhein-Westfalen

Staatliches Zahlenlotto Rheinland-Pfalz
Teilnahmebedingungen
(Gültig ab 27. Juni 1966)

I. Allgemeines

Art. 1 Organisation

(1) Die Sport-Toto GmbH Rheinland-Pfalz in Koblenz (Gesellschaft) führt im Lande Rheinland-Pfalz entsprechend dem Landesgesetz vom 26. November 1956 (GVBl. S. 145) im Auftrage des Landes Rheinland-Pfalz das „Staatliche Zahlenlotto Rheinland-Pfalz" durch.
(2) Die Gesellschaft kann die Ausspielungen gemeinsam mit anderen Unternehmen gleicher Art durchführen.

Art. 2 Verbindlichkeit der Teilnahmebedingungen

(1) Für die Teilnahme an den Ausspielungen sind ausschließlich die Teilnahmebedingungen der Gesellschaft in ihrer jeweils gültigen Fassung maßgebend und für den Teilnehmer verbindlich. Dies gilt auch dann, wenn die Gesellschaft eine gemeinsame Gewinnermittlung und Gewinnausschüttung mit anderen Unternehmen durchführt.

Art. 3 Gegenstand des Zahlenlottos

(1) Gegenstand des Zahlenlottos ist die Voraussage von 6 Zahlen aus der Zahlenreihe 1 bis 49.
(2) Das Zahlenlotto wird in der Regel wöchentlich gespielt.

Art. 4 Spielgeheimnis

Der Name eines Teilnehmers darf nur mit dessen ausdrücklicher Einwilligung von der Gesellschaft bekanntgegeben werden. Diese Einschränkung entfällt, falls der Teilnehmer in Presse oder Rundfunk bereits erwähnt wurde.

II. Einreichung und Weiterleitung der Spielscheine

Art. 5 Spielschein

(1) Jeder Teilnehmer unterwirft sich mit der Einreichung eines Spielscheins diesen Teilnahmebedingungen.
(2) Die Teilnahme an den Ausspielungen ist nur mit gültigen Spielscheinen möglich, die die Gesellschaft herausgegeben oder zugelassen hat. Unter den Begriff des Spielscheins fallen alle von der Gesellschaft herausgegebenen Arten von Spielscheinen, z.B. Normalspielscheine, Systemspielscheine, Mehrspielscheine und Lottozahlkarten. Für Sonderspielscheine, z.B. Mehrspielscheine, Systemspielscheine und Lottozahlkarten, gelten zusätzlich besonders auf diesen Scheinen aufgedruckte Richtlinien, die von dem Teilnehmer zu beachten sind.

(3) Der Spielschein besteht aus zwei Teilen, von denen der eine (Abschnitt C) zur Verfilmung sowie zur Auswertung und der andere (Abschnitt A) als Bescheinigung für den Teilnehmer bestimmt ist. Die beiden Spielschein-Abschnitte dürfen von dem Teilnehmer nicht voneinander getrennt werden.
(4) Bei Mängeln in der Herstellung von Spielscheinen, die eine Teilnahme an der Ausspielung unmöglich machen, erhält der Teilnehmer den Einsatz und die Bearbeitungsgebühr auf Antrag zurück und nimmt an der Ausspielung nicht teil. Ein weitergehender Anspruch besteht nicht.

Art. 6 Spieleinsatz und Bearbeitungsgebühr

(1) Der Einsatz für die Voraussage in einer Zahlenreihe (= Spiel) beträgt 0,50 DM.
(2) Der Mindesteinsatz beträgt 1,– DM für zwei Spiele. Für jeden weiteren Einsatz von 1,– DM können zwei weitere Spiele abgeschlossen werden. Der Gesamteinsatz für einen Spielschein ist in vollen DM-Beträgen zu entrichten. Die Gesellschaft behält sich vor, den Mindesteinsatz anders festzusetzen.
(3) Die Gesellschaft erhebt für die Entgegennahme und Bearbeitung der Spielscheine Bearbeitungsgebühren. Die Gebührensätze werden durch Aufdruck auf den Spielscheinen bekanntgegeben.

Art. 7 Eintragungen des Teilnehmers auf dem Spielschein

(1) Der Teilnehmer hat in jedem Spiel 6 Zahlen durch Kreuze zu kennzeichnen, deren Schnittpunkt innerhalb eines Zahlenkästchens liegen muß.
(2) Eintragungen auf Mehrspielscheinen, Systemscheinen, Lottozahlkarten und Dauerspielscheinen regeln sich nach den hierfür erlassenen besonderen Richtlinien, die auf den jeweiligen Spielscheinen aufgedruckt sind.
(3) Für die Wahl des richtigen Spielscheins und für seine ordnungsgemäße Ausfüllung einschließlich der genauen Durchschrift ist ausschließlich der Teilnehmer verantwortlich.
(4) Die Eintragungen auf dem Spielschein müssen eindeutig sein. Sie müssen mit Kugelschreiber, Tinte oder Maschinenschrift in schwarzer oder blauer Farbe vorgenommen werden. Die Lottozahlkarten sind nach den Vorschriften der Deutschen Bundespost auszufüllen.
(5) Die Anschrift des Teilnehmers ist auf dem Spielschein deutlicher lesbar, möglichst in Blockschrift, zu vermerken. Es soll nur ein Berechtigter eingetragen sein. Bei einem Gemeinschaftsspiel mehrerer Beteiligter gilt nur der auf dem Spielschein Eingetragene als Berechtigter.
(6) Die Gesellschaft ist berechtigt, mangelhafte Eintragungen gelten zu lassen, wenn der Wille des Teilnehmers für die Gesellschaft eindeutig erkennbar ist.
(7) Die Gesellschaft und die Annahmestellen sind nicht verpflichtet, die Richtigkeit des Spielscheines und der Eintragungen zu überprüfen.

Art. 8 Abgabe der Spielscheine und Annahmeschluß

(1) Die Teilnahme an einer Ausspielung wird nur von den zugelassenen Annahmestellen und Fernwettstellen vermittelt.
(2) Den Zeitpunkt des Annahmeschlusses bestimmt die Gesellschaft. Der Spielschein muß bis zu dem für die betreffende Annahmestelle oder Fernwettstelle festgesetzten Annahmeschluß in deren Besitz sein.

(3) Alle rechtzeitig eingereichten Spielscheine gelten für den nächstmöglichen Spieltag, der dem Eingang des Spielscheines bei der Zentrale der Gesellschaft folgt. Dies gilt ohne Rücksicht auf evtl. vom Teilnehmer eingetragene oder auf dem Spielschein vorgedruckte Spieltagskennzeichnungen.
(4) Verspätet eingegangene Spielscheine werden unter Erstattung des Einsatzbetrages und der Bearbeitungsgebühr zurückgewiesen.
(5) Die Annahme des Spielscheins gilt nicht als Anerkenntnis dafür, daß die nach den Teilnahmebedingungen erforderlichen Bedingungen für den rechtswirksamen Abschluß eines Spielvertrages erfüllt sind.
(6) Die Gesellschaft, die Annahmestellen und die Fernwettstellen sind zur Annahme und Ausfertigung der Spielscheine nicht verpflichtet.

Art. 9 Behandlung des Spielscheines durch die Annahmestelle

(1) Der bei der Annahmestelle abgegebene Spielschein wird unverzüglich mittels Registriergeräts erfaßt oder in eine Eingangsliste eingetragen. Jeder Spielscheinabschnitt wird mit der Bezeichnung der Annahmestelle, des Spieltages und der laufenden Nummer des Registriergeräts bzw. der laufenden Nummer der Eingangsliste versehen. Der Spielschein-Abschnitt A wird dem Teilnehmer von der Annahmestelle (bei Verwendung einer Lottozahlkarte von der entgegennehmenden Poststelle) ausgehändigt.
(2) Aus Sicherheitsgründen kann der Spieler nach Entgegennahme des Spielscheines durch die Annahmestelle den zur Auswertung und Kontrolle dienenden Spielschein-Abschnitt C nicht mehr zurückverlangen.
(3) Die Gesellschaft sowie die Annahmestellen und Fernwettstellen haften nicht für Eintragungen irgendwelcher Art, die eine Annahmestelle oder Fernwettstelle auf Wunsch des Teilnehmers auf dem Spielschein vorgenommen hat.

Art. 10 Weiterleitung des Spielschein-Abschnitts C

Die Annahmestelle leitet den Spielschein-Abschnitt C auf dem von der Gesellschaft vorgeschriebenen Wege und zum festgesetzten Zeitpunkt an die für die Annahmestelle zuständige Bezirksstelle weiter. Die Bezirksstellen liefern zu dem von der Gesellschaft festgesetzten Zeitpunkt die Spielschein-Abschnitte C zusammen mit den Spieleinsätzen bei der Gesellschaft ab.

III. Der Spielvertrag

Art. 11 Abschluß und Inhalt des Spielvertrages

(1) Der Spielvertrag ist nur rechtswirksam, wenn der zur Auswertung dienende Spielschein-Abschnitt C vor dem Zeitpunkt, in dem die Spielscheine in Verschluß genommen werden, bei der Zentrale der Gesellschaft in Koblenz eingeht. Der ordnungsmäßige Eingang des Spielschein-Abschnitts C wird durch Registrieren (Filmen und Zählen) in der Zentrale der Gesellschaft festgestellt.
(2) Für den Inhalt des Spielvertrages sind ausschließlich die übereinstimmenden Voraussagen auf dem Spielschein-Abschnitt C und dem von diesem Abschnitt erstellten Mikrofilm maßgebend. Aus dem Spielschein-Abschnitt A kann ein Gewinnanspruch nicht hergeleitet werden. Er dient lediglich als Nachweis für einen geleisteten Spieleinsatz.
(3) Ein Anspruch des Teilnehmers auf Abschluß eines Spielvertrages besteht nicht. Die Gesellschaft ist berechtigt, einen in der Zentrale eingegangenen Spielschein bei Vorliegen

eines wichtigen Grundes von der Veranstaltung auszuschließen. Der Ausschluß ist dem Teilnehmer mitzuteilen. Darüber hinaus kann gegenüber dem Teilnehmer bis zur Beendigung der Gewinnermittlung aus wichtigem Grund der Rücktritt vom Vertrag erklärt werden. Der Spieleinsatz und die Bearbeitungsgebühr werden auf Antrag zurückerstattet. Weitergehende Ansprüche des Teilnehmers sind ausgeschlossen.

IV. Haftungsbestimmungen

Art. 12 Umfang und Ausschluß der Haftung

(1) Die Gesellschaft haftet dem Teilnehmer für alle Schäden, die nach dem Eingang des Spielschein-Abschnitts C in der Zentrale der Gesellschaft schuldhaft verursacht werden.
(2) Die Haftung der Gesellschaft für Verschulden der Annahmestellen, Fernwettstellen und der übrigen für die Weiterleitung der Spielscheine zur Zentrale der Gesellschaft verantwortlichen Stellen wird gemäß §§ 276 Abs. 2 und 278 BGB ausgeschlossen. Die Gesellschaft haftet ferner nicht für Schäden, die durch die Bundespost, die Bundesbahn oder sonstige Transportunternehmen verursacht werden. Ebenso ist jede Haftung für Schäden ausgeschlossen, die durch strafbare Handlungen dritter Personen, z.B. durch Diebstahl oder Raub, entstanden sind. Sie haftet weiterhin nicht für Schäden, die durch höhere Gewalt, insbesondere durch Feuer, Wasser, Streiks, innere Unruhen oder aus sonstigen Gründen, die die Gesellschaft nicht zu vertreten hat, hervorgerufen werden. In diesen Fällen werden der Spieleinsatz und die Bearbeitungsgebühr auf Antrag zurückerstattet. Weitergehende Ansprüche des Teilnehmers sind ausgeschlossen.
(3) Die Annahmestellen, Fernwettstellen und die übrigen für die Weiterleitung der Spielscheine verantwortlichen Stellen haften dem Teilnehmer nur für Schäden, die sie selbst vorsätzlich verursacht haben. Jede Stelle haftet nur für Vorgänge in ihrem unmittelbaren Arbeitsbereich.

V. Gewinnermittlung

Art. 13 Auslosung

(1) Für jede Ausspielung findet eine Auslosung statt, bei der 6 Gewinnzahlen und eine Zusatzzahl ermittelt werden.
(2) Art, Ort und Zeitpunkt der Auslosung (Abs. 1) bestimmt die Gesellschaft. Die Auslosung ist öffentlich und findet unter notarieller oder behördlicher Aufsicht statt.
(3) Die Gewinnzahlen und die Zusatzzahl werden im Anschluß an die Auslosung bekanntgegeben.

Art. 14 Auswertung

Grundlage für die Gewinnermittlung sind die Spielschein-Abschnitte C. Auf Grund der Gewinnzahlen und der Zusatzzahl erfolgt die Auswertung der Spielscheine.

Art. 15 Gültige Voraussagen

(1) An der Auswertung nehmen nur diejenigen Voraussagen (Spiele) eines Spielscheines teil, die durch den gezahlten Einsatz in der Reihenfolge ihrer Numerierung auf dem Spielschein gedeckt sind.

(2) Ist bei einer verkürzten Schreibweise die Anzahl der Spiele eines Systems durch den gezahlten Einsatz nicht gedeckt, so kann der Fehlbetrag nacherhoben oder alle oder einzelne Spiele des betreffenden Spielscheines können von der Teilnahme ausgeschlossen werden.
(3) Zahlen, die nicht eindeutig gekennzeichnet sind, werden nicht gewertet. Hat der Teilnehmer in einem Spiel mehr als 6 Zahlen durchkreuzt, so gelten nur die ersten 6 Zahlen in ihrer arithmetischen Reihenfolge, beginnend mit der kleinsten Zahl. Die Gesellschaft ist berechtigt, neben Kreuzen auch andere Kennzeichnungen der vom Teilnehmer gewählten Zahlen anzuerkennen, wenn diese Kennzeichnungen für die Gesellschaft eindeutig erkennbar sind.
(4) Sind in einem Spiel mehr als 6 Zahlen verschiedenartig gekennzeichnet, so gelten nur die Kreuze.

Art. 16 Gewinnklassen

Es gewinnen
- in der Klasse I die Teilnehmer, die 6 Gewinnzahlen,
- in der Klasse II die Teilnehmer, die 5 Gewinnzahlen und die Zusatzzahl,
- in der Klasse III die Teilnehmer, die 5 Gewinnzahlen,
- in der Klasse IV die Teilnehmer, die 4 Gewinnzahlen,
- in der Klasse V die Teilnehmer, die 3 Gewinnzahlen

in einem Spiel richtig vorausgesagt haben.

Art. 17 Verteilung der Gewinnausschüttungssumme auf die Gewinnklassen und Einzelgewinne

(1) Von dem Gesamtbetrag der jeweiligen Einsätze werden grundsätzlich 50% als Gewinnsumme an die Teilnehmer ausgeschüttet. Diese Gewinnsumme verteilt sich auf die Gewinnklassen wie folgt:

Klasse I	(6 Gewinnzahlen)	20% der Gewinnsumme,
Klasse II	(5 Gewinnzahlen und Zusatzzahl)	5% der Gewinnsumme,
Klasse III	(5 Gewinnzahlen)	25% der Gewinnsumme,
Klasse IV	(4 Gewinnzahlen)	25% der Gewinnsumme,
Klasse V	(3 Gewinnzahlen)	25% der Gewinnsumme.

(2) Werden in einer Gewinnklasse keine Gewinne erzielt, so wird die Gewinnsumme der nächstniedrigeren Gewinnklasse zugeschlagen.
(3) Innerhalb der Gewinnklassen wird die Gewinnsumme gleichmäßig auf die Gewinner verteilt. Der Einzelgewinn (Gewinnquote) beträgt je Einzelspiel im Höchstfalle 500 000,– DM.
(4) Übersteigt der Einzelgewinn die festgesetzte Höchstsumme von 500 000,– DM, so wird die überschießende Gewinnsumme der nächstniedrigeren Gewinnklasse zugeschlagen. Unterschreitet der Einzelgewinn in einer Gewinnklasse den Betrag von 1,– DM, so entfällt die Auszahlung der Gewinne in dieser Klasse. Die Gewinnsumme wird der nächsthöheren Gewinnklasse zugeschlagen.
(5) Der Einzelgewinn einer Gewinnklasse darf den Einzelgewinn einer höheren Gewinnklasse nicht übersteigen. Tritt ein derartiger Fall ein, so werden die Gewinnsummen beider Gewinnklassen zusammengelegt und gleichmäßig an die Gewinner beider Gewinnklassen verteilt.
(6) Die Gesellschaft ist berechtigt, die Gewinnquoten bis zu 1,– DM aufzufüllen; dann wird einem anderen Gewinnrang nichts zugeschlagen.

(7) Die Einzelgewinne werden auf durch 5 Pf. teilbare Beträge abgerundet. Verbleibende Spitzenbeträge werden für Prämienausschüttungen verwendet.
(8) Werden die Ausspielungen gemeinsam mit anderen Unternehmen durchgeführt, so werden die Gewinnsummen der beteiligten Unternehmen zusammengelegt und nach Errechnung gemeinsamer Gewinnquoten auf alle bei diesen Unternehmen ermittelten Gewinner verteilt.
(9) Die Höhe der Gewinnquoten wird nach Vorliegen des Auswertungsergebnisses bekanntgegeben.

VI. Gewinnauszahlung

Art. 18 Gewinnbescheid und Anmeldung von Gewinnansprüchen

(1) Teilnehmer, die einen Einzelgewinn von mehr als 1000,– DM erzielt haben, erhalten grundsätzlich eine schriftliche Benachrichtigung innerhalb von 4 Tagen.
(2) Erhält ein Gewinner eines Gewinnbetrages von mehr als 1000,– DM keine Benachrichtigung, so hat er den Gewinnanspruch durch eingeschriebenen Brief oder persönliche Vorsprache unter Vorlage des Spielschein-Abschnitts A innerhalb von 8 Tagen nach Ablauf des Spieltages bei der Gesellschaft geltend zu machen.
(3) Hat ein Gewinner einen Gewinnbetrag bis zu 1000,– DM nicht innerhalb von zwei Wochen erhalten, so hat er seinen Anspruch bei der Gesellschaft innerhalb einer Frist von 6 Wochen nach Ablauf des Spieltages anzumelden.
(4) Bei der Anmeldung von Gewinnansprüchen sind anzugeben: Namen und Anschrift des empfangsberechtigten Teilnehmers, Bezeichnung der Annahmestelle, Registriernummer des Spielscheins, Nummer und Datum des Spieltages, Nummer des Spielscheines. Angemeldete Ansprüche, die diese Angaben nicht enthalten, können zurückgewiesen werden.
(5) Die Anmeldung von Gewinnansprüchen muß der Gesellschaft in Koblenz spätestens am letzten Tag der festgesetzten Fristen zugegangen sein, andernfalls der Teilnehmer von der Gewinnverteilung ausgeschlossen ist.

Art. 19 Auszahlung der Gewinne

(1) Die Gewinne von mehr als 1000,– DM werden nach Ablauf der achttägigen Einspruchsfrist (Art. 18 Abs. 2) zur Zahlung angewiesen, während die Gewinne bis einschließlich 1000,– DM nach Abschluß der Auswertung ausgezahlt werden. Überweisungskosten können von dem Gewinn abgezogen werden. Die Gesellschaft ist berechtigt, diese Überweisungskosten auf volle 0,10 DM aufzurunden.
(2) Auf Normalspielscheine entfallende Gewinne bis einschließlich 20,– DM werden in der Annahmestelle ausgezahlt, und zwar grundsätzlich in der Annahmestelle, die den Spielschein entgegengenommen hat. In der Annahmestelle nicht abgeholte Gewinne werden, falls sie unter 5,– DM liegen, nur auf Anforderung sowie unter Abzug von Postgebühren weitergeleitet, während Gewinne von 5,– DM und darüber auch ohne Anforderung gegen Abzug von Postgebühren überwiesen werden. Auf Normalspielscheine entfallende Gewinne über 20,– DM sowie Gewinne, die auf Mehrspiel-, System- oder Dauerspielscheine entfallen, werden durch Postbarscheck ausgezahlt. Hat ein Teilnehmer auf einem Spielschein ein Bank-Konto oder Postscheck-Konto angegeben, so wird der Gewinn – unabhängig von seiner Höhe – in jedem Fall auf das angegebene Konto überwiesen.

(3) Die Auszahlung der Gewinne an den auf dem Spielschein mit persönlicher Anschrift eingetragenen Teilnehmer oder auf das angegebene Bank-Konto oder Postscheck-Konto erfolgt für die Gesellschaft mit befreiender Wirkung. Sind mehrere Anschriften auf dem Spielschein angegeben, so ist die Gesellschaft befreit, wenn einer der genannten Teilnehmer den Empfang des gesamten Gewinnbetrages quittiert hat.
(4) Die Gesellschaft ist auch befreit, wenn ein Gewinn an den Inhaber des betreffenden Spielschein-Abschnitts A gezahlt wird.
(5) Eine Verpflichtung, die Berechtigung des Inhabers des Spielschein-Abschnitts A zu prüfen, besteht nicht. Dies gilt auch dann, wenn auf dem Spielschein keine Anschrift angegeben oder der Berechtigte nicht eindeutig bestimmbar ist.
(6) Nicht auszahlbare Gewinne (z.B. auf Grund fehlender, fehlerhafter oder unleserlicher Anschrift u.a.) verfallen nach Ablauf von 13 Wochen nach dem Spieltag.

VII. Schlußbestimmungen

Art. 20 Der Rechtsweg

Die Gesellschaft ist ohne Rechtsnachteile für sich berechtigt, nach Ablauf von 13 Wochen, vom Spieltag an gerechnet, die Spielscheine zu vernichten, auf die keine Gewinne oder nur Gewinne bis einschließlich 1000,– DM entfallen sind, es sei denn, daß Gewinnansprüche geltend gemacht wurden. Alle Ansprüche aus der Teilnahme an Ausspielungen gegen die Gesellschaft sowie gegen die Bezirksstellen, Annahmestellen und Fernwettstellen können nur binnen 13 Wochen nach dem Spieltag gerichtlich geltend gemacht werden. Eine spätere Rechtsverfolgung ist ausgeschlossen.

Art. 21 Gerichtsstand

Gerichtsstand für alle Rechtsstreitigkeiten zwischen der Gesellschaft und dem Teilnehmer ist Koblenz.

Art. 22 Inkrafttreten

(1) Diese Teilnahmebedingungen treten am 27. Juni 1966 in Kraft.
(2) Die Teilnahmebedingungen können bei allen Annahmestellen sowie bei der Gesellschaft eingesehen werden.

Koblenz, den 20. Juni 1966

Staatliches Zahlenlotto Rheinland-Pfalz

Spielbedingungen für die Veranstaltungen der Saarland-Sporttoto GmbH

(Gültig ab 1. Oktober 1967 – 41. Veranstaltung 1967)

I. Allgemeines

Artikel 1 Grundlagen und Organisation

(1) Das Saarland und der Landessportverband für das Saarland sind die Gesellschafter der Saarland-Sporttoto G.m.b.H. (Saar-Toto – im folgenden Gesellschaft genannt).

(2) Der Saar-Toto ist eine gemeinnützige Gesellschaft zur Förderung des Sportes sowie sonstiger kultureller, sozialer und karitativer Zwecke.

(3) Gegenstand des Unternehmens ist

a) die Veranstaltung von Wetten auf den Ausgang sportlicher Wettkämpfe des In- und Auslandes
(Sport- bzw. Fußball-Toto – Sport- bzw. Fußball-Lotto)

b) die Veranstaltung von Zahlen-Wetten
(Zahlen-Lotto)

c) die Veranstaltung von saarländischen Lotterien

d) die Durchführung von Klassen-Lotterien
(Lotterie-Einnahme Saarland)

e) die Durchführung von Zusatz-Veranstaltungen wie z.B. Prämien-Auslosungen und Sonder-Ausschüttungen.

(4) Das Unternehmen kann Veranstaltungen gemeinsam mit anderen Unternehmen durchführen.

(5) Soweit die obengenannten Veranstaltungen gemeinsam durchgeführt werden, ist die Gesellschaft berechtigt, auf der Grundlage vertraglicher Abmachungen mit anderen Unternehmen des In- und Auslandes eine gemeinsame Gewinn-Ermittlung und Gewinn-Ausschüttung durchzuführen (Gewinnpoolung).

(6) Die Veranstaltungen der Gesellschaft werden unter staatlicher Kontrolle durchgeführt. Aufsichtsbehörde ist der Minister des Innern.

Artikel 2 Verbindlichkeit der Spielbedingungen

(1) Für die Teilnahme an den Veranstaltungen sind ausschließlich die Spielbedingungen der Gesellschaft in ihrer jeweils gültigen Fassung maßgebend und für den Teilnehmer verbindlich. Dies gilt auch dann, wenn die Gesellschaft eine gemeinsame Gewinn-Ausschüttung mit anderen Unternehmen durchführt.

(2) Die Spielbedingungen werden durch Aushang in den Annahmestellen bekanntgegeben. Dies gilt auch für etwaige Änderungen und Ergänzungen der Spielbedingungen sowie für die Bekanntgabe von Bedingungen für Sonderveranstaltungen.

(3) Neue Spielbedingungen werden vor Inkrafttreten im Mitteilungsblatt der Gesellschaft veröffentlicht. Aus dem Mitteilungsblatt der Gesellschaft ist auch ersichtlich, welche Fassung für die jeweilige Veranstaltung gültig ist. Das Mitteilungsblatt der Gesellschaft ist in allen Annahmestellen erhältlich.

(4) Mit der Abgabe des Spielscheines in der Annahmestelle werden die Spielbedingungen vom Teilnehmer anerkannt. Sie sind Bestandteil des Spielvertrages.

(5) Nachteile, die einem Teilnehmer durch Nichtbeachtung der Spielbedingungen entstehen, sind nicht von der Gesellschaft zu vertreten. Dasselbe gilt für die Nichtbeachtung der auf den Spielscheinen aufgedruckten Hinweise sowie der Bekanntmachungen im Mitteilungsblatt der Gesellschaft.

Artikel 3 Gegenstand der Veranstaltungen

(1) Gegenstand des Zahlenlottos ist die Voraussage von 6 Zahlen aus der Zahlenreihe 1 bis 49.
(2) Gegenstand der Auswahl-Wette ist die Voraussage von 6 Fußballspielen, die aus einer im Toto-Spielplan festgesetzten Reihe von 39 Spielpaarungen auszuwählen sind.
(3) Gegenstand der Ergebnis-Wette ist die Voraussage der Ergebnisse einer im Toto-Spielplan festgesetzten Reihe von (Fußball-) Spielen, wobei zwischen dem Sieg des in den Spielpaarungen erstgenannten Vereins, dem Sieg des in den Spielpaarungen zweitgenannten Vereins und dem unentschiedenen Ergebnis zu wählen ist (1–2–0).
(4) In den Toto-Spielplan können auch bestimmte Abschnitte eines Fußballspieles, z.B. Halbzeiten, als selbständige Spielpaarungen aufgenommen werden. Neben dem Endergebnis können auch die Torergebnisse der 1. Halbzeit oder beider Halbzeiten gesondert, d.h. jeder für sich gewertet werden.
(5) Der Toto-Spielplan wird im Mitteilungsblatt der Gesellschaft für jede Veranstaltung gesondert bekanntgegeben. Eine Verpflichtung zur Veröffentlichung bekanntgewordener Spielausfälle oder Platzveränderungen besteht nicht.
(6) Gegenstand der Landes-Lotterie ist die Ausspielung von feststehenden Lotteriegewinnen auf die mit allen Spielscheinen (mit Ausnahme des Dauerlottoscheines) festverbundenen Lose, nach Maßgabe der aufgedruckten Los-Nummer (Große Zusatz-Lotterie).
(7) Gegenstand der Olympia-Lotterie ist die Ausspielung von feststehenden Lotteriegewinnen und Prämien in Verbindung mit allen Spielscheinen der Gesellschaft. Jeder in der Annahmestelle registrierte Spielschein ist ein Los der Olympia-Lotterie. Los-Nummer ist die im Registriergerät gestempelte Spielschein-Nummer (Kleine Zusatz-Lotterie).
(8) Auf Normalscheinen und Systemscheinen ist die Teilnahme an den Zusatz-Lotterien nur in Verbindung mit einem Spielabschluß im Toto oder Lotto möglich. Auf Dauerscheinen setzt die Teilnahme an der Olympia-Lotterie einen Mindesteinsatz im Lotto bzw. in der Landeslotterie von 5 DM (1 DM pro Woche) voraus.
(9) Dauerscheine für Lotto und Landes-Lotterie nehmen an der Olympia-Lotterie nur bei der ersten auf die Abgabe des Dauerscheines folgenden Veranstaltung, nicht aber an den 4 weiteren Veranstaltungen teil.
(10) Der Dauerschein für die Landes-Lotterie ermöglicht die Teilnahme an dieser Veranstaltung ohne den Abschluß eines Toto- oder Lotto-Spieles. Der Mindesteinsatz beträgt 5 DM (1 DM pro Woche). Außer der aufgedruckten Los-Nummer können weitere Los-Nummern nach Wahl auf den vorgedruckten Zahlenfeldern angekreuzt werden.
(11) Die Gesellschaft ist mit Zustimmung der Aufsichtsbehörde berechtigt, Zusatzveranstaltungen wie z.B. Prämienauslosungen und Sonder-Ausschüttungen in Verbindung mit Toto, Lotto und Lotterie durchzuführen. Spielpläne und Spielbedingungen für Zusatzveranstaltungen werden besonders bekanntgegeben.
(12) Die Veranstaltungen finden im allgemeinen wöchentlich statt und werden den Wochen des Kalenderjahres entsprechend mit 1 bis 52 bzw. 53 numeriert. Etwaige Spielpausen werden mitgezählt und jeweils rechtzeitig angekündigt.
(13) Die Gesellschaft vertreibt im Namen und für Rechnung der Länder der Nordwestdeutschen Klassenlotterie deren Lose im Saarland durch hierzu bestimmte Annahmestellen (Los-Verkaufsstellen) sowie im Direktversand (Lotterie-Einnahme Saarland).
(14) Die Gesellschaft kann langfristige Daueraufträge annehmen. Anträge sind an die Hauptverwaltung, Saar-Toto, 66 Saarbrücken, Saaruferstraße 17, zu richten.

Artikel 4 Spielgeheimnis

(1) Das Spielgeheimnis wird gewahrt. Die Spielabschlüsse werden von den Annahmestellen, den weiterleitenden Stellen und von der Zentrale der Gesellschaft vertraulich behandelt.

(2) Die Namen der Teilnehmer dürfen nur mit deren ausdrücklicher Einwilligung bekanntgegeben werden.

II. Einreichung und Weiterleitung der Spielscheine

Artikel 5 Spielscheine

(1) Die Teilnahme an den Veranstaltungen ist nur mit den von der Gesellschaft herausgegebenen und jeweils gültigen Spielscheinen möglich.
(2) Alle Spielscheine werden kostenlos ausgegeben.
(3) Der Spielschein besteht aus 2 Teilen, von denen der A-Schein zur Auswertung sowie zur Verfilmung und der B-Schein als Bescheinigung (Quittung) für den Teilnehmer bestimmt ist.
(4) Die einzelnen Abschnitte des Spielscheines dürfen von dem Teilnehmer nicht voneinander getrennt werden.
(5) Die Gesellschaft haftet nicht für Mängel, die, wie z.B. Druckfehler, sich bei der Herstellung des Spielscheines ergeben. Bei Mängeln in der Herstellung von Spielscheinen, die eine Teilnahme an der Veranstaltung unmöglich machen, erhält der Teilnehmer den Einsatz und die Gebühr auf Antrag zurück und nimmt an der Veranstaltung nicht teil Ein weitergehender Anspruch besteht nicht.
(6) Die Gesellschaft kann bestimmte Spielscheinarten oder Spielscheinserien ab einem bestimmten Stichtag für ungültig erklären und aus dem Verkehr ziehen. Die Ungültigkeit wird vor dem Verfalltag im Mitteilungsblatt der Gesellschaft bekanntgegeben.

Artikel 6 Spieltarif

(1) Die im Spielgebiet der Gesellschaft jeweils gültigen Spieleinsätze und Bearbeitungsgebühren bilden den Spieltarif. Der Spieltarif wird durch Aushang in den Annahmestellen bekanntgegeben. Er ist außerdem aus dem Mitteilungsblatt der Gesellschaft zu ersehen. Änderungen im Spieltarif werden vor Inkrafttreten im Mitteilungsblatt der Gesellschaft veröffentlicht.
(2) Für die einzelnen Spielscheine kann ein Mindesteinsatz und ein Höchsteinsatz festgelegt werden.
(3) Der Einsatz je Spiel im Toto und Lotto beträgt DM 0,50. Auf Normalscheinen und Dauerscheinen können die Spiele nur paarweise in runden DM-Beträgen abgeschlossen werden.
(4) Der Einsatz je Spiel in der Landes-Lotterie (Lospreis) beträgt DM 0,50. Auf dem Dauerschein für die Landes-Lotterie können die Spiele nur paarweise in runden DM-Beträgen abgeschlossen werden.
(5) In der Olympia-Lotterie beträgt der Einsatz je Spielschein – auch für Dauerspielscheine – DM 0,10.
(6) Für jeden abgelieferten Spielschein hat der Teilnehmer eine Bearbeitungsgebühr zu entrichten. Die Bearbeitungsgebühr beträgt bei Normalscheinen DM 0,20, bei Systemscheinen DM 0,50 und bei Dauerspielscheinen DM 1,–. Bei Spätannahme beträgt die Bearbeitungsgebühr für Normalscheine DM 0,30, für Systemscheine DM 0,75 und für Dauerspielscheine DM 1,50.
(7) Bei Abgabe des Spielscheines in einer Annahmestelle sind Spieleinsatz und Bearbeitungsgebühr dort zu entrichten. Bei Übersendung des Spielscheines an eine Versandstelle sind Spieleinsatz und Bearbeitungsgebühr auf deren Konto einzuzahlen.

Artikel 7 Eintragungen des Teilnehmers auf dem Spielschein

(1) Für die Wahl des richtigen Spielscheines und für seine ordnungsgemäße Ausfüllung ist der Teilnehmer allein verantwortlich. Die Annahmestelle ist nicht verpflichtet, die Richtigkeit des Spielscheines sowie die Ordnungsmäßigkeit der Eintragungen zu prüfen.
(2) Die von der Gesellschaft für bestimmte Spielscheine herausgegebene Spielanleitung ist zu beachten. Die Spielanleitung ist in der Annahmestelle erhältlich oder kann dort eingesehen werden.
(3) Für seine Eintragungen benutzt der Teilnehmer ausschließlich den A-Schein; die Eintragungen werden auf den B-Schein durchgeschrieben.
(4) In jedem Lottospiel hat der Teilnehmer 6 Zahlen durch Kreuze zu kennzeichnen, deren Schnittpunkt innerhalb eines Zahlenkästchens liegen muß.
(5) In der Auswahl-Wette hat der Teilnehmer 6 Spielpaarungen vorauszusagen, die nach seiner Meinung unentschieden ausgehen werden.
(6) In der Ergebnis-Wette hat der Teilnehmer das Ergebnis der festgesetzten Spiele als Sieg des erstgenannten Vereins durch den Tip „1", als unentschiedenen Ausgang durch den Tip „0" oder als Sieg des zweitgenannten Vereins durch den Tip „2" vorauszusagen.
(7) Sowohl in der Ergebnis-Wette als auch in der Auswahl-Wette hat der Teilnehmer seine Voraussagen in der Regel durch Kreuze zu kennzeichnen, deren Schnittpunkt innerhalb eines Zahlenkästchens liegen muß.
(8) Auf dem Dauerschein der Landes-Lotterie hat der Teilnehmer die gewünschte Wahl-Los-Nummer durch Kreuze zu kennzeichnen, deren Schnittpunkt innerhalb eines Zahlenkästchens liegen muß. In jeder senkrechten Zahlenspalte darf nur eine Ziffer angekreuzt werden. Sechs Kreuze in einem sechsspaltigen Spielfeld ergeben jeweils eine sechsstellige Los-Nummer.
(9) Für Sonderscheine wie z.B. Systemscheine, Dauerspielscheine und Lotteriescheine gelten zusätzlich besondere auf diesen Scheinen aufgedruckte Bestimmungen.
(10) Für den Abschluß von Systemspielen kann sich der Teilnehmer einer vom Unternehmer anerkannten verkürzten Schreibweise bedienen.
(11) Name und Anschrift des Teilnehmers können in den hierfür vorgesehenen Raum des Spielscheines mit Druckbuchstaben (Blockschrift) eingetragen werden. Bei Spielgemeinschaften soll eine Privat- oder Firmenanschrift angegeben sein. Kennworte, Kennziffern und Konto-Nummern sind zugelassen, letztere jedoch nur in Verbindung mit dem Namen des Konten-Inhabers.

Artikel 8 Abgabe der Spielscheine und Annahmeschluß

(1) Die Teilnahme an der Veranstaltung wird von den zugelassenen Annahmestellen und Versandstellen vermittelt.
(2) Den Zeitpunkt des Annahmeschlusses bestimmt die Gesellschaft; er wird durch Aushang angezeigt. Die Gesellschaft kann den Annahmeschluß für einzelne oder für alle Annahmestellen auch ohne Bekanntmachung festsetzen.
(3) Der Spielschein muß bis zu dem für die betreffende Annahmestelle festgesetzten Annahmeschluß in deren Besitz sein.
(4) Die Gesellschaft, die Versandstellen und die Annahmestellen sind zur Annahme und Ausfertigung der Spielscheine nicht verpflichtet.

Artikel 9 Ausfertigung der Spielscheine

(1) Nach Zahlung des Spieleinsatzes und der Bearbeitungsgebühr kennzeichnet die Annahmestelle den Spielschein durch Stempelaufdruck mit der Nummer der Annahme-

stelle und der fortlaufenden Spielschein-Nummer (Olympia-Lotterie-Nummer). Außerdem wird auf dem B-Schein das Datum der Veranstaltung aufgedruckt. Der B-Schein gilt als Empfangsbescheinigung über den eingezahlten Geldbetrag (Quittung). Er wird dem Spielteilnehmer ausgehändigt.
(2) Aus Sicherheitsgründen kann der Spielteilnehmer nach der Entgegennahme des Spielscheines durch die Annahmestelle den zur Auswertung und Kontrolle dienenden A-Schein nicht mehr zurückverlangen.
(3) Beauftragt ein Teilnehmer die Annahmestelle mit dem Ausfüllen und der Abgabe eines Spielscheines, so haftet sie – abgesehen von zwingenden gesetzlichen Vorschriften – nicht, wenn der Auftrag fehlerhaft oder gar nicht ausgeführt worden sein sollte.
(4) Das Auflegen von Gemeinschaftsspielen durch den Leiter der Annahmestelle oder seine Gehilfen ist verboten.
(5) Die Herausgabe und Verwendung entsprechender Anteilscheine berechtigt nicht zur Teilnahme an den Veranstaltungen der Gesellschaft.
(6) Vereinbarungen Dritter sind für die Gesellschaft unverbindlich. Mitglieder von (privaten) Spielgemeinschaften müssen ihre Rechtsverhältnisse ausschließlich unter sich regeln.
(7) Wer ohne Erlaubnis gewerbsmäßig Spielverträge abschließt oder vermittelt oder durch einen anderen abschließen oder vermitteln läßt, macht sich strafbar.

Artikel 10 Weiterleitung der Spielscheine

(1) Die Annahmestelle (Versandstelle) nimmt den zur Auswertung und Kontrolle dienenden A-Schein in Verwahr und übergibt ihn nach Weisung der Gesellschaft rechtzeitig an die mit der Weiterleitung beauftragte Stelle.
(2) Die mit der Weiterleitung der Spielscheine beauftragte Stelle übernimmt die Beförderung auf dem von der Gesellschaft vorgeschriebenen Wege und trifft alle verkehrsüblichen Sicherungen für die rechtzeitige Ablieferung in der Zentrale. Der A-Schein wird in der Zentrale verfilmt. Der Film dient zur Gewinnkontrolle.

III. Der Spielvertrag

Artikel 11 Abschluß und Inhalt des Spielvertrages

(1) Der Spielvertrag zwischen der Gesellschaft und dem Teilnehmer ist geschlossen, wenn der zur Auswertung und zur Kontrolle dienende A-Schein nach Eingang in der Zentrale der Gesellschaft verfilmt und der Film durch Verschluß rechtzeitig (d.h. vor Auslosung der Gewinnzahlen bzw. vor Beginn der Fußballspiele) gesichert ist.
(2) Fehlt eine der in Absatz 1 genannten Voraussetzungen, so kommt der Spielvertrag nicht zustande.
(3) Für den Inhalt des Spielvertrages sind ausschließlich die übereinstimmenden Voraussagen auf dem zur Auswertung dienenden A-Schein und dem von diesem erstellten Mikrofilm maßgebend.
(4) Aus dem Quittungsabschnitt kann ein Gewinnanspruch nicht hergeleitet werden. Er dient lediglich als Nachweis für den geleisteten Spieleinsatz.
(5) Ein Anspruch des Teilnehmers auf Abschluß des Spielvertrages besteht nicht. Die Gesellschaft ist berechtigt, einen in der Zentrale eingegangenen Spielschein bei Vorliegen eines wichtigen Grundes von der Veranstaltung auszuschließen. Der Ausschluß ist dem Teilnehmer mitzuteilen.

(6) Darüber hinaus kann gegenüber dem Teilnehmer bis zur Beendigung der Gewinnermittlung aus wichtigem Grunde der Rücktritt vom Vertrag erklärt werden.
(7) In den Fällen Absatz 2, 5 und 6 werden der Spieleinsatz und die Bearbeitungsgebühr auf Antrag zurückerstattet. Weitergehende Ansprüche des Teilnehmers sind ausgeschlossen.
(8) Jeder Spielschein gilt nur für diejenige Veranstaltung, zu der er rechtzeitig bei der Gesellschaft eingegangen, verfilmt und unter Verschluß gesichert ist. Später eingehende Spielscheine gelten für die folgende Veranstaltung.
(9) Absatz 8 gilt sinngemäß auch für die Dauerspielscheine, die – einschließlich Eingangs-Veranstaltung – an fünf aufeinanderfolgenden Veranstaltungen teilnehmen.
(10) Etwa abweichende Angaben oder Vermerke auf dem Spielschein bleiben für die Feststellung der Veranstaltung außer Betracht.

IV. Haftungsbestimmungen

Artikel 12 Umfang und Ausschluß der Haftung

(1) Die Gesellschaft haftet dem Teilnehmer für alle Schäden, die nach dem Eingang des zur Auswertung und Kontrolle dienenden A-Scheines in der Zentrale schuldhaft verursacht werden.
(2) Die Haftung der Gesellschaft für Verschulden der Annahmestellen, Bezirksstellen und Versandstellen sowie der übrigen für die Weiterleitung der Spielscheine zur Zentrale verantwortlichen Stellen wird gemäß §§ 276 Absatz 2 278 BGB ausgeschlossen.
(3) Die Gesellschaft haftet nicht für Verschulden der Bundespost, der Bundesbahn oder sonstiger Transportunternehmen. Ebenso ist jede Haftung für Schäden ausgeschlossen, die durch strafbare Handlungen dritter Personen, wie z.B. Diebstahl oder Raub, entstanden sind.
(4) Die Gesellschaft haftet weiterhin nicht für Schäden, die durch höhere Gewalt, insbesondere durch Feuer, Wasser, Streiks oder innere Unruhen, hervorgerufen werden.
(5) In den Fällen Absatz 2, 3 und 4 sowie aus sonstigen Gründen, die die Gesellschaft nicht zu vertreten hat, werden der Spieleinsatz und die Bearbeitungsgebühr auf Antrag zurückerstattet. Weitergehende Ansprüche des Teilnehmers sind ausgeschlossen.
(6) Die Annahmestellen und die übrigen für die Weiterleitung der Spielscheine zur Zentrale verantwortlichen Stellen haften dem Teilnehmer nur für Schäden, die sie selbst vorsätzlich verursacht haben. Jede Stelle haftet nur für Vorgänge in ihrem unmittelbaren Arbeitsbereich.

V. Gewinnermittlung

Artikel 13 Ermittlung der Gewinnzahlen

(1) Bei der wöchentlichen Ziehung der Lottozahlen werden 6 Gewinnzahlen und die Zusatzzahl, die für die Gewinnermittlung in den Gewinnklassen I–V maßgebend sind, ausgelost.
(2) Bei Sportwetten wird die Richtigkeit der Voraussage in der Regel durch den Ausgang der im Spielplan festgesetzten Spiele entschieden. Maßgebend für die Wertung im Fußballtoto ist das nach Ablauf der Spielzeit festgestellte Ergebnis. Das gilt sinngemäß auch für Abschnitte eines Spieles (z.B. Halbzeiten), die in den Toto-Spielplan als selbständige Spiele aufgenommen sind.

(3) Wird ein Spiel wiederholt, so wird das erste Spiel und nicht das Wiederholungsspiel gewertet, gleichgültig, an welchem Tag dieses ausgetragen wird.
(4) Eine nachträgliche Änderung oder Annullierung von Spielergebnissen durch sportliche Instanzen ist für die Wertung im Toto ohne Bedeutung.
(5) Jedes Spiel wird ohne Rücksicht auf seine Bezeichnung als Meisterschaftsspiel, Pokalspiel, Freundschaftsspiel usw. gewertet.
(6) Alle Spiele werden ohne Rücksicht auf einen etwaigen Platzwechsel zwischen Platzverein und Gastverein oder eine sonstige Verlegung des Austragungsortes stets so gewertet, wie sie auf dem Toto-Spielplan stehen.
(7) Bei der Auswahlwette werden 6 Spiele als Gewinnspiele und ein weiteres Spiel als Zusatz-Spiel gewertet. Die zu wertenden Spiele werden aus den unentschiedenen Spielen und – wenn diese nicht ausreichen – aus den Spielen mit dem geringsten Torunterschied ermittelt, wobei

a) Spiele mit höherer Gesamt-Torzahl (z.B. 5:5 vor 4:4 vor 3:3 usw., bzw. 5:4 oder 4:5 vor 4:3 oder 3:4, vor 3:2 oder 2:3 usw.) und
b) bei gleichen Torzahlen die Spiele mit der kleineren Nummer (Nummer der Reihenfolge auf dem Toto-Spielplan) den Vorrang haben.

(8) Für Spiele, die an den Spieltagen des betreffenden Wettbewerbs nicht stattgefunden haben oder vor Ablauf der Spielzeit abgebrochen wurden, gilt – gleichwertig den Ergebnissen ausgetragener Spiele – eine durch Auslosung ermittelte Ersatzwertung (1–0–2).
(9) Bei der Auswahlwette gelten die Spiele
mit der Ersatzwertung „1"
wie ein Spiel mit dem Ergebnis „1:0",
mit der Ersatzwertung „0"
wie ein Spiel mit dem Ergebnis „0:0",
mit der Ersatzwertung „2"
wie ein Spiel mit dem Ergebnis „0:1".
(10) Die Ersatzauslosung erfolgt in der Weise, daß die von der Gesellschaft für jedes Spiel – unter angemessener Berücksichtigung aller Möglichkeiten – in ihrem Mitteilungsblatt bekanntgegebenen Wahrscheinlichkeit des Spielausganges (Tendenz 1–0–2) der Ziehung zugrundegelegt wird.
(11) Die vorgenannten Bestimmungen sind sinngemäß auch auf bestimmte Abschnitte eines Spieles z.B. Halbzeiten anzuwenden, die in den Toto-Spielplan als selbständige Spiele ausgenommen worden sind.
(12) Bei der wöchentlichen Ziehung der Olympia-Lotterie wird eine vierstellige Gewinnzahl gezogen, die für die Gewinnermittlung in den Gewinnklassen I und II maßgebend ist.
(13) Am 10. Tag nach der Ziehung der Olympia-Gewinnzahl findet eine Prämien-Auslosung statt, an der nur die Gewinner der Gewinnklasse I teilnehmen.
(14) Bei der wöchentlichen Ziehung der Landes-Lotterie wird eine sechsstellige Gewinn-Nummer gezogen, die für die Gewinnermittlung in den Gewinnklassen I–V maßgebend ist.
(15) Alle Auslosungen sind öffentlich und finden unter notarieller oder behördlicher Aufsicht statt.
(16) Art, Ort und Zeitpunkt der Auslosungen bestimmt die Gesellschaft. Nähere Einzelheiten z.B. über das Auslosungsverfahren oder Fernseh-Übertragungen sind aus dem Mitteilungsblatt der Gesellschaft zu ersehen.
(17) Die Gewinnzahlen für Toto, Lotto und Lotterie werden im Mitteilungsblatt der Gesellschaft bekanntgegeben.

Artikel 14 Auswertung, Gewinnfeststellung und Gewinnkontrolle

(1) Grundlage für die Gewinnfeststellung ist die Auswertung des A-Scheines. Die Auswertung erfolgt nach Maßgabe der offiziellen Gewinnzahlen.
(2) Die Gewinnkontrolle wird durch die von der Aufsichtsbehörde eingesetzte Staatliche Kontrollstelle in der Weise vorgenommen, daß die auf dem A-Schein gewerteten Voraussagen mit den Eintragungen auf dem Film verglichen und auf ihre Übereinstimmung geprüft werden.
(3) Bei verschobener, aber deckungsgleicher Durchschrift auf dem B-Schein gilt nur die mit dem Film übereinstimmende Eintragung auf dem A-Schein.
(4) In allen Zweifelsfällen sind die Ergebnisse der Filmauswertung ausschlaggebend für die Gewinnfeststellung.

Artikel 15 Gültige Voraussagen

(1) An der Auswertung nehmen nur diejenigen Voraussagen (Spiele) teil, welche in der laufenden Reihenfolge, und zwar (je nach Vordruck) von links nach rechts oder von oben nach unten, durch den gezahlten Einsatz gedeckt sind.
(2) Sind bei einer Ergebnis-Wette für eine Spielpaarung mehrere Voraussagen gemacht worden, so wird keine dieser Voraussagen gewertet. Fehlen in einer Ergebnis-Wette einzelne Voraussagen, so werden die vorhandenen gültigen Voraussagen dennoch gewertet.
(3) Die Gesellschaft ist berechtigt, neben Kreuzen auch andere Kennzeichnungen der vom Teilnehmer gewählten Zahlen anzuerkennen, wenn diese Kennzeichnungen für die Gesellschaft eindeutig erkennbar sind.
(4) Sind in einem Spiel mehr als 6 Zahlen verschiedenartig gekennzeichnet, so gelten nur die Kreuze.
(5) Hat der Teilnehmer in einem Spiel mehr als 6 Zahlen angekreuzt, so gelten nur die ersten 6 Zahlen in ihrer arithmetischen Reihenfolge, beginnend mit der kleinsten Zahl.
(6) Ist auf einem Dauerschein für die Landes-Lotterie in einer senkrechten Zahlenspalte mehr als eine Ziffer angekreuzt, so gilt nur die erste Ziffer nach Maßgabe der arithmetischen Reihenfolge.
(7) Ist bei einer verkürzten Schreibweise die Anzahl der Spiele eines Systems durch den gezahlten Einsatz nicht gedeckt, so kann der Fehlbetrag nacherhoben oder können alle oder einzelne Spiele des betreffenden Spielscheines von der Teilnahme ausgeschlossen werden.
(8) Zahlen, die nicht eindeutig gekennzeichnet sind, werden nicht gewertet.
(9) Die Gesellschaft ist berechtigt, mangelhafte Eintragungen gelten zu lassen, wenn der Wille des Teilnehmers für die Gesellschaft eindeutig erkennbar ist.

Artikel 16 Gewinnplan im Toto und Lotto

(1) Im Zahlenlotto 6 aus 49 gewinnen in
Gewinnklasse I die Teilnehmer, die 6 Gewinnzahlen,
Gewinnklasse II die Teilnehmer, die 5 Gewinnzahlen und die Zusatzzahl,
Gewinnklasse III die Teilnehmer, die 5 Gewinnzahlen ohne Zusatzzahl,
Gewinnklasse IV die Teilnehmer, die 4 Gewinnzahlen,
Gewinnklasse V die Teilnehmer, die 3 Gewinnzahlen
in einem Spiel richtig vorausgesagt haben.
(2) In der Ergebnis-Wette gewinnen in
Gewinnklasse I die Teilnehmer, die eine Tipreihe mit 0 Fehlern,

Gewinnklasse II die Teilnehmer, die eine Tipreihe mit 1 Fehler,
Gewinnklasse III die Teilnehmer, die eine Tipreihe mit 2 Fehlern
je nach den Spielregeln in einem Spiel richtig vorausgesagt erzielt haben.
(3) In der Auswahlwette gewinnen in
Gewinnklasse I die Teilnehmer, die 6 Gewinnspiele,
Gewinnklasse II die Teilnehmer, die 5 Gewinnspiele und das Zusatzspiel,
Gewinnklasse III die Teilnehmer, die 5 Gewinnspiele,
Gewinnklasse IV die Teilnehmer, die 4 Gewinnspiele,
Gewinnklasse V die Teilnehmer, die 3 Gewinnspiele,
je nach den Spielregeln in einem Spiel richtig vorausgesagt haben.

Artikel 17 Gewinnplan in den Lotterien

(1) In der Olympia-Lotterie gewinnen
in Gewinnklasse I:
alle Teilnehmer, auf deren Spielschein die Registrier-Nummer in den 4 Endziffern mit der gezogenen
Olympia-Gewinnzahl übereinstimmt, je DM 50,–
in Gewinnklasse II:
alle Teilnehmer, auf deren Spielschein die Registrier-Nummer in den 3 Endziffern mit den 3 Endziffern der gezogenen Olympia-Gewinnzahl übereinstimmt, je DM 5,–
(2) Die Prämien werden ausgelost. An der Prämien-Auslosung nehmen nur die Gewinner der Gewinnklasse I teil. Es werden bei jeder Ausspielung ausgelost:

1 Prämie	zu DM 50 000,–
15 Prämien	zu DM 5 000,–
und soviele Prämien zu	zu DM 500,–

wie der Rest der Gewinnsumme zuläßt. Ein etwa verbleibender Spitzenbetrag wird der Gewinnsumme der nächsten Ausspielung zugeschlagen.
(3) In der Landes-Lotterie gewinnen in

Gewinnklasse I die teilnahmeberechtigten Lose mit der sechsstelligen Gewinn-Nummer	je 50 000 DM
Gewinnklasse II die teilnahmeberechtigten Lose mit 5 richtigen Endziffern	je 5 000 DM
Gewinnklasse III die teilnahmeberechtigten Lose mit 4 richtigen Endziffern	je 500 DM
Gewinnklasse IV die teilnahmeberechtigten Lose mit 3 richtigen Endziffern	je 50 DM
Gewinnklasse V die teilnahmeberechtigten Lose mit 2 richtigen Endziffern	je 5 DM

der ausgelosten sechsstelligen Gewinn-Nummer.

Artikel 18 Verteilung der Gewinnsumme im Toto und Lotto

(1) Die Gesamtsummen der wöchentlichen Einsätze ergeben das Spielkapital der jeweiligen Veranstaltung.
(2) Im Toto und Lotto werden von dem Gesamtbetrag der jeweiligen Einsätze grundsätzlich 50 Prozent als Gewinnsumme an die Spielteilnehmer ausgeschüttet. Diese Gewinnsumme verteilt sich auf die Gewinnklassen und Gewinnränge nach Maßgabe der folgenden Bestimmungen:

(3) Der Anteil der Gewinnklassen beträgt im Zahlenlotto in

Gewinnklasse I (6 Gewinnzahlen)	20 Prozent
Gewinnklasse II (5 Gewinnzahlen und Zusatzzahl)	5 Prozent
Gewinnklasse III (5 Gewinnzahlen ohne Zusatzzahl)	25 Prozent
Gewinnklasse IV (4 Gewinnzahlen)	25 Prozent
Gewinnklasse V (3 Gewinnzahlen)	25 Prozent

(4) Der Anteil der Gewinnklassen in der 12er-Ergebnis-Wette beträgt in

Gewinnklasse I (Zwölfer)	33 1/3 Prozent
Gewinnklasse II (Elfer)	33 1/3 Prozent
Gewinnklasse III (Zehner)	33 1/3 Prozent

(5) Der Anteil der Gewinnklassen in der Auswahl-Wette beträgt in

Gewinnklasse I (Sechser)	20 Prozent
Gewinnklasse II (Fünfer und Zusatzzahl)	5 Prozent
Gewinnklasse III (Fünfer ohne Zusatzzahl)	15 Prozent
Gewinnklasse IV (Vierer)	20 Prozent
Gewinnklasse V (Dreier)	40 Prozent

(6) Werden in einer Gewinnklasse keine Gewinne erzielt, so wird die Gewinnsumme der nächstniedrigeren Gewinnklasse zugeschlagen.

(7) Innerhalb der Gewinnklassen wird die Gewinnsumme gleichmäßig auf die Gewinne verteilt. Der so ermittelte Einzelgewinn (Gewinnquote) beträgt je Einzelspiel (Zahlenreihe bzw. Tipreihe) im Höchstfalle 500 000 DM, im Mindestfalle 1,– DM.

(8) Übersteigt der Einzelgewinn die festgesetzte Höchstsumme, so wird die überschießende Gewinnsumme der nächstniedrigeren Gewinnklasse zugeschlagen.

(9) Unterschreitet der Einzelgewinn den Betrag von 1,– DM, so entfällt die Auszahlung dieser Gewinne; die Gewinnsumme wird der nächsthöheren Gewinnklasse zugeschlagen.

(10) Die Gesellschaft ist berechtigt, die Gewinnquote bis zur Mindesthöhe aufzufüllen. In diesem Falle wird einer anderen Gewinnklasse nichts zugeschlagen.

(11) Der Einzelgewinn einer Gewinnklasse darf den Einzelgewinn einer höheren Gewinnklasse nicht übersteigen. Tritt ein derartiger Fall ein, so werden die Gewinnsummen der beiden Gewinnklassen zusammengelegt und gleichmäßig an die Gewinner beider Gewinnklassen verteilt.

(12) Einzelgewinne werden auf durch –,05 DM teilbare Beträge abgerundet.

(13) Verbleibende Spitzenbeträge werden einem Ausgleichsfonds zugeführt, über den die Gesellschaft verfügt, z.B. zur Aufrundung von Gewinnquoten, für Prämien und Härtefälle.

(14) Die Höhe der Einzelgewinne in den verschiedenen Gewinnklassen wird im Mitteilungsblatt der Gesellschaft bekanntgegeben. (Abschlußquoten)

(15) Wird eine Veranstaltung gemeinsam mit anderen Unternehmen durchgeführt, so werden die Gewinnausschüttungssummen der beteiligten Unternehmen zusammengelegt und nach Errechnung gemeinsamer Gewinnquoten auf die Gewinner dieser Unternehmen verteilt. Hierbei sind alle Gewinner in ihrer Gewinnklasse gleichberechtigt.

(16) Gewinnquoten im Werte von mehr als 1000 DM können sich ändern, wenn innerhalb von acht Tagen nach Ablauf des Spieltages weitere berechtigte Gewinnansprüche festgestellt werden; alle anderen Gewinne werden nach der Gewinnfeststellung unverzüglich ausbezahlt. (Endgültige Gewinnquoten)

Artikel 19 Verteilung der Gewinnsumme in den Lotterien

(1) In der Landes-Lotterie gewinnen alle Teilnehmer nach Maßgabe der ausgelosten Gewinn-Nummer und der richtigen Endziffern die für die einzelnen Gewinnklassen feststehenden Beträge. Alle Gewinne werden ohne Rücksicht auf die Anzahl der

Gewinner in voller Höhe ausbezahlt. Die Höhe der Gewinnsumme ist daher in der Landes-Lotterie nicht begrenzt.
(2) In der Olympia-Lotterie werden grundsätzlich 25 Prozent des Spielkapitals ausgeschüttet. Die Gewinnsumme wird nach Maßgabe der Olympia-Gewinnzahl in zwei Gewinnklassen sowie in Form von zusätzlich ausgelosten Prämien verteilt. (s. Art. 17 Abs. 1 und 2).

VI. Gewinnauszahlung

Artikel 20 Gewinnanmeldung und Gewinnbescheid

(1) Spielteilnehmer, die einen Gewinn in Gewinnklasse I oder einen Einzelgewinn im Werte von 1000 DM oder mehr erzielt haben, sind gehalten, ihren Gewinnanspruch bei der Gesellschaft unverzüglich, spätestens aber am 8. Tag nach der Veranstaltung schriftlich, persönlich oder telefonisch anzumelden, sofern sie bis zu diesem Zeitpunkt ihren Gewinnbescheid nicht erhalten haben.
(2) Bei der Gewinnanmeldung sind anzugeben: Name und Anschrift des empfangsberechtigten Teilnehmers, Datum der Veranstaltung, Nummer der Annahmestelle und des Spielscheines und ggf. auch Kennwort, Kennziffer oder Konto-Nummer. Bei Lotteriegewinnen ist außerdem die auf dem Gewinnschein aufgedruckte oder eingetragene Los-Nummer anzugeben.
(3) Spielteilnehmer, die einen Einzelgewinn von 1000 DM oder mehr erzielt haben, erhalten nach Feststellung der Abschlußquoten eine schriftliche Benachrichtigung (Gewinnbescheid) mit der Aufforderung, die gewünschte Art der Auszahlung bzw. Überweisung anzugeben.

Artikel 21 Gewinnauszahlung und Reklamation

(1) Alle Gewinne werden gebührenfrei ohne jeden Abzug ausbezahlt. Bei Überweisungen werden die Überweisungskosten von der Gesellschaft übernommen.
(2) Die Auszahlung erfolgt an den auf dem Spielschein mit persönlicher Anschrift eingetragenen Teilnehmer mit befreiender Wirkung. Sind mehrere Anschriften auf dem Spielschein angegeben, so ist die Gesellschaft befreit, wenn einer der genannten Teilnehmer den Empfang des gesamten Gewinnbetrages quittiert hat.
(3) Die Gesellschaft ist auch befreit, wenn sie einen Gewinn an den Inhaber des Quittungsabschnittes zur Auszahlung bringt. Eine Verpflichtung, die Berechtigung des Inhabers des Quittungsabschnittes zu prüfen, besteht nicht. Dies gilt auch dann, wenn auf dem Spielschein keine Anschrift angegeben oder der Berechtigte nicht eindeutig bestimmbar ist.
(4) Hat ein Gewinner einen Gewinn bis zu 1000 DM nicht binnen 2 Wochen erhalten, so hat er seinen Anspruch bei der Gesellschaft innerhalb einer Frist von 6 Wochen nach Ablauf des Spieltages geltend zu machen (Reklamation).
(5) Reklamationen sind schriftlich bei der Gesellschaft einzureichen. Hierbei sind Vordrucke zu verwenden, die bei allen Annahmestellen kostenlos erhältlich sind. Mit der Reklamation ist gleichzeitig der Quittungs-Abschnitt vorzulegen. Der Quittungs-Abschnitt kann in jedem Reklamationsverfahren gegen Empfangsbescheinigung zur Beweissicherung eingezogen werden.
(6) Gewinner von Beträgen unter 1000 DM werden gebeten, nicht vor Ablauf von 14 Tagen (vom Spieltag gerechnet) zu reklamieren.

(7) Nicht auszahlbare Gewinne verfallen; sie werden einem Ausgleichsfonds zugeführt. (siehe Art. 18, Abs. 13).

VII. Schlußbestimmungen

Artikel 22 Der Rechtsweg

Alle Ansprüche aus der Teilnahme an den Veranstaltungen der Saarland-Sporttoto GmbH können nur binnen 13 Wochen nach dem Spieltag gerichtlich geltend gemacht werden; eine spätere Rechtsverfolgung ist ausgeschlossen.

Artikel 23 Gerichtsstand

Gerichtsstand bei Rechtsstreitigkeiten mit der Saarland-Sporttoto GmbH ist Saarbrücken.

Artikel 24 Inkrafttreten

Diese Teilnahmebedingungen treten am 1. Oktober 1967 in Kraft. Alle früheren Teilnahmebedingungen der Saarland-Sporttoto GmbH verlieren gleichzeitig ihre Gültigkeit.

Saarbrücken, den 12. September 1967

SAARLAND-SPORTTOTO
G.m.b.H.
Die Geschäftsführung
gez. Christ gez. Neuberger

Nordwest Lotto Schleswig-Holstein
Teilnahmebedingungen Zahlenlotto

I. Allgemeines

1. Organisation

(1) Träger des Zahlenlotto in Schleswig-Holstein ist das Land Schleswig-Holstein.
Das Zahlenlotto wird unter der Geschäftsbezeichnung
Nordwest Lotto
Staatliche Lotterie des Landes Schleswig-Holstein
(im folgenden Nordwest Lotto genannt)
im Namen des Landes Schleswig-Holstein betrieben.
(2) Das Nordwest Lotto kann Veranstaltungen gemeinsam mit anderen Unternehmen durchführen.
(3) Die Teilnahme am Zahlenlotto ist nur möglich in Verbindung mit der gleichzeitigen Teilnahme an der Olympia-Lotterie nach den für diese geltenden Teilnahmebedingungen.

2. Verbindlichkeit der Teilnahmebedingungen

(1) Für die Teilnahme an den Veranstaltungen sind ausschließlich die Teilnahmebedingungen des Nordwest Lotto in ihrer jeweils gültigen Fassung maßgebend und für den Spielteilnehmer verbindlich.
(2) Dies gilt auch dann, wenn das Nordwest Lotto eine gemeinsame Gewinnermittlung und Gewinnausschüttung mit anderen Unternehmen durchführt.
(3) Die Teilnahmebedingungen werden durch Aushang in den Annahmestellen bekanntgegeben. Dies gilt auch für etwaige Änderungen und Ergänzungen der Teilnahmebedingungen sowie für die Bekanntgabe von Bedingungen für Sonderveranstaltungen.

3. Gegenstand des Zahlenlotto

Gegenstand des Zahlenlotto ist die Voraussage von 6 Zahlen aus der Zahlenreihe 1 bis 49.

4. Spielgeheimnis

Die Namen der Spielteilnehmer dürfen nur mit deren ausdrücklicher Einwilligung bekanntgegeben werden.

II. Abgabe und Weiterleitung der Spielscheine

5. Spielscheine

(1) Die Teilnahme an den Veranstaltungen ist nur mit den jeweils gültigen Spielscheinen möglich, die das Nordwest Lotto herausgegeben bzw. zugelassen hat. Sie sind bei den Annahmestellen erhältlich.

(2) Die Spielscheine enthalten u.a. folgende Angaben:
a) die Anzahl der Gewinnklassen
b) die Stellen, welche die Gewinne auszahlen
c) das Vertriebsgebiet.

(3) Jeder Spielschein besteht aus drei Teilen, von denen einer als Spielabschnitt (Original) und einer als Quittungsabschnitt für den Spielteilnehmer bestimmt ist. Der dritte Teil dient als Kontrollabschnitt oder ausschließlich für die Erstellung der Durchschriften; im letzteren Fall wird der Kontrollabschnitt durch eine vom Spielabschnitt erstellte Mikrofilmaufnahme ersetzt. Die Abschnitte sind mit einer gleichlautend gedruckten Nummer gekennzeichnet und dürfen vom Spielteilnehmer nicht voneinander getrennt werden.

(4) Bei Mängeln in der Herstellung von Spielscheinen, die eine Teilnahme an der Veranstaltung unmöglich machen, erhält der Spielteilnehmer den Spieleinsatz, die Scheingebühr und den Einsatz für die Olympia-Lotterie auf Antrag zurück und nimmt an der Veranstaltung nicht teil. Ein weitergehender Anspruch besteht nicht.

6. Spieleinsatz und Scheingebühr

(1) Der Spieleinsatz für ein Spiel (Voraussage von 6 Gewinnzahlen in einer Zahlenreihe) beträgt DM 0,50.

(2) Das Nordwest Lotto kann bestimmen, daß die Teilnahme am Zahlenlotto von der Zahlung eines Mindesteinsatzes von DM 1,– (2 Spiele) abhängig ist und daß darüber hinaus der Spielteilnehmer sich nur mit einer geraden Anzahl von Spielen beteiligen kann. Für Sonderscheine kann sowohl ein höherer Mindesteinsatz als auch ein Höchsteinsatz festgelegt werden.

(3) Für jeden abgelieferten Spielschein hat der Spielteilnehmer eine Scheingebühr zu entrichten. Die Höhe dieser Gebühr ist auf dem Spielschein angegeben.

7. Eintragungen des Spielteilnehmers auf dem Spielschein

(1) Für die Wahl des richtigen Spielscheines und für seine ordnungsgemäße Ausführung ist der Spielteilnehmer allein verantwortlich. Die Annahmestelle ist nicht verpflichtet, die Richtigkeit des Spielscheines sowie die Ordnungsmäßigkeit der Eintragungen zu prüfen.

(2) Für seine Eintragungen benutzt der Spielteilnehmer ausschließlich den Spielabschnitt (Original); die Eintragungen werden auf den Quittungsabschnitt durch den Kontrollabschnitt durchgeschrieben.

(3) Der Spielteilnehmer hat in jedem Spiel 6 Zahlen durch Kreuze zu kennzeichnen, deren Schnittpunkt innerhalb eines Zahlenkästchens liegen muß.

(4) Die Voraussagen des Spielteilnehmers sind in laufender Reihenfolge, und zwar je nach dem Vordruck von links nach rechts oder von oben nach unten einzutragen. Eintragungen in roter Farbe sind unzulässig.

(5) Für Sonderscheine, wie z.B. Systemscheine, Dauerspielscheine und Spielscheine für Sonderveranstaltungen gelten zusätzlich besondere, auf diesen Spielscheinen aufgedruckte Teilnahmebedingungen.

(6) Für den Abschluß von Systemspielen kann sich der Spielteilnehmer einer vom Nordwest Lotto anerkannten verkürzten Schreibweise bedienen.

(7) Der Spielteilnehmer trägt seine Anschrift in den hierfür vorgesehenen Raum des Spielscheines ein.

8. Abgabe der Spielscheine und Annahmeschluß

(1) Die Teilnahme an der Veranstaltung wird von den zugelassenen Annahmestellen vermittelt.
(2) Den Zeitpunkt des Annahmeschlusses bestimmt das Nordwest Lotto; er wird durch Aushang angezeigt. Das Nordwest Lotto kann den Annahmeschluß für einzelne oder für alle Annahmestellen auch ohne Bekanntmachung festsetzen.
(3) Der Spielschein muß bis zu dem für die betreffende Annahmestelle festgesetzten Annahmeschluß in deren Besitz sein.
(4) Das Nordwest Lotto und die Annahmestellen sind zur Annahme und Ausfertigung der Spielscheine nicht verpflichtet.

9. Registrierung der Spielscheine und fehlerhafte Eintragungen

(1) Nach Zahlung des Spieleinsatzes und der Gebühr versieht die Annahmestelle den ausgefüllten Spielschein mit einer fortlaufend numerierten Drucknummer, Banderole o.ä. Diese enthält neben der Kennzeichnung der Annahmestelle auf allen drei Teilen eine gleichlautende Nummer. Die Annahmestelle versieht außerdem den Quittungsabschnitt auf der Rückseite mit ihrem Vertriebsstempel.
(2) Der Spielteilnehmer erhält den für ihn bestimmten Quittungsabschnitt des ausgefertigten Spielscheines zurück. Dieser Abschnitt dient dem Spielteilnehmer lediglich als Quittung für den geleisteten Spieleinsatz.
(3) Der Spielteilnehmer hat sich verantwortlich zu überzeugen, daß er den mit Vertriebsstempel, enthaltend Nummer oder Datum der Veranstaltung, und mit der Drucknummer, Banderole o.ä. der Annahmestelle versehenen Quittungsabschnitt zurückerhalten hat. Mit Spielschein ohne Drucknummer, Banderole o.ä. kann ein Gewinnanspruch nicht begründet werden.
(4) Aus Sicherheitsgründen kann der Spielteilnehmer nach der Entgegennahme des Spielscheines durch die Annahmestelle die zur Auswertung und Kontrolle dienenden Abschnitte nicht mehr zurückverlangen.
(5) Beauftragt ein Spielteilnehmer die Annahmestelle mit dem Ausfüllen und der Abgabe eines Spielscheines, so haftet sie nicht, wenn der Auftrag fehlerhaft oder gar nicht ausgeführt worden sein sollte.
(6) Den Leitern der Annahmestellen und ihren Gehilfen ist es verboten, Gemeinschaftsspiele zu veranstalten oder zu veranlassen.
(7) Die Herausgabe und Verwendung entsprechender Anteilscheine berechtigen nicht zur Teilnahme an den Veranstaltungen des Nordwest Lotto.
(8) Vereinbarungen von Spielteilnehmern untereinander oder mit Dritten sind für das Nordwest Lotto unverbindlich. Dies gilt nicht für eine eventuelle Vollmacht.

10. Weiterleitung der nicht für den Spielteilnehmer bestimmten Abschnitte

(1) Nach Registrierung der Spielscheine leitet die Annahmestelle die Spiel- und Kontrollabschnitte auf dem vorgeschriebenen Wege und zum festgesetzten Zeitpunkt an das Nordwest Lotto weiter oder übergibt sie den mit der Weiterleitung beauftragten Stellen.

III. Der Spielvertrag

11. Abschluß und Inhalt des Spielvertrages

(1) Der Spielvertrag zwischen dem Nordwest Lotto und dem Spielteilnehmer ist geschlossen, wenn der Spielabschnitt und der Kontrollabschnitt bzw. Mikrofilm in der Zentrale des Nordwest Lotto rechtzeitig – d.h. vor Beginn der Auslosung der Gewinnzahlen – eingegangen sind, sofern nicht gem. Abs. 4 ein Ausschluß erfolgt.
(2) Fehlt diese Voraussetzung, so kommt der Spielvertrag nicht zustande. Der Spieleinsatz, die Scheingebühr und der Einsatz für die Olympia-Lotterie werden auf Antrag zurückerstattet. Weitergehende Ansprüche des Spielteilnehmers sind ausgeschlossen.
(3) Für den Inhalt des Spielvertrages sind ausschließlich die übereinstimmenden Voraussagen auf dem Spielabschnitt und dem Kontrollabschnitt bzw. Mikrofilm maßgebend. Bei verschobenen aber deckungsgleichen Durchschriften gelten nur die Eintragungen auf dem Spielabschnitt (Original). Aus dem als Quittung dienenden Abschnitt kann ein Gewinnanspruch nicht hergeleitet werden. Dieser Abschnitt dient lediglich als Nachweis für einen geleisteten Spieleinsatz.
(4) Ein Anspruch des Spielteilnehmers auf Abschluß des Spielvertrages besteht nicht. Registrierte Spielscheine können vom Nordwest Lotto von der Teilnahme ausgeschlossen werden. Der Ausschluß ist dem Spielteilnehmer mitzuteilen. Die Rechtsfolgen des Ausschlusses sind dieselben wie in Absatz 2.
(5) Der Spielabschnitt und der Kontrollabschnitt bzw. der Mikrofilm gelten in jedem Falle für diejenige Veranstaltung, zu der sie rechtzeitig (siehe Ziffer 11 [1]) bei dem Nordwest Lotto eingegangen sind. Später eintreffende Spiel- und Kontrollabschnitte gelten für die folgende Veranstaltung.
(6) Auf Spielscheinen abweichende Veranstaltungsnummern, ob sie vorgedruckt oder vom Spielteilnehmer vermerkt sind, bleiben außer Betracht.

IV. Haftungsbestimmungen

12. Umfang und Ausschluß der Haftung

(1) Das Nordwest Lotto haftet dem Spielteilnehmer für alle Schäden, die nach dem Eingang der zur Auswertung und zur Kontrolle dienenden Abschnitte bzw. des Mikrofilms in der Zentrale schuldhaft verursacht werden. Die Haftung des Nordwest Lotto für Verschulden der Annahmestellen und der übrigen für die Weiterleitung der Spielscheine zur Zentrale des Nordwest Lotto verantwortlichen Stellen wird gemäß §§ 276 Abs. 2, 278 BGB ausgeschlossen.
(2) Das Nordwest Lotto haftet nicht für Verschulden der Bundespost, der Bundesbahn oder sonstiger Transportunternehmen. Ebenso ist jede Haftung für Schäden ausgeschlossen, die durch strafbare Handlungen dritter Personen, wie z.B. Diebstahl oder Raub, entstanden sind. Es haftet weiterhin nicht für Schäden, die durch höhere Gewalt, insbesondere durch Feuer, Wasser, Streiks, innere Unruhen oder aus sonstigen Gründen, die das Nordwest Lotto nicht zu vertreten hat, hervorgerufen werden. In diesen Fällen werden der Spieleinsatz, die Scheingebühr und der Einsatz für die Olympia-Lotterie auf Antrag zurückerstattet. Weitergehende Ansprüche des Spielteilnehmers sind ausgeschlossen.
(3) Die Annahmestellen und die für die Erstellung des Mikrofilms und für die Weiterleitung der Spielabschnitte, der Kontrollabschnitte bzw. des Mikrofilms zur Zentrale des Nordwest Lotto verantwortlichen Stellen haften dem Spielteilnehmer nur für Schäden, die sie selbst vorsätzlich verursacht haben. Jede Stelle haftet nur für Vorgänge in ihrem unmittelbaren Arbeitsbereich.

V. Gewinnermittlung

13. Auslosung

(1) Für jede Veranstaltung findet eine Auslosung statt, bei der 6 Gewinnzahlen und die Zusatzzahl ermittelt werden.
(2) Art, Ort und Zeitpunkt der Auslosung bestimmt das Nordwest Lotto. Die Auslosung ist öffentlich und findet unter notarieller oder behördlicher Aufsicht statt.
(3) Die Gewinnzahlen und die Zusatzzahl werden durch Aushang in den Annahmestellen bekanntgegeben.

14. Auswertung

Grundlage für die Gewinnermittlung sind die Spielabschnitte. Auf Grund der Gewinnzahlen und der Zusatzzahl erfolgt die Auswertung der Spielabschnitte.

15. Gültige Voraussagen

(1) An der Auswertung nehmen nur diejenigen Voraussagen (Spiele) teil, welche in der laufenden Reihenfolge, und zwar (je nach dem Vordruck) von links nach rechts oder von oben nach unten durch den gezahlten Einsatz gedeckt sind.
(2) Ist bei einer verkürzten Schreibweise die Anzahl der Spiele eines Systems durch den gezahlten Einsatz nicht gedeckt, so kann der Fehlbetrag nacherhoben oder können alle oder einzelne Spiele des betreffenden Spielscheines von der Teilnahme ausgeschlossen werden.
(3) Zahlen, die nicht eindeutig gekennzeichnet sind, werden nicht gewertet. Das Nordwest Lotto ist berechtigt, mangelhafte Eintragungen gelten zu lassen, wenn der Wille des Spielteilnehmers für das Nordwest Lotto eindeutig erkennbar ist. Hat der Spielteilnehmer in einem Spiel mehr als 6 Zahlen durchkreuzt, so gelten nur die ersten 6 Zahlen in ihrer arithmetischen Reihenfolge, beginnend mit der kleinsten Zahl. Das Nordwest Lotto ist berechtigt, neben Kreuzen auch andere Kennzeichnungen der vom Spielteilnehmer gewählten Zahlen anzuerkennen, wenn diese Kennzeichnungen für das Nordwest Lotto eindeutig erkennbar sind.
Sind in einem Spiel mehr als 6 Zahlen verschiedenartig gekennzeichnet, so gelten nur die Kreuze.
Sind in einem Spiel nicht mehr als 6 Zahlen gekennzeichnet, werden auch verschiedenartige Kennzeichen gewertet.

16. Gewinnklassen

Es gewinnen:

in der Klasse I	die Teilnehmer, die 6 Gewinnzahlen,
in der Klasse II	die Teilnehmer, die 5 Gewinnzahlen und die Zusatzzahl,
in der Klasse III	die Teilnehmer, die 5 Gewinnzahlen,
in der Klasse IV	die Teilnehmer, die 4 Gewinnzahlen,
in der Klasse V	die Teilnehmer, die 3 Gewinnzahlen

in einem Spiel richtig vorausgesagt haben.

17. Verteilung der Gewinnausschüttungssumme auf die Gewinnklassen und Einzelgewinne

(1) Von dem Gesamtbetrag der jeweiligen Einsätze werden grundsätzlich 50% als Gewinnsumme an die Spielteilnehmer ausgeschüttet. Diese Gewinnsumme verteilt sich auf die Gewinnklassen wie folgt:

Klasse I	(6 Gewinnzahlen)	20%
Klasse II	(5 Gewinnzahlen und die Zusatzzahl)	5%
Klasse III	(5 Gewinnzahlen)	25%
Klasse IV	(4 Gewinnzahlen)	25%
Klasse V	(3 Gewinnzahlen)	25%

(2) Werden in einer Gewinnklasse keine Gewinne erzielt, so wird der Gewinnsummenanteil der nächstniedrigeren Gewinnklasse zugeschlagen.
(3) Innerhalb der Gewinnklassen wird der Gewinnsummenanteil gleichmäßig auf die Gewinner verteilt. Der so ermittelte Einzelgewinn (Gewinnquote) beträgt je Einzelspiel im Höchstfalle DM 500 000,–, im Mindestfalle DM 1,–.
(4) Übersteigt der Einzelgewinn die festgesetzte Höchstsumme, so wird der überschießende Gewinnsummenanteil der nächstniedrigeren Gewinnklasse zugeschlagen.
(5) Unterschreitet der Einzelgewinn den Betrag von DM 1,–, so entfällt die Auszahlung dieser Gewinne; der Gewinnsummenanteil wird der nächsthöheren Gewinnklasse zugeschlagen. Das Nordwest Lotto ist berechtigt, die Gewinnquote bis zur Mindesthöhe aufzufüllen. In diesem Falle wird einer anderen Gewinnklasse nichts zugeschlagen.
(6) Der Einzelgewinn einer Gewinnklasse darf den Einzelgewinn einer höheren Gewinnklasse nicht übersteigen. Tritt ein derartiger Fall ein, so werden die Gewinnsummenanteile beider Gewinnklassen zusammengelegt und gleichmäßig an die Gewinner beider Gewinnklassen verteilt.
(7) Einzelgewinne werden auf durch DM 0,05 teilbare Beträge abgerundet.
(8) Verbleibende Spitzenbeträge werden einem Ausgleichsfonds zugeführt. Dieser wird für Prämienauslosungen verwandt.
(9) Die Höhe der Einzelgewinne in den verschiedenen Gewinnklassen wird in den Annahmestellen durch Aushang bekanntgegeben. Gewinnquoten im Werte von mehr als DM 1000,– können sich ändern, wenn innerhalb von 8 Tagen nach Ablauf des Spieltages weitere berechtigte Gewinnansprüche festgestellt werden.
(10) Wird eine Veranstaltung gemeinsam mit anderen Unternehmen durchgeführt, so werden die Gewinnausschüttungssummen der beteiligten Unternehmen zusammengelegt und nach Errechnung gemeinsamer Gewinnquoten auf die Gewinner dieser Unternehmen verteilt. Hierbei sind alle Gewinner in ihrer Gewinnklasse gleichberechtigt.

VI. Gewinnauszahlung

18. Auszahlung, Reklamation, Verfallfrist

(1) Gewinne bis zu DM 1000,– werden durch die Annahmestelle bis zum Annahmeschluß der übernächsten Veranstaltung gegen Rückgabe des Quittungsabschnittes in bar ausgezahlt.
Gewinner, deren Gewinn in den Gewinnlisten der Annahmestelle nicht enthalten ist, haben ihren Anspruch innerhalb einer Frist von 6 Wochen nach der Veranstaltung anzumelden (Reklamation). Nach Ablauf dieser Frist verfällt der Gewinnanspruch.
Gewinne bis zu DM 1000,–, die in der Annahmestelle nicht abgeholt werden, werden vom Nordwest Lotto an die auf dem Spielschein angegebene Anschrift überwiesen,

soweit sie mindestens DM 3,– betragen. Gewinne, die nicht innerhalb von 4 Wochen nach der Veranstaltung überwiesen sind, sind beim Nordwest Lotto anzufordern. Die Formulare für die Anforderung der Gewinne liegen in den Annahmestellen aus. Die Überweisungskosten trägt der Gewinner.
(2) Gewinner von Gewinnen über DM 1000,– werden innerhalb von 4 Tagen nach der Veranstaltung durch das Nordwest Lotto benachrichtigt.
Erhält ein Gewinner keine Benachrichtigung, so hat er seinen Gewinnanspruch unter Vorlage des Quittungsabschnittes persönlich oder durch eingeschriebenen Brief innerhalb von 8 Tagen nach der Veranstaltung bei dem Nordwest Lotto anzumelden. Nach Ablauf dieser Frist verfällt der Gewinnanspruch.
(3) Gewinne über DM 1000,– werden in der zweiten Woche nach der Veranstaltung an die auf dem Spielschein angegebene Anschrift oder entsprechend dem Wunsch des Gewinners überwiesen; das gleiche gilt für Gewinne bis DM 1000,–, wenn sie mit Gewinnen über DM 1000,– auf dem gleichen Spielschein erzielt werden. Das Nordwest Lotto ist berechtigt, die Überweisungskosten in Abzug zu bringen.
(4) Das Nordwest Lotto und seine Annahmestellen dürfen mit befreiender Wirkung gegenüber dem Gewinner den Gewinn
a) an die auf dem Spielabschnitt (Original) angegebene Anschrift überweisen,
b) an jeden Inhaber des Quittungsabschnittes gegen Rückgabe desselben auszahlen oder
c) an das vom Inhaber des Quittungsabschnittes gegen Rückgabe desselben angegebene Bankkonto überweisen.

Eine Verpflichtung, die Berechtigung des Inhabers des Quittungsabschnittes zu prüfen, besteht nicht. Dies gilt auch dann, wenn auf dem Spielschein keine Anschrift angegeben oder der Berechtigte nicht eindeutig bestimmbar ist.
(5) Nicht angeforderte Gewinne verfallen nach Ablauf von 13 Wochen nach der Veranstaltung. Verfallene Gewinne sind an das Land abzuliefern.

VII. Schlußbestimmungen

19. Rechtsweg

Alle Ansprüche aus der Teilnahme am Zahlenlotto gegen das Nordwest Lotto sowie seine Bezirks- und Annahmestellen können nur binnen 13 Wochen nach der Veranstaltung gerichtlich geltend gemacht werden; eine spätere Rechtsverfolgung ist ausgeschlossen.

20. Gerichtsstand

Gerichtsstand bei Rechtsstreitigkeiten ist Kiel.

21. Inkrafttreten

Die vorstehenden Teilnahmebedingungen treten zur 14. Veranstaltung am 5. April 1970 in Kraft. Mit dem gleichen Zeitpunkt werden die bisherigen Teilnahmebedingungen vom 1. Januar 1967 außer Kraft gesetzt.

Kiel, am 16.2.1970

NORDWEST LOTTO
Staatliche Lotterie
des Landes Schleswig-Holstein

FSC
www.fsc.org
MIX
Papier | Fördert gute Waldnutzung
FSC® C083411

Kolibri 360 GmbH
Ferdinand-Jühlke-Straße 7
99095 Erfurt, Deutschland
produktsicherheit@kolibri360.de